Das Buch

Peter Scholl-Latour zieht eine ernüchternde Zwischenbilanz des amerikanischen Antiterror-Feldzugs. Zwar wurden das Taliban-Regime in Afghanistan und Saddams blutige Diktatur im Irak gestürzt, doch in beiden Ländern herrscht Chaos, gewinnen fundamentalistisch-terroristische Gruppierungen an Boden. Vor allem aber zeichnet sich eine geographische Brücke der schiitischen Glaubensgemeinschaft ab, die vom Iran über den Irak bis zum Libanon reicht, vom Hindukusch bis ans Mittelmeer. Explosive Eruptionen sind nur eine Frage der Zeit. Zugleich gewinnt die Teheraner Mullahkratie, die sich international in der Defensive sah und im eigenen Land bereits viel an Prestige eingebüßt hat, neuen Spielraum. Entgegen den Plänen Washingtons, den Nahen und Mittleren Osten langfristig zu befrieden, bleibt die Region, die Peter Scholl-Latour seit Jahrzehnten wie kein anderer westlicher Beobachter kennt, ein Pulverfaß. Den USA droht ein an Vietnam gemahnender Dauerkonflikt, ein Szenario, das niemand besser zu schildern wüßte als der Nestor des deutschen Journalismus.

Der Autor

Peter Scholl-Latour wurde 1924 in Bochum geboren. Seit 1950 arbeitet er als Journalist, unter anderem viele Jahre als ARD-Korrespondent in Afrika und Indochina, als ARD-Studioleiter in Paris, als Fernsehdirektor des WDR und als Herausgeber des *stern*. Seit 1988 ist er als freier Publizist tätig. Seine TV-Sendungen über die Brennpunkte des Weltgeschehens erreichen höchste Einschaltquoten und Anerkennung, seine Bücher sind allesamt Bestseller.

In unserem Hause ist von Peter Scholl-Latour bereits erschienen:

Kampf dem Terror – Kampf dem Islam?

Peter Scholl-Latour

Weltmacht im Treibsand

Bush gegen die Ayatollahs

Ullstein

Aus Gründen der Diskretion und vor allem der Sicherheit für die Betroffenen habe ich die Namen meiner Gesprächspartner und die Umstände der Begegnung gelegentlich geändert. Das gilt nicht für Personen des öffentlichen Lebens und deren Aussagen, die exakt wiedergegeben werden. Bei der Transkription von Ausdrücken aus fremden Sprachen habe ich mich an die übliche, allgemein verständliche Schreibweise gehalten.

Besuchen Sie uns im Internet:
www.ullstein-taschenbuch.de

Umwelthinweis:
Dieses Buch wurde auf chlor- und säurefreiem Papier gedruckt.

Aktualisierte und erweiterte Ausgabe im Ullstein Taschenbuch
1. Auflage Oktober 2005
© Ullstein Buchverlage GmbH, Berlin 2004/Propyläen Verlag
Redaktion: Cornelia Laqua
Karten: Thomas Hammer
Umschlaggestaltung: Büro Hamburg
Titelabbildung: Cornelia Laqua
Gesetzt aus der Janson
bei LVD GmbH, Berlin
Druck und Bindearbeiten: Ebner & Spiegel, Ulm
Printed in Germany
ISBN-13: 978-3-548-36782-8
ISBN-10: 3-548-36782-8

INHALT

AKTUELLES VORWORT
Stunde der Wahrheit *1*

TOUR D'HORIZON
Gotteskrieger in Ost und West *9*

  Menetekel in Bagdad *9*
  Rumsfeld gegen das »Alte Europa« *13*
  Guter Qadhafi – böser Saddam *18*
  Geschmähter »Pralinengipfel« *22*
  Die türkische Lüge *25*
  33 Kampfbrigaden sind zu wenig *30*
  Trauma Vietnam *33*
  »Mit dem Teufel schlafen« *37*
  Die Torheit des Unilateralismus *45*
  Calvinismus und Neu-Heidentum *49*
  »Blood for oil« *57*
  Die schiitische Karte *64*
  Furcht vor dem Gottesstaat *67*
  »… und hätte der Liebe nicht« *72*

AFGHANISTAN
Deutschland am Hindukusch *75*

  Patrouille *75*
  Warnzeichen Dien Bien Phu *82*
  Walküren in Kabul *85*

»Unsere Stärke liegt im Verzicht«   *91*
Einsatzplanung in der »Wolfshöhle«   *93*
Stimmzettel-Fetischismus   *97*
Die Schachzüge des Ismail Khan   *101*
Als man mit Mullah Omar Geschäfte machte   *104*
Vabanque-Spiel in Kundus   *109*
Ein zu schneller Sieg   *115*
»Dans le sang et dans la merde«   *120*
Feldgottesdienst   *125*

IRAN
Ende des Heiligen Experiments   *129*

Die Last der Geiselnahme   *129*
Der Erwählte   *138*
Der Gaskrieg Saddams   *142*
Die Pläne des Pentagon   *145*
Proteste gegen Khatami   *151*
Orgien in Schemiran   *154*
Abschied von der Revolution   *160*
Die CIA schlägt zu   *163*
Ein versöhnlicher Staatsanwalt   *168*
Geheimnis des Glaubens   *176*
Khomeini und die Juden   *178*
»… und dann sind sie verstummt«   *181*

IRAK
Die Super-Intifada   *185*

Der Aufbruch   *185*
Im Schutz von GSG-9   *192*
Schlimmer als Vietnam?   *200*
Es brodelt bei den Schiiten   *203*

Tödliche Nadelstiche   *210*
»Mutter aller Lügen«   *214*
Das Toben des Mobs   *220*
»In stummer Ruh lag Babylon«   *230*
Die Bärte der Märtyrer   *233*
»Rule Britannia!«   *241*
Die Männer vom Lancashire-Regiment   *248*
Imperiale Plutokratie   *253*
Im Schatten der Osmanen   *257*
Aus Besatzern werden Belagerte   *261*
Scheikh Muqtada will den Heiligen Krieg   *266*
Die List des Groß-Ayatollah Yaqubi   *275*
»… to save American lives«   *279*
Die zerstörte Atomschmiede   *283*
»Land der Propheten«   *288*
Die Ungeduld der Gläubigen   *293*
Deutscher Soldatenfriedhof   *297*
»Der mörderische Pfeil der Parther«   *301*

LIBANON
Gelbe Fahnen am »bösen Zaun«   *305*

Bedrohung für Galiläa   *305*
Schiitische Wiedergeburt   *309*
Die Zuversicht der Hizbullah   *314*
Scharons mißlungener Feldzug   *320*
Bomben gegen die »Kreuzritter«   *323*
»Ein einzelner Krieger zu Fuß«   *329*
Im Garten des Aga Khan   *333*

Personenregister   *337*
Bildnachweis   *344*
Karten   *345*

AKTUELLES VORWORT
Stunde der Wahrheit

Paris, im Juli 2005

Die Bilanz sieht düster aus für die »Weltmacht im Treibsand«. Alles deutet darauf hin, daß George W. Bush seinen Eroberungskrieg in Mittel-Ost, den er 2003 unter der Losung »Iraqi Freedom« auslöste, bereits verloren hat. Die Frage stellt sich heute immer dringlicher, auf welche halbwegs honorige Weise die US-Army sich aus dem mesopotamischen »Quagmire«, aus diesem Morast, wie die amerikanischen Kritiker schreiben, absetzen kann.

Völlig falsche Hoffnungen waren geweckt worden, als im Januar 2005 die Wahlen zum Parlament von Bagdad in der kurdischen Nord-Region und im schiitischen Süden unter starker Beteiligung der Bevölkerung stattfanden. In Washington hatte man sich selbst und die übrige Welt darüber hinweggetäuscht, daß dieser Urnengang, der nach dem Prinzip »one man, one vote« ablief, nicht etwa vom Pentagon oder dem damaligen US-Botschafter und Prokonsul Paul Bremer angeregt und erzwungen worden war, sondern vom Oberhaupt der schiitischen Glaubensgemeinschaft des Irak, Groß-Ayatollah Ali-el-Sistani. Dank seines Ranges als »Mardscha-el-taqlid«, als »Quelle der Nachahmung«, übt dieser Geistliche eine unvergleichliche Autorität über die Gläubigen der »Schiat Ali« aus. Der düstere, asketische Greis Sistani, der keine Ungläubigen empfängt, gehört der »quietistischen« Richtung der Schia an und verfügt in keiner Weise über den revolutionären, kämpferischen Elan, der einst den Ayatollah Khomeini im benachbarten Iran auszeichnete. Aber er erwies sich als meisterhafter und listiger Taktiker.

Gewiß, Sistani hätte den »Heiligen Krieg« gegen die amerikanischen Besatzer ausrufen können, wie das viele jugendliche und bedürftige Schiiten des Irak – vor allem in der zwei Millionen Menschen zählenden Hochburg »Sadr City« – gewünscht hätten. Der greise Mystiker, der in der heiligen Märtyrerstadt Nedschef in klösterlicher Abgeschiedenheit verharrt, hatte hingegen das Kalkül angestellt, daß seine schiitische Gefolgschaft, die knapp 65 Prozent der Bevölkerung des Irak ausmacht, auf dem Wege der von den Amerikanern gepredigten, aber nicht immer beherzigten Demokratie unaufhaltsam und unblutig die Macht an sich reißen könnte. Also erließ er eine »Fatwa«, eine obligatorische Weisung, daß die Schiiten – vor allem auch deren Frauen – im Januar 2005 die Wahllokale aufsuchen sollten und ihre Stimme für die großen schiitischen Parteien abgäben.

So sieht sich heute die amerikanische Besatzungsmacht mit der Tatsache konfrontiert, daß das Parlament von Bagdad von einer schiitischen Abgeordnetenmehrheit beherrscht wird und daß der gewählte Regierungschef, Ibrahim-el-Dschaafari, ein frommer Arzt und enger Vertrauter Sistanis, die Geschäfte des Landes zu lenken versucht. Ohne Zweifel wird die Verfassung, die am Ende langer, schwieriger Debatten die politische Ausrichtung des Irak definieren soll, zwar nicht dem theokratischen Modell Khomeinis in Teheran entsprechen, aber sie dürfte auf die islamische Gesetzgebung, die »Scharia«, in ihrer schiitischen Interpretation nachhaltig ausgerichtet sein.

Im Norden des Irak, wo die kurdischen Nationalisten nach dem ersten amerikanischen Golfkrieg von 1991 bereits ein autonomes, quasi-unabhängiges Staatswesen unter ihren beiden Führern Massud Barzani und Dschalal Talabani – mit eigener Regierung, eigener Armee, eigener Währung – entwickelt hatten, wurde die Wahl des Januar 2005 als Demonstration völkischer Selbständigkeit und Emanzipation von der langen arabischen Überfremdung gewertet. Die Beteiligung war dort spontan und massiv, so daß diese stets aufsässige und kriegerische Volksgruppe über eine Deputierten-Zahl in der Kammer verfügt, die ihren realen Anteil an der irakischen Gesamtbevölkerung erheblich übertrifft. Die Kurden hatten sich von Anfang an als aktive Verbündete der Amerikaner bewährt. Die Schiiten hingegen verharren den ungläubigen Okkupanten gegenüber in ablehnender und mißtrauischer Passivität. Groß-Ayatollah Sistani wacht darüber, daß der junge schiitische Agitator Muqtada-es-Sadr und dessen zum Kampf entschlossene »Armee des Mehdi« die vereinbarte Waffenruhe respektieren. Kurden und Schiiten sind eine problematische Koalition eingegangen. Der Kurdenführer Dschalal Talabani wurde sogar zum Staatsoberhaupt der Arabischen Republik Irak berufen.

Wenn heute die blutigen Wirren unvermindert andauern, ja zu eskalieren scheinen, so liegt das an der arabisch-islamischen Glaubensrichtung der Sunniten, zu denen sich zwar nur ein Fünftel der Iraker bekennt, die aber seit dem frühen Erbstreit um die Nachfolge des Propheten Mohammed eine absolute und zumeist intolerante Herrschaft über das gesamte Zweistromland ausübte. Die Sunniten, die in der weltweiten islamischen »Umma« mit etwa 85 Prozent eine erdrückende Mehrheit bilden, haben im Irak die Kurden als Fremdvolk unterdrückt und die Schiiten als Ketzer mißachtet. Nach dem Sturz Saddam Husseins wurden sie sich schnell bewußt, daß sie im Zuge des von Sistani geforderten Wahlprozesses Gefahr liefen, in die Rolle einer ohnmächtigen Minderheit abgedrängt zu werden. Die Sunniten weigerten sich energisch, jener »Schiat Ali« den Vorrang einzuräumen, die sie schon zu Zeiten der Abbassiden-Kalifen, dann der osmanischen Sultane bis hin zum Baath-Regime Saddam Husseins willkürlich und oft grausam unterdrückt hatten.

Im Gegensatz zu Kurden und Schiiten verweigerten sich die meisten Sunniten des Irak dem Gang zu den Urnen. Sie verfügen infolge dessen über eine geringe Zahl von Abgeordneten, die als »Lakaien« der US-Besatzer abgestempelt werden. Diese Kollaborateure können sich weder bei den arabischen Nationalisten noch bei den sunnitischen Fundamentalisten durchsetzen. Das ganze Fiasko der amerikanischen Kriegführung im Irak läßt sich daran ermessen, daß sich der derzeitige Oberbefehlshaber John Abizaid, der sich als US-Bürger arabischer Abstammung in dieser Region recht gut auskennt, mitsamt seinen Bodentruppen lediglich im sogenannten »Sunnitischen Dreieck« einem unerbittlichen, grausamen Abnutzungskampf ausgesetzt sieht. Die Wider-

III

standskämpfer und Terroristen rekrutieren sich dabei fast ausschließlich bei den fünf Millionen Sunniten und können sich bestenfalls auf die Sympathie von nur fünf Millionen ihrer Glaubensbrüder stützen. Zwar wird die US-Army niemals ein Gefecht, geschweige denn eine Schlacht gegen die fanatischen »Gotteskrieger« verlieren. Aber sie besitzt keine Kontrolle mehr über das Land. Mögen ihre Verluste – bislang etwa 1700 Tote – an Vietnam gemessen gering erscheinen, für die Bush-Administration leuchten die ersten Alarmsignale auf, seit eine Mehrheit der anfangs so kriegsbegeisterten amerikanischen Bevölkerung den Feldzug »Iraqi Freedom« als einen strategischen Irrtum zu bewerten beginnt.

In dem Maße, wie das Prestige der USA an Euphrat und Tigris verblaßt, gewinnt die Islamische Republik Iran zunehmend an Bedeutung und Gewicht, auch wenn sie von Washington weiterhin der »Achse des Bösen« zugeordnet wird. Die Mullahs von Teheran hatten sich von Anfang an gegenüber den chaotischen Zuständen im benachbarten Irak eine bemerkenswerte Zurückhaltung auferlegt. Die Ayatollahs des Iran begegnen ihrem geistlichen Bruder Ali-el-Sistani mit Zurückhaltung und Skepsis, obwohl er in der persischen Stadt Meschhed geboren wurde. Aber seine Strategie der »demokratischen« Machtübernahme wurde von den Persern von Anfang an unterstützt. Die geistliche Führung des Iran hat sich gehütet, die irakischen Schiiten zum »Dschihad« aufzuhetzen. Teheran hatte sogar das Marionetten-Gremium des von Paul Bremer eingesetzten »Governing Council« und den proamerikanischen Regierungschef Iyad Allawi formell anerkannt. Jetzt befindet sich Teheran in der privilegierten Situation, daß der befreundete Politiker Ibrahim-el-Dschaafari als Regierungschef in Bagdad fungiert und seine Sympathie für die Islamische Republik Iran nicht zu verheimlichen braucht.

Was die kriegerischen Auseinandersetzungen betrifft, so richtet die endlose Serie von Bombenanschlägen der sunnitischen »Mudschahidin«, die inzwischen durch eine Vielzahl ausländischer Glaubensbrüder vor allem aus Saudi-Arabien, Jordanien und Pakistan sowie durch ein erschreckendes Aufgebot von Selbstmord-Kandidaten verstärkt wurden, immer seltener gegen die gepanzerten Konvois der Amerikaner, die sich ohnehin in ihren festungsähn-

IV

lichen Basen einigeln. Den Attacken fallen überwiegend die neu aufgestellten Sicherheitskräfte, insbesondere Polizei und Nationalgarde, zum Opfer, die sich mehrheitlich aus kurdischen und schiitischen Freiwilligen zusammensetzen. Zu dem nationalen und religiösen Abwehrkampf gegen die ungläubigen US-Besatzer gesellt sich schrittweise und schier unausweichlich ein mörderischer konfessioneller Bürgerkrieg zwischen Sunniten und Schiiten. Deshalb ist die amerikanische Botschaft in Bagdad und auch die gemäßigte schiitische Führung krampfhaft bemüht, zumindest ein paar repräsentative sunnitische Stammesführer oder Imame in das von Washington offiziell patronierte, aus der geistlichen Umgebung Sistanis de facto gesteuerte Experiment des irakischen »Nation building« einzubinden.

Angesichts einer hoffnungslosen und zunehmend explosiven Situation, die über die Grenzen des Irak auszugreifen droht, sowie auf Grund des Entstehens eines quasi-unabhängigen Kurdenstaates an der Südgrenze Anatoliens, was eine türkische Militärintervention auslösen könnte, hat die Islamische Republik Iran bei der Aufstellung der neuen irakischen Armee ihre sachkundige Unterstützung angeboten, was einer politischen und religiösen Unterwanderung gleich käme. In Washington hat man mit Unmut und Sorge zur Kenntnis genommen, daß bei den Präsidentschaftswahlen in Iran ein schiitischer »Hardliner« und ehemaliger Kommandeur der »Revolutionswächter«, der Teheraner Bürgermeister Mahmud Ahmadinedschad von der Masse der »Enterbten und Entrechteten«, der »mustazafin«, wie Khomeini sie liebevoll nannte, zum Präsidenten gewählt wurde. Damit sind die Weichen gestellt für eine intensive Komplizenschaft zwischen den verwandten Regimen von Teheran und Bagdad. Jedenfalls verfügen die Iraner, denen Washington unlängst noch mit Präventivschlägen gegen ihre Atomenergieanlagen drohten, über weitgesteckte Möglichkeiten, mit Hilfe todeswilliger »Freiwilliger« die Lage der im Irak stationierten US-Truppen vollends unerträglich zu machen.

Es könnte sich noch rächen – auch die Europäer sollten das beherzigen –, daß die Islamische Republik Iran und deren Ayatollahs als »quantité négligeable« behandelt wurden. Wenn sogar

General Richard Myers, der Vorsitzende der amerikanischen Stabschefs, darauf verweist, daß trotz totaler US-Überlegenheit in der Luft und zur See die vorhandenen Bodentruppen kaum ausreichen, um die regionalen Konflikte in Irak und Afghanistan einzudämmen, dann ist es offenbar schlecht bestellt um die Global-Strategie der »einzig verbliebenen Supermacht«. Die Deutschen ihrerseits sollten ihr Augenmerk auf die sich anheizende Kampftätigkeit in Afghanistan richten. Der Krieg am Hindukusch – man rechnet dort in ganz anderen Zeitbegriffen als in Europa – steuert ja erst ganz allmählich seinem verhängnisvollen Höhepunkt zu, und für die dorthin entsandten Bundeswehr-Soldaten besteht weder ein klarer militärischer Auftrag noch eine plausible Evakuierungsplanung.

Die Explosionen in den Londoner U-Bahn-Schächten im Juli diesen Jahres dürften nachdrückliche Hinweise darauf sein, daß Europa – inklusive Deutschland – nicht am Hindukusch verteidigt wird und daß die von den US-Stäben im Orient fehlgeleitete NATO einer totalen Revision bedarf.

TOUR D'HORIZON
Gotteskrieger in Ost und West

Menetekel in Bagdad

Paris, im Januar 2004

»Stell dir vor, es gibt Krieg, und keiner geht hin«, so heißt es angeblich bei Bertolt Brecht. Die deutschen Pazifisten, von denen
einige in der jetzigen Regierung als Minister amtieren, hatten diese
Losung begeistert übernommen, obwohl sie verfälscht ist. Heute
müßte sie wohl anders lauten: »Stell dir vor, es gibt Krieg, und
keiner weiß es!« Welchem Bundesbürger ist denn wirklich bewußt, daß mit Inkrafttreten des Artikels V der Atlantischen Allianz nach dem 11. September 2001 die europäischen Staaten weiterhin auf seiten des amerikanischen Verbündeten in einen globalen
Feldzug gegen den Terrorismus verwickelt sind, der weder zeit-
liche noch räumliche Grenzen kennt?

Es ist ein absurder, ein Phantom-Krieg, der da in Gang gekommen ist. Der Feind ist in keiner Weise definiert. Da verschiedent-
lich versucht wird, mich immer wieder in die Ecke des »Antiamerikanismus« abzudrängen, will ich zur Einleitung wie auch bei
späteren Betrachtungen vorzugsweise auf berufene Stimmen aus
den USA zurückgreifen. So zitiere ich hier Zbigniew Brzezinski,
den einstigen »National Security Advisor« des Präsidenten
Jimmy Carter:

»In den vergangenen Monaten haben die Vereinigten Staaten
eine Erfahrung gemacht, die wir als das ungewöhnlichste
Versagen der Intelligenz in unserer Geschichte bezeichnen
können. Dieses Versagen wurde durch extreme Demagogie
ausgelöst, die schlimmste Katastrophen-Szenarien entwirft,

Ängste schürt und eine äußerst simplifizierte Sicht, eine Zweiteilung (Dichotomie) der weltweiten Wirklichkeit suggeriert. Daraus ergibt sich die Notwendigkeit einer seriösen Debatte über Amerikas Rolle in der Welt. Kann eine Weltmacht ›global leadership‹ ausüben auf der Basis von Furcht und Angst? Können die Vereinigten Staaten Unterstützung anfordern, zumal die Unterstützung von Freunden, wenn denen gesagt wird: ›Ihr seid gegen uns, wenn ihr nicht mit uns seid?‹ … Die Notwendigkeit einer solchen Debatte kann nicht ausgeräumt werden, indem man die Herausforderung mit theologischem Akzent als ›Terrorismus‹ qualifiziert, ein Terrorismus, den diejenigen ausüben, die ›die Dinge hassen‹ (who hate things), während wir Menschen sind, die ›die Dinge lieben‹ (people who love things). So hat es Amerikas höchster Wortführer ausgedrückt.«

Darauf folgt das zentrale Argument des ehemaligen Sicherheitsberaters: »Terrorismus ist eine Technik, um Menschen zu töten. Er kann nicht der Feind sein. Das klingt so, als würden wir behaupten, der Zweite Weltkrieg sei nicht gegen die Nazis geführt worden, sondern gegen den ›Blitzkrieg‹. Wir müssen die Frage stellen, wer der Feind ist und was ihn zu seinen Aktionen gegen uns motiviert.«

*

Dieses Buch ist nicht der Polemik, sondern der Betrachtung gewidmet. Dabei beziehe ich mich immer wieder auf das persönliche Erlebnis vor Ort, auf die Tuchfühlung mit dem realen Geschehen, was im Zeitalter einer perfektionierten Meinungsmanipulation durch die Medien unentbehrlicher ist denn je.

Wir sind bei der in Deutschland praktizierten Selbstzensur, der braven Anpassung an die »political correctness« so weit gekommen, daß es sich nur noch ein israelischer Militärhistoriker in einer hiesigen Gazette leisten kann, in aller Nüchternheit festzustellen, daß Amerika den Irak-Krieg bereits verloren hat. Ich will hier nicht die klugen Argumente Martin van Crevelds übernehmen, sondern meine eigene Erkenntnis beisteuern, warum der Feldzug »Iraqi Freedom« zum Scheitern verurteilt ist. Die USA werden zwar niemals eine Schlacht oder auch nur ein Gefecht verlieren. Dennoch bieten sich der Strategie Washingtons auf längere Sicht nur zwei Optionen, und beide sind negativ.

Entweder versteift sich die Bush-Administration auf die Schaffung eines proamerikanischen Regimes in Bagdad, das unter Mißachtung des Wählerwillens mit einem Lippenbekenntnis zur Demokratie und Meinungsfreiheit die Weltöffentlichkeit – ähnlich wie Hamed Karzai in Afghanistan – zu betrügen sucht. Da eine solche selektierte Mannschaft, die man sehr bald der Autorität eines »starken Mannes« unterstellen müßte, den Forderungen der Petroleum-Konzerne der USA nachgeben, einen Friedensvertrag mit Israel abschließen und den Führungsanspruch der schiitischen Bevölkerungsmehrheit mißachten müßte, besäße sie nur geringe Überlebenschancen. Die US Army würde sich – der ständigen Guerrilla-Überfälle überdrüssig – aus dem Zweistromland zurückziehen wie seinerzeit die Sowjetrussen aus Afghanistan. Dabei könnte sie nicht einmal davon ausgehen, daß der von ihr eingesetzte irakische Statthalter es seinem Schicksalsgefährten Nadschibullah in Kabul gleich täte, der nach der sowjetischen Räumung immerhin drei Jahre lang dem wachsenden Druck der Mudschahidin standhielt.

Die andere Option, deren kritische Bewertung ein wesentlicher Teil dieses Buches ist, lautet wie folgt: Die USA erkennen an, daß die Schiiten im Irak den Schlüssel zur Zukunft besitzen und der zentrale Faktor einer eventuellen Stabilisierung sind. Damit müßte der Präsident jedoch hinnehmen, daß im Irak eine »Islamische Republik« ausgerufen wird. Das wäre nicht unbedingt eine Kopie des Gottesstaates, den der Ayatollah Khomeini im benachbarten Iran errichtete. Aber eine streng koranische, stark schiitisch geprägte Grundausrichtung der neuen Verfassung wäre angesichts der religiösen Massenbegeisterung gar nicht zu vermeiden.

Wird George W. Bush über den eigenen Schatten springen können? Er hatte in der Vorbereitungsphase seines Irak-Feldzuges angekündigt, das Terror-Regime Saddam Husseins nach dessen Sturz in einen »beacon of democracy«, einen Leuchtturm der Freiheit umzuwandeln, der mit allen Errungenschaften der parlamentarischen Demokratie und der freien Marktwirtschaft gesegnet wäre. Dieses idyllische Vorbild sollte auf alle arabisch-islamischen Staaten ausstrahlen, die weiterhin der Willkür von Despoten oder religiösen Fanatikern ausgeliefert sind, und sie zur offiziellen Heilslehre des Westens bekehren.

Diese extrem naive Absicht – so sie denn überhaupt ernst gemeint war – würde durch das Entstehen einer islamischen Theokratie an Euphrat und Tigris in ihr Gegenteil verkehrt. Trotz des Überdrusses an der »Mullahkratie«, der sich inzwischen bei weiten Bevölkerungsschichten, vor allem bei der Jugend in Teheran, breitmacht, käme unweigerlich zwischen den beiden mehrheitlich schiitischen Nachbarstaaten Iran und Irak eine unterschwellige Komplizenschaft zustande. Die religiöse Wiedergeburt in Bagdad und Nedschef könnte eine Brücke schlagen zu jener schiitischen »Hizbullah« des Libanon, die die weit überlegene Armee Israels zum Rückzug auf die Grenzen Galiläas gezwungen hat und trotz ihrer legalen Repräsentanz im Parlament von Beirut von den USA als »verbrecherische Organisation« gebrandmarkt wurde.

Mit den internen Querelen, dem begeisterten Aufbegehren, der mystischen Opferstimmung des schiitischen Glaubenszweiges des Islam, der »Partei Alis« oder »Schiat Ali« zwischen Hindukusch und Mittelmeer, beschäftigt sich ein wesentlicher Teil dieser Veröffentlichung. Ich habe den Untertitel: »Bush gegen die Ayatollahs« gewählt, weil man sich nur sehr schwer eine vertrauensvolle Zusammenarbeit zwischen den imperialen Interventionisten in Washington und der hohen schiitischen Geistlichkeit vorstellen kann. Sollten die USA sich zähneknirschend und aus purer Not dennoch bereit finden, der sich bislang friedlich und passiv verhaltenden »Hawza« von Nedschef, der höchsten theologischen Instanz der irakischen Schia, das Schicksal Mesopotamiens anzuvertrauen, dann könnten vielleicht Chaos und Bürgerkrieg eingedämmt, eine geordnete Evakuierung der US-Truppen abgesichert werden. Aber die Ideologie der »Neokonservativen« und Evangelikaner, die Interessen der Ölmagnaten und der Freunde Israels würden dabei unwiderruflich zu Schaden kommen.

Das Menetekel des Königs Belsazar von Babylon leuchtet in flammenden Lettern. Zbigniew Brzezinski interpretiert es wie folgt: »Die Amerikaner werden sich damit abfinden müssen, daß sie in einer unsicheren Welt leben. Das ist gar nicht zu vermeiden. Wie alle anderen müssen wir lernen, damit zu existieren.«

Rumsfeld gegen das »Alte Europa«

Wie weit die klassische Bildung des amerikanischen Verteidigungsministers Donald Rumsfeld reicht, ist mir nicht bekannt. Vielleicht hat er jedoch den lateinischen Ausspruch des Poeten Attius gehört, der von Cicero übernommen wurde: »Oderint dum metuant – mögen sie uns hassen, Hauptsache, sie fürchten uns.« Zweifellos handelt Rumsfeld nach diesem Prinzip. Wenn der dynamische und begabte Politiker, der sich in seiner Rundum-Androhung von »preemptive strikes« in der Filmrolle des »Dr. Strangelove« zu gefallen scheint, seine renitenten europäischen Partner systematisch beleidigt, fällt das am Ende auf ihn selbst zurück. Deutschland wurde mit Libyen und Kuba verglichen. Vermutlich hat der Secretary of Defense aus vollem Herzen der Aussage der nationalen Sicherheitsberaterin, Condoleezza Rice, zugestimmt, als diese die Deutschen wegen ihrer Verweigerungshaltung im Weltsicherheitsrat ignorieren, die Franzosen sogar bestrafen wollte: »We shall punish France.« Hatte diese brillante Intellektuelle und begnadete Pianistin nicht bedacht, daß Leonid Breschnew sich in ähnlicher Weise gegenüber dem unbotmäßigen Tschechoslowaken Alexander Dubček hätte äußern können?

Rumsfeld hatte vor allem die glorreiche Idee, das »neue, innovative, tapfere, fortschrittsorientierte« Osteuropa gegen »Old Europe« auszuspielen, das in wirtschaftlicher Stagnation, in kultureller Erstarrung und mit feigen Beschwichtigungsgesten den eigenen Niedergang beschleunigt. Als leuchtendes Vorbild wurden Franzosen und Deutschen die Polen, die Rumänen, die Albaner entgegengehalten. Der Fall Warschau mag ausgeklammert bleiben. Dort erinnert man sich schmerzhaft an das Jahr 1939, als Polen von Deutschen und Russen aufgeteilt, von den Franzosen im Stich gelassen wurde. Für den Fall künftiger Komplikationen jenseits des Bug erscheint deshalb die Supermacht USA als letzter rettender Rekurs, obwohl es nachdenklich stimmt, daß Premierminister Leszek Miller, der sich an die Spitze der Koalition der »Willigen« stellte, ein in der Wolle gefärbter Kommunist, sich bis zuletzt als Vasall Moskaus erwiesen hat.

Und Rumänien? Dort geht noch das Dracula-Gespenst Ceauşescus um, und die Regierungsmannschaft von Bukarest hat sich längst nicht von ihren spätstalinistischen Reflexen befreit. Oder Albanien? Das stolze Land der Skipetaren ist nun einmal zum zentralen Umschlagsort aller nur denkbaren Mafia-Aktivitäten des Balkans und nicht nur des Balkans geworden. Was Rumsfeld mit seinem Trompetenstoß bewirkt hat, ist die Aufwertung des Wortes »Old Europe«. Nur ein Dummkopf kann sich heute schämen, ein »alter Europäer« zu sein. Daß so viele andere Kleinstaaten, vor allem die jüngsten Kandidaten der EU-Erweiterung, sich lieber in die »Stars and Stripes« der USA als in das Sternenbanner – die »Dornenkrone«, wie die Spötter sagen – der Europäischen Union hüllen, mag sich aus einem angestammten Unterwürfigkeitsreflex gegenüber der jeweils vorherrschenden Großmacht und – für die Balten – aus der fortdauernden Angst vor dem russischen Bären erklären. Die Finanzierung ihrer wirtschaftlichen Sanierung erwarten diese Länder jedoch aus Brüssel.

Die Attacken gegen das »alte Europa« zielten eindeutig auf Schwächung, auf Spaltung eines bislang befreundeten Kontinents hin, der in den Verdacht geraten war, ein potentieller Rivale der USA zu werden. Die überraschend geglückte Stabilisierung der neuen Euro-Währung dürfte dazu beigetragen haben. Die Verbal-Entgleisung Rumsfelds hatte sogar einen der treuesten Paladine der amerikanischen Hegemonie, den britischen Außenminister Jack Straw, bewogen, auf die Zugehörigkeit Englands zum »alten Europa« zu verweisen und hinzuzufügen, sein Staat sei durch Franzosen – vermutlich meinte er die Normannen Wilhelms des Eroberers – gegründet worden. Italien und Spanien, die ja wirklich dazugehören, enthielten sich jeden Kommentars und befleißigten sich endlich jenes Schweigens, das ihnen Jacques Chirac nach Veröffentlichung ihrer proamerikanischen Separat-

Erklärung mit einiger Arroganz geboten hatte: »Ils auraient mieux fait de se taire.«

Jenseits des Atlantik wird die Kampagne gegen die degenerierten Nachkommen des Marquis de Lafayette vehement weitergeführt. Seltsamerweise steigern sich da die angeblich so gelassenen und wortkargen Nachfolger der Präriereiter zu verbaler Hysterie, während die sonst so geschwätzigen und aufgeregten Gallier sich nicht aus der Ruhe bringen lassen. Ob der Auvergnate Chirac sich an dem Kelten Asterix orientiert? Jedenfalls sind an der Seine keine Schreie der Entrüstung laut geworden, als auf Capitol Hill die »French fries« in »Freedom fries« umbenannt wurden. Ein Kabarettist könnte die Frage stellen, ob logischerweise nicht auch die »French letters« in Zukunft »Freedom letters« heißen müßten.

*

Genug der Scherze. Es hat eine tragische Entfremdung stattgefunden seit »Nine Eleven«. Nach dem Verbrechen am World Trade Center hatte nicht nur die Bild-Zeitung mit dem Titel aufgemacht »Wir sind alle Amerikaner«. Auch die seriöse, gar nicht proatlantische Pariser Zeitung »Le Monde« erschien unter der Schlagzeile: »Nous sommes tous des Américains«. Es müssen wohl sehr gravierende Fehler auf beiden Seiten gemacht worden sein, um einen radikalen Stimmungswechsel herbeizuführen. Laut Meinungsumfrage äußern neuerdings zwanzig Prozent der Deutschen – überwiegend Jugendliche – den unhaltbaren Verdacht, am Terroranschlag von Manhattan seien die amerikanischen Geheimdienste beteiligt gewesen. Unglaublich auch die Tatsache, daß die Bestsellerliste des deutschen Buchhandels seit zwei Jahren durch die Millionenauflagen Michael Moores mit seinem plumpen Anti-Bush-Pamphlet angeführt wird. Wenn eine Polemik, die unter dem amerikanischen Titel »Stupid White Men« erscheint, zur Lieblingslektüre Germaniens wird, sollte man das nicht nur mit ein paar süffisanten Glossen abtun.

Nicht die Injurien einiger angelsächsischer Heißsporne stimmen mich bedenklich, sondern die Reaktionen, die sie bei vielen deutschen Publizisten und Parlamentariern ausgelöst haben. Natürlich wäre es zutiefst töricht gewesen, die »beleidigte Leberwurst« zu spielen oder sich auf eine Erwiderung dieser Beschimpfungen einzulassen. Doch der Eindruck entsteht immer wieder, daß eine Vielzahl unterwürfiger Politiker und Journalisten sich mit den amerikanischen Anwürfen solidarisiert, daß sie in den anklagenden Chor gegen die »verräterischen Europäer«, die »Euro-Whimps«, einstimmen, daß sie – man entschuldige den Ausdruck – eine wahre Wollust empfinden, wenn man ihnen in den Hintern tritt. Man hätte eine Sammlung jener Äußerungen und Kommentare aufbewahren sollen, die über den deutschen Einsatz in Afghanistan und den sich abzeichnenden Krieg im Irak von hochangesehenen Abgeordneten und renommierten Kolumnisten geschrieben wurden mit der Absicht, Europa zu erniedrigen und Amerika zu glorifizieren.

Seltsamerweise fühle ich mich heute im Kreise amerikanischer Politiker oder Geschäftsleute, mit denen man sehr offen reden kann und muß, besser aufgehoben als bei gewissen Kollegen, denen der obsolete Abhängigkeitszwang der NATO mehr am Herzen zu liegen scheint als die Verteidigungskapazität des eigenen Kontinents, ja der eigenen Nation. Die Angelsachsen wissen um den Spruch Winston Churchills über die Deutschen: »Either you have them at your feet or at your throat. Entweder sie liegen euch zu Füßen, oder sie springen euch an die Gurgel.« Persönlich habe ich häufig die Erfahrung gemacht, daß mit dem Totschlag-Vorwurf des Antiamerikanismus ein deutscher McCarthyismus geschürt wird. Pikanterweise zeichnen sich dabei Regierungsmitglieder und »opinion leaders« aus, die sich 1983 noch vor den amerikanischen Kasernen festketten ließen, um die Dislozierung der Pershing II zu verhindern und jene Nachrüstung des Westens zu sabotieren, die zum Auseinanderbrechen des Sowjetimperiums entscheidend beigetragen hat.

Ganz zu schweigen von jenen Opportunisten, die sich heute an die Brust Uncle Sams werfen, nachdem sie in den sechziger Jahren zu dem kindischen Schlachtruf »Ho Ho Ho Tschi Minh« durch die deutschen Straßen trabten, sich Arafat-Tücher, die schwarz-weiß-gefleckte »Keffieh«, um den Hals knüpften und schändlicherweise amerikanische Fahnen verbrannten. Wie kommt es nur, daß die dezidiertesten Medienanwälte einer Total-Ausrichtung Deutschlands und Europas auf die USA so selten am Ort des Geschehens anzutreffen sind? In Bagdad und Kabul würde ihnen ein Anschauungsunterricht erteilt, der vielleicht ihren Verlegern und Chefredakteuren nicht genehm wäre, aber ihrem kriegerischen Hurra-Geschrei ein jähes Ende setzen sollte.

Erteilen wir dem amerikanischen Kolumnisten William Pfaff das Wort, der alles andere als ein »peacenik« ist und dem jetzigen amerikanischen Präsidenten nicht verzeihen kann, daß er auf Grund seiner exzellenten Beziehungen seinen Militärdienst fern von Vietnam in der National Guard ableistete und »Texas gegen den Vietcong verteidigte«.

»Amerika hat erklärt, daß alles sich verändert habe und nichts mehr so sein könne wie vorher«, schreibt Pfaff. »Die Nation befand sich im Krieg gegen den Terror ... also waren Präventivkriege notwendig. Afghanistan und Irak mußten niedergeworfen werden, um die Anführer des Terrorismus mitsamt ihren nuklearen und biologischen Waffen auszuschalten. Auf Völkerrecht konnte unter diesen Umständen keine Rücksicht genommen werden. Was jedoch wirklich passiert ist in den vergangenen Monaten, das haben die Amerikaner noch nicht begriffen, und die anderen wagen es nicht laut auszusprechen: Die Menschen außerhalb der USA haben ihren Glauben an die amerikanische ›Story‹ verloren. Sie glauben nicht, daß der Terrorismus eine Kraft des ›Bösen‹ ist, die die Vereinigten Staaten bezwingen werde. Sie stellen statt dessen fest, daß Terrorismus eine Form der Kriegführung für Völker ist, die über keine F-16-Kampfflugzeuge und Panzerdivisionen verfügen. Sie ahnen, daß die Tschetschenen, die Moros, die Taleban, die kolumbianischen Aufständischen, die palästinensischen Bombenwerfer und die irakischen Feinde der US-Besatzung durchaus nicht jenes einheitliche, globale Phänomen sind, zu dessen Bewältigung die ganze Welt mobilisiert werden muß. Die Menschen außerhalb der USA haben der amerikanischen Darstellung der Dinge von Anfang an nicht wirklich geglaubt. Sie haben trotzdem aufmerksam zugehört, weil Washington es so darstellte und sie Washington respektierten. Das ist heute nicht mehr der Fall. Hier sehe ich den Grund der Verstimmung, die zwischen den USA und den Ländern, die ihre Verbündeten waren, aufgekommen ist. Am Ende mag sich dann tatsächlich heraus- stellen, daß ›nichts mehr so sein kann wie vorher‹.«

Guter Qadhafi – böser Saddam

Die Gliederung dieses Buches mag verwundern. Sie ist strikt chro- nologisch auf die Reisen ausgerichtet, die ich in der zweiten Jah- reshälfte 2003 in Afghanistan, Persien, Irak und Libanon/Syrien unternommen habe. Dabei stellt sich eine geographische Konti- nuität ein von Ost nach West, vom Hindukusch zum Mittelmeer. Wo bleiben die Ayatollahs, wenn von Afghanistan die Rede ist? Ich könnte auf die Existenz einer schiitischen Minderheit hin- weisen, die etwa fünfzehn Prozent der Gesamtbevölkerung aus- macht und sich fast ausschließlich aus mongolischen Hazara zu- sammensetzt, oder auf die persische Kultur, die sich in Herat erhalten hat.

Die Einbeziehung Afghanistans in diese Abhandlung soll jedoch einem anderen Zweck dienen. Hier wird am besten sichtbar, daß die NATO – gemeint ist nicht die Nordatlantische Allianz selbst – unzeitgemäß geworden ist, daß sie die Interessen der Europäer miß- achtet, ja ihnen auf Dauer schaden dürfte. Die Sprengung des ur- sprünglich vorgegebenen geographischen Defensiv-Rahmens, seine maßlose Expansion in die Steppen und Gebirge Zentral- asiens kommt einem »overstretch«, einer verhängnisvollen Auf- blähung des Bündnisbereiches gleich. Die deutsche Reaktion auf diese neue Situation bestand aus einem Gemisch von Willfährig- keit gegenüber der traditionellen atlantischen Führungsmacht, mangelndem Verantwortungsgefühl gegenüber den eigenen Sol- daten und – trotz vorzüglicher nachrichtendienstlicher Unter- richtung – verbohrter Verkennung der realen Verhältnisse am Hindukusch.

Wie weit soll dieser Ritt nach Osten noch gehen? Schon gehört Rußland der »partnership for peace« an. Wird die Bundeswehr eines fernen Tages, wenn die fortschreitende Solidarisierung zwischen Washington und Moskau eine konkrete Bündnisform annimmt, am Ussuri und Amur in Fernost Stellung beziehen und sich in eine gemeinsame Front gegen die chinesische Volksbefreiungsarmee einreihen? Die Westeuropäer mögen engste wirtschaftliche, kulturelle, gesellschaftliche und auch strategische Beziehungen zu dem Riesenreich Wladimir Putins knüpfen und mit dem russischen Volk eine ehrlich empfundene Freundschaft pflegen. Im Weltsicherheitsrat mögen Deutsche und Franzosen gelegentlich eine gemeinsame Verzögerungstaktik gegenüber Washington betreiben. Die wirkliche Allianz der Zukunft wird jedoch nicht zwischen Europa und Moskau, sondern zwischen Moskau und Washington geschmiedet werden. Der revolutionäre Islamismus einerseits, die aufsteigende Weltmacht China andererseits, das sind die beiden historischen Herausforderungen, denen sich der globale Hegemonialanspruch Amerikas und die Überlebensstrategie Rußlands ausgesetzt sehen.

Während ich diese Zeilen niederschreibe, überstürzen sich die internationalen Ereignisse und Wandlungen. Die vielgepriesene Globalisierung geht in der Bundesrepublik Deutschland mit einer betrüblichen Provinzialisierung einher. Man beachte nur das Übergewicht, das in der Fernseh-Berichterstattung den endlosen Parteiquerelen oder so weltbewegenden Problemen wie Dosenpfand und Mautgebühr eingeräumt wird. Unterdessen gehen in Kabul, das angeblich so sicher ist, die Bomben hoch. Die irakische Krise greift auf die Hochburg des schiitischen Märtyrerkults, auf die heilige Stadt Kerbela, über. Da jubelt der Westen, weil Oberst Muammar-el-Qadhafi sich dem angelsächsischen Diktat unterwirft und sein kümmerliches Arsenal an Massenvernichtungswaffen der Inspektion und Beseitigung ausliefert. Der britische Premierminister Blair hat für die staatsmännischen Tugenden dieses Militärdiktators lobende Worte gefunden.

Vielleicht hat der libysche Staatschef seine Untertanen nicht ganz so blutig unterdrückt wie Saddam Hussein die seinen. Aber im Gegensatz zum Tyrannen von Bagdad hat er sich auf dem Gebiet des internationalen Terrorismus als Anstifter zahlloser Attentate und Bombenanschläge zwischen Nordirland und den Südphilippinen einen Namen gemacht. Diesem Paranoiker war schon nach der Bombardierung seiner Residenz durch Präsident Reagan der Schneid abgekauft worden. Von der arabischen und islamischen Staatenwelt war der seltsame Glaubensbruder, der den »Hadith« als Quelle der Offenbarung nicht anerkennen will, dieser »Michael Jackson der orientalischen Politik«, der sich in immer neuen Verkleidungen gefällt und von einer weiblichen Leibgarde schützen läßt, von Anfang an als »Mahbul«, als verrückter und gefährlicher Irrläufer, abqualifiziert worden. In Washington, in London zumal, wird die »Kapitulation« des Chefs der libyschen »Jamahiriya« als grandioser Erfolg gefeiert. Dabei wird tunlichst verschwiegen, daß die Kampagne gegen das »Böse« ja gerade diese Kategorie von Hasardeuren ins Visier nehmen sollte, die der Oberst Qadhafi so unrühmlich verkörpert. Immerhin ist eines erreicht: Die Zwergrepublik Malta kann in Zukunft ruhig schlafen.

Kehren wir zum Irak zurück. Saddam Hussein ist endlich nach acht Monaten gefangen worden. Die erbärmlichen Umstände, unter denen er sich in seinem Rattenloch den Amerikanern ergab, enthüllen folgenden Tatbestand: Zunächst einmal ist das Prestige dieses Gewaltmenschen, das ohnehin gering war, gänzlich zu Schaden gekommen. Er ist weder als Held, als »Batal«, noch als »Schahid«, als Märtyrer, im Kampf gefallen. Er hat sich auch nicht selbst in die Luft gesprengt. Im Irak braucht sich niemand mehr vor seiner unheimlichen Wiederkehr zu fürchten. Offenkundig wurde jedoch auch – was jeder Kenner der Lage längst wußte –, daß Saddam Hussein eben nicht der Koordinator des antiamerikanischen Aufstandes war, daß er in seiner Höhle nicht die geringste Kommunikationsmöglichkeit, geschweige denn Kommandogewalt über jene düsteren Männer besaß, die den Koalitionsstreitkräften im »sunnitischen Dreieck« und inzwischen weit darüber hinaus schmerzliche Verluste zufügen und die Infrastruktur des Landes systematisch sabotieren.

Nicht die Kritiker der Operation »Iraqi Freedom« haben die Mär von der fortdauernden Befehlsgewalt des Diktators aufrechterhalten, sondern die Apologeten der amerikanischen Militäraktion, die einen überwiegend national und religiös motivierten Widerstand auf den brutalen Einfluß dieses Politgangsters und

20

Killers zu reduzieren suchten. Weiterhin haben wir es mit gezielter Desinformation zu tun. So stellt sich die Frage, ob vielleicht doch der Londoner »Sunday Express« recht hat, wenn er unter Hinweis auf die Legende der heldischen Soldatin Jessica Lynch und unter Berufung auf britische Geheimdienstquellen behauptet, die spektakulären Bilder der Verhaftung im Rattenloch und der erniedrigenden medizinischen Untersuchung seien »just for show« inszeniert worden. In Wirklichkeit hätten sich kurdische Peschmergas Saddam Husseins schon ein paar Tage früher bemächtigt. Die Diskussion über die Aburteilung, die juristischen Zuständigkeiten und die eventuelle Anwendung des »ultimate punishment«, das George W. Bush ausdrücklich empfiehlt, wird die Sensationsfreude der Massen noch lange beschäftigen. Sollte es zur Hinrichtung kommen, wäre diesem Mann keine Träne nachzuweinen.

Die Hoffnung der amerikanischen Stäbe in Bagdad, die Guerilla würde nach der Festnahme Saddams abflauen, hat sich bisher nicht erfüllt. Viele echte irakische Widerstandskämpfer, arabische Patrioten oder »Gotteskrieger«, hatten sich kompromittiert gefühlt durch die Behauptung, sie würden mit ihrem ehemaligen Peiniger gemeinsame Sache machen. Jetzt ergibt sich auch für die schiitischen Befürworter des »Dschihad« eine neue Perspektive.

Im übrigen setzt sich die Erkenntnis durch, daß die irakische »Résistance« – so disparat sie sein mag – eine präzise Planung befolgt. In einer ersten Phase ging es darum, die internationalen Organisationen, vor allem die Vereinten Nationen und das Internationale Rote Kreuz, aus dem Land herauszubomben. Das Ziel wurde erreicht, denn das ausländische Personal wurde abgezogen. In einer zweiten Phase nahmen sich die Partisanen die ausländischen Kontingente, die sogenannten Willigen, als vorrangiges Objekt ihrer blutigsten Aktionen vor. Da wurden Angehörige des spanischen Nachrichtendienstes exekutiert. In Nasariyeh, also in rein schiitischem Siedlungsgebiet, gerieten die italienischen Carabinieri, obwohl sie sich verdienstvoll um ein freundschaftliches Verhältnis zur Bevölkerung bemüht hatten, in eine mörderische Explosion. Dann kamen die bulgarischen Soldaten von Kerbela an die Reihe. Besonders gefährdet jedoch sind die irakischen Polizisten, die sich der Koalition als Ordnungshüter zur Verfügung stellten und die man als Kollaborateure zu eliminieren sucht.

Inzwischen hat sich erwiesen, daß die polnische Besatzungszone mit ihrem Sammelsurium diverser Nationalitäten – von der Ukraine bis Costa Rica – der Schwachpunkt der Koalition ist. Zur Stunde kann niemand absehen, welche zusätzlichen Aktionen den Freischärlern noch einfallen werden. Jedenfalls ist im Umkreis von Kerbela deutlich geworden, wie untauglich im Ernstfall eine kunterbunte Addition von Gelegenheitsalliierten ist, wenn es zum Schwur kommt. Die Lektion gilt nicht nur für »Iraqi Freedom«, sondern auf bedenkliche Weise auch für jene »Europa-Armee«, die weit von Bagdad entfernt auf dem Reißbrett entworfen wird. »In dem Maße, in dem Europa wächst, schrumpft die Vernunft«, stellte der kluge Premierminister Jean-Claude Juncker von Luxemburg fest.

Geschmähter »Pralinengipfel«

Die Ausweitung des Themas bietet sich an. Die Erfahrungen der Koalitionsarmee im Irak sollten allen Anwälten einer maßlosen Expansion Europas vor Augen führen, daß die Union zwar in ihrer jetzigen Ausdehnung, die bereits exzessiv ist, zur Not einen gemeinsamen Wirtschaftsraum, eines Tages wohl auch eine gemeinsame Währungszone bilden kann. In der Außenpolitik und vor allem beim Aufbau einer unabhängigen Verteidigung muß sie jedoch auf einen engen Kern beschränkt bleiben. Die Viererberatung von Brüssel, die im September 2003 stattfand, ist als »Konditor-Allianz« geschmäht worden. Dennoch sollte sie als sinnvolle Initiative, ja vielleicht als einzig praktikabler Weg anerkannt werden. Selten ist ein internationales Treffen mit so viel Häme übergossen worden wie dieser »Pralinengipfel«. Die Regierungschefs Deutschlands, Frankreichs, Belgiens und Luxemburgs wollten dort den Grundstein zu einer unabhängigen Verteidigung Europas legen.

Daß die USA sich gegen diese Emanzipation – nicht aus der Atlantischen Allianz, wohl aber aus der von Washington dominierten NATO-Befehlsstruktur – verwahren, ist zwar unklug, aber aus dortiger Sicht verständlich. Wenn jedoch eine ganze Kohorte deutscher Politiker und Publizisten jenen zwei Nationen des »alten Kontinents«, die in wechselnder Folge die »grandeur et servitude« des soldatischen Auftrags verkörperten, jegliche Fähigkeit zur Selbstverteidigung absprechen, klingt daraus nicht nur Verzagtheit, sondern auch betrübliche Selbstverleugnung. Immerhin stellt diese »Konditor-Allianz« eine Bevölkerungsmasse von 150 Millionen Menschen dar, also mehr als das riesige Rußland zwischen Smolensk und Wladiwostok aufzubieten hat, und ein Wirtschaftspotential, das nur in den USA seinesgleichen findet. Daß diese »karolingische Achse« auf militärischem Gebiet irrelevant bleibt, ist vor allem jenen deutschen Parteien zu verdanken, die nach Ende des Ost-West-Konfliktes ihre illusorische Friedensdividende kassieren wollten und das Wehrbudget verkümmern ließen.

Ohne Beteiligung Englands sei ein strategischer Emanzipationsversuch »Quatsch«, vernimmt man in den Medien. Aber wenn der Kontinent auf London gewartet hätte, wäre statt der Europäischen Gemeinschaft, der Edward Heath schließlich beitrat, bestenfalls eine Freihandelszone zustande gekommen. In absehbarer Zeit dürfte jenseits des Kanals trotz allen Gezeters der Euro das Pfund ablösen. Was jedoch die Verteidigung betrifft, so gefällt sich Tony Blair immer noch so bedingungslos in der Rolle des »brillant second« im Dienste des Weißen Hauses, daß ein Umdenken in Whitehall kaum vorstellbar ist.

Eine Ausnahme bildete der frühere Bundesaußenminister Hans-Dietrich Genscher, der den Vierergipfel als »richtig und vernünftig« begrüßte. Europa müsse jetzt den Weg seiner Einigung »entschlossen weitergehen, nicht um eine Gegenkraft gegen die USA zu bilden, sondern um gleichgewichtiger Partner sein zu können«. An die Adresse Tony Blairs bemerkte er, man solle nicht »der Idee einer von der Geschichte überholten unilateralen Weltordnung hinterherlaufen«.

Die Europäische Union sei doch gerade dabei, eine eigene »Rapid Deployment Force« von 60 000 Mann aufzustellen, wird häufig argumentiert, als ob ein brauchbares militärisches Instrument aus dem Sammelsurium von 25 Staaten geschmiedet werden könnte, das sich von Irland bis Zypern, von Estland bis Portugal erstreckt. Der Unilateralismus der amerikanischen Kriegführung ist zwar schockierend, hat jedoch seine guten Gründe. »Der Starke ist am mächtigsten allein«, heißt es bei Schiller, und die deutsche Generalität sollte sich erinnern, daß schon im Kosovo-Konflikt die Satellitenaufklärung des Pentagon der Bundeswehr verweigert wurde.

Man muß amerikanische Leitartikel lesen, um zu erfahren, daß die Osterweiterung von NATO und EU den verstärkten Einfluß Washingtons auf Gesamt-Europa zur Folge hat, daß die von Berlin bereitwillig akzeptierte »NATO Response Force« eine »sich selbst finanzierende Fremdenlegion im Dienste der USA« darstellen würde. Der klar umrissene Auftrag der NATO ist verlorengegangen, seit europäische, speziell deutsche Truppenkontingente in die Weiten Asiens und auf die Höhen des Hindukusch verschickt wurden. Der globale Vormachtanspruch, den George W. Bush vertritt, steuert amerikanischen Analysten zufolge unweigerlich auf eine weltweite Konfrontation mit dem revolutionären Islamismus und auf eine Kraftprobe mit der Volksrepublik China zu. In beiden Fällen decken sich die langfristigen Interessen Rußlands und der USA. Die Europäer hingegen würden bei solchen Einsätzen – der jüngste Irak-Konflikt liefert Anschauungsmaterial dafür – bestenfalls als Handlanger gebraucht und keinen nennenswerten Einfluß auf die geopolitischen Optionen besitzen.

Eine neue Deutschtümelei polemisiert gegen die angebliche Bevormundung der Bundesrepublik durch die »Grande Nation«, ein Ausdruck, der zur Zeit der Jakobiner gebräuchlich gewesen sein mag, im heutigen Paris jedoch ebensowenig benutzt wird wie der Begriff »Großdeutsches Reich« in Berlin. Dabei zählt Frankreich nur 60 Millionen Staatsbürger gegenüber 80 Millionen Deutschen, und seine Wirtschaftskraft ist der deutschen weiterhin unterlegen. Allerdings verfügen die Franzosen neben ungebrochenem Nationalbewußtsein über ein Vetorecht im Weltsicherheitsrat und über eine atomare »Force de dissuasion«, die, gemessen am gigantischen Arsenal Amerikas und Rußlands, zwar minimal erscheint, für die Abschreckung nuklearer Erpressungsversuche durch zweitrangige Schurkenstaaten oder Terrororganisationen jedoch ausreichend und unverzichtbar wäre.

Zwischen dem deutschen Generalinspekteur Naumann und dem französischen Stabschef, Admiral Lanxade, war zur Zeit Helmut Kohls und François Mitterrands eine gemeinsame nukleare Aussprache ins Auge gefaßt worden. Unter der rot-grünen Koalition, der ja schon die zivile Nutzung der Kernenergie ein Graus ist, kommt eine Fortführung dieser strategischen Gespräche nicht mehr in Frage. Washington hat vollauf recht, wenn es immer wieder auf die Proliferationsgefahr von Massenvernichtungswaffen verweist. Aber die weiterhin zwingende Solidarität des Atlantischen Bündnisses beruht nicht mehr – wie zu Zeiten des Kalten Krieges – auf einer Identität der strategischen Interessen. Das »gaullistische« Aufbegehren von Brüssel mag am Opportunismus der Regierenden scheitern. Immerhin hat es warnend darauf verwiesen, daß die Beziehungen zu Washington durch wachsende Ressentiments aufs schwerste belastet würden, wenn die Europäer fortfahren, sich mit der Rolle gefügiger Trabanten zu begnügen.

Die türkische Lüge

Eines haben Europäer und Iraker gemeinsam. Ihre Zukunft wird durch die türkische Frage überschattet. Ankara hat den Amerikanern viel härter zugesetzt als das schwankende deutsch-französische Duo. Unmittelbar vor Beginn der Offensive von Bagdad verweigerte das türkische Parlament dem Pentagon den bereits gewährten Durchmarsch von 60 000 US-Soldaten durch Anatolien in Richtung auf die irakische Nordgrenze. Das in Stellung gebrachte schwere Material mußte in den Hafen Iskenderun zurückgeschafft und dort eingeschifft werden, ehe es durch den Suezkanal und rund um die arabische Halbinsel im Emirat Kuweit neu disponiert werden konnte. Daß der Blitzsieg dennoch so erfolgreich errungen wurde, ist ein zusätzlicher Beweis für die Improvisationsgabe und einmalige Leistungsfähigkeit der amerikanischen Logistik.

Nach Ausbruch des irakischen Partisanenkampfes wurde wiederum die Türkei ins Spiel gebracht. Für eine Finanzierungszusage in Höhe von 8,5 Milliarden Dollar war der Generalstab von Ankara offenbar bereit, 10 000 türkische Soldaten zur Niederkämpfung der Guerilla in die sunnitische Aufstandszone zu entsenden. Mit den Türken wäre den arabischen Bombenlegern und Heckenschützen ein sehr ernst zu nehmender Gegenspieler erwachsen. Aber auch diese Vereinbarung kam letztlich nicht zustande, möglicherweise weil die »neuen Osmanen« auf die Durchgangsrouten durch Irakisch-Kurdistan angewiesen waren und dort zwangsläufig ihre rückwärtigen Basen verstärkt hätten. Die Peschmerga des Nordirak, die seit 1991 eine weitgehende Autonomie, ja eine De-facto-Unabhängigkeit gegenüber Bagdad genießen, hätten wohl nicht gezögert, das Feuer auf ihre aus Anatolien einrückenden Erbfeinde zu eröffnen. Die amerikanische Armee, die von den Kurden als Befreier umjubelt wurde, hätte wiederum ihre einzig verläßlichen Freunde im Irak verloren, ja mit der offenen Feindseligkeit dieses rauhen Gebirgsvolks rechnen müssen.

Die Administration Bush – insbesondere der stellvertretende Verteidigungsminister, Paul Wolfowitz, der ansonsten eine sehr herrische Sprache führt – hat bei ihren Verhandlungen mit Ankara ungewohnte Flexibilität an den Tag gelegt. Die Türkei nimmt eben für den ganzen Orient eine so eminent wichtige Schlüsselposition ein, daß selbst die Hardliner Washingtons ihre Zunge im Zaum halten. Unterdessen geht das Rätselraten weiter über die realen Absichten des derzeitigen Ministerpräsidenten Recep Tayyip Erdoğan und seine das Parlament beherrschende AKP-Bewegung.

Als ich dem heutigen Regierungschef im Dezember 1998 in Istanbul begegnete, stand er unmittelbar vor seiner Inhaftierung wegen einer grotesken Zweckbeschuldigung. Er unterbrach damals seine extrem vorsichtigen Aussagen, um das Mittagsgebet zu verrichten. Das erinnerte mich daran, daß er zwei Jahre zuvor bei einem Deutschland-Aufenthalt das Westfalenstadion in Dortmund mit begeisterten türkischen Anhängern gefüllt hatte, die fast ausnahmslos der national-religiösen Bewegung »Milli Görüş« angehörten. Da war keine Frau ohne Kopftuch zugegen.

Dieser energische, kluge Mann, der die koranische Ausbildung der Imam-Hatip-Schulen absolvierte, hat sich als vorzüglicher Bürgermeister von Istanbul bewährt und bleibt zweifellos im islamischen Glauben verwurzelt. Für viele ist Erdoğan eine Sphinx geworden. Jedenfalls könnte er befähigt sein, das Lügengeflecht zu zerreißen, das um den Beitritt der Türkei zur Europäischen Union von den Politikern sämtlicher deutscher Parteien seit langem geknüpft wird. Um nur zwei Punkte zu erwähnen: Erdoğan ist dabei, die hohe Generalität, die im Nationalen Sicherheitsrat weit mehr Macht ausübte als Parlament und Regierung zusammen, in ihre Schranken zu verweisen. Damit erfüllt er eine der Forderungen nach konsequenter Demokratisierung, die von den Europäern stets erhoben wurde. Gleichzeitig jedoch entfernt er das letzte kemalistische Bollwerk, das im Namen des Laizismus die fortschreitende Islamisierung seines Landes blockiert.

Während der angebliche »Christen-Club« des Abendlandes dem Religionsverzicht, ja dem Atheismus zuneigt, würde der neue Beitrittskandidat seine koranische Identität Schritt um Schritt betonen, woraus man ihm übrigens nicht den geringsten Vorwurf machen sollte. Hingegen muß man in Brüssel endlich zur Kenntnis nehmen, daß in der postkemalistischen Türkei in kürzester Frist weit mehr Moscheen gebaut wurden als in den langen Jahrhunderten der osmanischen Sultansherrschaft, daß die Gebetshäuser am Freitag stets überfüllt sind. Wer weiß schon in Deutschland, daß zumindest in den ländlichen Regionen kein Politiker eine Chance hat, Parlamentsabgeordneter zu werden, wenn er nicht die Unterstützung der örtlichen »Tarikat«, der islamischen Sufi- oder Derwischbünde, genießt.

Von der EU wird immer wieder eine liberale Lösung der Kurdenfrage angemahnt. Ein Eingehen darauf dürfte die weitgehende kulturelle und politische Autonomie dieser auf 15 Millionen Menschen geschätzten Minderheit nach sich ziehen. Der Nordirak könnte da als Vorbild und Ermutigung dienen. Aber dadurch droht der Zusammenhalt des kemalistischen Einheitsstaates gesprengt zu werden. Wahrscheinlich wäre dann sogar – schon auf Grund der ethnischen Verzahnung der Siedlungszonen – ein endloser Sezessionskonflikt fällig, dem die europäischen Partner hilflos zusehen würden.

In Bonn, dann in Berlin, hatte wohl niemand begriffen, daß der herablassende Hinweis der Europäer auf die mangelnde Eignung der Türken zu demokratischer Toleranz und zu humanen Polizeimethoden dieses stolze Volk beleidigte. Insgeheim hofften die meisten Schönredner des Abendlandes, Ankara würde es ohnehin nie fertigbringen, das Aufnahme-Examen zu bestehen. Nunmehr jedoch könnte Erdoğan Fakten schaffen und die erheischten Voraussetzungen erfüllen. Da aus den USA massiver Druck auf die deutsche Regierung ausgeübt wird, die Erweiterung der Europäischen Union in Richtung Anatolien zu vollziehen, und die deutsche Wirtschaft politische Vernunft durch kurzfristiges Profitdenken ersetzt, stünden die Chancen nicht schlecht für Ankara.

In Washington ist man sich bewußt geworden, daß die Türkei, wo neunzig Prozent der Bevölkerung die Teilnahme am Irak-Krieg kategorisch ablehnten, nicht mehr der ergebene Alliierte von gestern ist. Ihre Aufnahme in die EU würde einerseits die Republik von Ankara an die Atlantische Allianz anbinden und gleichzeitig die Brüsseler Gemeinschaft einer geographischen und kulturellen Verzerrung aussetzen, die jede politische oder gar militärische Verselbständigung des alten Kontinents ausschlösse.

Die Türkei – heute 70 Millionen Einwohner – würde auf Grund ihrer Demographie bald zum zahlenstärksten Mitglied der Union. Die Aufnahme beinhaltet das freie Niederlassungsrecht für die Bürger aller Mitgliedsstaaten. Die türkischen Deutschland-Experten und Soziologen in Ankara und Istanbul hegen nicht den geringsten Zweifel, daß somit eine gewaltige Migration aus Anatolien in Richtung Deutschland stattfände, eine rapide Zuwanderung von mindestens 10 Millionen Menschen, darunter ein überproportional großer Anteil von Kurden. Die Bundesrepublik Deutschland verlöre damit nicht nur ihre ohnehin fragwürdige christliche, sondern auch ihre nationale Identität.

Bei aller Sympathie für die Türken, bei aller Anerkennung ihrer Tüchtigkeit, ihres Fleißes, ihrer Disziplin, käme es dann auf deutschem Boden – zumal in den Wohngebieten der kleinen Leute – zu einem fatalen Kulturschock, ja zu gewaltsamen Auseinandersetzungen, an denen gemessen die Streitfälle Nordirland oder Baskenland, mit denen London und Madrid sich plagen, als Lappalie erschienen. Sehr bald würden im Bundestag türkische, vielleicht auch islamisch orientierte Parteien entstehen, die jede Regierungsbildung beeinflussen und – wie heute schon in gewissen Ballungsgebieten von Türken mit deutschem Paß – das Zünglein an der Waage bilden.

Diese Argumentation trage ich in durchaus freundschaftlicher Absicht vor. Man hätte in Deutschland ehrlicher sein müssen und die türkische Bruder-Nation von Anfang an darauf verweisen sollen, daß Europa die Nachfolger der Osmanen nicht wie einen balkanischen Kleinstaat behandelt, sondern als Erben eines Großreiches respektiert. Die EU muß ja auch der christlichen Ukraine eine Absage erteilen und kann es sich nicht leisten, ihre Grenzzone bis zum Kaukasus, bis Mesopotamien und Iran vorzuschieben, wo einst der Untergang des Byzantinischen Reiches seinen Ausgang nahm. Eine solche Sprache wäre vermutlich auf willigere Zuhörer in Ankara gestoßen als das beleidigende Gefeilsche um erfüllte oder unerfüllte Menschenrechte. Das alternative Angebot müßte dann allerdings lauten: Der Türkei fällt eine Ordnungsfunktion im Orient und im Kaukasus zu; ihre ethnischen Verästelungen und Interessen reichen weit bis nach Zentralasien, und deren Entfaltung sollte auf die volle europäische Unterstützung stoßen. Vor allem wäre die Türkei der wirtschaftliche Vorzugspartner, ein enger militärischer Verbündeter, ein gleichrangiger Nachbar jener Europäischen Union, um deren Zusammenhalt es auch ohne die maßlose Ausweitung nach Osten noch so erbärmlich bestellt ist.

Ob die Bombenanschläge, die im Dezember 2003 jüdische Kultstätten und britische Einrichtungen in Istanbul verwüsteten – die Täter waren ausschließlich Türken –, das Hochkommen einer extrem-islamistischen Welle in der Republik Atatürks signalisieren, bleibt noch dahingestellt. Aber wer von der geschichtsträchtigen Metropole Konstantinopel als einem Ort der Toleranz, der multikulturellen Entfaltung und einer Freizügigkeit der Sitten schwärmt, sollte einmal das dortige Fatih-Viertel aufsuchen, wo die Frauen schwarzverhüllt gehen und die Scharia schon wieder das tägliche Leben bestimmt.

33 Kampfbrigaden sind zu wenig

Warum wurde im Pentagon das Ausbleiben von zehn- oder zwölf-tausend türkischen Soldaten im Irak so schmerzlich empfunden, und warum bemüht man sich dort krampfhaft um die Entsendung indischer oder pakistanischer Brigaden nach Mesopotamien? Der Supermacht USA mangelt es an ausreichenden Heeresverbänden, wie manche Militärexperten, die es doch eigentlich wissen muß-ten, mit Überraschung, teilweise Bestürzung feststellten. Da hatte man aus Washington stets vernommen, die US Army sei durchaus in der Lage, drei, eventuell auch vier Regionalkonflikte simultan zu bewältigen, und jetzt stellt sich heraus, daß schon »Iraqi Free-dom« das bestehende Potential an Bodenkräften überfordert.

Inzwischen ist es überall zu lesen. So berichtet die »New York Times«, daß von dreiunddreißig aktiven Kampfbrigaden, über die das Heer verfügt, sechzehn im Irak engagiert waren und fünf in Asien verzettelt sind, zwei davon in Afghanistan und zwei in Süd-korea. Eine Brigade befindet sich noch auf dem Balkan. Was übrig-bleibt, unterliegt dem Rotationsbedürfnis und den notwendigen Umdispositionen. Am Ende wären nur drei Brigaden für neue, dringende Aufgaben vorhanden. Die Lücken können nicht durch die Mobilisierung der National Guard, die sich nach Abschaffung der Wehrpflicht auch für Auslandseinsätze bereithalten muß, oder durch Reservisten gefüllt werden. Zudem entstünde bei solchen Einberufungen eine psychologische Belastung der »Heimat-front«, die sich politisch negativ auswirkt. Solange der »war of low intensity« zwischen Mossul und Basra andauert, ist dort an eine drastische Truppenverringerung kaum zu denken.

Es besteht also eine erstaunliche Diskrepanz zwischen der stra-tegischen Allmacht, die Washington in der Luft und zur See be-

sitzt, und den eher bescheidenen Mitteln, die zur Partisanenbe-
kämpfung und zur flächendeckenden Sicherung des eroberten
Terrains verbleiben. An Euphrat und Tigris scheint sich wieder
einmal die uralte Regel zu bewahrheiten, daß die Infanterie die
»Königin des Schlachtfeldes« ist. Die Visionäre des High-Tech-
Krieges und der Roboter-Zukunft hatten dieses Grundprinzip
verdrängt. Also hält die Bush-Administration nach zusätzlichem
»Menschenmaterial« und nach Hilfswilligen aus Dritte-Welt-
Staaten Ausschau, die sich notfalls auch als Kanonenfutter ver-
heizen ließen. Die Anwerbung hochqualifizierter und hochbe-
zahlter Söldner bei den offiziellen Mercenary-Firmen ist zwar
schon zur Routine geworden. Deren Kapazität wird jedoch durch
zunehmenden Personen- und Objektschutz weitgehend ausge-
schöpft. Die bunt zusammengewürfelte polnische Division ist bereits strapaziert. Die in aller Hast aufgestellten Einheiten einer
neuen irakischen Nationalarmee sind unzureichend ausgebildet
und ziemlich unberechenbar.

In dieser Situation erweist sich die Unzumutbarkeit der derzeitigen NATO-Struktur. In treuer Auftragserfüllung seiner amerikanischen Mentoren hat der damalige NATO-Generalsekretär
Lord George Robertson in Berlin sondieren lassen, ob nicht doch
vier oder fünf deutsche Heeresbrigaden für internationale »Frie-
denssicherung« – gemeint ist die Bekämpfung von Partisanen und
die Ausmerzung von Widerstandsgruppen im Irak – zur Verfügung ständen. Nun hat die Atlantische Allianz bereits mehr als
ihre Pflicht getan, als sie nach dem Terroranschlag von New York,
der von religiösen Fanatikern der Mystery-Organisation El Qaida
ausgeführt wurde, die Beistandsverpflichtung laut Artikel V ohne
Widerspruch aktivierte. Dieses spontane Zugeständnis ist seitdem
hemmungslos strapaziert worden, nicht zuletzt durch die Unterstellung der multinationalen ISAF-Brigade in Afghanistan unter
NATO-, das heißt unter US-Kommando.

Falls jedoch eines Tages die Vereinigten Staaten durch einen
klar erkennbaren Aggressor attackiert oder existentiell bedroht
würden, sollte die Bündnissolidarität der Europäer eine Selbst-
verständlichkeit sein. In der Kuba-Krise im Oktober 1962 hatte
Charles de Gaulle dem amerikanischen Sonderbeauftragten Dean

Acheson ohne das geringste Zögern versichert: »If there is a war, we shall be with you.« Für eine diffuse Gespensterjagd gegen den »internationalen Terrorismus« wurde das Atlantische Bündnis jedoch nicht erfunden. Die NATO entartet seitdem zum Instrument angelsächsischer Bevormundung und Irreführung. Das war schon – mit Verlaub gesagt – im Kosovo-Krieg gegen Serbien der Fall.

In diesem Zusammenhang möchte ich den ehemaligen Staatssekretär im Bundesverteidigungsministerium Lothar Rühl zu Wort kommen lassen, dem ich mich aus gemeinsamer Korrespondententätigkeit in Paris verbunden fühle. Diesen bislang brillantesten Planer der Hardthöhe kann man gewiß keiner antiatlantischen Voreingenommenheit bezichtigen. In der »Frankfurter Allgemeinen Zeitung« schreibt Rühl: »Sollten die europäischen Regierungen sich doch zu der Übernahme militärischer Sicherungsaufgaben im Irak im Rahmen der NATO bereit erklären, müßte ein eigener alliierter Befehlsstrang neben dem amerikanischen, aber strikt getrennt von diesem, angelegt werden, um die politische Unabhängigkeit der NATO-Partner von Washington für militärische Nachkriegsaufgaben deutlich zu machen. Diese Forderung erheben die höchsten alliierten Militärs schon seit Wochen für diesen Fall. Dabei wird ebenfalls ein UN-Mandat für notwendig gehalten. Aber weder die Türkei noch irgendein anderer NATO-Staat nimmt eine Militäroperation der UN im Irak oder eine Unterordnung unter ein UN-Kommando in Aussicht.«

»Die Ereignisse in Somalia beim militärischen UN-Einsatz zur Abschirmung der humanitären Hilfe sprechen eine eindeutige Sprache«, so heißt es weiter. »Das Nebeneinander eines UN-Kommandos und eines nationalen amerikanischen Kommandos mit einem politischen Kommissar des Außenministeriums in Washington als bevollmächtigter Leiter richtete ein Befehls-Chaos an. Das Unternehmen wurde erfolglos mit einem schlichten Rückzug abgebrochen, nachdem die versprochene indische Brigade, deren Logistik die Deutschen übernehmen sollten, nicht erschienen war, die französischen und italienischen Truppen sich eigenmächtig auf Befehl ihrer Regierungen aus den ihnen zugewiesenen Sektoren in sicherere Rückzugsgebiete abgesetzt und die Amerikaner in den Straßen von Mogadischu ein Desaster erlitten und damit in der gesamten Region auch ihr Gesicht verloren hatten. Verteidigungsminister Rumsfeld erinnerte unlängst während seiner Visite am Golf daran und sagte, El Qaida und die arabischen Terroristen hätten diesen Fall ›studiert‹ und bauten darauf ihre Hoffnungen, daß sie einen Rückzug Amerikas aus dem Irak und vom Golf insgesamt erzwingen könnten.«

Die Situation im Zweistromland kann kaum realistischer und pessimistischer beschrieben werden als durch Doug Bandow, der zum engsten Beraterstab des Präsidenten Ronald Reagan gehörte und deshalb gewiß nicht als »appeaser« gelten kann: »Die Vereinigten Staaten sollten den Aufbau einer Selbstverwaltung im Irak vorantreiben und die Bereitschaft bekunden, nahezu jede irakische Regierung zu akzeptieren, solange sie nicht den Terrorismus unterstützt und nach Massenvernichtungswaffen strebt. Die amerikanische Regierung muß etwas entwickeln, das sie bisher verächtlich abgetan hat: eine Strategie zum Abzug aus dem Irak.«

Trauma Vietnam

»Good morning Vietnam!« So dröhnte es einst aus den Lautsprechern der amerikanischen Rundfunkstation in Saigon. Bei den US-Besatzern in Bagdad geht ein Gespenst um, und es heißt Vietnam. Je heftiger jeder Vergleich mit dem US-Fiasko in Südostasien verworfen und verflucht wird, desto hartnäckiger, ja geradezu obsessiv setzt sich dieser angebliche Präzedenzfall in den Hirnen fest. Zu diesem Thema besitze ich eine Erfahrung, über die wenig andere verfügen dürften. Den amerikanischen Vietnamkrieg habe ich als Korrespondent an Ort und Stelle in regelmäßigen Abständen zwischen 1965 und 1975 »gecovered«, von der Landung der ersten US-Marines in Danang bis zur Panikstimmung Saigons vor dem Einrollen der nordvietnamesischen Panzer.

Dabei kam mir die Kenntnis des Landes zugute, die ich während des französischen Indochinakrieges – beginnend mit der Landung der ersten Elemente des französischen Expeditionskorps im Winter 1945 bis zur tragischen Niederlage im Juli 1954 – in unterschiedlicher Eigenschaft erworben hatte. Was nun das vermeintliche irakische Pendant dieser militärischen Fehlschläge in Ostasien betrifft, nämlich die Verwicklung der USA in einen orientalischen Zermürbungskrieg, so habe ich die diversen, blutigen Mutationen der Willkür-Regime von Bagdad seit meinem ersten Aufenthalt im Sommer 1951 im Irak im Auge behalten.

Um es gleich vorwegzunehmen: Der Irak ist kein zweites Vietnam. Die überschaubare Ebene Mesopotamiens, die immensen Wüstenregionen, die der Luft- und Satellitenbeobachtung schutzlos ausgeliefert sind, lassen sich nicht mit den Dschungeln, den schroffen Gebirgsklippen Indochinas vergleichen, nicht einmal mit den überfluteten Reisfeldern, in denen geübte Partisanen Deckung fanden. Im Irak ist der Widerstandskämpfer auf die Verstecke angewiesen, die sich ihm im Gassengewirr der dicht bevölkerten Ortschaften bieten. Auch die Zahlen stimmen nicht überein. Auf dem Höhepunkt des US-Einsatzes befanden sich mehr als eine halbe Million GIs auf dem relativ engen Territorium der Republik Südvietnam konzentriert. Davon sind wir im Zweistromland weit entfernt.

Um den Vietcong und seine Nachschubpiste aus dem Norden zu zermalmen, wurde über Laos und Vietnam eine unglaubliche Sprenglast durch die US Air Force abgeworfen, die angeblich sämtliche Bombardements des Zweiten Weltkrieges übertraf. Die »Nationale Befreiungsfront Südvietnams«, allgemein als Vietcong bekannt, konnte sich auf die rückhaltlose Solidarität der nordvietnamesischen Brüder, der kommunistischen Kaderpartei Ho Tschi Minhs und jene Volksarmee des General Giap, des Siegers von Dien Bien Phu, verlassen, die unermüdlich die schrecklichen Verluste der Partisanen durch Entsendung ihrer todesbereiten Bo Doi ausglich.

Andererseits muß erwähnt werden, daß die Amerikaner sich auf eine südvietnamesische Nationalarmee stützten, die nicht so schlecht war wie ihr Ruf und am Ende unter Einschluß der bewaffneten Milizen auf eine Million Soldaten aufgebläht wurde.

Das Politbüro von Hanoi wiederum genoß die Unterstützung der Volksrepublik China und der Sowjetunion, die das notwendige Kriegsmaterial anlieferten. Vor allem die Verlustzahlen klaffen weit auseinander. In Südostasien fanden 57 000 Amerikaner den Tod. Davon kann im Irak nicht die Rede sein. Ähnlich verhält es sich mit den Kräften des Widerstandes. Mindestens eine Million Südvietnamesen, überwiegend Zivilisten, sind das Opfer einer extrem brutalen Kriegsführung des Pentagon geworden. Von solchen grauenhaften Verlustziffern wurden die Araber Mesopotamiens nicht betroffen.

Und dennoch ergeben sich gewisse Parallelen zwischen den kriegerischen Abläufen am Schatt-el-Arab und am Mekong. Für die Rechtfertigung ihrer Feldzüge haben die amerikanischen Entscheidungsträger in beiden Fällen auf eine total irrige Domino-Theorie zurückgegriffen. Nach Überzeugung des Präsidenten Dwight D. Eisenhower, dann John F. Kennedys, der diese These ausführlich im Fernsehen vortrug, ging es für Amerika darum, die Ausbreitung des Weltkommunismus, von der vietnamesischen Bastion ausgehend in Richtung Thailand, Burma, sogar Indien, mit allen Mitteln zu verhindern. In Washington hatte man zu jener Zeit noch nicht erkannt, daß die ideologische Entfremdung zwischen Peking und Moskau unwiderruflich war. Ebensowenig war bekannt, daß Mao Zedong, als Erbe des »kaiserlichen Drachensohns«, nach Abzug der Amerikaner keineswegs gewillt gewesen wäre, seinen ehemaligen Vasallen von Annam eine führende Rolle in Südostasien zuzugestehen. Diese »negative« oder defensive Domino-Theorie des Weißen Hauses, die maßlose Überschätzung der potentiellen Expansionsfähigkeit Vietnams, erwies sich schon bald als Hirngespinst und als falsch konzipierte Containment-Strategie.

In der Konfrontation Amerikas mit dem Irak Saddam Husseins hingegen wurde eine »positive« oder offensive Domino-Theorie vom Clan der Neokonservativen entworfen. So sollte der Sturz des Tyrannen von Bagdad nicht nur den Irak in ein Musterland der Demokratie und der Marktwirtschaft verwandeln; dieses Modell sollte die gesamte Staatenwelt des arabisch-islamischen Raumes zur Nachahmung des amerikanisch konzipierten Modells anhalten. Die gewaltsame Beseitigung der im »Dar-ul-Islam« weitverbreiteten Willkür-Regime und korrupten Diktaturen war in dem Programm der »positiven« Domino-Theorie durchaus enthalten. Daß diese Wunschvorstellung auf gut amerikanisch als »bullshit« zu bezeichnen wäre, darüber schien man sich in Kreisen der Bush-Administration, die ja über eine ganze Reihe brillanter Köpfe verfügt, keine Rechenschaft abzulegen.

In beiden Fällen, in Vietnam und im Irak, stimmten also die Prämissen nicht. »The best and the brightest« im Umkreis des Weißen Hauses wurden Opfer einer abstrusen Selbsttäuschung. Was nun den weiteren Verlauf des mesopotamischen Abenteuers betrifft, so steuert die Entwicklung auf einen ebenso unrühmlichen Rückzug der letzten Supermacht aus Bagdad zu wie seinerzeit in Saigon. Bei allem Unterschied der Charaktere verließen sich die beiden Verteidigungsminister Robert McNamara im Falle Vietnams und Donald Rumsfeld im Fall Iraks auf die technologische Omnipotenz. Sie benutzten für ihre Durchhalteparolen ein fast identisches Vokabular. Für das Bestehen eines schier endlosen »war of attrition«, eines Abnutzungskrieges, sind jedoch die US Army und die Heimatfront psychologisch schlecht geeignet. In Washington ist eben – allen heroischen Beteuerungen des Gegenteils zum Trotz – kein Rom des einundzwanzigsten Jahrhunderts erstanden.

Andererseits wären die Konsequenzen eines amerikanischen Scheiterns in Bagdad unendlich gravierender, verhängnisvoller als seinerzeit die fluchtartige Evakuierung Saigons. Damals hatte das Prestige Amerikas zwar schwer gelitten, aber eine nennenswerte Beeinträchtigung seiner geostrategischen Position fand nicht statt. Auf Indochina konnte das US-Militär und mehr noch das amerikanische Kapital ohne nachhaltigen Schaden verzichten. Der Übermut, den die Erben Ho Tschi Minhs nach ihrem phänomenalen Erfolg an den Tag legten, wurde durch die neue und alte Hegemonialmacht Ostasiens, durch die Volksrepublik China, sehr bald gedämpft. Nicht einmal in Kambodscha konnten sich die vietnamesischen Eroberer gegen die Roten Khmer durchsetzen. Sie mußten sogar eine militärische »Strafaktion« großen Stils durch die chinesische Volksbefreiungsarmee an ihrer Nordgrenze in Kauf nehmen.

Eine Niederlage oder auch nur eine Verzichtserklärung der USA an Euphrat und Tigris könnte sich hingegen zum Desaster auswachsen. Paradoxerweise bestünde der günstigste Ausweg für den US-Statthalter Paul Bremer in der Errichtung eines Systems – gestützt auf das Offizierskorps, die gleichen Verwaltungsstrukturen, dieselben Geheimdienste –, das sich an der ehemaligen Rolle der Baath-Partei Saddam Husseins orientieren würde. Es wäre lediglich ein neuer »Rais« zu finden, der die auseinanderstrebenden Kräfte des Zweistromlandes etwas weniger grausam, aber immerhin mit harter Faust zusammenhielte. Ob eine solche Option, die sich zwangsweise auf die sunnitische Minderheit stützen müßte, realisierbar ist, erscheint überaus dubios. Sie wäre jedenfalls wenig rühmlich, ja geradezu skandalös.

Die Alternative dazu wäre die Anerkennung des Führungsanspruchs der schiitischen Bevölkerungsmehrheit des Irak und ihrer hohen Geistlichkeit. Das käme – wie gesagt – der Schaffung eines Gottesstaates gleich, und hier berühren wir wieder das zentrale Thema.

»Mit dem Teufel schlafen«

Das Königreich Saudi-Arabien fühlt sich durch den Ausbruch des Partisanenkampfes im benachbarten Irak bedroht und erleichtert zugleich. Die Agenten des Nachrichtendienstes von Riad hatten in Erfahrung gebracht, daß ihre amerikanischen Kollegen die Urheberschaft von »Nine Eleven« eindeutig in ihrem »Mamlakat« geortet hatten und in den dortigen Palästen und Koranschulen nach den Verantwortlichen suchten. Die Pläne für einen politischen Umsturz und die militärische Besetzung der reichsten Erdölreviere am Persischen Golf waren bereits ausgearbeitet. Der zu befürchtende Produktionsausfall dieses weltweit bedeutendsten Petroleum-Exporteurs, so hatten die Strategen in Washington es sich angeblich vorgestellt, würde durch die Lieferungen aus dem Irak ersetzt. An der blitzschnellen Niederwerfung des Saddam-Regimes bestand ja kein Zweifel, und in Washington rechnete man damals noch mit der freudigen Kooperationswilligkeit der Bevölkerung.

Dann kam es jedoch ganz anders. Die Petroleumfelder zwischen Basra und Kirkuk gingen zwar nicht in Flammen auf, aber durch die allgegenwärtige Guerilla und zahllose Sabotageakte gegen die Pipelines schrumpfte die Förderung des Schwarzen Goldes im Irak auf einen dramatischen Tiefstand. Die amerikanischen Medien, die bereits ein propagandistisches Trommelfeuer gegen Saudi-Arabien eingeleitet hatten und die dortige Dynastie der Duldung terroristischer Aktivitäten gegen den Westen bezichtigten, bliesen die Kampagne ab. Jedermann wußte inzwischen, daß der trügerische Verbündete von Riad, dessen Rekrutierungsagenten – darunter ein gewisser Osama Bin Laden – im Afghanistan-Krieg gegen die Sowjetunion mit voller Unterstützung der CIA tätig waren, gleichzeitig als Anstifter und Finanziers zahlreicher antiamerikanischer Umtriebe agierten. Kronprinz Abdullah Ibn Abdulaziz, ein etwa achtzigjähriger Sohn des Staatsgründers Abdulaziz Ibn Saud, der an der Spitze des Staates König Fahd, seinen gelähmten Halbbruder, seit Jahren ersetzt, war noch einmal davongekommen. Aber das Damoklesschwert der neokonservativen Rächer von Washington hängt weiterhin über den Wahhabiten.

Die Amerikaner haben in Saudi-Arabien jede Übersicht verloren. Sie bedrängen den Kronprinzen, den die einen als traditionsbewußten Beduinen, die anderen als Freund vorsichtiger Reformen schildern, ein Minimum an Toleranz und Modernität zuzulassen. Dem stellt sich angeblich ein anderer Halbbruder, der Innenminister Prinz Nayef, entgegen, der insgeheim mit El Qaida sympathisieren soll und gegen die »Liberalen« – ein unpassendes Wort für ein Land, wo es bestenfalls gemäßigte Konservative gibt – polizeilich vorgeht. In anderen Berichten hingegen wird Nayef als letzte Säule der Beharrung gegen einen radikalislamistischen Umsturz genannt.

Ein großer Teil der 22 Millionen Untertanen hat von den immensen Erdölgewinnen der goldenen Jahre nicht profitiert. Bei den Jugendlichen grassiert Arbeitslosigkeit und eine zunehmend aufsässige Stimmung. Die unerbittlichen Korangelehrten, die Ulama dieser bei weitem strengsten Form des Islam, verfolgen jeden religiösen und gesellschaftlichen Auflockerungsprozeß mit ihrem

»Takfir«, mit dem Fluch gegen den Abfall vom Glauben. Der theologische Streit um den Begriff des »Taqarub«, des friedlichen Zusammenlebens mit Ungläubigen, ist voll im Gange. Die Tatsache, daß die Befürworter einer bescheidenen Toleranz von Washington offiziell gefördert werden, ruft ständig neue Fanatiker der Verneinung, des »Takfir«, auf den Plan. Die USA sind dabei, ihre letzten Soldaten aus Saudi-Arabien abzuziehen. Die meisten der dort lebenden amerikanischen Zivilisten packen ebenfalls ihre Koffer. Osama Bin Laden, der das Verschwinden der »Yankees« aus der Heimat des Propheten drohend gefordert hatte, scheint also eines seiner Ziele erreicht zu haben.

Für das wahhabitische Königreich beginnt damit eine Periode angespannter Unsicherheit. Spätestens seit dem 11. September 2001, vermutlich aber schon seit dem blutigen Attentat von El Khobar im Juni 1996, das neunzehn US-Soldaten das Leben kostete, hat sich der Verdacht der CIA bestätigt, daß die saudische Dynastie in diverse Verschwörungen verwickelt ist. Dieser karge Wüstenstaat war unter der Regentschaft des imponierenden Beduinen-Fürsten Abdulaziz Ibn Saud – Vater des jetzigen, todkranken Königs Fahd und des Kronprinzen Abdullah – dank der Entdeckung des Erdöls zu unermeßlichem Reichtum und somit zu weltpolitischer Bedeutung gelangt.

Aber schon sehr bald – nach der Ermordung des weithin ob seiner Bescheidenheit und Frömmigkeit geachteten Königs Feisal – brach eine verhängnisvolle Kluft auf. Die offiziellen Strukturen dieser Monarchie, die als »Wächter der Heiligen Stätten« von Mekka und Medina als einzige Verfassung und Rechtsquelle den unveränderlichen Text des Korans anerkennen, kontrastierten auf skandalöse Weise mit dem sündhaften Lebenswandel einer Clique von angeblich zwangzigtausend Prinzen, deren maßlose Verschwendungssucht allen islamischen Gleichheitsgeboten Hohn sprach. Das Haus El Saud wurde von seinen gläubigen Untertanen zunehmend als ein Hort von Heuchlern, von »Munafiqun«, verachtet. Ja, der Vorwurf des »Kufr«, des Abfalls vom wahren Islam, wurde laut, als seine Herrscher mit den Amerikanern aufs engste paktierten und sich zu Konzessionen gegenüber Israel bereit fanden.

Insbesondere die junge saudische Elite, die im Westen ausgebilde-
ten Intellektuellen und Techniker – darunter auch Angehörige der
Dynastie –, wollte sich aus diesem Widerstreit zwischen fanati-
schem wahhabitischem Glaubenseifer und schändlicher Lasterhaf-
tigkeit befreien. Unter ihnen fand der Milliardärssohn Osama Bin
Laden seine zum Äußersten entschlossenen Anhänger. Die regie-
rende Kaste wiederum versuchte den Zorn der Gläubigen zu beschwichtigen und sich von den Umsturzdrohungen religiöser Fanatiker freizukaufen, indem sie unter dem trügerischen Schleier ihrer
Allianz mit Washington ein weltweites Netz islamistischer Sozial-
werke und Stiftungen finanzierte, die sich zu Keimzellen der antiamerikanischen Stimmungsmache und des Terrorismus entwickelten.

Das Pentagon brennt darauf, diesem Doppelspiel ein Ende zu
setzen und den Potentaten von Riad die Daumenschrauben anzulegen. Aber niemand weiß, welcher Nachfolger sich am Ende
durchsetzen wird. Den Normen zufolge, die der maghrebinische
Soziologe Ibn Khaldun im vierzehnten Jahrhundert für die Ablösung arabischer Dynastien aufstellte, wäre der Niedergang des
»Beit« El Saud ohnehin längst fällig, und seine Ersetzung durch
gottesfürchtige Erneuerer stünde bevor.

Diese Flutwelle des revolutionären Islamismus war schon im
Jahr 1979 durch den »Mehdi« Yuheiman-el-Oteiba angekündigt
worden, der das zentrale Heiligtum von Mekka mit seinen Gefolgsleuten besetzte und paradoxerweise erst durch den Einsatz
französischer Gendarmen überwältigt werden konnte. Der Wandel
in Saudi-Arabien entspräche allerdings in keiner Weise der Fata
Morgana, die sich die Bush-Administration unter der Schaffung
»arabischer Demokratie« vorstellt.

Den Ausschlag könnte am Ende ein Militärkomplott geben, bei
dem nicht die reguläre Armee, sondern die »Nationalgarde« die
Entscheidung davontrüge. Die »Haras-el-watani« war aus der
weißgekleideten Beduinentruppe hervorgegangen, an deren Spitze
Prinz Feisal Ibn Abdulaziz im Jahr 1926 die Heiligen Stätten
Mekka und Medina für seinen Vater eroberte. Das interne Intri-
genknäuel wird von auswärtigen Sorgen überlagert.

Ich berufe mich auf eine Veröffentlichung des Nahost-Experten
der Princeton University, Michael Scott Doran:

»Saudische Hardliner befürchten neuerdings, daß die schiitische Minderheit in Saudi-Arabien gemeinsame Sache mit den Vereinigten Staaten macht und sich an der Verschwörung gegen den wahhabitischen Islam beteiligt. Der Alptraum dieser El Qaida nahestehenden Kräfte ist die Vorstellung, daß die Amerikaner und die irakischen Schiiten das Regime von Riad zu weitgehenden Reformen zwingen und die Schiiten am politischen Leben beteiligen. Zahlreiche wahhabitische Korangelehrte empfinden ähnliche Ängste. Dieser Verdacht einer amerikanisch-schiitischen Verschwörung ist nicht auf Saudi-Arabien beschränkt. Er erklärt die täglichen Angriffe auf amerikanische Soldaten im sunnitischen Dreieck des Irak sowie den Bombenanschlag in Nedschef gegen den Ayatollah Baqr-el-Hakim.

Die Situation ist kritisch, weil die USA über geringe Mittel verfügen, der antischiitischen und antiamerikanischen Strömung der saudischen Kleriker entgegenzuwirken. Der Wahhabismus ist die Grundlage eines gesamten politischen Systems. Jeder, der vom Status quo profitiert, wird sich um dieses System scharen, falls es von außen angetastet wird. Den Vereinigten Staaten bleibt keine andere Wahl, als die fälligen demokratischen Reformen in Irak und in Saudi-Arabien energisch voranzutreiben. Doch jeder Versuch, eine liberalere politische Ordnung zu schaffen, wird zusätzlichen Disput auslösen. Die antiamerikanische Stimmung würde angeheizt. Bei seinem Bemühen, die Demokratie im Mittleren Osten zu fördern, wird Washington wieder einmal feststellen müssen, daß seine engsten arabischen Verbündeten gleichzeitig seine erbittertsten Feinde sind.«

»Sleeping with the devil – Mit dem Teufel schlafen.« Unter diesem Titel hat der ehemalige CIA-Agent Robert Baer die skandalöse Komplizenschaft zwischen der saudischen Dynastie und dem amerikanischen Erdöl-Kapitalismus aufgedeckt. Solange das Petroleum und die Profite sprudelten, drückte man in Washington beide Augen zu, wenn wieder einmal ruchbar wurde, daß irgendwelche saudischen Geldgeber den religiösen Fanatismus weltweit schürten. Die Kompromittierung reicht, laut Robert Baer, bis in die unmittelbare Umgebung der Präsidentschaft. Die französische Übersetzung des Buchtitels klingt noch suggestiver: »Or Noir et Maison Blanche – Schwarzes Gold und Weißes Haus«. Der Anschlag einer fast ausschließlich saudischen Terroristenbande auf das World Trade Center hätte die letzten Zweifel ausräumen müssen, aber das Pentagon, das auf militärisches Vorgehen gegen die verräterischen arabischen Prinzen drängt, sieht sich durch die negative Entwicklung im Irak in seiner Aktionsfähigkeit gelähmt.

An dieser Stelle möchte ich eine persönliche Impression einfügen. Im September 1981 hatte ich mit einer französischen Delegation Saudi-Arabien bereist. Eine breite Prachtallee führte an Hochhäusern und Palästen vorbei zum historischen Ausgangspunkt des Wahhabismus und der saudischen Dynastie. König Feisal hatte angeordnet, daß die Ruinen von Diraya, der Wiege der Dynastie, als Monument des frommen und bescheidenen Anfangs zu erhalten seien. Hier hatte im achtzehnten Jahrhundert der strenge Prediger Mohammed Ibn Abdul Wahhab die Beduinen des Nejd zur Reinheit der Lehre, zur strengsten koranischen Auslegung, weit intoleranter noch als die hanbalitische Rechtsschule, aufgerufen. Mit Hilfe des Kriegergeschlechts der saudischen Fürsten, mit dem er sich verbündet und in das er eingeheiratet hatte, konnte Abdul Wahhab die türkischen Okkupanten, die Garnisonen des fremden, verhaßten Kalifen von Istanbul, aus der nordostarabischen Wüste vertreiben.

Der Verlust dieser fernen Außenregion wäre für die Hohe Pforte eventuell zu verschmerzen gewesen. Aber die Beduinen des Nejd schwärmten nach Mesopotamien und bis in den Hedschas aus. Ihre fanatische Botschaft islamischer Erneuerung dröhnte über die ganze Halbinsel. Der damalige Wali von Ägypten, Mehmet Ali, der in der ersten Hälfte des neunzehnten Jahrhunderts über stärkere Heere verfügte als der Sultan am Bosporus, wurde beauftragt, die Krieger des Hauses El Saud, diese rebellischen Wahhabiten, wie man sie nunmehr nannte, zu unterwerfen. Unter unsäglichen Strapazen quälten sich die Soldaten aus dem Niltal durch die feindselige Wüste. Auf Befehl Ibrahim Paschas besetzten sie schließlich Diraya, die Hochburg dieser puritanischen Ketzerei. Sie zerstörten die Oasensiedlung bis auf die letzte Lehmhütte.

Unsere Delegation wurde von Kamelreitern am Rande der kleinen Ortschaft willkommen geheißen. Die Zeremonie vollzog sich unter einem weitgespannten schwarzen Zelt. Beduinenkrieger führten einen Säbeltanz vor. Die Sonne neigte sich, als die westliche Besuchergruppe im Eilschritt durch die Ruinen geführt wurde. Das alte Serail der Saudi-Dynastie mit seinen dicken Lehmwällen, Zinnen, Terrassen und dreieckigen Schießscharten war restauriert worden. Ich kletterte auf die höchste Plattform. Ganz fern zeichneten sich die Zement- und Stahlstrukturen der Hauptstadt ab. Ringsum dehnte sich die ockerfarbene Wüste. Violette Schatten breiteten sich aus. Die Palmen verfärbten sich schwarz. Ein Windstoß aus Süden wirbelte den Sand hoch und verstärkte den Eindruck von Verlorenheit und Öde.

Eine syrische Journalistin gesellte sich mir zu, die mir während einer Pressekonferenz in Taif durch aggressive Fragen aufgefallen war. Die junge Frau hatte widerwillig ein Kopftuch übergezogen, weil das saudische Gesetz es verlangte. Sie war militante Anhängerin der sozialistischen Baath-Partei. Die Beduinen-Folklore vor dem Gastzelt hatte sie mit Ungeduld und Ärger ertragen. Jetzt ließ auch sie den Blick über die endlose Leere zu ihren Füßen schweifen. »Das ist also der Ursprung der Saudis«, sagte sie plötzlich mit Grimm in der Stimme; »da sind sie hergekommen, und hierhin, in den Staub, werden sie wieder zurückkehren.«

Wie werden sich der überfällige Umbruch, die notwendige Umgestaltung der Staaten des arabischen Maschreq vollziehen? Ganz bestimmt wird nicht der Aufstand der Straße den Ausschlag geben, wie einst in Teheran. Nicht einmal in dem US-Protektorat Jordanien regt sich offener Widerstand bei der zu siebzig Prozent aus Palästina stammenden Bevölkerung, wenn in unmittelbarer Nachbarschaft auf dem Westufer des Jordan ihre engsten Verwandten drangsaliert, die Partisanen von Hamas oder Dschihad Islami von den Israeli zusammengeschossen und immer neue jüdische Siedlungen ausgebaut werden. Gegen die technische Perfektionierung der jeweiligen Überwachungs- und Polizeiapparate, die oft von amerikanischen Experten beraten werden, hätte ein Massenaufgebot kaum eine Chance. Nur die Streitkräfte und die einflußreichen Geheimdienste – diese Überzeugung habe ich stets vertreten – wären befähigt, radikale Regimewechsel zu erzwingen.

Um meinen Ruf als Künder des Unheils nicht zu strapazieren, greife ich wieder auf eine Prognose des israelischen Militärkritikers Martin van Creveld zurück: »Die Länder in der Umgebung des Irak, die am meisten vom Zusammenbruch der dortigen amerikanischen Macht zu befürchten haben, sind Jordanien, Saudi-Arabien und Ägypten. Jedes ist auf seine Weise abhängig von der Hilfe der Amerikaner. Alle drei werden von schweren Krisen geschüttelt … Zwar müssen, wenn sich die Unruhen vom Irak aus verbreiten, die Regime aller drei Länder nicht zwangsläufig fallen, aber einem oder zweien könnte dieses Schicksal blühen … Der Zusammenbruch Saudi-Arabiens oder ein mögliches Szenario, bei dem sich Ägypten zu einer islamischen Republik wandelt und seinen Friedensvertrag mit Israel aufkündigt, zöge weltweite ökonomische und strategische Auswirkungen nach sich, die schwer abschätzbar sind.«

»Langfristig gesehen, wird der größte Nutznießer«, so heißt es bei Creveld, »vermutlich der Iran sein, der zusehen konnte, wie sein gefährlichster Gegner zermalmt wurde, ohne selbst einen Finger krumm machen zu müssen. Noch bevor Präsident Bush den Einsatzbefehl gegen den Irak gab, haben sich die Iraner, die sich auf drei Seiten von den Truppen der Atommacht USA umgeben sahen – in Afghanistan, in den zentralasiatischen Republiken, am Persischen Golf –, fieberhaft um die Beschaffung von Atomwaffen und die dazugehörigen Trägersysteme bemüht. Nachdem nun die Vereinigten Staaten unter Beweis gestellt haben, daß sie bereit sind, jeden beliebigen Gegner ohne triftigen Grund anzugreifen, wird man den Iranern nachsehen, wenn sie ihre Anstrengungen in dieser Richtung verdoppeln. Selbst wenn, wie einige hoffen, die Islamische Republik Iran gestürzt würde, dürfte eine neue Regierung in Teheran mit Sicherheit den nationalistischen Kurs ihrer Vorgängerin weiterführen. Man kann davon ausgehen, daß einem nuklear aufgerüsteten Iran eine nukleare Türkei folgt, als nächstes ein nukleares Griechenland, ein nukleares Saudi-Arabien – vorausgesetzt, das Land kann als einheitliches politisches Ganzes überleben – und ein nukleares Ägypten. Willkommen in der ›schönen neuen Welt‹, Mister Bush!«

Die Torheit des Unilateralismus

Man hüte sich vor Prognosen, zumal, wenn sie die Zukunft betreffen, besagt ein Kalauer. Wer hätte im Jahr 1958 den Sturz der irakischen Haschemiten-Dynastie durch den Putsch des Generals Abdel Karim Qassim oder 1952 die Machtergreifung der »Freien Offiziere« unter dem »Bikbaschi« Gamal Abdel Nasser prophezeit? Auch die Nelken-Revolution Portugals, die das lusitanische Kolonialreich zu Grabe trug, kam plötzlich. Trotzdem mußte mit diesen Vorgängen fast zwangsläufig gerechnet werden. Schwierig, fast unmöglich, ist lediglich die Fixierung des Datums, an dem sich der unabänderliche Umbruch vollzieht.

Heute stellt sich die Frage unter anderem, wie lange die derzeitige Präsidentschaft Hamed Karzais in Afghanistan stabilisiert werden kann. Die Euphorie, die die Verfassungsgebung durch die Loya Jirga von Kabul begleitete, spiegelt sich nachhaltiger in den westlichen Medien als in der Wahrnehmung der betroffenen Bevölkerung. Viel beängstigender für die amerikanische Asienpolitik ist ohnehin die wachsende Unsicherheit in Pakistan. Die prekäre Annäherung des dortigen Militärdiktators Pervez Musharaf an die streng muslimische Parteiallianz Muttahida-e-Majlis-e-Amal sollte die CIA auch stärker beschäftigen als die bislang fehlgeschlagenen Attentate gegen den Staatschef. Hingegen beunruhigte die Entdeckung, daß Islamabad den Iran und sogar Nordkorea an seinen nuklearen Kenntnissen teilhaben ließ, die Internationale Atomenergiekommission. Auch in dieser Islamischen Republik werden am Ende das Offizierskorps und der ominöse Geheimdienst ISI die Entscheidung davontragen. Einem politischen Erdrutsch in Pakistan stünde die Supermacht USA ziemlich hilflos gegenüber. Wie soll Donald Rumsfeld, der mit 23 Millionen Afghanen nicht zurechtkommt, dem Aufruhr von 150 Millionen pakistanischen Muslimen begegnen können?

Der Diplomatie Washingtons ist anscheinend jede Kohärenz abhanden gekommen. Da wurde noch vor gar nicht langer Zeit die Islamische Republik Iran in die »Achse des Bösen« eingereiht und auf jede nur erdenkbare Weise durch Untergrund-Agitation bedrängt. Doch nach dem katastrophalen Erdbeben von Bam flogen die Transportmaschinen der US Air Force und militärische Rettungsteams zur spektakulären und verdienstvollen Hilfeleistung in die verwüstete Provinz dieses »Schurkenstaates« ein. Nicht nur das vorsichtige Einlenken des Präsidenten Khatami in der Frage nuklearer Aufrüstung dürfte dabei den Ausschlag gegeben haben, sondern das Wissen des State Department, daß ohne eine mäßigende Einflußnahme der iranischen Geistlichkeit auf die unberechenbare Masse ihrer irakischen Glaubensbrüder die militärische Situation im Zweistromland unhaltbar werden könnte.

Da hatte man in den Beraterstäben des Weißen Hauses vollmundig den »Unilateralismus« zur Richtlinie der US-Diplomatie erhoben und die traditionellen europäischen Alliierten dementsprechend malträtiert. Aber wenn es sich um die Atombomben Kim Jong Ils handelt, geht Außenminister Colin Powell in Fernost hausieren, um multilaterale Round-table-Gespräche ausgerechnet in Peking anzuregen, zu denen Japaner, Südkoreaner und Russen geladen werden, während die Volksrepublik China heimlich die Regie führt.

Das weltweite Hegemonialmonopol der USA gehört zu den unveräußerlichen Postulaten der Neokonservativen am Potomac. Doch die US Army leidet heute schon unter ihrem Mangel an Ubiquität. An Rußland gemessen, mögen die Vereinigten Staaten weiterhin als Gigant erscheinen. Nicht nur die weit überlegene Wirtschaft schafft da eindeutige Fakten. Dazu gesellt sich vor allem auch die Demographie. Durch ständige Bevölkerungszunahme verfügen die USA heute mit fast 300 Millionen Einwohnern über doppelt so viele Menschen wie das moskowitische Restimperium. Die Europäer, so hofft die Bush-Administration, lassen sich auf Grund ihrer internen Querelen, die es zu schüren gilt, ohnehin auf niedrigerem Niveau halten.

Aber da steigt China zur Weltmacht auf mit 1,3 Milliarden Menschen. Die wirtschaftlich-industriellen Fortschritte im Reich der Mitte sind phänomenal, und die dortige Weltraumtechnik, die fähig ist, einen Astronauten rund um den Erdball zu befördern, wäre auch in der Lage, das sakrosankte Territorium der USA mit nuklearbestückten Interkontinentalraketen zu erreichen. Zur See und zur Luft bleibt die Überlegenheit der US-Streitkräfte gegenüber Flotte und Luftwaffe der Volksbefreiungsarmee weiterhin erdrückend. Spätestens die Operation »Iraqi Freedom« hat die Bedeutung der Landstreitkräfte wieder aufgewertet, und da gebietet Peking über die stärkeren Bataillone. Würde eine Hegemonialmacht, die in Vietnam versagte, die Torheit begehen, sich zu Lande mit dem gigantischen Drachen am Westrand des Pazifik in einen Kampf auf Leben und Tod einzulassen? Der zurückhaltende, vorsichtige Kurs, den Peking außenpolitisch und strategisch steuert, muß als Zeichen großen Selbstbewußtseins und zunehmender Stärke gedeutet werden. Die Zeit arbeitet für dieses neu erstandene, unbesiegbare Imperium, dessen Wirtschaftsmetropole Shanghai weder mit Singapur noch mit Tokio rivalisieren will, sondern mit New York.

Schließlich sollte auch das »alte Europa« in Zuversicht und Gelassenheit die teilweise gehässigen Attacken aus den USA wegstecken. Mit dem militärischen Flickwerk der »Koalition der Willigen« – die Briten sind damit nicht gemeint – ist nicht viel Staat und kein militärisches Gewicht zu schaffen. Schon greift die US-Diplomatie bei ihren Sondierungen in Teheran und Damaskus auf die Briten, aber auch auf Deutsche und Franzosen zurück. Die Befürchtung bleibt jedoch bestehen, daß die Falken des Pentagon und des Nationalen Sicherheitsrates Colin Powell einen Strich durch die Rechnung machen. Man hat Frankreich »bestraft« – Condoleezza Rice dixit –, indem es von den Verhandlungen mit dem libyschen Diktator Qadhafi über dessen Massenvernichtungswaffen ausgeschlossen wurde. Doch der unbestechliche Chef der Internationalen Atomenergie-Behörde, Mohammed El Baradei, hat bereits für Ernüchterung gesorgt, indem er die Offerte Libyens herunterspielte. Er stellte fest, daß die Rüstungsprojekte Qadhafis auf dem Gebiet der ABC-Waffen in den Kinderschuhen stecken und keinerlei akute Gefahr darstellen. Gewiß, Jacques Chirac wurde bewußt brüskiert. Aber weit mehr beleidigt müßte sich der italienische Premierminister Silvio Berlusconi fühlen, der alle Extravaganzen des Weißen Hauses mitgemacht hat und dessen Land durch die Situation in der historisch verwandten tripolitanischen Nachbarschaft unmittelbar tangiert wird.

Schon aus geographischen Gründen kann die amerikanische Planung weder auf Deutschland noch Frankreich verzichten. Im extremen Ernstfall, dem die Anrainer des Mittelmeers und des Balkans bedrohlicher ausgesetzt wären als die durch zwei Ozeane geschützten USA, könnte nur von Berlin und Paris jene längst fällige Aufstellung einer europäischen Kernallianz ausgehen, die den Amerikanern als gleichberechtigter Partner und Entscheidungsträger weit nützlicher wäre als in der Rolle eines unterwürfigen und zwangsläufig verbitterten Vasallen. Selbst das stolze Spanien, das an seinen nordafrikanischen »Presidios« Cëuta und Melilla festhält und in dieser Frage auf eine unvermeidliche Auseinandersetzung mit dem Scherifischen Königreich Marokko zutreibt – der Zwischenfall auf der Petersilieninsel vermittelt einen Vorgeschmack –, wird spätestens zu diesem Zeitpunkt entdecken, daß der Beistand der »vieja Europa« wichtiger sein kann als das Protektorat der auf fernen Kriegsschauplätzen gebundenen »Estados Unidos del Norte«.

Selbst gegenüber der »Armée française«, die das Pentagon bislang nicht ernst nehmen wollte, stellt sich allmählich eine andere Einschätzung ein. Der französische General Beaufre erzählte mir einst, wie er während des amerikanischen Vietnamkonflikts den Stützpunkt Khe San in der Nähe des 17. Breitengrades aufgesucht hatte, den er als Major während des französischen Indochina-Krieges gegen den Vietminh gehalten hatte. Die Offiziere der US Marines, die in Khe San unter dem Feuer nordvietnamesischer Artillerie lagen, hatten damals in ihrer Überheblichkeit keine einzige Frage an Beaufre gerichtet und sich für dessen Kenntnis des Terrains überhaupt nicht interessiert.

In dieser Hinsicht hat sich etwas geändert. Nach den Rückschlägen bei der Partisanenbekämpfung im Irak studiert das »Directorate for Special Operations and Low-Intensity Warfare« sehr aufmerksam das französische Vorgehen gegen die »Algerische Befreiungsarmee« in Nordafrika zwischen 1954 und 1962. Vierzig militärische und zivile Experten der Guerillabekämpfung wurden vom Pentagon eingeladen, sich den Film des italienischen Regisseurs Pontecorvo »La bataille d'Alger« anzusehen. Es geht darin um die systematische Ausschaltung einer algerischen Terror-Organisation, die im Gassengewirr der Kasbah von Algier ihr Hauptquartier und ihre Schlupfwinkel eingerichtet hatte. Von dort aus führte sie vernichtende Bombenanschläge gegen französische Militärs und Zivilisten durch. Inzwischen wird die »Schlacht um Algier« zusätzlichen Gruppen amerikanischer Offiziere vorgeführt. Der Marxist Gillo Pontocorvo war Sympathisant der Algerischen Befreiungsfront. Dennoch schildert sein Film mit großer Exaktheit und Ehrlichkeit die blutigen Vorgänge in der Kasbah, die Methoden des algerischen Terrors und der gnadenlosen Repression durch die »forces de l'ordre«. Mir sind diese Vorgänge aus persönlicher Anschauung bekannt, stand doch das 3. Regiment der Parachutistes Coloniaux, das entscheidenden Anteil an der brutalen, aber erfolgreichen »Säuberung« der Altstadt von Algier hatte, unter dem Befehl des Colonel Roger Trinquier, der in Indochina als Capitaine des »Commando Ponchardier« mein unmittelbarer Vorgesetzter gewesen war.

Nicht so sehr der Krieg in Vietnam, wie so oft behauptet wird, bietet einen aufschlußreichen Präzedenzfall für das amerikanische Vorgehen in Mesopotamien. Der französische Feldzug gegen die algerischen »Fellaghas« zwischen Oran und Constantine könnte weit lehrreicheres Anschauungsmaterial liefern. Am Ende hatte zwar die französische Armee mit ihrer halben Million Soldaten den militärischen Sieg davongetragen, mußte sich jedoch der politischen Niederlage fügen, als de Gaulle die Unabhängigkeit Algeriens akzeptierte.

Calvinismus und Neu-Heidentum

»Das einundzwanzigste Jahrhundert wird religiös sein oder es wird nicht sein – Le vingt-et-unième siècle sera religieux ou ne sera pas.« Die Voraussage André Malraux', des Autors der »Condition humaine«, der dem General de Gaulle als Informations- und Kulturminister zur Seite stand, hatte ich vor zwanzig Jahren zum Leitmotiv des ersten Buches über »Meine Begegnungen mit der Islamischen Revolution« gemacht. Das Wort ist seitdem oft

49

wiederholt worden in deutschen Zeitungsspalten und auf deutschen Kanzeln. Jedenfalls hat Malraux nicht auf Samuel Huntington und seinen »Clash of Civilizations« gewartet, dessen Thesen über den weltweiten Kampf der Kulturen für die Eingeweihten keine Überraschung bereithielt.

Der militante Aufbruch islamischer Religiosität zwischen Senegal und den Südphilippinen war 1983 bereits deutlich erkennbar, auch wenn so mancher deutsche Orientalist ihn hartnäckig leugnete. Viel verblüffender hingegen ist das Erstarken der christlichen Erweckungsbewegung, des bigotten protestantischen Fundamentalismus in Nordamerika, und dessen politische Auswirkungen. Damit hatten die wenigsten gerechnet, obwohl dabei ein Grundzug des amerikanischen Wesens zutage tritt, den der unvergleichliche Alexis de Tocqueville schon im neunzehnten Jahrhundert definiert hatte. Ich greife hier auf den Kolumnisten William Pfaff zurück: »Die amerikanische Geschichte – the American Story – muß von Anfang an als eine Konfrontation zwischen den Erwählten und den Verdammten beschrieben werden, wie das der mächtige Einfluß des Calvinismus mit seinem Glauben an Prädestination und Gottesherrschaft vorgegeben hat. Als die Sowjetunion der Rolle des ›Bösen‹ nicht mehr entsprach, hielt Washington nach eventuellen Nachfolgern Ausschau und fixierte sich schließlich auf die ›Schurkenstaaten‹, das heißt auf all diejenigen, die radikale unamerikanische Ideen vertraten und nach dem Erwerb von Nuklearwaffen trachteten. Die Schwäche dieser ›rogue states‹ verminderte jedoch ihre Glaubwürdigkeit als Repräsentanten des globalen ›Übels‹. Dann kam der 11. September, und das Problem war gelöst. Die Schurkenstaaten wurden jetzt zur ›Achse des Bösen‹. Sie wurden Teil einer umfassenden internationalen Bedrohung, die sogar die Vereinigten Staaten heimsuchen konnte. Die Nation befand sich von nun an im Krieg gegen den ›Terrorismus‹.«

Der englische Schriftsteller und Satiriker Gilbert Keith Chesterton, der 1936 gestorben ist und als Katholik gegen die »Heuchelei« des calvinistischen Protestantismus polemisierte, hatte festgestellt, daß die Vereinigten Staaten von Amerika eine »Nation mit der Seele einer Kirche« seien, daß sie »keiner Ideologie bedürften, weil sie selbst eine Ideologie sind«. Der Manichäismus der amerikanischen Außenpolitik, der Rückgriff auf die dualistischen Thesen des mesopotamischen Predigers Mani, der seinerseits unter dem Einfluß des Zarathustra-Kultes stand, war mir bereits aufgefallen, noch ehe ich Chesterton gelesen hatte. Die Vorstellungen dieses streitbaren »Papisten« klingen heute aktueller denn je: Die Puritaner der Neuen Welt hätten geschwankt zwischen der passiven Idee, Amerika in ein »neues Jerusalem« zu verwandeln, und dem aktiven Vorhaben, mit dem eigenen Beispiel ein Leuchtturm für die übrige Welt zu sein. Ihm falle diese Missionspflicht zu, zurückgebliebene, weniger zivilisierte Völker auf amerikanisches Niveau anzuheben, eine neue Weltordnung zu schaffen, die Welt zu erlösen, die Voraussetzungen für das Tausendjährige Reich der Gerechtigkeit zu schaffen.

Diese chiliastische Erwartung einer Heilsgestalt, die das Ende der Tage und die Ankunft Gottes verkündigt, findet sich seltsamerweise beim schiitischen Glaubenszweig des Islam wieder, der sehnsüchtig auf das Erscheinen des »Mehdi«, des Verborgenen Zwölften Imam, wartet. Ebenso ungeduldig debattieren die jüdischen Orthodoxen, die den zionistischen Staat ablehnen, über die Parusie des Messias und das Entstehen des wahren, gottgefälligen Israel.

Schon bei meinem ersten Amerika-Aufenthalt hatte ich zahlreiche Plakate bemerkt: »Go to church – somewhere!« Der Publizist Nicholas D. Kristof beschreibt die Zunahme der »evangelikanischen« Frömmigkeit, die im sogenannten Bible Belt der Baptisten und ähnlicher Sekten stets zu Hause war, wie folgt: »Achtundfünfzig Prozent der Amerikaner sind überzeugt, daß man an Gott glauben muß, um moralisch zu sein. Andere hochentwickelte Länder verhalten sich da anders. In Frankreich stimmen nur dreizehn Prozent mit der amerikanischen Auffassung überein. Der Glaube an die Jungfrauengeburt Mariä, der seit der letzten Meinungsumfrage um fünf Prozent zugenommen hat, weist darauf hin, daß das amerikanische Christentum sich nicht intellektuell, sondern mystisch orientiert. Mein Großvater war ein typischer Repräsentant seiner Generation. Er war ein frommes und aktives Mitglied seiner presbyterianischen, also calvinistischen Gemeinde. Trotzdem akzeptierte er die Entwicklungstheorie Darwins und betrachtete die Jungfrauengeburt als ehrwürdige

Legende. Heute sind Christen seines Schlages selten geworden und wurden durch die ›Evangelikaner‹, die buchstabengetreuen Interpreten der Heiligen Schrift, ersetzt. Seit 1960 hat sich die Zahl der Pfingst-Kirchen, der ›Pentecostalisten‹, vervierfacht, während die Zahl der anglikanischen Episkopalie auf die Hälfte gesunken ist.«

George W. Bush ist ein Anhänger dieser »fundamentalistischen« Bibel-Auslegung. Er gehört zu den »Wiedergeborenen – the born again« und macht heute seine sündigen Jugendjahre, seine frühen alkoholischen Exzesse durch betonte religiöse Militanz wett. Wie amerikanische Psychologen feststellten, ist der Präsident von der gottgewollten Mission Amerikas ehrlich durchdrungen, empfindet sich als »Leader« eines auserwählten Volkes, könnte ohne Umschweife als »Gotteskrieger im Namen der Freiheit« definiert werden. Nicht nur im islamischen Orient sammelt sich also die »Hizbullah«, auch in den USA beansprucht eine fundamentalistisch-christliche »Partei Gottes« die Lenkung des Weltgeschehens.

Dazu gesellt sich im Herzen der Macht die geheimnisvolle Gemeinde der »Neokonservativen«. Deren Einfluß auf die Gestaltung amerikanischer Diplomatie und Strategie ist immens. Ideologischer Ausgangspunkt dieser konspirativen Gruppe waren wohl die Thesen des Politologen Francis Fukuyama, der in der globalen Verwirklichung des amerikanischen Demokratiekonzepts und einer ungehemmten Marktwirtschaft den idealen Zustand der Menschheit erblickte und somit das »Ende der Geschichte« ankündigte. Fukuyamas Vision wurde durch den Gang der Ereignisse längst widerlegt. An deren Stelle hat sich eine andere Philosophie bei den »Neo-Cons« durchgesetzt, die sich auf den aus Deutschland emigrierten jüdischen Lehrmeister Leo Strauss bezieht. Darüber ist inzwischen viel geschrieben worden. Es besteht nämlich ein flagranter Widerspruch zwischen den elitären Ansprüchen, die der Professor aufzeichnet, und der einfältigen, trivialen Bibelgläubigkeit des gewöhnlichen Evangelikaners.

Bei einem gesellschaftlichen Treffen in Paris bin ich auf Walter Miller gestoßen, den Mitarbeiter einer jener großen amerikanischen Institute, die sich mit Meinungsforschung und Meinungsbeeinflussung beschäftigen. Miller gab sich ganz offen als Anhänger der neokonservativen Schule zu erkennen und ließ sogar den Bezug auf Leo Strauss gelten. Er war Einwanderer osteuropäischen Ursprungs, hatte also eine Form von Intellektualität bewahrt, die für Amerika untypisch ist. Gleichzeitig vertrat er einen theologisch anmutenden Eifer beim Vortrag seiner Überzeugungen, wie er bei Konvertiten oft anzutreffen ist.

»Was bedeutet denn eigentlich die neokonservative Doktrin?« fragte ich ihn rundheraus. Das war offenbar gar nicht so einfach zu erklären. Als Vorläufer wurden mir sowohl Theodore Roosevelt als auch Woodrow Wilson genannt, obwohl mir die beiden Präsidenten der USA bislang als extrem unterschiedliche Typen erschienen waren. Theodore Roosevelt, der 1898 für den Krieg gegen Spanien plädiert hatte, der ohne Umschweife Kuba und die Philippinen der amerikanischen Einflußzone einverleibte, hatte sich als »Rough Rider« einen Namen gemacht. Er ist als imperial veranlagter Realpolitiker in die Geschichte eingegangen. Die heutige US-Administration, die viel zu oft und viel zu dröhnend mit ihren Erklärungen herauskommt, täte gut daran, sich den ersten Teil der außenpolitischen Maxime Theodore Roosevelts zu Herzen zu nehmen: »Speak softly and carry a big stick – sprich leise, und habe stets einen dicken Knüppel zur Hand!«

Woodrow Wilson hingegen, der die Vereinigten Staaten 1917 in die Koalition gegen Deutschland einbrachte, war – daran gemessen – ein versponnener Moralist. Aber auch er träumte, vielleicht in umfassenderem Maße noch als Teddy Roosevelt, von einer universalen Mission der USA. Seine Abkehr vom überlieferten Isolationismus Amerikas begründete er mit einem weltverbesserischen, utopischen Anspruch, der sich auf die Grundprinzipien von »God's Own Country« berief. Wilson hatte sein Programm in vierzehn Punkten niedergelegt, was den damaligen französischen Regierungschef Georges Clemenceau zu der spöttischen Äußerung veranlaßte, Gott selbst habe sich doch mit nur zehn Geboten zufriedengegeben. Auf Betreiben dieses kontaktarmen Idealisten wurde der Völkerbund gegründet, dem die USA – was bezeichnend ist für das Scheitern der damaligen Politik – niemals beitrat.

Sehr erhellend und konsequent sind die Erklärungen nicht, die Walter Miller bei diesem Diner vortrug. Wenn ich ihn recht verstanden habe, stützt sich der Clan der Neokonservativen, der mit seinen bekanntesten Wortführern Paul Wolfowitz, Richard Perle, William Kristol über soviel Einfluß in den Kulissen des Weißen Hauses und im Pentagon verfügen soll, auf ein Gedankengut, das bei den »alten Europäern« ein gewisses Unbehagen verursacht. Während die Religion im protestantischen Selbstverständnis der amerikanischen Frömmigkeit die unentbehrliche Grundlage für den Zusammenhalt des Staates ist, ja gelegentlich als »unerläßliches Opium« für das Volk bezeichnet wird, bewegt sich die erlauchte Führungselite auf einem ganz anderen Niveau. Ihr Anspruch läuft nicht darauf hinaus, der Masse der Bürger eine wirklichkeitsbezogene Wahrheit zu vermitteln, sondern sie kann auf »fromme Lügen« zurückgreifen.

Die Manipulation der öffentlichen Meinung wird damit zur Regierungsdoktrin erhoben. Diesem Schema entspricht wohl die systematische Desinformationspolitik, deren sich die Bush-Administration gegenüber der eigenen Bevölkerung und den engsten Verbündeten bedient. Auf Plato und auf Nietzsche beziehen sich angeblich Theorie und Praxis der »Neo-Cons«, und damit kommen düstere Erinnerungen hoch. Den Streit zwischen diesen neuen »maîtres-penseurs« und den als unpatriotisch abgestempelten »Liberalen« alten Schlages verglich ich beim Gespräch in Paris mit dem endlosen Disput, den im »Zauberberg« der jüdische Jesuit Naphta mit dem italienischen »Progressisten« Settembrini führt. Aber Walter Miller hat Thomas Mann nicht gelesen. Er gab mir hingegen den Rat, zum besseren Verständnis der neuen Mentalität Amerikas einen Essay zu beachten, den der bekannte Journalist Robert D. Kaplan in »The Atlantic Monthly« veröffentlicht hat und der in Deutschland von der »Welt« übernommen wurde. Das Gespräch mit Miller war trotz unserer unterschiedlichen Meinungen höflich und zivilisiert verlaufen, ähnlich übrigens wie meine anderen gelegentlichen Kontakte mit engagierten amerikanischen Anhängern der »Bush-Doktrin«.

Die Ausführungen von Robert D. Kaplan habe ich später mit gemischten Gefühlen gelesen. Mit Nachdruck bekennt sich der Autor zum »amerikanischen Imperium«, was ja in Ordnung wäre. Aber die glorifizierende Heldenrolle des exemplarischen Soldaten der »Special Forces« weckt schon wieder die Geister der Vergangenheit. Wenn die Intervention dieser »Supermen«, die »in der einen Sekunde knallharte Killer und in der nächsten Humanisten sein sollen«, in El Salvador und Afghanistan als Vorbilder erfolgreicher Befriedungsaktionen gepriesen werden, denkt man doch eher an Vietnam oder Somalia. Von diesen kriegerischen Wunderwesen erwartet Kaplan, »daß sie es schaffen, innerhalb weniger Wochen ihr ausreichendes Russisch um ein ausreichendes Arabisch zu erweitern, je nachdem, wo sie eingesetzt sind«. Für jemanden, der sich der Mühe unterzogen hat, ein arabisches Sprachdiplom zu erwerben, klingt das wie ein Witz, zumal wenn man mit den Special Forces, die ganz gute Kämpfer, aber bestimmt keine Geistes-Heroen sind, in Vietnam mehrfach unterwegs war. »Wir brauchen Leute, die schnell eine andere Kultur aufschnappen«, schreibt dieser Elite-Reporter. »Aufschnappen« ist wohl das richtige Wort für den unendlich langsamen Prozeß einer gelungenen kulturellen Annäherung.

Es kommt noch besser: »Da Kriege immer unkonventioneller und asymmetrischer werden und das Überraschungsmoment immer mehr an Bedeutung gewinnt, wird immer weniger Zeit für demokratische Beratungen sein, weder mit dem Kongreß noch mit den Vereinten Nationen. Statt dessen werden die zivil-militärischen Eliten in Washington und anderswo blitzschnelle Entscheidungen fällen müssen. Unter solchen Umständen wird die Zustimmung der internationalen Gemeinschaft allmählich an Bedeutung verlieren, selbst wenn alle feierlich das Gegenteil behaupten.«

Das Vorgehen der USA auf den Philippinen nach ihrem Sieg über Spanien im Jahr 1898 wird von Kaplan als »eine der erfolgreichsten Niederschlagungen eines Aufstandes durch eine westliche Macht in moderner Zeit« gewertet. Weiß der Autor, daß die US Marines damals unter General Pershing, »Black Jack« genannt, hundertfünfzigtausend überwiegend muslimische Filipinos massakrierten mit dem Ergebnis, daß die Rebellion dieser »Moros« bis auf den heutigen Tag andauert? Ich zähle weitere Grundsätze der neokonservativen Ideologie auf: »Weil die Folgen eines Angriffs von Massenvernichtungswaffen so katastrophal sind«, schreibt Kaplan, »werden die Vereinigten Staaten immer wieder einmal trotz eingeschränkter Erkenntnislage zu Präventivschlägen gezwungen sein. Dadurch sind unsere Aktionen den Angriffen der Journalisten ausgesetzt, ganz zu schweigen von Millionen Demonstranten, die ihre Proteste in wachsendem Maße weltweit koordinieren können ... Die beste Informationsstrategie besteht ohnehin darin, Konfrontationen zu vermeiden, die die öffentliche Aufmerksamkeit auf sich ziehen, und das Interesse der Öffentlichkeit möglichst weit zu streuen. Wir können die Welt nur in aller Stille beherrschen, sozusagen bei ausgeschalteter Kamera. Militärische Auseinandersetzungen in Kolumbien, auf den Philippinen, Nepal und anderen Orten könnten sehr wohl insgeheim stattfinden.«

Wir nähern uns dem Höhepunkt. »Der Imperialismus in der Antike war eine Spielart des Isolationismus: Der Anspruch auf absolute Sicherheit im eigenen Land führte zu dem Versuch, die Welt um sich herum zu dominieren. Dieses Modell eines heidnisch-römischen Imperialismus steht im scharfen Gegensatz zum altruistischen victorianischen Beispiel, das sich etwa im Ausspruch von Premierminister William Gladstone zeigt, nach dem die ›Unantastbarkeit des Lebens in den Bergdörfern Afghanistans‹ geachtet werden müsse. Wir Amerikaner sind von Natur aus große Idealisten. Und doch sind wir zugleich im Interesse der nationalen Sicherheit gezwungen, unsere Außenpolitik heidnischer zu gestalten.«

Am Ende steht wieder einmal die millenarische Vision eines Paradieses auf Erden – nicht das »Paradies der Werktätigen« und nicht das »Tausendjährige Reich« – sondern die weltweit anerkannte Überlegenheit des »American way of life«. Also spricht Robert D. Kaplan, der sich wohl als Künder einer breiten politischen Strömung in den USA empfindet: »Zweifellos sehen manche das amerikanische Imperium für alle Zeit als das Maß aller Dinge. Eine solche Sicht ist nicht besonders weise. Die Aufgabe, die vor den USA liegt, hat einen Endpunkt, und der liegt aller Wahrscheinlichkeit nach in einer mittleren Entfernung – in einigen Jahrzehnten. Für einen begrenzten Zeitraum haben die Vereinigten Staaten die Macht, der internationalen Gesellschaft die Bedingungen zu diktieren, in der Hoffnung, daß, wenn die Zeit ihres Imperiums einmal abgelaufen ist, sich neue internationale Institutionen herausgebildet haben, die eine Zivilgesellschaft auf der Welt ermöglichen.«

»Blood for oil«

Niemand wird George W. Bush selbst des »Neu-Heidentums« bezichtigen, das unter der Feder Kaplans eine unverhohlene Auferstehung erlebt. Der Präsident ruht felsenfest in seinem Glauben an den christlichen Gott. Seine fundamentalistische Auslegung der Botschaft des Jesus von Nazareth entspringt einer tiefen Überzeugung. Aber diese religiöse Erneuerung taugt nicht unbedingt für die imperiale Gestaltung einer kosmischen Ordnung. Die französische Erkenntnis, daß man nicht in Unschuld regieren kann – »on ne gouverne pas innocemment« –, käme ihm zynisch vor. Selbst wenn er das Schwert führt, glaubt Bush, einen göttlichen Auftrag zu erfüllen. Der unerbittliche Klang gewisser Psalmen des Königs David beeindruckt ihn zweifellos mehr als die Seligpreisungen der Bergpredigt.

Seit zunehmende Massen amerikanischer Gläubiger sich eine sektiererisch intolerante Auslegung der Heiligen Schrift zu eigen machen, der Bible Belt sich erweitert, die Gottesdienste sich immer häufiger in ekstatische Happenings verwandeln, steht George W. Bush – über die traditionelle Gefolgschaft der »Grand Old Party« hinaus – eine neue, begeisterte Gefolgschaft zur Verfügung. Die christlichen »Gotteskrieger« haben die Tragödie von Nine Eleven als Vorboten der Apokalypse gedeutet.

Den Europäern waren die überwiegend baptistischen Exzentriker stets suspekt erschienen. Nicht zu Unrecht assoziierte man sie mit der Romangestalt des Predigers Elmer Gantry, die Sinclair Lewis porträtierte, ja sogar mit dem Ku Klux Klan. Die Bibel-Exegeten der Südstaaten hatten die Unterdrückung der »Nigger« lange genug gerechtfertigt, indem sie die Verwerfung der schwarzen

Rasse auf Ham, jenen Sohn Noahs zurückführten, der seinen trunkenen Vater frevlerisch verspottete und dafür verflucht wurde. Für diese Kategorie von Christen entspricht der Feldzug im babylonischen Zweistromland einer göttlichen Fügung. Hatte dort nicht der Apostel Johannes in seiner »Geheimen Offenbarung« die Mutter aller Verderbnis, die Hure Babylon, erblickt, die auf dem scharlachroten Tiere sitzt, »trunken vom Blut der Heiligen«?

Präsident Bush kann sich mit Fug und Recht der traditionellen amerikanischen Oberschicht der »WASP« zurechnen, »White, Anglo-Saxon, Protestant«. Aber jede Rassendiskriminierung, das muß zu seiner Ehre betont werden, ist ihm fremd. Unter seinen allerengsten Mitarbeitern befindet sich eine Anzahl Afroamerikaner. Den eben eingebürgerten Neu-Amerikanern – vorzugsweise den »Latinos« oder »Hispanics« – begegnet er mit Wohlwollen und Sympathie. Die Streitkräfte der USA haben überaus positiv zur Integration der unterschiedlichsten Immigranten beigetragen, denen die höchsten Kommandostellen offenstehen. So haben sich auch im »Deep South« die ethnischen Gegensätze reduziert. Es ist überhaupt nicht mehr vorstellbar, wie ich es 1950 beobachtete, daß schwarze Busreisende an der Staatsgrenze von Oklahoma die hinteren Sitzreihen aufsuchen mußten oder daß – wie ich das zehn Jahre später erlebte – ein ehemaliger Gouverneur von Georgia alle dunkelhäutigen Gäste mit geschwungener Axt aus seinem Restaurant vertrieb.

Ein sensationeller Wandel hat sich bei den ultranationalistischen Evangelikanern auch in ihrer Bewertung der Juden und speziell des Staates Israel vollzogen. Die Baptisten des Südens und ihresgleichen waren einst stramme Antisemiten gewesen. Das ist vorbei, ist fast ins Gegenteil umgeschlagen. In ihrer pedantischen Bibeltreue, die unter anderem die darwinistische Entwicklungslehre als Teufelszeug aus den Schulen verbannen möchte, messen sie der Gründung Israels eine wundersame Bedeutung zu. Die Existenz eines Judenstaates, die Versammlung der Kinder Israel in ihrem angestammten Gelobten Land, kommt für sie der Verheißung des Messias gleich, dem Hinweis darauf, daß das Reich Gottes und der Gerechtigkeit nahe ist. Kein Wunder, daß Ariel Scharon, dem man unterstellt, er strebe die Konsolidierung Israels in den Grenzen des Königreichs Davids und Salomons an, bei den »Evangelikanern« auf resolute Solidarität stößt. Präsident Bush dürfte diese mythische, endzeitliche Sicht der Dinge teilen.

Daraus ergibt sich, daß die jetzige Administration sich auf eine zusätzliche Säule stützen kann, nämlich die »Jewish Community« in den USA. Bei ihr hat sich ein tiefgreifender Stimmungsumschwung eingestellt. Die mosaische Gemeinde hatte einst mehrheitlich auf seiten der »Liberals« gestanden und fühlte sich der Demokratischen Partei verbunden. Als ich 1950 die Menschenrechtsorganisation »B'nai B'rith« in Minneapolis aufsuchte, setzten sich deren Mitarbeiter nicht nur gegen gesellschaftliche Zurücksetzungen zur Wehr, die sich gegen Israeliten richteten. Sie bildeten auch die Speerspitze im Kampf für die Gleichstellung der »Negroes«, wie man damals politisch korrekt sagte. Dieser Einsatz ist ihnen übrigens von den Afroamerikanern, die in Scharen zu einem konfusen Islam übertraten, schlecht gedankt worden.

Heute dürfte sich die Mehrheit der amerikanischen Juden mitsamt ihren »pressure groups« und Lobbys für George W. Bush engagieren. Bei den nahenden Präsidentschaftswahlen könnte die Demokratische Partei diese Meinungsverschiebung schmerzlich zu spüren bekommen. Die instinktive und natürliche Parteinahme für den Staat Israel spielt dabei eine entscheidende Rolle. Spätestens seit die Hoffnungen von Oslo zerstoben und die zweite Intifada der Palästinenser mit ihren Selbstmordanschlägen einsetzte, verwandelten sich die meisten Befürworter des historischen Kompromisses im Heiligen Land in Hardliner des kompromißlosen Zionismus. Es ist bezeichnend, daß selbst der demokratische Präsidentschaftskandidat Joe Lieberman, ein orthodoxer Jude, sich als Gegner einer jeden Konzession an die Araber zu erkennen gibt. Nach der Festnahme Saddam Husseins plädierte er dafür, daß der irakische Diktator in die USA überführt werde, denn dort könne noch in zahlreichen Staaten die Todesstrafe verhängt werden.

Es ist eine seltsame Koalition zustande gekommen zwischen den jüdischen Interessengruppen und den zum Zionismus bekehrten ehemaligen Antisemiten des Bible Belt. Ob ihn die Endzeitvision der protestantischen Evangelikaner nicht störe, hatte ich vor zwei Jahren einen Professor für »political science« an der Universität Tel Aviv gefragt. Sie läuft nämlich darauf hinaus, daß zum Jüngsten Gericht Jesus Christus als Messias am Himmel erscheint und daß alle Juden sich dann zum Christentum bekennen. Die Antwort klang resigniert: »In der Situation, in der wir uns befinden, können wir uns unsere Verbündeten nicht aussuchen. Für den Ausbau unserer Waffensysteme und unserer nuklearen Abschreckung hatten wir seinerzeit ja sogar mit dem Apartheid-Regime von Südafrika zusammengearbeitet, obwohl wir sehr wohl wußten, daß viele seiner burischen Repräsentanten einst mit Hitler sympathisiert hatten.«

Verständlicherweise versucht die Regierung von Jerusalem die Bedeutung der Palästina-Frage für die Ausweitung der Wirren, für die drohende Destabilisierung des Nahen und Mittleren Ostens herunterzuspielen. Gewiß, die Terrorherrschaft Saddam Husseins hatte mit der Existenz des jüdischen Staates nichts zu tun. Aber damit ist es nicht getan. Das Thema ist heikel und sollte dennoch realistisch angegangen werden. Der erste amerikanische Golf-Feldzug von 1991 hatte nicht nur das Ziel verfolgt, Kuwait zu befreien. Er sollte eine neue Friedensordnung zwischen Mittelmeer und Persischem Golf etablieren. Tatsächlich waren die anfangs so verheißungsvollen Verhandlungen von Madrid und dann Oslo zwischen Israeli und Palästinensern eine unmittelbare Folge der Demonstration amerikanischer Stärke. Aber Oslo ist gescheitert.

Die »Road Map«, die am Vorabend des Zweiten Irak-Krieges gegen Saddam Hussein präsentiert wurde, war ein kümmerlicher Entwurf. Sie entsprach der Illusion, der totale amerikanische Sieg über Babylon werde auch alle übrigen Probleme der Region einer Bereinigung zuführen. Im Irak ist die Entwicklung ganz anders verlaufen, als Washington und Jerusalem es erhofften. Die jüngsten Verfügungen des israelischen Regierungschefs Ariel Scharon – der Bau der Mauer, um die Palästinenser auszugrenzen, die Niederkämpfung und Liquidierung mutmaßlicher Terroristen – beschwören das Unwiderrufliche herauf. »Israel, um Himmels willen Israel«, lautet der Titel eines Buches von Ralph Giordano. Zbigniew Brzezinski, der bereits zitierte Sicherheitsberater Präsident Carters, wagt es, das Unsägliche auszusprechen: »Die Sta-

60

bilität der Region hängt in letzter Analyse von einem Frieden zwischen Israel und den Palästinensern ab. Der politische Terrorismus muß verworfen und verdammt werden. Aber er sollte nicht de facto in eine Politik der Unterstützung übertragen werden für eine zunehmend brutale Repression, für Siedlungskolonien und eine neue Mauer. Das Schicksal eines demokratischen Staates Israel steht auf dem Spiel, und Amerika hat sich seit mehr als einem halben Jahrhundert für die Sicherheit Israels engagiert. Bald könnte es jedoch keine Option für eine Zwei-Staaten-Lösung mehr geben.«

Die umliegenden arabischen Staaten haben die Palästinenser allein gelassen. Sie haben sich große Sprüche geleistet und ihre Brüder von Gaza und Westbank verraten. Der Aufstand der Massen hat nicht stattgefunden. Die Weisung Khomeinis, »der Weg nach Jerusalem führt über Bagdad«, bleibt fernes Wunschdenken. Aber erstaunlicherweise haben die Palästinenser selbst, denen das niemand zugetraut hätte, den »asymmetrischen« Krieg erfunden und ihn mit extrem bescheidenen Mitteln zu praktizieren gewagt. Die israelischen Militärs sind sich dieser strategischen Wende, deren Auswirkungen die USA heute im Irak zu spüren bekommen, voll bewußt. Die Berliner Regierung sollte nicht glauben, daß sie es mit ein paar publikumswirksamen Besuchen in Jerusalem – Yassir Arafat wird dabei geflissentlich ignoriert – und den üblichen frommen Sprüchen bewenden lassen kann.

*

Die Neokonservativen, unter denen die Befürworter Ariel Scharons stark vertreten sind, werden noch von sich reden machen. Ihre Postulate bilden – dem »New York Times«-Kolumnisten Paul Krugman zufolge – den Kern der Bush-Doktrin. Es läuft wohl nicht alles nach Plan, seit die imperialen Projekte im Treibsand der syrischen Wüste steckenblieben. »Dieses sind harte Zeiten für die Architekten der Bush-Doktrin des Unilateralismus und des vorbeugenden Krieges«, schreibt Krugman. Dick Cheney, Donald Rumsfeld und deren Gefolge, die ein neues amerikanisches Jahrhundert predigen, betrachteten den Irak als ein Pilotprojekt, das ihre Sicht der Dinge bestätigen und den Weg frei machen würde für zusätzliche Regime-Wechsel. Aber das Unterfangen ist aus dem Ruder gelaufen.

Diese Falken, so wird vermutet, sind jedoch weit davon entfernt, klein beizugeben. Sie verstehen sich offenbar auf die Sabotierung jeder realpolitischen Umstellung der US-Diplomatie, die ihren Vorstellungen zuwiderläuft. Krugman nennt insbesondere die Mission des früheren Außenministers James Baker, eines engen Freundes von George Bush senior, der durch eine versöhnliche Annäherung an die traditionellen Alliierten seinen Sohn »aus den Klauen der Neo-Cons« befreien wollte. Es wirkte in der Tat wohltuend, den ehemaligen Secretary of State, der als knallharter Verhandlungspartner bekannt ist, in Paris und Berlin auftreten zu sehen. Hier hatte man es endlich wieder mit einem Gentleman zu tun, einem Mann der guten Manieren, auch wenn er Deutschen, Franzosen und Russen eindringlich den Verzicht auf die Milliardenschulden nahelegte, die Bagdad angehäuft hatte. Doch die Gegenkräfte regten sich schnell. Paul Wolfowitz nahm die Vergabe von Wiederaufbaukontrakten im Irak zum Anlaß, allein den »Willigen« der Koalition einen bescheidenen Teil des Kuchens zuzuteilen. »In Klartext übersetzt«, so meint Paul Krugman, »können wir andere Nationen bestechen, ihre Soldaten auszuschicken.« Der Präsident hat sich diesen Standpunkt zu eigen gemacht mit der lakonischen Äußerung: »Es ist alles sehr einfach. Unsere Leute riskieren ihr Leben. Freundliche Koalitionspartner riskieren ihr Leben. Die Vergabe von Aufträgen wird dem Rechnung tragen.«

»Blood for oil – Blut für Öl«, so lautete der Vorwurf bei den Protestmärschen der Kriegsverweigerer. Ihnen wurde aus Washington erwidert, daß die Kontrolle der weltweiten Energie- und Petroleumversorgung ein durchaus triftiger Grund sei, zu den Waffen zu greifen. Dagegen wäre auch wenig einzuwenden, wenn im Hintergrund nicht die großen Konzerne ihre Profite kassierten. Aber Calvinismus und Kapitalismus wachsen nun einmal auf einem Holz.

Störmanöver zeichnen sich auch im Umkreis von Damaskus ab. Im Einvernehmen mit Colin Powell hatten die drei europäischen

62

Außenminister Straw, Fischer, de Villepin – wie vorher in Teheran – mit der syrischen Führung Kontakt aufgenommen. Der dortige Staatschef Baschar-el-Assad befindet sich in einer extrem prekären Situation und wäre fast zu jeder Konzession bereit. Nur auf einen syrischen Anspruch kann er nicht verzichten, ohne seine Landsleute und – was wichtiger ist – seine Militärs offen gegen sich aufzubringen: die Rückgewinnung der von Israel 1967 besetzten Golan-Höhen. Präzis zu diesem Zeitpunkt holte jedoch Ariel Scharon – zweifellos in Abstimmung mit seinen Freunden in Washington und New York – zu einer neuen Geste der Unversöhnlichkeit aus. Statt eine Rückgabe des Golan auch nur zu erwägen, was immerhin unter Itzhak Rabin, ja sogar unter Netanjahu und Barak ernsthaft zur Diskussion gestanden hatte, ordnete er eine massive Vermehrung der jüdischen »Settlements« auf diesem eroberten und formell bereits annektierten Gebiet an.

Das militärische Potential Jerusalems kann jederzeit von den Verweigerern eines Kompromisses als Trumpfkarte ins Spiel gebracht werden. So wurde auch die Islamische Republik Iran durch die Meldung alarmiert, die 1991 von Helmut Kohl der israelischen Marine geschenkten U-Boote seien für den Abschuß von NuklearLenkwaffen umgerüstet worden. Sie könnten demnächst im Meer von Oman auftauchen. Das Gerücht verdichtete sich, »Zahal« würde notfalls in Stellvertreterfunktion, als »Proxy« der USA, jene Schläge gegen die persischen Atomanlagen führen, auf die die amerikanische Flotte mit Rücksicht auf das internationale Klima zur Zeit verzichten muß.

Der Kolumnist der »New York Times« verweist auf zusätzliche Behinderungen, mit denen der Undersecretary of State, John Bolton, dem mäßigenden Einfluß der »erwachsenen« Republikaner – gemeint sind unter anderem James Baker und Brent Scowcroft – entgegenwirkt. Er erwähnt das nordkoreanische Dilemma, aber vor allem die Bemühungen – noch bevor das Erdbeben von Bam eine neue Situation schuf –, jeden Kontakt zwischen Washington und Teheran im Keim zu ersticken. In diesem Zusammenhang wird auch der Name des stellvertretenden Verteidigungsministers Douglas Feith genannt. Das amerikanische Wahljahr 2004 dürfte noch manche Überraschung in petto halten.

Die schiitische Karte

Das Erdbeben von Bam, dessen dauerhafte Auswirkungen nicht überschätzt werden sollten, hat immerhin eines deutlich gemacht: Für Amerika schlägt die Stunde der Ayatollahs. Wider alles Erwarten war die US Air Force sofort zur Stelle, um den Opfern der Katastrophe mit großzügigen Spenden zu helfen. Amerikanische Ärzte und Sanitäter schlugen ihre Rettungszelte auf. Von der iranischen Bevölkerung der historischen Stadt Bam wurde diesen Sendboten des »Satans« ein freundlicher, sogar herzlicher Empfang bereitet. Eine im Unterbewußtsein stets vorhandene Sympathie für die robusten Gestalten aus der Neuen Welt brach sich Bahn. Die militärischen Rückschläge der US Army im Irak hatten den Giganten zwar entzaubert, aber dabei hatte er auch den fürchterlichen Nimbus seiner Unantastbarkeit eingebüßt. Das wiederum hätte eine diplomatische Umorientierung Teherans frei von aller Unterwürfigkeit erleichtern können.

Ob Amerika diese Gelegenheit konsequent nutzen wird? Die Schiiten bilden zwar nur fünfzehn Prozent der gesamten islamischen Umma, aber zwischen Afghanistan und dem Libanon, zwischen Hindukusch und Mittelmeer, sind sie in der Mehrzahl, verfügen über starke Bastionen nicht nur in Iran, im Irak und im Libanon. Die »Partei Alis« war mit den afghanischen Hazara im Machtpoker der Loya Jirga von Kabul präsent. Sie stellen drei Viertel der Einwohner auf der Golfinsel Bahrain und ein Drittel im Emirat Kuweit. In Saudi-Arabien bilden sie im Erdöl-Fördergebiet von Dahran eine kompakte Gruppe. Die »Schiat Ali« bereitet sich auf eine historische Revanche vor.

Als im Umkreis von Bam die Natur urplötzlich ihre alles verwüstenden Kräfte entfaltete, erschien alles Menschenwerk als eitler Tand. Es wäre jedoch töricht und wirklichkeitsfremd, jenen Sufis und Mystikern des Orients Gehör zu schenken, die dieses »Gottesgericht« mit dem visionären Traum in Zusammenhang bringen, den zur Zeit der babylonischen Gefangenschaft der Prophet Daniel dem König Nebukadnezar deuten mußte. Amerika ist kein Koloß auf tönernen Füßen. Das Erdbeben in Ostpersien

läßt sich wirklich nicht mit jenem biblischen Felsblock gleichsetzen, »der herunterkam – ohne Zutun von Menschenhand«, das
Götzenbild an seinen Füßen aus Eisen und Ton traf und es zer-
malmte.

Noch diktiert George W. Bush seine Bedingungen. So verlangt
er von den Mullahs in Teheran, daß sie alle Terroristen, deren sie
habhaft werden, der US-Justiz überstellen, daß Iran seine Nukle-
arproduktion einstellt und sich den demokratischen Normen des
Westens anpaßt, ehe er an eine Normalisierung der Beziehungen
und die Aufhebung des Embargos denkt. Das ist leicht gesagt und
schwer zu realisieren. Das Schicksal der El-Qaida-Verschwörer,
die der wahhabitischen Auslegung des Islam nahestehen, ist den
persischen Schiiten völlig gleichgültig. Wenn jedoch die schiitische Hizbullah des Libanon in eine gemeinsame Frontstellung
gegen den Terrorismus einbezogen werden soll, dieser Kampfbund
also, der aufs engste mit dem geistlichen Führer, dem Ayatollah
Khamenei, und dessen Pasdaran paktiert, dann regen sich in Teheran mächtige Kräfte der Ablehnung. Falls die USA über die der-
zeit vereinbarte Kontrolle der Kernenergie-Erzeugung hinaus
dem Iran jede zivile Nutzung verweigern wollen, ist schwerlich
eine Einigung in Sicht. Schließlich besteht in Iran der nicht ganz
unberechtigte Verdacht, daß die CIA die von Bush geforderte Demokratisierung der Islamischen Republik insgeheim zu konspirativen Zwecken und zum Sturz des klerikalen Regimes nutzen will.

Die Erdbeben-Diplomatie war vielleicht nur eine kurze, trüge-
rische Zwischenphase. Aber zumindest bei dem US-Statthalter in
Bagdad, Paul Bremer, dürfte die Erkenntnis dämmern, daß die
Vereinigten Staaten sich mit »Iraqi Freedom« in eine Sackgasse
verrannt haben. Solange die Neokonservativen in Washington die
Oberhand behalten, werden die amerikanischen Streitkräfte im
Irak die massiven Vernichtungsschläge ihrer Luftwaffe und ihrer
Artillerie verstärken und mit aller Wucht versuchen, dem Widerstand das Rückgrat zu brechen. Bei der anstehenden Regierungs-
bildung in Bagdad und den angekündigten Wahlen würde die
Provisorische Verwaltung versuchen, die schiitische Bevölkerungsmehrheit auszutricksen und ihr den Führungsanspruch zu verweigern. In diesem Fall muß damit gerechnet werden, daß die bislang

friedlichen und disziplinierten Südprovinzen Mesopotamiens Schauplatz eines Aufstands der schiitischen Massen, eines Dschihad werden, an dem gemessen die Anschläge im sunnitischen Dreieck als Bagatelle erschienen. Am Ende eines solchen Vabanque-Spiels dürfte der Irak in Bürgerkrieg und Chaos versinken. Für die US Army wiederum käme nur noch ein ruhmloser Rückzug in Frage mit unberechenbaren Konsequenzen im ganzen Orient.

Die andere, die kluge Lösung würde, wie wir anfangs erwähnten, darauf hinauslaufen, der Realität des schiitischen Übergewichts Rechnung zu tragen. Die Kontakte zwischen den Besatzungsbehörden und den hohen Ayatollahs existieren ja längst. Sie wurden mit voller Billigung des hohen »Wächterrates« von Teheran durch die »Sciri-Bewegung« des in Nedschef ermordeten Groß-Ayatollahs Baqr-el-Hakim ganz offiziell geknüpft. In der Erwartung, daß sich am Ende die politische Vernunft im Weißen Haus durchsetzt, hat Präsident Khatami sogar das wenig repräsentative Scheinkabinett des »Governing Council« von Bagdad als Regierung anerkannt. Abdulaziz-el-Hakim, der Bruder des »Märtyrers«, hatte dessen »Obersten Rat für die islamische Revolution« von Anfang an in diesem Scheinkabinett vertreten. Kurzum, der Bush-Administration steht im Irak noch die Option offen, das Steuer herumzureißen und, statt auf Kollaborateure und Verräter zu bauen, die schiitische Karte zu spielen.

Das würde de facto aber auch eine Versöhnung mit Teheran voraussetzen sowie die resignierte Hinnahme einer Islamischen Republik Irak, deren Verfassung – unter Verzicht auf das strikte Khomeini-Modell – den Grundsätzen des schiitischen Glaubens Rechnung trüge. Eine solch selbstbewußte Machtübernahme der »Partei Alis« an Euphrat und Tigris schlösse zwangsläufig die quasiexklusive Nutzung der irakischen Erdölproduktion durch die texanischen Petroleum-Giganten aus. Zu einem Friedensschluß mit Israel wären die Theologen der »Hawzat-el-'ilmiya« von Nedschef schwerlich zu bewegen. Sehr bald müßte sogar – gegen den heftigen Widerstand Israels – ein Modus vivendi mit der Hizbullah des Libanon gefunden werden. Auf der Basis eines solchen Abkommens könnten die US-Streitkräfte ohne nennenswerte

Verluste und ohne allzu peinlichen Gesichtsverlust das Zwei-stromland schrittweise räumen.

Doch auch diese zweite Alternative käme am Ende einer Nieder-lage und einer Demütigung Amerikas gleich. Bedenken wir doch einmal, unter welchen Prämissen George W. Bush seinen Feld-zug gegen den Terrorismus und gegen Saddam Hussein gestartet hatte. Ihm war es ja nicht nur um die Beseitigung des Diktators von Bagdad und die Verfügung über die Erdölschätze des Irak ge-gangen. Die ganze Region sollte auf das neue, von Amerika pa-tronierte Regime Bagdads ausgerichtet werden. Statt dessen dürfte jedoch im biblischen Zweistromland eine Theokratie ent-stehen, deren oberste Richtschnur Koran und Scharia wären. Von der Unterdrückung durch die säkulare Baath-Partei befreit, würde die »Partei Alis« des Irak – im Gegensatz zu ihren Glau-bensbrüdern in Persien, die die Mullahs leid sind – ihre religiöse Begeisterung ausleben und ihren Ayatollahs die höchste Autorität des Staates aushändigen.

Furcht vor dem Gottesstaat

Inzwischen wird im Westen eine neu erfundene Erfolgstheorie ausgestreut. »Iraqi Freedom« habe sich auf lange Sicht doch ge-lohnt, ja müsse als strategischer Durchbruch der amerikanischen Führungsmacht gewertet werden. Die nukleare Proliferation sei zum Stillstand gekommen, seit Teheran das Zusatzprotokoll der internationalen Atomenergie-Behörde unterzeichnet habe und der libysche Oberst Qadhafi in die Knie gegangen sei. Zwar habe sich die Arabische Republik Syrien noch nicht bedingungslos unterworfen, aber selbst Nordkorea deute vage Zugeständnisse an.

Solange Washington gewillt und befähigt schien, ein mißliebi-ges Regime nach dem anderen aus dem Sattel zu heben und eine unabsehbare Folge von Regionalkonflikten in Kauf zu nehmen, galt bei den bedrohten Staaten die nukleare Abschreckung als das einzige Mittel, dem vernichtenden Schlag dieser kriegerischen

Allmacht zu trotzen. Selbst bei den schlimmsten »rogue states« hatte die Beschaffung von Massenvernichtungswaffen jedoch dem defensiven Zweck der Selbsterhaltung gedient und nicht etwa einer offensiven, das heißt im Endeffekt selbstmörderischen Absicht. Den unrühmlichen Schacher um den Atomverzicht des Libyers Qadhafi können wir getrost beiseite lassen. Die Mysterien von Pjöngjang dürften allenfalls die Chinesen durchschauen, und auch die tun sich schwer damit.

Uns beschäftigt jetzt vor allem der Fall Iran. Ein Festhalten Teherans an der bereits weit gediehenen Produktion von Nuklearwaffen hätte eine einheitliche Frontstellung von Amerikanern und Europäern zustande gebracht und den Riß im Atlantischen Bündnis zumindest in dieser Frage gekittet. Der Besitz von Atombomben mochte für die unbeugsame Fraktion des Ayatollah Khamenei Sinn machen, solange eine großangelegte Militäraktion, die Washington bereits angekündigt hatte, real zu befürchten war. Doch davon kann heute nicht mehr die Rede sein. Seit die US-Divisionen in Mesopotamien in die Bredouille gerieten, seit sich dort herausstellte, daß das Pentagon nicht über die notwendige Truppenstärke verfügt, sich einen zusätzlichen Feldzug zu leisten, kann man in Teheran wieder ruhiger schlafen.

Um das Programm globaler Hegemonie zu verwirklichen, das ihnen ursprünglich vorschwebte, sind die Neokonservativen Washingtons auf eine substantielle Waffen- und Finanzhilfe ihrer traditionellen Alliierten und Partner angewiesen, die allenfalls in der Perspektive eines akuten nuklearen Show-down zu mobilisieren wäre. Das Einlenken der Mullahs bei der Unterzeichnung des Zusatzprotokolls entzieht den Bellizisten in den USA nicht nur jeden Vorwand, sondern auch jede konkrete Fähigkeit, der Islamischen Republik Iran die Daumenschrauben anzulegen. Selbst für eine Sanktionsverhängung durch den Weltsicherheitsrat sind nämlich die Argumente abhanden gekommen.

Wer weiß im übrigen mit absoluter Sicherheit, was in geheimen Laboratorien unter den Felsmassen der iranischen Gebirge wirklich vor sich geht? Die CIA hatte die pakistanische Atomproduktion offenbar verschlafen oder total unterschätzt, die Kapazität Saddam Husseins nach 1991 hingegen auf groteske Weise überschätzt – es sei denn, sie erfüllte mit ihren Alarmmeldungen einen gebieterischen Auftrag des Weißen Hauses –, so daß den Erkundungen dieses immens aufgeblähten Nachrichtendienstes nur unter Vorbehalt zu trauen ist.

Den weltweiten Herausforderungen, die die Bush-Administration selbst aufgehäuft hat, wären die Streitkräfte der USA allenfalls gewachsen, wenn dieser kraftstrotzende Staat seine Reserven bündelte und sich auf einen glorreichen Gesamteinsatz einließe wie bei der simultanen Niederringung des japanischen Kaiserreichs und des nationalsozialistischen Großdeutschland im Zweiten Weltkrieg. Dieses unvergleichbare Potential des amerikanischen Verbündeten darf niemand unterschätzen, aber es ist kaum damit zu rechnen, daß es gegen einen so diffusen Gegner wie den »internationalen Terrorismus« – zudem in einem Wahljahr – zu mobilisieren wäre.

Eine andere Fehlleistung westlicher Analytiker gilt es zu widerlegen. Die Islamische Republik Iran sei völlig isoliert und nur von Feinden umgeben. Das stimmt längst nicht mehr. Die Außenpolitik Teherans hat eine bemerkenswerte Geschmeidigkeit an den Tag gelegt. Zu der afghanischen Regierung Karzai, besser gesagt, zu deren Außenminister Abdullah, bestehen enge Beziehungen. Kabul kann es sich in seiner prekären Situation gar nicht leisten, den westlichen Nachbarn zu provozieren. Mit Pakistan hat es offenbar auf dem Gebiet der Nuklearwissenschaft einen regen Austausch gegeben. Aus Rußland erhalten Armee und Pasdaran den Großteil ihrer modernen militärischen Ausrüstung. Überdies hat sich Moskau zum Ausbau der zivilen Kernenergie-Anlage von Buschir bereit erklärt. Mit Turkmenistan und mit der Türkei wurden Kontrakte über die Lieferung beziehungsweise den Transport von Erdgas abgeschlossen. Über die Golf-Emirate vollzieht sich ganz offen der Schmuggel mit jenen Geräten und Waren, die unter die amerikanischen Boykottbestimmungen fallen. Sogar mit Saudi-Arabien, dem eigentlichen Widerpart am Golf, findet ein Normalisierungsprozeß statt, der durch die Pressionen der Vereinigten Staaten auf diese beiden zutiefst verfeindeten Staaten erst ermöglicht wurde. Was schließlich den westlichen Nachbarstaat Irak betrifft, so verfügt Teheran dort über fast unbegrenzte Einmischungsmöglichkeiten, die Paul Bremer und dem US-General John Abizaid extreme Vorsicht auferlegen.

*

Alte strategische Gewißheiten geraten plötzlich ins Wanken. Die umfassende amerikanisch-israelische Abstimmung in den Krisenzonen des Orients stützte sich bislang auf die vertrauensvolle Beziehung der USA zur Türkei und eine auffallend enge Zusammenarbeit zwischen Jerusalem und Ankara. Aus dieser Konstellation heraus wäre es eine Kleinigkeit gewesen, die seit dem Zusammenbruch der Sowjetunion verwaiste Syrische Republik Baschar-el-Assads unter das kaudinische Joch zu zwingen. Von Damaskus erwartete Washington die Auslieferung von Terroristen, den Bruch mit den Palästinenser-Organisationen, die Sperrung der porösen Grenze zum Irak. In diesen Punkten war Präsident Assad den Vereinigten Staaten im Rahmen des Machbaren bereits entgegengekommen. Aber da wurden zusätzliche Forderungen gestellt, die schwer zu erfüllen sind: die Räumung des Libanon durch die syrische Okkupationsarmee, ein hartes militärisches Vorgehen gegen die schiitische Hizbullah im Südlibanon und schließlich eine extrem nachgiebige Haltung in der Golan-Frage gegenüber Israel, mit dem Damaskus endlich Frieden schließen solle.

In dieser bedrohlichen Situation gelang dem jungen Staatschef Baschar-el-Assad, der im Gegensatz zu seinem Vater eine intime Kenntnis westlicher Lebensart besitzt, ein Meistercoup. Er reiste überraschend nach Ankara und stellte eine Verbindung wieder her, die seit dem Zusammenbruch des Osmanischen Reiches unter zahllosen Querelen endgültig begraben schien. Von einer Rückgabe des 1939 von der französischen Mandatsmacht an die Türkei abgetretenen Sandschak von Alexandrette, heute Iskenderun, war plötzlich in Damaskus nicht mehr die Rede.

Beide Staaten hatten vor allem wegen ihrer gegensätzlichen Kurdenpolitik an der Schwelle eines bewaffneten Konflikts gestanden. Der Vater des jetzigen Staatschefs hatte die kurdische Aufstandsbewegung PKK aktiv unterstützt. Deren Chef, Abdullah Öcalan, genoß jahrelang Asylrecht in der syrisch kontrollierten

70

Bekaa-Hochebene des Libanon. Es klingt paradox, daß im Januar 2004 ausgerechnet das kurdische Problem zur Plattform einer überraschenden Annäherung wurde. Auch im Nordosten Syriens lebt nämlich eine kurdische Minderheit, die gelegentlich Schwierigkeiten bereitet. Beim Generalstab von Ankara fand Baschar-el-Assad lebhafte Zustimmung, als er signalisierte, Syrien lehne die fortschreitende Verselbständigung der kurdischen Siedlungszone im Nordirak ebenso vehement ab wie sein großer nördlicher Nachbar.

Den Amerikanern hatte die Türkei zwei Nasenstüber versetzt, die sich wohl kein anderer NATO-Alliierter geleistet hätte. Zuerst wurde der bereits zugesagte Transit von sechzigtausend GIs durch Anatolien überraschend verweigert. Dann wurde der locker vereinbarte Einsatz von zehn- bis zwölftausend türkischen Soldaten zur Niederkämpfung der irakischen Guerilla annulliert. Die laizistische Republik Atatürks hatte zum Staate Israel schon seit langem eine intensive Kooperation auch auf militärischem Gebiet aufgenommen. Das entsprach dem beiderseitigen Interesse. Daran sollte sich wohl auch unter der gemäßigt islamischen Regierung Tayyip Erdoğans nichts ändern. Aber in dem extrem gespannten Verhältnis zwischen Jerusalem und Damaskus kann Ankara nunmehr eine Schlichter-, notfalls eine Schiedsrichterfunktion beanspruchen, die weder George W. Bush noch Ariel Scharon ins Konzept paßt.

Jedenfalls hat die türkische Armee klar zu verstehen gegeben, daß sie die Konstituierung eines quasi unabhängigen kurdischen Staates im Nordirak – sei es auch in Form einer losen Konföderation mit Bagdad – nicht akzeptieren würde, ebensowenig wie die Übernahme der irakischen Stadt Kirkuk und deren reicher Petroleum-Quellen durch irgendeine kurdische Autorität. Zur Stunde kann über eine Neugestaltung der Kräfteverhältnisse im »Fruchtbaren Halbmond« nur spekuliert werden. Die Annäherungsversuche des nordirakischen Kurdenführers Jalal Talabani an den schiitischen Groß-Ayatollah Ali-el-Sistani entsprechen der eindeutigen Absicht, den Einfluß der sunnitischen Araber Mesopotamiens klein zu halten.

Die sich anbahnende Krise um Kirkuk bringt die amerikanische Planung in Schwierigkeiten. Die Kurden waren als einzig zuverlässige Freunde der USA privilegiert worden. Jetzt werden sie zur Belastung. Schon stellt sich die Frage, ob die derzeitige Truppenpräsenz der USA von nur zweihundert GIs in dieser Nordzone zwischen Dohuk und Halabjah noch den Bedürfnissen der neuen Situation gerecht wird. Die Besatzer werden zusätzlich in ein Knäuel orientalischer Intrigen verwickelt, die zu meistern – an ihren bisherigen Leistungen gemessen – sie kaum in der Lage sind. Bemerkenswert ist vor allem die neue Beschützerrolle, die Ankara gegenüber der Arabischen Republik Syrien zu übernehmen scheint. Das entspräche der großen osmanischen Tradition und könnte die Türkei in der Position einer orientalischen Ordnungsmacht etablieren. »Panta rhei«, lehrte der Philosoph Heraklit, einer jener Griechen, die mitsamt ihren byzantinischen Erben diese Weltgegend kulturell beherrscht und befruchtet hatten: »Alles ist im Fluß.«

»... und hätte der Liebe nicht«

Gibt es für Deutschland einen Ausweg aus dem Dilemma? Im Gegensatz zu den weit abgelegenen Amerikanern befinden sich die Europäer in unmittelbarer geographischer Nachbarschaft der gegenwärtigen und künftigen Krisenherde. Der Islam, der zu einem Schreckgespenst hochgespielt wird, ist ja ohnehin auf dem Balkan zu Hause, in Bosnien und in Groß-Albanien. Er berührt – wie der sich verschärfende Disput um das Verbot des Kopftuchs, des »Hijab«, beweist – bereits das tägliche Leben des alten Kontinents. Die Amerikaner haben im Irak die Büchse der Pandora geöffnet.

Der Terrorismus wird an der Schwelle Europas nicht haltmachen. Nur sollte sich das Abendland der kollektiven Hysterie enthalten, der krampfhaften Bemühung um eine illusorische absolute Sicherheit. Das ständige Hochspielen der Bedrohung könnte sich als »self-fulfilling prophecy« erweisen. Die europäischen Völker werden starker Nerven bedürfen, und die Regierenden sollten wissen, daß nicht die »Schurkenstaaten« mit ihren nuklearen Ambitionen die größte Gefahr darstellen, sondern kleine, verschworene Trupps von Außenseitern und Desperados, von religiösen Fanatikern oder hochkriminellen Mafiosi. Für ihre Absichten der Einschüchterung und der Erpressung benötigen diese Banden keine Bomben und Raketen. Mit leicht transportierbaren radioaktiven Substanzen könnten sie ganze Städte verseuchen.

Um Katastrophen vorzubeugen, sind die Europäer auf die Zusammenarbeit mit repräsentativen, volksnahen Regierungen in der islamischen Nachbarschaft angewiesen. Dabei sollte es sich nicht um einen »kritischen Dialog« handeln, wie er halbherzig zwischen Berlin und Teheran geführt wurde, sondern um eine freimütige Aussprache und Abstimmung, die sich um gemeinsame Interessen der Wirtschaft, der Kultur und nicht zuletzt der Sicherheit bemüht. Solche Initiativen könnten von den Europäern jedoch nur aus einer Position der eigenen Stärke eingeleitet werden, gestützt auf extrem bewegliche Einsatzkräfte und auf die ultimative Abschreckung eines eigenen nuklearen Arsenals. Daran ist beim skandalösen Defizit im derzeitigen Verteidigungsbudget der Bundesrepublik und anderer Bündnispartner kaum zu denken.

Wann, wie und ob die längst überfällige Gesellschaftsveränderung – vermutlich in Form einer koranisch inspirierten Revolution – in den diversen Ländern der globalen islamischen Umma stattfinden wird, bleibt dahingestellt. Aber es sollte nicht jeder gleich als Terrorist gebrandmarkt werden, der unter anderen Umständen als Widerstandskämpfer allgemeine Achtung genösse. Versetzen wir uns in die Stimmung des Untertanen eines exotischen Landes, das von unerbittlicher Repression sowie unsäglicher Korruption heimgesucht wird und seine nationale Würde dabei einbüßt. Käme da nicht ganz zwangsläufig der Gedanke auf, notfalls mit der Waffe, mit der Bombe in der Hand eine Veränderung dieses unerträglichen Systems zu erzwingen? Wie lange es dann dauern wird, bis sich nach gewaltsamem Umsturz die »Katharsis« einstellt und die Hinwendung zur erträglichen Normalität stattfindet – ob diese »Läuterung« überhaupt eintritt –, bleibt ein unkalkulierbares Risiko, wie der Rückblick auf die Geschichte lehrt. Ich gebe zu, daß das alles nicht tröstlich klingt.

Als »greiser König der Unken« bin ich apostrophiert worden, eine recht pittoreske Beschreibung. Dennoch habe ich recht behalten. Darüber empfinde ich keine sonderliche Genugtuung und lasse mich auch nicht von meiner Freundschaft zu Amerika abbringen. Der Künder schlimmer Botschaften kann es ja heute trotz vielfacher Anfechtungen als Gnade empfinden, daß er nicht in der Antike lebt, wie die allzu oft genannte Kassandra, die am Ende dem Mordanschlag der eifersüchtigen Klytämnestra erlag. Ihm bleibt auch das Schicksal des Laokoon erspart, der als unverzagter Warner vor dem »Trojanischen Pferd« der Danaer mitsamt seinen Söhnen von den Schlangen-Ungeheuern des erzürnten Poseidon in die Tiefe der Ägäis hinabgerissen wurde.

Die Kritiker des konservativen Neu-Heidentums, das zu dem religiösen Missionsbewußtsein ihres Präsidenten in eigenartigem Mißverhältnis steht, können sich immerhin auf die eindringliche Meinung des Papstes stützen. So leidenschaftlich wie einst der Heilige Bernhard von Clairvaux die Christenheit des Abendlandes zur Befreiung des Heiligen Grabes aufgerufen hatte, stellte sich Johannes Paul II. der kriegerischen Hybris Amerikas in den Weg.

Dabei fällt mir die Aussage eines maronitischen Mönches ein, den ich kurz vor Abschluß meiner diesjährigen Pilgerfahrt in den Orient im libanesischen Kloster von Kasslik aufsuchte. »Der wirkliche Gegenspieler des Präsidenten Bush in diesem heillosen Konflikt«, so meinte Père Antoine, »war nicht Osama Bin Laden und schon gar nicht Saddam Hussein. Der ernstzunehmende moralische Widerspruch kam vom Heiligen Vater in Rom, der – ohne es förmlich auszusprechen – dem wiedergeborenen Christen im Weißen Haus den Brief des Apostels Paulus an die Korinther vorhielt.«

Dort heißt es: »Wenn ich mit Menschen- und mit Engelszungen redete und hätte der Liebe nicht, so wäre ich ein tönend Erz oder eine klingende Schelle. Und wenn ich weissagen könnte und wüßte alle Geheimnisse und alle Erkenntnis und hätte allen Glauben, so daß ich Berge versetzte, und hätte der Liebe nicht, so wäre ich nichts.«

AFGHANISTAN
Deutschland am Hindukusch

Patrouille

Kabul (Camp Warehouse), Anfang Juli 2003

Gegen Mittag ist leichter Sandsturm aufgekommen. Das ändert nicht viel am Normalzustand in Kabul während der Sommer- und Herbstmonate. Es knirscht stets zwischen den Zähnen. Man muß schon froh sein, wenn nicht gewaltige Böen den überall verstreuten Unrat der Drei-Millionen-Stadt mitsamt ihren Fäkalien in die Höhe wirbeln. Der Himmel ist gelb verhangen. Die Hitze wird dadurch noch drückender. Wir sind mit einer Patrouille deutscher Gebirgsjäger, bestehend aus zwei Schützenpanzern und einem »Wolf«, aus dem Lager der Internationalen Kabul-Brigade – ISAF (International Security Assistance Force) genannt – nach Süden aufgebrochen. Sehr weit führen diese Erkundungsfahrten nicht. Das Niemandsland beginnt schätzungsweise zwanzig Kilometer jenseits des befestigten Camps, das zur Zeit noch dem deutsch-niederländischen Kommando untersteht.

Auf halber Strecke taucht aus dem Dunst der bedrohliche Klotz eines festungsähnlichen Gebäudes auf. Das Gefängnis Pul-e-Scharki war von Anfang an unter den sich ablösenden Regimen, die in Kabul das Sagen hatten, ein Ort des Grauens. Nach der Saur-Revolution des Jahres 1978, nach der Machtergreifung der Kommunisten, ist dort ein großer Teil der Intellektuellen und bürgerlichen Elite zu Tode gefoltert worden, mit Methoden, die jeder Beschreibung spotten. Daß dies unter der derzeitigen Interimsführung des Präsidenten Karzai an der gleichen Stelle fortgesetzt wird, ist nicht ganz auszuschließen. Die unheimlichen, grauen Betonmauern sind allerdings unzureichend bewacht.

Im vorderen »Wolf« bin ich zwar durch keinerlei Panzerung geschützt, aber der ungehinderte Rundblick verleiht wohl ein besseres Gespür für eventuelle Bedrohung, wie mir auch der Kommandeur der Kabul-Brigade, General Werner Freers, der das rote Barett der Fallschirmjäger trägt, aus eigener Erfahrung bestätigt. Die Gebirgsjäger – etwa ein Dutzend Soldaten, darunter ein Hauptmann und ein Oberleutnant – haben pflichtgemäß die kugelsichere Weste angelegt, die sechzehn Kilo wiegt und bei einem Feuerüberfall die flinke Reaktionsfähigkeit behindern dürfte. Seit dem Anschlag auf einen Militärbus, der gerade drei Wochen zurückliegt und vier Tote sowie achtzehn Verwundete unter den Bundeswehr-Angehörigen forderte, wurden die Sicherheitsvorschriften zusätzlich verschärft. Immerhin darf ich meinen Schildkrötenpanzer griffbereit auf den Rücksitz legen. Nur einmal in meinem Leben – unter dem gezielten Beschuß serbischer Freischärler im belagerten Sarajevo – hatte ich im Herbst 1992 diesen dort unentbehrlichen Schutz nicht verschmäht.

Am Wegrand überholen wir eine Gruppe von Kindern. Ein paar halten uns den aufgerichteten Daumen entgegen, eine Geste freundlicher Begrüßung. Aber das gellende Geschrei »thank you, thank you!«, das das Auftauchen deutscher Soldaten noch im Herbst 2002 pausenlos begleitete, ist verstummt. Der Gebirgsjäger, ein Obergefreiter, der neben mir am Steuer sitzt, blickt mit Skepsis auf die winkenden Knaben. Seit dem mörderischen Überfall hat sich auf beiden Seiten etwas geändert. Die Afghanen verhalten sich zurückhaltender, und den Deutschen ist die naive Gewißheit abhanden gekommen, sie befänden sich in durchweg wohlwollender Umgebung. »Manchmal halten die Kinder auch den Mittelfinger hoch oder den Daumen nach unten«, erklärt der afghanische Dolmetscher, der in den Ausbildungsstätten der DDR sein vorzügliches Deutsch gelernt hat, »und beides gilt als feindseliges Signal.« Seit dem Überfall längs der Straße zum Flugplatz wurde den Fahrern der Kabul-Brigade befohlen, das Überholen durch fremde Zivilfahrzeuge oder die ungenierte Eingliederung in die Kolonne rigoros zu verhindern. Bekanntlich war es eines der zahllosen gelben Taxis von Kabul, das als Träger der Sprengstoffmasse dem Bus der Bundeswehr zum Verhängnis wurde. »Aber was wollen Sie schon machen«, sagt der Obergefreite achselzuckend; »die Kerle hier sind es so sehr gewohnt, sich rücksichtslos mit ihren Autos durchzudrängen, daß sie unsere warnenden Gesten oft gar nicht beachten. Sollen wir dann gleich auf sie schießen, wie es wohl die Amerikaner täten?«

Über steile Kurven sind wir auf den ersten Höhenkamm gelangt, der das Camp Warehouse in Richtung Süden überragt. Die Gebirgsjäger fahren auf eine Gruppe bewaffneter Afghanen zu, etwa zwölf Mann, die die weit flatternde Tracht der Mudschahidin mit schlecht sitzenden Tarnjacken vertauscht haben. Bewaffnet sind sie mit der unvermeidlichen Kalaschnikow und zwei Panzerfäusten vom Typ RPG-7. »Das sind unsere Verbündeten«, erklärt der deutsche Hauptmann. »Dieser Vorposten soll Warehouse gegen feindliche Übergriffe aus dem Süden bewachen. Sie wissen ja, daß wir gelegentlich durch Raketen beschossen wurden, meist nur zur Abschreckung, denn sie schlugen außerhalb des Camps ein. Nur einmal explodierte das Geschoß zwischen unseren Containern und Bunkern. Wie durch ein Wunder wurde niemand verletzt.« Ob diese kleine Kampfgruppe der Afghanen wirksamen Schutz bietet, ob sie im Ernstfall überhaupt zuverlässig wäre, das kann niemand beurteilen. Jedenfalls haben sie bisher ziemlich exakt die verdächtigen Bewegungen vermutlicher Partisanen an das ISAF-Kommando weitergemeldet.

Der Anführer dieser einheimischen Truppe – wir wollen ihn Abdullatif nennen – mag vierzig Jahre alt sein, soweit sich das hinter dem eindrucksvollen schwarzen Bart beurteilen läßt. Rangabzeichen trägt er nicht, aber über seine Gefolgsleute übt er spürbare Autorität aus. Wir lagern unter drei Tamariskenbäumen, die einzige Vegetation weit und breit. Mit entsicherten Sturmgewehren schirmen die Gebirgsjäger die Umgebung ab. Ich begrüße Abdullatif mit »As salam aleikum«, obwohl diese Formel eigentlich nur rechtgläubigen Muslimen vorbehalten ist, aber die hinzugefügten arabischen Höflichkeitsfloskeln und Segenswünsche – die Sprache des Propheten ist den meisten Afghanen allenfalls aus dem Koran bekannt – schaffen eine gewisse Vertraulichkeit. Dazu kommt mein hohes Alter, das bei diesen Völkern noch Respekt gebietet. Meine Begleiter überlassen mir die Führung des Gesprächs, und der Dolmetscher bewährt sich.

An einen Baumstamm gelehnt, hocke ich auf dem sandigen Fels-
boden. Man hat mir sogar eine Decke hinter den Rücken geschoben, um mir etwas Bequemlichkeit zu verschaffen. Abdullatif läßt
Tee ausschenken. Während der üblichen Erkundigungen über
Familie und Gesundheit blicke ich auf die Landschaft, die sich in
südlicher Richtung stufenförmig in gelber Eintönigkeit zu den
Gipfeln des Hindukusch emporschraubt. Viele Tarnungsmöglich-
keiten gibt es nicht für feindliche Infiltranten. Aber die Gegner
der amerikanischen Militärpräsenz in Afghanistan haben auf den
ersten fürchterlichen Schock, den ihnen die Flächenbombarde-
ments der B-52 und die vernichtenden Präzisionswaffen der US Air
Force eingeflößt hatten, mit dem Überlebensinstinkt ihrer Krie-
gerrasse reagiert und neue Listen der Tarnung, der Irreführung
entwickelt.

Die Vorposten am Rande der Mulde von Kabul – sie rekrutieren
sich überwiegend unter den Persisch oder »Dari« sprechenden
Tadschiken – gehören der Vierten Armee des General Kabir an, bilden also eine Fraktion der sogenannten Nordallianz, die sich nach
erfolgreichem, zähem Abwehrkampf gegen die Taleban unter ihrem
inzwischen ermordeten Kriegshelden Ahmed Schah Massud im
Herbst 2001 auf die Seite der Amerikaner schlugen. Von General Kabir hat man bei den ISAF-Stäben keine allzu hohe Meinung. Im
übrigen erinnern mich die kraftstrotzenden Tadschiken mit den
wettergegerbten kühnen Gesichtern an jene Mudschahidin, denen
ich mich im Sommer 1981 angeschlossen hatte, als der Aufstand gegen die sowjetische Okkupation noch in seiner frühen Phase stand.
Zu richtigen Gefechten sei es bisher nicht gekommen, antwortet
Abdullatif auf meine Fragen, allenfalls zu leichten Scharmützeln.
Aber die Gegner des Regimes Karzai, das spüre man hier deutlich,
gewönnen ständig an Kraft und Zulauf. Die Amerikaner würden immer den Sammelbegriff El Qaida im Munde führen. Gewiß, jeder
Afghane habe die Präsenz ausländischer Hilfstruppen, überwiegend
Araber, während des endlosen, wechselhaften Durcheinanders des
Krieges wahrgenommen. Sehr beliebt seien die Fremden, die stets
über viel Geld verfügten, nicht gewesen. Das Wort El Qaida, was
im Arabischen soviel wie »Basis« oder »Fundament« bedeutet, sei
jedoch vor dem 11. September 2001 niemals erwähnt worden.

Die Taleban, so erfahre ich, hätten nach der Niederlage in ihren Stammes- und Clanstrukturen Zuflucht und Entfaltung gefunden. Neuerdings käme das Gespräch auch wieder häufiger auf ihren früheren Oberbefehlshaber, jenen Mullah Omar, der sich als Kalif geriert hatte und den Amerikanern in letzter Minute auf einem Motorrad entkommen war. Für die US Special Forces, die ein Kopfgeld von fünfzehn Millionen Dollar auf seine Ergreifung oder Tötung ausgesetzt hatten, ist Mullah Omar ebenso zum Phantom geworden wie sein Kumpan Osama Bin Laden, der, zum unheimlichen Popanz aufgebauscht, selbst für eine Prämie von 25 Millionen Dollar bislang von niemandem verraten wurde.

Abdullatif hatte sich schon während des zähen, am Ende erfolgreichen Abwehrkampfes gegen die Sowjetunion unter dem Befehl des Tadschikenführers Ahmed Schah Massud bewährt. Nach der wirren Übergangszeit, nach dem grausamen Bürgerkrieg der rivalisierenden Warlords, der auf den Abzug der Russen folgte, hatte er sich wiederum auf seiten Massuds gegen die in den neunziger Jahren plötzlich aus dem pakistanischen Grenzgebiet auftauchenden Taleban zur Wehr gesetzt. Nun steht er vor einem neuen Kapitel seines Kriegerdaseins. Es rumort wohl erheblich in den Süd- und Ostprovinzen, bestätigt mein Gesprächspartner.

Als herausragende Figur des antiamerikanischen Widerstandes gewinne dort der Mudschahidin-Kommandeur Gulbuddin Hekmatyar wieder an Gefolgschaft und Bedeutung. Auch den Stäben der multinationalen Kabul-Brigade ist diese Kräfteverschiebung zugunsten der Hezb-e-Islami, die Hekmatyar schon zu Beginn der sowjetischen Invasion gegründet hatte, wohlbekannt. Sie müssen darüber informiert sein, daß die aus propagandistischen Gründen betriebene Gleichsetzung von El Qaida, Taleban und Hezb-e-Islami einer groben Vereinfachung entspricht. Der Paschtune Hekmatyar, aus Kundus gebürtig, hatte sich mindestens ebenso verzweifelt gegen die durch Washington begünstigte Machtergreifung der Taleban und die Eroberung von neun Zehnteln des afghanischen Staatsgebietes durch die »Koranschüler« zur Wehr gesetzt wie sein tadschikischer Todfeind und Rivale Ahmed Schah Massud. Aber ihm war es nicht gelungen, einen Zipfel eigenen Einflußgebiets, ein unbezwingbares Réduit wie das

Pandschir-Tal, zu behaupten. Er mußte bei den schiitischen Mullahs der Islamischen Republik Iran Zuflucht suchen, von denen er als fundamentalistischer Sunnit keine hohe Meinung hatte.

Heute geben die Tadschiken der Nordallianz in Kabul den Ton an. Deren oberster Kommandeur, Mohammed Fahim, war einst als »Chapandoz«, als Meister des brutalen Kampfsportes der Steppenreiter, des »Buskaschi«, bewundert worden. Nach der Ermordung Massuds durch einen als Fernsehreporter getarnten Attentäter, der angeblich aus Pakistan ferngesteuert wurde, hat er das Verteidigungsministerium an sich gerissen und sich den Titel eines Marschalls zugelegt. Die Tadschiken verfügen seitdem über die reale Macht, während der offizielle Staatschef Hamed Karzai, der Herrscher über »Kabulistan«, wie man spottet, zwar aus vornehmer Paschtunen-Familie stammt und seit langem als Repräsentant amerikanischer Petroleuminteressen gilt, bei der Masse der Bevölkerung und vor allem bei seinen paschtunischen Stammesbrüdern jedoch über geringes Ansehen verfügt. Dieser »Gucci-Mudschahid«, wie ihn amerikanische Journalisten auf Grund seiner extravaganten, modischen Kostümierung nannten, ist nur noch am Leben, weil seine afghanischen Leibwächter durch amerikanische Bodyguards ergänzt wurden. Ich war diesen rauhen Burschen, die als hochbezahlte und hochqualifizierte Söldner im Dienst einer offiziell registrierten Sicherheitsfirma tätig sind, beim Besuch des Regierungsgebäudes in Kabul begegnet und von ihnen gefilzt worden. Auf der Brust trugen sie die »Stars and Stripes« mit der Überschrift: »American Pride« – Amerikas Stolz.

Der Unterführer Abdullatif ist kein Politiker, aber er ist klug genug, meiner Frage nach dem gespannten Verhältnis zwischen Karzai und Fahim auszuweichen. »Der eine ist Präsident und der andere ist Verteidigungsminister«, lautet die unverfängliche Antwort. Von der Loya Jirga, die im Westen als Ausdruck demokratischen Fortschritts am Hindukusch gefeiert wird, hält er gar nichts. Diese buntgescheckte Versammlung aus Stammesführern, Warlords, Clanchefs, Mullahs, angeblichen Nachkommen des Propheten, »Pir« genannt, Mafia-Bossen und einer beachtlichen Fraktion weiblicher Delegierter – letztere wurden mit Rücksicht auf westliche Besucher aufgestellt – kann die einfachen Leute nicht beeindrucken. Jedermann wußte ja, daß bei der Berufung der Interimsregierung Karzai, die schon auf dem Petersberg im Spätherbst 2001 eingeleitet wurde, nicht etwa der deutsche Gastgeber Joschka Fischer die Auslese getroffen oder nennenswerten Einfluß ausgeübt hatte. Die Karten waren von Anfang an gezinkt. Der diskrete Ratgeber des amerikanischen Präsidenten, der Afghano-Amerikaner Zalmay Khalilzad, hatte die Fäden gesponnen. Später soll dieser auch bei dem Intrigenspiel vor und nach der Besetzung Bagdads versucht haben, die politischen Weichen zu stellen. In Wirklichkeit hat er zum irakischen Fiasko beigetragen.

Die Loya Jirga von Kabul, die vor Jahresende wieder einberufen werden soll, hat sich immer wieder verzögert, so bestätigt Abdullatif, und sei nur durch Bestechung und Erpressung zu bewegen gewesen, Hamed Karzai zum provisorischen Staatschef zu ernennen. Der fast neunzigjährige König Zaher Schah, der aus seinem römischen Exil heimgeholt worden war und weiterhin in weiten Kreisen Ansehen, ja Verehrung genießt, war auf Betreiben Khalilzads hingegen von der ihm zugesagten Rolle als konstitutioneller Monarch ausgeschlossen worden. Ich komme noch einmal auf Hekmatyar zu sprechen, den die Amerikaner inzwischen auf die oberste Stelle ihrer Abschußliste befördert haben. Ich erwähne, daß ich diesen hageren, asketischen Krieger im pakistanischen Peschawar mehrfach getroffen hatte, zweimal sogar in Bonn, als die damalige Bundesregierung zu den diversen Fraktionen des antisowjetischen Widerstandes Kontakt hielt und sich nicht, wie heute, vom Pentagon vorschreiben läßt, wer für Deutschland am Hindukusch als Gesprächspartner in Frage kommt.

Als ich hinzufüge, daß ich mich unter der Obhut der Hezb-e-Islami im Sommer 1981 gemeinsam mit den Mudschahidin durch die von sowjetischen Hubschraubern überwachten Gebirgsmassive des Südostens gequält hatte, stimmt Abdullatif ein grimmiges Gelächter an. Bei seinen Gefährten gewinne ich trotz der Todfeindschaft zu Hekmatyar zusätzliche Achtung. Ich berichte von einem kuriosen Erlebnis aus jener Zeit. Die »Gotteskrieger« Hekmatyars –

obwohl sie über Pakistan von den USA bewaffnet und finanziert wurden, obwohl sie gegen die Sowjetunion, die gottlosen »Schurawi« zu Felde zogen – hatten bei ihren Gewaltmärschen neben dem frommen Ruf »Allahu akbar«, der die Größe Allahs preist, immer wieder die Verwünschung »Margbar Amrika! – Tod den Amerikanern!« ausgestoßen. »La gharbi la sharqi – Islami«, so sangen die Partisanen am Lagerfeuer: »Nicht westlich, nicht östlich, nur islamisch!« Letztere Beteuerung entspricht wohl auch – zwanzig Jahre später – der Grundhaltung Abdullatifs und seiner Gefährten. »Wir mögen die Amerikaner nicht«, betont er, »sie begreifen nichts von unserer Würde, sie werden am Ende den Krieg um Afghanistan verlieren.« Die hiesige Bevölkerung, auch die Tadschiken, habe bei Ausbruch des jetzigen Golfkriegs massiv mit den Irakern sympathisiert – wohlgemerkt nicht mit Saddam Hussein. Dann fragt er mich unvermittelt, wie ich denn als vielgereister Mann die Situation beurteile. »Allah allein weiß es«, antworte ich auf arabisch, und dieser fromme Spruch scheint ihm zu gefallen.

Ich füge hinzu, daß die Europäer ohnehin wenig Einwirkungsmöglichkeiten auf die Entwicklung im sogenannten Krieg gegen den Terrorismus besäßen, daß die Amerikaner weltweit das Sagen hätten. Aber da widerspricht der Afghane heftig. »Ohne die Europäer ist Bush zum Scheitern verurteilt, hier in Afghanistan wie auch im Irak.« Aber es fehle den Europäern an Selbstbewußtsein. Der deutsche Patrouillenführer mahnt zum Aufbruch. Um mir das Aufstehen zu erleichtern, ergreift der klein gewachsene Abdullatif meine Hand und reißt mit einer Muskelkraft, die ich ihm nie zugetraut hätte, meine neunzig Kilo in die Höhe. Zum Abschied küssen wir uns nach Landessitte dreimal auf die Wangen.

Warnzeichen Dien Bien Phu

In zwei Kilometern Entfernung besteige ich mit den Gebirgsjägern einen spitzen, gelben Kegel, der einen trefflichen Panoramablick bietet. Da liegt das ISAF-Bollwerk Warehouse wie auf dem

Präsentierteller zu unseren Füßen. Wer bis zu diesen Höhen ringsum vordringt, könnte das weitflächige Ziel mit Granatwerfern oder Raketen gar nicht verfehlen. Das exponierte Militärcamp in der Mulde erinnert mich an die französische Festung Dien Bien Phu im Hochland zwischen Tonking und Laos, die 1954 von den kommunistischen Vietnamesen überrannt wurde. Mit dem Fall dieser vorgeschobenen Stellung war der Kampf um Indochina zugunsten Ho Tschi Minhs entschieden worden. Ebenso kategorisch, wie heute so viele deutsche Politiker in ihrem strategischen Unverstand dem Wunschdenken anhängen, Camp Warehouse ließe sich im Ernstfall verteidigen oder evakuieren, hatte im Sommer 1954 der französische General Navarre beim Ausbau Dien Bien Phus die Illusion gehegt, die Partisanenarmee seines genialen Gegenspielers Vo Nguyen Giap würde sich beim Ansturm auf diesen Prellbock aufreiben und ausbluten. In seinem Stab war man überzeugt, daß der asiatische Gegner niemals in der Lage wäre, schwere Artillerie über die Dschungelklippen Nord-Tonkings bis zu dem stark befestigten Kessel zu transportieren. Doch das Ameisenheer des Vietminh hatte diese schier übermenschliche Leistung erbracht. Als die ersten Granaten auf der Rollbahn von Dien Bien Phu explodierten und jegliche Versorgung nunmehr auf Fallschirmabwürfe angewiesen war, gab es für den überforderten Festungskommandanten de Castries keine Chance mehr, seine zahlreiche, aber heterogene Truppe zu retten. Da half es auch nichts, daß französische Paras und deutsche Fremdenlegionäre in verzweifeltem Aufbäumen gegen das sich unerbittlich verengende Stollennetz vorstürmten, mit dem Sappeure des Vietminh einen »Piton« nach dem anderen abschnürten und niederkämpften.

In dieser tragischen Stunde hatte der damalige französische Ministerpräsident Georges Bidault, einer der Hauptverantwortlichen für das aussichtslose Engagement der IV. Republik in Fernost, den großen amerikanischen Verbündeten angefleht, den kommunistischen Einkreisungsring rund um Dien Bien Phu durch Einsatz taktischer Atombomben auszuschalten. Präsident Eisenhower war besonnen genug, dieser Forderung eine klare Absage zu erteilen. Nach wenigen Wochen wehte die rote Fahne mit dem gelben Stern über dem Befehlsbunker des Generals de Castries.

Natürlich läßt sich die wüstenähnliche Landschaft, die die afghanische Hauptstadt einschließt, nicht mit dem dampfenden Regenwald und Dschungel vergleichen, in dem die Kommunisten des Vietminh Schutz und Tarnung bei ihrer überraschenden Generaloffensive gefunden hatten. Doch die ständigen Beteuerungen aus den Berliner Ministerien, man habe ein »worst case scenario« erarbeitet und im übrigen würde die US Air Force dafür sorgen, daß die Taleban oder Mudschahidin auf den nackten Höhen des Hindukusch ihren Präzisionswaffen schutzlos ausgeliefert wären, vermögen nicht recht zu überzeugen. Noch im September des Vorjahres hatte mir ein deutscher General an Ort und Stelle eingestanden, daß das ISAF-Aufgebot von insgesamt fünftausend Mann im Ernstfall bestenfalls dreitausend Kämpfer für den effektiven Einsatz aufbieten könne. Was bedeutet schon eine solche bescheidene Truppe inmitten einer Massensiedlung von drei Millionen Afghanen, über deren ethnische und religiöse Spannungen, Meinungsschwankungen und Komplotte keinerlei befriedigende Aufklärung vorliegt?

Durch eine Ansammlung schmuckloser Gehöfte, deren Wohnräume und Innenhöfe von gelben Lehmmauern gegen den Blick von Fremden geschützt sind, kehren wir nach Warehouse zurück. Die tristen Gassen liegen wie ausgestorben, aber plötzlich taucht eine Schar heiterer junger Mädchen auf. Sie tragen die einheitliche züchtige Kleidung – langes schwarzes Gewand und weißes Kopftuch –, aber das Gesicht bleibt frei. Es handelt sich um Schülerinnen einer neueröffneten Lehranstalt. Da fällt mir ein, daß der rauhe Krieger Abdullatif bei unserem Gespräch unter den Tamarisken zwar energisch die Schaffung eines islamischen Gottesstaates für Afghanistan gefordert hatte, daß er sich aber auch – zu meiner freudigen Überraschung – für den Bau von Unterrichtsstätten für die Töchter seines Landes einsetzte, was den Vorschriften des Korans und der Scharia ja in keiner Weise widerspreche.

Walküren in Kabul

Dieses Mal bin ich nicht als Journalist nach Afghanistan gereist. Die SPD-Bundestagsabgeordnete Elke Leonhard ist in ihrer Eigenschaft als Berichterstatterin des Verteidigungshaushaltes an Bord eines Luftwaffen-Airbus erst in die usbekische Grenzstadt Termes und von dort mit einer Transall nach Kabul gestartet. Neben dem Oberstleutnant des Heeres, der ihr als offizieller Begleiter beigegeben wurde, hat sie mir vorgeschlagen, als »Experte« an ihrer Inspektion teilzunehmen. Dazu gehörte einiger Mut, denn mein letztes Buch »Kampf dem Terror – Kampf dem Islam?«, das offenbar zur Standardlektüre vieler deutscher Soldaten von Warehouse geworden ist, dürfte nicht ganz nach dem Geschmack der zuständigen Berliner Kanzleien gewesen sein. Peter Struck konnte es wirklich nicht gefallen, daß ich seinen Ausspruch, »Deutschland werde am Hindukusch verteidigt«, mit Kritik überzog.

Elke ist eine gute Bekannte aus der Bonner Zeit. Mit ihrem Mann Wolfgang, dem renommierten Analytiker des Ostblocks und der DDR, bin ich seit vierzig Jahren eng befreundet. Die Abgeordnete aus dem Hunsrück imponiert mir vom ersten Tag an, als sie nach kurzer, zweistündiger Nachtruhe in Termes ohne ein sichtbares Zeichen der Ermüdung ihre Erkundungsarbeit aufnimmt und in den folgenden Tagen – trotz einfacher Unterbringung – größten Wert auf die Eleganz ihrer Erscheinung legt.

Zu den gemeinsamen Ausflügen im gepanzerten »Wolf« gehört eine Stadtrundfahrt, wobei ich ein wenig insistieren muß, daß der kleine Konvoi bis zur unansehnlichen blauen Freitags-Moschee am verdurstenden Kabul-Fluß vordringt, dessen Ufer zur Abfallhalde verkommen sind. Ein Gang durch den Basar ist im Programm nicht vorgesehen, wird vielleicht zu Recht als riskant eingeschätzt, zumal Elke Leonhard als blonde, auffällig gekleidete Frau vor der Belästigung durch einen religiösen Fanatiker nicht zu schützen wäre. So besichtigen wir die weite Ruinenlandschaft im Umfeld des verwüsteten Königspalastes, für die weder die Russen noch die Amerikaner verantwortlich sind, sondern die sich befehdenden Warlords Gulbuddin Hekmatyar auf der einen und Ahmed Schah Massud auf der anderen Seite, die nach dem Abzug der Sowjets und dem Sturz des postkommunistischen Diktators Nadschibullah mit Raketenwerfern und Artillerie ganze Straßenzüge in Schutt und Asche legten. Die theoretische Präsidentschaft des Korangelehrten Burhanuddin Rabbani konnte diesem Machtkampf, dieser Folge von hinterlistiger Verbrüderung und offenem Verrat kein Ende setzen, bis 1996 die Taleban dem sinnlosen Spiel ein Ende setzten und – ohne einen Schuß abzufeuern – die Hauptstadt okkupierten.

Das Lächeln der Afghanen beim Auftauchen deutscher Heerespatrouillen ist erloschen, so stelle ich fest. Die Bundeswehrsoldaten ihrerseits führen ihre Mission auch nicht mehr mit jener unbeschwerten Zuversicht aus, die sie im vergangenen Herbst mit einiger Naivität zur Schau trugen. Besonders zugänglich sind die mongolischen Hazara, deren Viertel wir durchqueren. Sie sind zum schiitischen Glaubenszweig bekehrte Nachkommen einer Horde des Welteroberers Dschinghis Khan, die aus irgendeinem Grund im Hindukusch hängengeblieben ist und von den übrigen Ethnien, vor allem von den anmaßenden Paschtunen, die etwa die Hälfte der Hauptstadtbevölkerung ausmachen, mit rassischer und religiöser Überheblichkeit behandelt werden. Vielen mißgelaunten Paschtunen, die die ISAF-Fahrzeuge geflissentlich ignorieren, merkt man an, daß sie es nicht verwinden können, daß ihr kriegerisches Volk aus der angestammten Führungsrolle im Staat durch die Persisch sprechenden Tadschiken des Marschalls Fahim verdrängt wurde.

Die einheimischen Frauen huschen weiterhin wie hellblaue Gespenster unter der Totalverschleierung der Burqa an uns vorbei. Die wenigen »Emanzen«, von denen unsere Medien so gern berichten, hüllen sich züchtig in den schwarzen Tschador iranischen Modells, der immerhin das Gesicht frei läßt. Daneben wirken die weiblichen Bundeswehr-Angehörigen, die am Steuer ihrer gepanzerten Fahrzeuge sitzen und das Sturmgewehr stets in Reichweite halten, wie seltsame Wesen von einem anderen Stern. Die Soldatinnen finden sich recht problemlos in der Männerwelt von Camp Warehouse zurecht. Zwei hochgewachsene Walküren fallen mir auf, die ihre Waffe lässig über der Schulter tragen und die wallende, blonde Mähne wie eine Provokation unter dem Helm hervorschauen lassen. Da findet unweigerlich bei den Einheimischen ein schmerzlicher Kulturschock statt. Kein deutscher Kommandeur sollte in seinem Übereifer versichern, 98 Prozent der Bevölkerung Kabuls seien der fremden Truppenpräsenz freundlich gesinnt, was erwiesenermaßen falsch ist.

Die hohen Offiziere im Generalsrang sind in ihren öffentlichen Erklärungen zur Diskretion verpflichtet. Sie müssen sich an die politischen Richtlinien ihres Ministeriums halten. »La grande muette – die große Schweigende«, so wurde einst in Frankreich die Armee bezeichnet. Die Mehrzahl der Bürger in Uniform, mit denen ich mich bei der Kabul-Brigade unterhalte – vom Oberstleutnant bis zum einfachen Soldaten –, halten mit ihrer Meinung jedoch nicht hinter dem Berg, nehmen das Recht auf kritische Lagebeurteilung freimütig in Anspruch. Die Abgeordnete Leonhard erfüllt ihren Informationsauftrag mit höflicher Unermüdlichkeit. Der Flugplatz von Kabul steht unter dem Befehl eines deutschen Obersten. An dieser Stelle merkt man am deutlichsten, wie unbefriedigend, ja teilweise skandalös es um die Ausrüstung der Bundeswehr bestellt ist. Die Maschinen, die hier landen, sind meist riesige russische oder ukrainische Antonow-Transporter. Die Heeresflieger haben an jenem Tag nur zwei einsatzfähige Hubschrauber vom Typ CH-53 als Schutz für die ISAF-Truppe aufzubieten. Da sich auch auf der rückwärtigen usbekischen Basis Termes in Usbekistan keine Kampfmaschinen befinden, wäre man auf den rettenden Einsatz der US Air Force angewiesen, die in ihrem streng abgeschirmten Stützpunkt Bagram – fünfzig Kilometer von Kabul entfernt – über erhebliche Mittel verfügt.

Der angesetzte Aufklärungsflug an Bord eines CH-53 fällt aus. Ein sympathischer junger Hauptmann erklärt den Grund. Die Helikopter leiden in Kabul unter der Einsatzhöhe von mindestens zweitausend Metern und vor allem unter dem Flugsand, der sich überall im Getriebe einnistet. Die Hubschrauber waren ja ursprünglich für die deutsche Landesverteidigung gegen die sowjetischen Stoßarmeen, für Kampfeinsätze über der norddeutschen Tiefebene vorgesehen. Es handelt sich zudem um sehr betagte

Exemplare. Auf die Perspektive einer massiven feindlichen Bedrohung und einer überstürzten Zwangsevakuierung der ISAF-Brigade angesprochen, äußern die Stabsoffiziere eine Skepsis, die an Galgenhumor grenzt. Natürlich hätte der Einsatz schwerer Tanks vom Typ Leopard II in Afghanistan nicht den geringsten Sinn, aber zur Zeit unserer Besichtigung mangelt es auch an gepanzerten Mannschaftstransportern. Die kleinen, flinken Raupenfahrzeuge vom Typ Wiesel, die mir so gut gefallen, würden im Ernstfall nicht ausreichen.

Bei einem früheren Truppenbesuch in Kabul vor einem Jahr hatte mir der zuständige deutsche General, der damals einem türkischen Kommandeur unterstand, freimütig eingestanden, daß seine Brigade schon auf Grund ihrer hoffnungslosen Positionierung in einer von allen Seiten eingeengten Talsohle bei massiver Feindaktion zum Untergang verurteilt wäre. An eine rechtzeitige Erkenntnis der Gefahrenlage sei überhaupt nicht zu denken. Seitdem ist offenbar aus Berlin die Weisung ergangen, einen Eventualplan für hinhaltende Verteidigung und Räumung der ISAF-Truppe zu entwerfen. Ein Ausbruch aus dieser militärisch sinnlosen Fixierung am Rande des Hindukusch wäre jedoch schon aus topographischen Gründen kaum durchführbar. Auf die amerikanischen Chinook-Hubschrauber wäre nur bedingt Verlaß. Die jüngsten Erfahrungen haben zudem ihre Verwundbarkeit gegenüber den aus Rußland importierten Boden-Luft-Raketen vom Typ Strela hinlänglich erwiesen. Allenfalls könnte man sich mit den einheimischen Gegnern auf einen wenig glorreichen Abzug in Richtung Salang-Paß und den Amu Daria einigen. Schon die sowjetische Besatzungsarmee des Generals Gromow hatte 1989 mit den diversen Mudschahidin-Fraktionen eine solche Räumung aushandeln müssen.

In einem Nebengebäude des »Kabul International Airport« lauschen wir in brütender Hitze einem endlosen technischen Briefing. Strategische Fragen oder gar das Thema einer Exit-Disposition werden dabei nicht erörtert. So schweifen meine Gedanken in die Vergangenheit. Im April 1990 – das Wetter war noch naßkalt – hatte ich von meinem Fenster im hoch gelegenen Hotel Intercontinental einen vorzüglichen Ausblick auf diese gleiche Rollbahn genossen, wo jetzt zwei Transall-Maschinen mit dem

Balkenkreuz parken. Während der langen Stunden, die zwischen meinen offiziellen Besuchs- und Gesprächsterminen verstrichen, hatte ich fasziniert das Schauspiel beobachtet, das sich in unmittelbarer Nachbarschaft meiner betrüblich heruntergekommenen Luxusherberge bot. Von früh bis spät drehten Geschwader riesiger sowjetischer Frachtmaschinen in dichter Folge ihre Runden über dem Flugplatz. Unaufhörlich schossen sie ihre feurig-flackernden Ablenkungssignale, die Flares ab, um die »heat seeking missiles« der Mudschahidin irrezuführen. Nach der Landung wurde das gelieferte Kriegsmaterial in aller Eile entladen, und schon kurvten die schweren Vögel in steilen Windungen nach oben, um dem bedrohlichen Bergmassiv rund um Kabul zu entrinnen.

Damals verfügte das postsowjetische Regime des Präsidenten Nadschibullah über einen wesentlich größeren Verteidigungsradius als die heutige ISAF-Brigade. An einem klaren, sonnigen Morgen im Frühjahr 1990 war ich mit dem V. Regiment des Sicherheitsdienstes, einer bewährten Eliteeinheit Nadschibullahs, rund sechzig Kilometer südöstlich von Kabul in Richtung auf Gardes vorgestoßen. Die Offiziere vermittelten den Eindruck wilder Kraft und Entschlossenheit. Die Expedition endete in einem zerklüfteten Tal. Wir hielten an einem befestigten Gefechtsstand, der von einem Major mit mongolischen Gesichtszügen kommandiert wurde. Die Soldaten liefen quer über die Pisten, als hätten sie noch nie von der allgegenwärtigen Minengefahr gehört. Kein Schuß fiel, obwohl hinter der schroffen Felswand von Muhammad-Aga starke Verbände der Hezb-e-Islami-Partisanen in Bereitschaft standen. Schon in jenen fernen Tagen tat sich die Kampfgruppe Hekmatyars, die über eine straffe Organisation verfügte, als der gefährlichste Gegenspieler des kommunistischen Reststaates hervor. Sie nistete sich in der weiten Leere der verwüsteten Provinzen ein. Auf der Rückfahrt nach Kabul dämpften die russischen Kollegen, die vermutlich auch für den KGB tätig waren, den zur Schau getragenen Übermut der regimetreuen Offiziere. Knapp zehn Kilometer nordwestlich der Hauptstadt, beim früheren Erholungsort Paghman, hätten die islamischen Gotteskrieger sich in den nahen Hügeln festgekrallt. Diese Region ist auch der heutigen proamerikanischen Allianz nicht geheuer.

Im Anschluß an das Briefing am Flugplatz besichtigen wir einen schweren Blindgänger am Rande der Rollbahn, der seit dem Abzug der Russen nicht entschärft werden konnte. Ein Trupp afghanischer Milizionäre – Allah allein weiß, auf welche Loyalität sie eingeschworen sind – begrüßt uns freundlich. Sie bieten fragwürdigen Schutz. Zum Glück sind in der nördlichen Zwischenzone in Richtung Bagram ein paar hundert französische Fallschirmjäger stationiert. Die Paras, die mir wohlvertraut sind, werden im Ernstfall nicht mit sich spaßen lassen.

Insgesamt wirkt die Stimmung rund um Kabul recht friedlich. Doch die trügerische Harmlosigkeit ruft mir auch meine Abreise aus der afghanischen Hauptstadt im April 1990 in Erinnerung. Am Morgen meines Rückfluges nach Delhi hatte ich das Hotel Intercontinental, wo ich mich zuletzt als einziger Gast aufhielt, mit seltsamen Gefühlen verlassen. Die Fahrt zum Flugplatz, vorbei an häßlichen Betonbauten und armseligen Hütten, mutete wie eine militärische Inspektion an. So massiv war das Armeeaufgebot Nadschibullahs. Kurz vor dem Airport, wo Hubschrauber und Antonow-Transporter auf das Startsignal warteten, fiel mir an der nahen Kreuzung eine wirr schreiende Menschenmenge auf. Dann sah ich auch schon die zerfetzten Körper und die langgezogenen Blutlachen. Wenige Minuten zuvor war hier eine Sakar-Rakete eingeschlagen. Die Opfer waren in der Mehrzahl Kinder. Auch neben der Rollbahn waren zwei Geschosse niedergegangen. Den Passagieren, die dicht gedrängt auf den Aufruf zum Einstieg in die Iljuschin-Maschine warteten, war jedoch keinerlei Aufregung oder gar Panik anzumerken. »Es scheint«, so notierte ich damals, »als seien der Schrecken des Krieges und das Chaos der Politik in diesem blutigen Kernland Asiens ein vertrauter Normalzustand.«

»Unsere Stärke liegt im Verzicht«

Ein paar Tage lang führe ich im Camp Warehouse das Leben eines Bundeswehrsoldaten. Es ist schon ein seltsames Gefühl für einen Achtzigjährigen, wie mit der »Zeitmaschine« um mehr als ein halbes Jahrhundert in die eigene Militärdienstzeit zurückversetzt zu werden. Ein exotisch-abenteuerlicher Einsatz ist der deutsche Stabilisierungsauftrag am Hindukusch – im Gegensatz zu meinen frühen Erlebnissen in Indochina – allerdings nicht. Die öde Ansammlung von Containern, Baracken und Bunkern ist ständig dem Eindringen von Sand und Staub ausgesetzt. Im Winter watet man im Schlamm. Die 2300 Deutschen, die zur Zeit das Hauptkontingent stellen, leisten einen ziemlich freudlosen »Job«, wie man heute sagt. Der Tagesablauf gestaltet sich eintönig und routiniert. Darüber helfen auch Kameradschaft und gute Verpflegung nicht hinweg. »Unsere Stärke liegt im Verzicht«, hat ein Spaßvogel auf einen Holzverschlag geschrieben. Der sechsmonatige Aufenthalt in diesem öden Kessel ist, auch wenn er durch Heimaturlaub unterbrochen wird, für viele schwer erträglich.

Wer zur Patrouille abkommandiert wird, kann sich trotz der damit verbundenen Risiken glücklich schätzen. Die Angehörigen des umfangreichen Logistik- und Versorgungsapparates im Lager haben während ihrer halbjährigen Präsenz keinerlei Chance, auch nur einen Blick auf das schäbige, aber immerhin exotische Treiben von Kabul zu werfen, geschweige denn eine Tasse Tee bei einem einheimischen Händler im Basar zu trinken. Die majestätische Gebirgswelt des Hindukusch bleibt für die gesamte Garnison eine ferne Traumvorstellung. Dennoch ist die Stimmung der Truppe zufriedenstellend in dieser belagerten Festung, wo in den kargen Entspannungsräumen, die sinnige Namen wie »Wolfshöhle« oder »Treibsand« tragen, außer Bier kein Alkohol ausgeschenkt werden darf. Die Einsatzbereitschaft ist durch den Überfall eines Selbstmörders nicht beeinträchtigt worden. Allenfalls ist größere Nachdenklichkeit eingekehrt, und man hütet sich, an der Straße nach Dschallalabad kampierend, das tragische Schicksal der britischen Garnison von Kabul in Stärke von sechzehntausend

Soldaten und Zivilisten zu erwähnen, die 1842 bei ihrem Durchbruchsversuch durch den Belagerungsring afghanischer Stammeskrieger in Richtung Dschallalabad bis auf den letzten Untertan der Queen Victoria massakriert wurde.

Unter den deutschen Generalen van Heyst und Freers hat die Bundeswehr gemeinsam mit den Niederländern für eine begrenzte Zeit die Funktion der »lead nation« übernommen. Sie befehligt zudem ein Sammelsurium aus 29 Staaten – von Kroatien bis Norwegen, von Litauen bis Albanien. Unter einfühlsamer Führung funktioniert die Zusammenarbeit fast reibungslos. Insbesondere das Verhältnis zwischen Deutschen und Holländern, das im Zivilbereich oft schwierig ist, steht hier im Zeichen einer vertrauensvollen Kooperation. Da die ISAF-Truppe bislang von den amerikanischen Streitkräften eindeutig getrennt operierte, ist in Afghanistan eine Vorahnung jener Europa-Armee aufgetaucht, die eines Tages – allen Unkenrufen und Sabotageversuchen zum Trotz – vielleicht doch noch zustande kommt.

Unterdessen regen sich böse Ahnungen in den Stäben von Kabul. So eindrucksvoll der amerikanische Siegeszug im Spätherbst 2001 auch gewesen sein mag, das Unternehmen »Enduring Freedom« hat längst seinen ursprünglichen Schwung verloren, seit es sich von Kandahar aus in die südöstlichen Stammesgebiete der Paschtunen verirrte. Das Land am Hindukusch bleibt weiterhin der Willkür seiner Kriegs- und Feudalherren ausgeliefert. Die auf neuntausend eigene Soldaten reduzierte amerikanische Militärpräsenz ist zunehmend auf die zwielichtige Unterstützung durch bestechliche Bandenführer angewiesen, ja auf die Anheuerung von Kriegshaufen ehemaliger Taleban. Wäre nicht die Quasi-Allmacht der Luftwaffe, dann wäre die spärliche US-Bodentruppe in den Süd- und Ostprovinzen aufs äußerste gefährdet. Die gegnerischen Kräfte formieren sich langsam und unerbittlich, auch wenn ihr Waffenarsenal zur Zeit noch unzureichend sein dürfte. Aber schon kündigt sich ein Wandel zum Negativen an.

Eine Rekordernte von schätzungsweise viertausend Tonnen Rohopium ist im Jahr 2003 eingebracht worden. Daraus lassen sich knapp vierhundert Tonnen Heroin herstellen. Das sind drei Viertel der Weltproduktion. Der erzielte Endgewinn wird auf 25 Milliarden Dollar beziffert, wovon immerhin 2,5 Milliarden in Afghanistan verbleiben. Die Warlords, die Taleban, die Mudschahidin und andere Widerstandsfraktionen werden also über unbegrenzte Finanzmittel verfügen. Die internationalen Waffenhändler schrecken bekanntlich vor keinem verbrecherischen Geschäft zurück. In diesem Zusammenhang erinnern sich die Afghanen sehr wohl an die strikten Verbotsmaßnahmen der Taleban, die – wo immer sie konnten – die Mohnfelder umpflügen ließen und das Opiumangebot auf knapp zweihundert Tonnen heruntertrieben. Diese tugendhafte Strenge der verfemten Koranschüler, die erst in der letzten Phase gelockert wurde, kontrastiert mit der schändlichen Ohnmacht des Karzai-Regimes bei der Bekämpfung des florierenden Rauschgifthandels und mit der Passivität der amerikanischen »Befreier«, deren Heimatland doch in besonderem Maße von der Heroin-Schwemme heimgesucht wird.

Einsatzplanung in der »Wolfshöhle«

Die Nachtstreifen in Kabul sind zur Routine geworden. Vielleicht mit Rücksicht auf die Bundestagsabgeordnete Leonhard, die in einem gepanzerten »Dingo« Platz genommen hat, wird unsere Fahrt dieses Mal nicht durch eine Erkundung zu Fuß ergänzt. Ich selbst sitze im gepanzerten »Wolf«-Jeep neben einem Unteroffizier der Feldjäger. Die kleine Kolonne würde für jeden Heckenschützen im Gassengewirr, das wir nach langer Fahrt über verlassene Äcker erreichen, ein perfektes Ziel bieten. Sowjetische Panzerfäuste vom Typ RPG-7 gibt es in Afghanistan zuhauf. Der Partisan brauchte nicht einmal besonders gut ausgebildet zu sein und könnte im Schutz der Dunkelheit leicht entkommen. Drei oder vier derartige Überfälle mit tödlichem Ausgang würden unweigerlich die Kontrollfunktion der Kabul-Brigade lähmen, ja zum Erliegen bringen. Das Unternehmen ISAF würde in seinem befestigten Lager festgenagelt in Erwartung von Raketen oder Granateinschlägen, die eines Tages auch auf diese Stellung niedergehen dürften.

Die Unterbrechung unserer Fahrt nahe einer afghanischen Polizeistation ist ernüchternd. Die deutsche Visite scheint den bärtigen einheimischen Ordnungshütern, die recht nachlässig uniformiert sind, eher lästig zu sein. Als unter König Zaher Schah noch deutsche Ausbilder in Kabul tätig waren, hatte wohl ein engeres Vertrauensverhältnis geherrscht. Die afghanischen Polizisten antworten einsilbig auf die Frage nach der derzeitigen Sicherheitslage. Zu den unterschwelligen politischen oder ethnischen Spannungen wollen sie sich schon gar nicht äußern. Die gewöhnliche Kriminalität, so erfahren wir, vor allem Raubüberfälle und Vergewaltigungen, nehme ständig zu. Diese wachsende Unsicherheit stifte Wut und Nervosität bei der Bevölkerung. An den heutigen Zuständen gemessen, hatte unter den Taleban eiserne Zucht und Ordnung geherrscht. Mir fällt auf, daß uns nicht einmal Tee angeboten wird, was den guten Landessitten widerspricht.

Jeder verantwortliche Truppenführer muß um die dramatische Zuspitzung der Lage wissen, die jederzeit eintreten kann. Unter Respektierung des Primats der Politik hüten sich die Generale, ihrem Minister öffentlich zu widersprechen oder gar den Außenminister zu tadeln, der sich auf wundersame Weise vom Pazifisten zum globalen Interventionisten bekehrt hat. Bei den einstigen Achtundsechzigern der Regierung Schröder muß die Legende vom »humanitären Krieg« und von der bewaffneten Friedensstiftung als Alibi herhalten für exotische Militäreinsätze, von denen Bismarck gesagt hätte, daß sie nicht die Knochen eines einzigen pommerschen Grenadiers wert seien.

In den geselligen Aufenthaltsräumen kommt die Sprache auf die bevorstehende Ankunft eines starken kanadischen Kontingents, das sein eigenes Lager in Nähe des zerstörten Königspalastes einrichten will. Gleichzeitig soll die ISAF-Präsenz der Bundeswehr um etwa achthundert Mann verringert werden. Deutsche und Niederländer standen bislang von Potsdam aus unter Verantwortung des Einsatzführungskommandos der Bundeswehr und des deutschen Generalleutnants Friedrich Riechmann. Mit Eintreffen der Kanadier wird die Kabul-Brigade hingegen den NATO-Stäben von Mons in Belgien untergeordnet. Mag auch weiterhin ein deutscher General die multinationale Truppe vor Ort befehligen, die wirklich letzte Kommandogewalt über die »Stabilization Force« wird der amerikanische Chef von SACEUR, das heißt, das Pentagon an sich ziehen. Der britische Generalsekretär der Bündnisorganisation, Lord George Robertson, eine durchaus eindrucksvolle Persönlichkeit, hat sich bislang in allen Situationen als treuer, ja bedingungsloser Sachwalter der angelsächsischen Sonderallianz und des amerikanischen Hegemonialanspruchs erwiesen.

In Camp Warehouse wird in aller Verschwiegenheit ein bescheidener Ansatz zu europäischer Emanzipation und Selbstbehauptung im Keim erstickt. Die Führungszentrale in Potsdam, die ich aus persönlicher Anschauung kenne und die sich in weniger gigantischem Ausmaß mit den elektronischen Verbindungseinrichtungen der US-Streitkräfte von Tampa, Florida, oder in Doha, Qatar, durchaus vergleichen läßt, hat ihre Zuständigkeit für Afghanistan verloren. Die Europäische Union muß sich in Zukunft auf das Mini-Unternehmen in Mazedonien beschränken. Der Anspruch einer Kompetenzübernahme Brüssels in Bosnien oder in Transnistrien, dem latenten Krisenherd zwischen dem Ostrand der Republik Moldova und der Ukraine, wurde von Washington zunächst abgeschmettert.

Mit Bedauern habe ich also bei meinem kurzen Besuch im Juni 2003 diese Entmündigung des alten Kontinents miterlebt. Dabei hätte die Verantwortungserweiterung der EU im wohlverstandenen Interesse des amerikanischen Verbündeten gelegen. Die kurzlebige Kernzelle einer buntgescheckten Europa-Armee hat in Kabul recht gut funktioniert. Meine Vorbehalte gegenüber der eilfertig zusammengestellten Koalition aus fünfundzwanzig Staaten muß ich relativieren. Zwischen deutschen und niederländischen Offizieren schien eine fast perfekte Harmonie zu herrschen, und man stutzt bei der Entdeckung, daß ausgerechnet die Rumänen mit Militärpolizisten anwesend sind und Litauen einen einzigen Soldaten an den Hindukusch entsendet. Doch offensichtlich bewährt sich das Bündnis auch ohne Amerikaner, die lediglich drei Verbindungsoffiziere abstellten, um einen lockeren Kontakt zur US-Festung Bagram aufrechtzuerhalten. So ähnlich, male ich mir mit historischer Phantasie aus, könnte es auch bei den disparaten Heerscharen des Heiligen Römischen Reiches Deutscher Nation zugegangen sein, als sie unter dem Kommando des Prinzen Eugen, von Geburt Italo-Franzose, den türkischen Janitscharen die Festung Belgrad entrissen.

»NATO Takes Lead in Afghanistan«, titulierte die »International Herald Tribune«, und hätte ebensogut schreiben können: »US Takes Lead in Afghanistan«. In Berlin wurde diese Zurückstufung der zisatlantischen Allianzpartner, die Donald Rumsfeld durch seine brüskierende Unterscheidung zwischen den »neuen, willigen, zukunftsträchtigen Europäern« einerseits und den »alten, dekadenten Euro-Whimps Deutschland und Frankreich« andererseits zusätzlich belastete, mit gewohnter Unterwürfigkeit zur Kenntnis genommen. Die trotzig klingende Parole Gerhard Schröders vom »deutschen Weg«, seine strikte Weigerung, selbst im Falle eines positiven UNO-Beschlusses irgendeine deutsche Militäreinheit in den Irak-Feldzug zu schicken, hatten ihren Zweck erfüllt. Der Antikriegsstimmung der breiten deutschen Öffentlichkeit wurde Genüge getan und die Wiederwahl der rot-grünen Koalition wider alle Erwartung ermöglicht.

Schon kurz nach diesem Zwist mit Washington fand sich die Bundesrepublik zu allen möglichen Büßergesten bereit. Der unvermeidliche Canossa-Gang des deutschen Kanzlers, so hoffte man doch insgeheim, würde eines Tages als Spektakel neu geschmiedeter transatlantischer Verbrüderung gefeiert werden. Der Bundestag erteilte seine eilfertige Zustimmung zum Projekt der »NATO Response Force«, deren vornehmliches Ziel es sein soll, die ursprünglich anvisierte Aufstellung einer europäischen Eingreiftruppe oder »Rapid Deployment Force« von sechzigtausend Mann zu unterlaufen. Kein deutscher Militärkommentator – so weit war die Selbstzensur der deutschen Medien bereits gediehen – hätte es wie ein renommierter Kommentator der »Los Angeles Times« gewagt, die »NATO Response Force« als eine »sich selbst finanzierende Fremdenlegion der Europäer im Dienste der USA« zu definieren, deren kriegerische Einsätze in fernen Weltregionen mit den europäischen Interessen wenig zu tun hätten.

Von einer säuberlichen Trennung zwischen dem Unternehmen »Enduring Freedom«, das von den Verbündeten Amerikas nach dem Attentat auf das World Trade Center unter Berufung auf Artikel V des Atlantischen Bündnisvertrages spontan beschlossen wurde, und dem ISAF-Auftrag der Vereinten Nationen, der nach endlosem Stammes- und Bürgerkrieg den Afghanen Sicherheit, Stabilität und Demokratie bescheren sollte, kann seit der Unterstellung der Kabul-Brigade unter NATO-Kompetenz nicht mehr die Rede sein. Das hohe Sympathiepotential der deutschen Soldaten, der »arischen Vettern«, wie man hier sagt, droht in dem Maße zu verblassen, wie sie zum Ausführungsorgan der amerikanischen Zentralasien-Strategie degradiert werden. Die Ablehnung, ja die Feindschaft der Bevölkerung gegen die US-Truppen ist seit der Vertreibung der Taleban und der Installierung des allzu willigen Präsidenten Hamed Karzai ständig gewachsen. Sie könnte eines Tages auch auf die deutsche Militärpräsenz abfärben.

Berlin hatte sich bereit erklärt, das Interimregime von Kabul mit allen verfügbaren Mitteln zu unterstützen. In den zuständigen deutschen Ministerien war offenbar niemand auf die Idee gekommen, daß ein solches Engagement, das nicht ohne eigenes Risiko ist, nun auch für die Bundesrepublik ein gewichtiges Mitspracherecht und aktive Mitgestaltung am politischen Aufbau Afghanistans mit sich bringen müsse. Davon ist jedoch nicht die Rede. Die Weisungen an Karzai kommen aus Washington. Der ominöse Khalilzad wird nunmehr in seiner Eigenschaft als US Ambassador zum Rang eines Statthalters der USA heraufgestuft.

Stimmzettel-Fetischismus

Der afghanische Außenminister Abdullah hat sich überraschend zu einem Gespräch bereit erklärt. Ich bin von dem urbanen, auskunftsbereiten Tadschiken angenehm überrascht. Während des verzweifelten Abwehrkampfes gegen die Taleban im Pandschir-Tal hatte er zur engsten Umgebung des bereits legendären Ahmed Schah Massud gehört. An Abdullah gemessen, erscheint der starke Mann des Karzai-Regimes, Marschall Mohammed Fahim, wie ein verschlossener Gebirgskrieger, der noch ganz im angestammten Clanwesen verhaftet ist. Geheimnisse gibt der Außenminister zwar nicht preis, aber zu meiner Verwunderung stelle ich fest, daß er sich an dem von der Bush-Administration eingeleiteten Kesseltreiben gegen die Islamische Republik Iran nicht beteiligen will. Die Tadschiken bekennen sich zwar zum sunnitischen Glaubenszweig, aber ethnisch und linguistisch sind sie Iraner und haben viel zur Entfaltung der persischen Literatur im Mittelalter beigetragen.

Als Pakistan und die CIA in den neunziger Jahren die Taleban stark machten und ihnen ihre finstere Ordnungsfunktion in Kabul zuspielten, hatte der tadschikische Widerstand gegen die paschtunischen Fundamentalisten bei zwei Nachbarstaaten Unterstützung gefunden: Rußland und Iran. Auch heute ist Teheran wohl der sicherste Garant, daß das von Tadschiken kontrollierte Regime des paschtunischen Präsidenten Hamed Karzai nicht bei einer der üblichen amerikanischen Kehrtwendungen wieder den Intrigen der pakistanischen »Inter-Services Intelligence« ausgeliefert wird. Abdullah berichtet, daß er vor ein paar Tagen erst von einer Dienstreise nach Teheran zurückgekehrt ist und dort weiterhin gute Kontakte pflegt.

Über die Ausdehnung des ISAF-Auftrages auf diverse afghanische Provinzstädte – eine Forderung der Bush-Administration, die in Berlin mit großer Insistenz vorgetragen wird – hat Außenminister Abdullah sich nicht geäußert. Es geht darum, die amerikanischen »Provincial Reconstruction Teams« abzulösen, die in mehr oder weniger exponierten Außenpositionen ausharren. Diese kleinen Trupps von »Special Forces«, die sich in ihren Camps wie in Festungen einbunkern und nur gelegentlich mit gemieteten afghanischen Hilfskräften zu Streifzügen aufbrechen, werden offenbar im Irak gebraucht, wo längst nicht alles nach Plan verläuft.

Bei den deutschen Offizieren von Camp Warehouse wurde mit Befremden zur Kenntnis genommen, daß ein umfangreicher Trupp aus Beamten und Offizieren von Berlin zur »fact finding mission« an den Hindukusch aufgebrochen war. Angeblich sollen gewisse Standorte auf ihre Tauglichkeit als Zentren des Wiederaufbaus und fortschreitender Demokratisierung untersucht werden. Es ist bezeichnend, daß sich die in exponierten Regionen tätigen humanitären Organisationen – die sogenannten NGOs, bei denen neben einer Vielzahl selbsternannter pseudo-karitativer Schaumschläger auch eine Reihe tatkräftiger Idealisten zu finden sind – gegen diese deutsche Truppenpräsenz heftig verwahrten. Sie operieren in Gegenden, in denen Warlords und Feudalherren das Sagen haben, aber auch eine gewisse Sicherheit garantieren. Die Ankunft bewaffneter Ungläubiger aus dem fernen Westen, und mag es sich auch um die weithin populären Germanen handeln, könnte leicht als Provokation empfunden werden.

Die erste Rundreise der Kommission, die im Juni stattfand, war bei den Einheimischen auf gemischte Reaktionen gestoßen. Sogar bis Gardes, einer paschtunische Hochburg der Taleban unweit der pakistanischen Grenze, hatten sich die Kundschafter vorgewagt. In dieser rauhen Gebirgszone war den Amerikanern die effektive Kontrolle längst entglitten. Einige Stammesführer wurden durch diskrete Zuwendungen bei Laune gehalten, und niemand fragte danach, ob sie sich einst Mullah Omar oder Osama Bin Laden zur Verfügung gestellt hatten. Immerhin war der Ausflug nach Gardes in der Provinz Paktia insofern nützlich, als er den Beamten aus Berlin – die zuständigen Militärs wußten ohnehin Bescheid – vor Augen führte, welche Anarchie sich in der von Paschtunen besiedelten Süd- und Osthälfte Afghanistans inzwischen breitgemacht hat. Die propagandistisch aufgebauschten Offensiven der US-Streitkräfte in diesem Raum waren längst verpufft. Die großangelegte Umzingelungsaktion »Anaconda« war im Spätherbst 2001 vollends danebengegangen. Seitdem konnte sich die Guerilla zwischen den Provinzen Zabol und Kunar ständig ausdehnen und immer neue Schlupfwinkel in dieser grandiosen Felslandschaft finden, deren Steilhänge mir seit meiner Expedition auf seiten der Hezb-e-Islami im Sommer 1981 in schmerzlicher Erinnerung bleiben.

Die Vorstellung, in dieser latenten Aufstandszone halbwegs glaubwürdige Parlamentswahlen abzuhalten, mutet beinahe erheiternd an. Doch in Berlin klammern sich die Politiker aller Fraktionen offenbar an solche Fiktionen. Wie so mancher Bundeswehr-Soldat am Rande von Kabul argwöhnt, beabsichtigt die rot-grüne Koalition, angestachelt durch die interventionsfreudige Stimmung der Opposition, Afghanistan zum Schwerpunkt ihres Anti-Terror-Einsatzes hochzuspielen, den Amerikanern ihre Ergebenheit zu demonstrieren, um weiterhin von der Entsendung deutscher Truppen in den Irak verschont zu bleiben.

Angesichts der zunehmenden Unsicherheit der mörderischen Stammesfehden, der zutiefst islamisch geprägten Mentalität am Hindukusch entlarvt sich das westliche Drängen auf freie Wählerentscheidung, das blinde Festhalten am »Stimmzettel-Fetischismus«, als Selbsttäuschung, ja als Farce. Vorübergehend wurde überdies auch die Verlegung eines deutschen »Reconstruction Teams« nach Scharikar erwogen, einem Verkehrsknotenpunkt nur hundert Kilometer von Kabul entfernt, wo die Verbindungsstraße nach Norden in dreitausend Meter Höhe über den bedrohlichen Tunnel des Salang-Passes abzweigt. Unweit des Handelszentrums Scharikar verengt sich die mörderische Felsschlucht des Pandschir-Flusses, wo heute noch Hunderte gesprengter und ausgebrannter Panzerwracks der erfolglosen Sowjetarmee die schmale Piste säumen. Sie geben Kunde von der Vergeblichkeit aller Eroberungsabsichten. Diese überwiegend von Tadschiken bewohnte Ortschaft entsprach offenbar nicht den Vorstellungen der Berliner Besichtigungsmannschaft. Man wußte wohl, daß der einflußreiche Verteidigungsminister Fahim das Pandschir-Tal als seine ureigene Domäne betrachtet und den neuen amerikanischen Flirt mit diversen paschtunischen Stammesführern mit Argwohn beobachtet.

Das Vorzugsobjekt, das in deutsch-amerikanischer Abstimmung der Bundeswehr sechshundert Kilometer westlich von Kabul ursprünglich zugewiesen werden sollte, war die historische Metropole Herat, die kulturell und ethnisch stark persisch geprägt ist. Der dortige Machthaber, Ismail Khan, verhielt sich gegenüber seinen deutschen Besuchern ablehnend, fast unhöflich. Er kann zu Recht darauf verweisen, daß er sein Territorium, das von der fernen Hauptstadt nur mühsam zu erreichen ist, besser im Griff hat und sogar vernünftiger verwaltet als der interimistische Staatschef Karzai seine eng begrenzte Einflußzone »Kabuli-

stan«. Von einer deutschen Truppenpräsenz in dieser Durchgangs-
zone, die dem intensiven Kommerz und Schmuggel mit dem nahen Iran beachtlichen Wohlstand verdankt, hielt Ismail Khan
überhaupt nichts, wie er einem deutschen General unter vier Augen und dieses Mal mit einladender Gastlichkeit rundheraus erklärte. Insgeheim hegte dieser tadschikische Warlord wohl den
Verdacht, die Deutschen würden als humanitär getarnte Vorhut
in sein strategisch wichtiges Gebiet einrücken, um an der Umzingelung der Islamischen Republik Iran mitzuwirken. Zumindest
ließen sich hier wertvolle nachrichtendienstliche Erkenntnisse
über die Zustände im östlichen Teil Persiens sammeln. Deshalb
dürfte auch die einige Monate später erfolgte Ankündigung des
Auswärtigen Amtes, ein deutsches Generalkonsulat werde in Herat
eingerichtet, von Anfang an mit dem Odium der Spionage belastet sein.

Die Schachzüge des Ismail Khan

Beim Meinungsaustausch über die Planung der »Provincial Reconstruction Teams«, der in der Betreuungseinrichtung »Treibsand« stattfindet, greife ich auf meine eigenen Erfahrungen in
Herat aus dem Juli 1995 zurück. Der »Amir Sahib«, der herrschaft-
liche Befehlshaber, wie Ismail Khan sich damals schon nennen
ließ, hatte nach mir schicken lassen. Seine Kaserne lag wie eine Festung außerhalb der Stadt. Die aufgereihten Panzer und Luftab-
wehrkanonen wurden in der Ferne von dem Wahrzeichen Herats,
vier Monumentalsäulen aus Ziegelstein, überragt. Neben dem
Militärlager befand sich die stattliche Kommandantur im britischen Kolonialstil. Die Eingangstreppe war mit einem roten Teppich bedeckt. Ismail Khan war ein gedrungener Vierzigjähriger
und wirkte älter, als er tatsächlich war. Sein Bart war grau, das Gesicht, vom Wetter gegerbt, fast europäisch geschnitten. Er trug
den Turban und die weite Landestracht. Die anwesenden Afghanen küßten ihm die Hand.

War sich dieser Befehlshaber bewußt, daß er 1995 nur noch eine Schachfigur war? Er war in einer einfachen ländlichen Familie ganz in der Nähe jener Ortschaft Shindand geboren, die die Sowjets später zur gigantischen Luftbasis ausbauen wollten. Diese Drehscheibe sollte ihnen das Vordringen zu den warmen Fluten des Meeres von Oman erleichtern. Nach Absolvierung der Militärschule »Lycée Askari« in Kabul war er als Leutnant der 17. Division in Herat zugeteilt worden. Dort hatte der Subaltern-Offizier im Frühjahr 1979 entscheidenden Anteil an der Meuterei gegen die kommunistischen Usurpatoren. Die in Herat lebenden sowjetischen Berater und deren Familien wurden in Stücke gehackt. In den folgenden Kriegsjahren bewährte sich Ismail Khan als erfolgreicher Partisanenführer in jenen Westprovinzen, die sich in Nordsüdrichtung längs der iranischen Grenze von Turkmenistan bis Balutschistan hinziehen und durch keine nennenswerten Gebirgszüge geschützt sind.

Als die Sowjetarmee den Kampf aufgab und Afghanistan seinen ererbten Stammesfehden überließ, behauptete General Ismail Khan seine ausgedehnte Machtbasis beinahe unumstritten. Er war klug genug, die prosowjetischen Regierungssoldaten, die nach dem russischen Abzug dem roten Präsidenten Nadschibullah die Stange gehalten und dessen Widerstand gegen die Mudschahidin um drei Jahre verlängert hatten, nicht als Verräter zu brandmarken und grausamer Rache auszuliefern. Im Gegensatz zu Gulbuddin Hekmatyar, dessen Hezb-e-Islami keine Gnade mit diesen Söldnern der Gottlosigkeit kannte und zahlreiche Hinrichtungen vornahm, integrierte er die Reste der Nadschibullah-Truppe in seine eigene Streitmacht und ist damit gut gefahren.

Von Ismail Khan ging Autorität aus. In jenen Tagen trat er als der fähigste Kommandeur auf, der für die Sicherheit, eine halbwegs funktionierende Verwaltung und ausreichende Verpflegung sorgte. Im Gegensatz zu den meisten seiner Mitstreiter soll er sogar den Anbau von Opium untersagt und auf die reichen Einnahmen aus dem Drogengeschäft verzichtet haben. Er galt als ehrbarer Mann und frommer Muslim. Aber wer kennt sich schon aus in der intimen Psychologie dieser Gewaltmenschen? Gleich zu Anfang machte Ismail Khan seine Position deutlich. In dem Teil Afghanistans, dem er sich zugehörig fühlte, könne nur ein islamischer Staat und eine islamische Regierung in Frage kommen. Er beklagte die heillose Zerrissenheit seiner Heimat. Die Verantwortung dafür lastete er dem Ausland an. Die Agenten aus Nord und Süd würden die Unwissenheit der Bevölkerung ausnutzen und Chaos stiften.

Welche neue Ordnung würde sich am Ende im Völkermosaik der nordafghanischen Steppe durchsetzen? Ismail Khan ging nicht auf die abgefeimten Ränkespiele seiner Landsleute ein. In Pakistan erblickte er den neuen Feind der Afghanischen Republik. Im Kampf gegen die Sowjetunion sei der südliche Nachbar als Waffenlieferant, als rückwärtiges Ausweichfeld, als Transitgebiet für amerikanische und saudische Unterstützung unentbehrlich gewesen. Doch neuerdings verfolge Islamabad wohl eigene Expansionsziele. Nicht die usbekischen Horden des Generals Dostom seien als Gegner wirklich ernst zu nehmen, sondern jene seltsame Truppe der Taleban, der sogenannten Koranschüler, die urplötzlich als dominante militärische Organisation der Paschtunen nach der totalen Herrschaft griffen. Als Drahtzieher hinter den Taleban zeichne sich natürlich der pakistanische Geheimdienst ab. In den Medressen, den Religionsschulen der dortigen Nordwest-Region, seien die Taleban nach einer überstürzten militärischen Ausbildung im Interesse Islamabads mit Geld und Waffen überhäuft worden. Wie anders lasse sich der Blitzfeldzug dieser Dilettanten erklären? Erst vor den Toren von Kabul waren sie 1995 vorübergehend zum Stehen gebracht worden. Dort hatte sich ihnen Ahmed Schah Massud in den Weg gestellt. In Ismail Khans Einflußgebiet waren die Taleban über Kandahar vorgerückt. Sie besetzten das Rollfeld von Shindand und überrannten die Provinz Farah. Sie seien dabei von pakistanischen Offizieren beraten und befehligt worden.

Der Amir Sahib setzte zu einem kurzen Kartenvortrag an. Er behauptete, daß er eine unangefochtene Kontrolle über sämtliche Westprovinzen entlang der persischen Grenze ausübe. Ich bat darum, eine Kampfzone aufsuchen zu dürfen, wo die usbekischen Partisanen Dostoms den Kriegern Ismail Khans Scharmützel lieferten. »Da müßten Sie eine Woche lang durchs Gebirge reiten«, erwiderte er lachend. »Das will ich Ihnen nicht zumuten.« Hingegen schlug er mir einen Hubschrauber-Ausflug nach Farah zu seinen vorgeschobenen Gefolgsleuten im Süden vor. Ich ging freudig darauf ein, bevor wir uns nach Landessitte verabschiedeten. Doch in den folgenden Tagen bemühte ich mich immer wieder vergeblich um den Trip mit dem Helikopter. Insgeheim kam mir der Verdacht, daß die Allmacht des Amir Sahib vielleicht doch nicht so fest begründet war, wie er vorgab.

Ich war längst nach Deutschland zurückgekehrt. Seit meiner Begegnung mit Ismail Khan waren knapp zwei Monate vergangen, da entdeckte ich in der Tageszeitung eine kurze Agenturmeldung über das ruhmlose Ende des Amir Sahib und seiner Herrschaft über Herat. In Afghanistan ist niemand vor Überraschungen gefeit. Eben hatte man geglaubt, die Taleban seien endgültig abgewehrt und auf ihre Ausgangsstellung in Kandahar zurückgeworfen, da holten sie zum massiven und schier unaufhaltsamen Gegenschlag aus. Shindand war bombardiert worden. Dann gab es kein Halten mehr. Die vorgeschobene Position Ismail Khans in Farah war kaum überrannt, da tauchten die Koranschüler, diskret begleitet von ihren pakistanischen Auftraggebern, auch schon vor den Toren Herats auf. Dort geschah das Unbegreifliche. Die gut gerüsteten und kampferprobten Mudschahidin Ismail Khans leisteten so gut wie keinen Widerstand. Er selbst setzte sich fluchtartig in den nahen Iran ab. Die bedeutendste Stadt des afghanischen Westens fiel fast kampflos.

Als man mit Mullah Omar Geschäfte machte

Warum ich diese Herater Peripetie so ausführlich schildere? Weil an dieser Stelle das neue »Great Game« in Zentralasien, eine schäbige Kopie der Kiplingschen Legendenwelt, sich auf beschämende Weise entlarvt. In Washington war man das Chaos der Kriegsherren, die anarchische Bürgerkriegssituation, die sich zwischen dem Paschtunen Gulbuddin Hekmatyar, dem Tadschiken Ahmed

Schah Massud, dem Usbeken Abdurraschid Dostom unter der theoretischen Präsidentschaft des hohen Naqschbandi-Geistlichen Burhanuddin Rabbani verewigte, gründlich satt. Es sollten geordnete Zustände am Hindukusch einkehren, und wenn das nur mit Hilfe der fanatischen, ignoranten Taleban möglich wäre, so nahm man das in Kauf. Schließlich kooperierten die USA ja auch in Saudi-Arabien seit Jahrzehnten aufs engste mit der borniertesten und intolerantesten Form des Islam, den die Wahhabiten praktizieren.

Nach Ausbootung diverser Rivalen war es der texanischen Petroleumfirma Unocal gelungen, mit dem geheimnisvollen Anführer der Taleban, dem Mullah Mohammed Omar, der sich als »Befehlshaber der Gläubigen – Amir-el-mu'minin« aufspielte, einen Kontrakt über den Bau einer Pipeline auszuhandeln, die – unter Umgehung russischen und iranischen Territoriums – den Transport von Erdöl und Erdgas aus Zentralasien über das ehemalige Herrschaftsgebiet Ismail Khans und die Taleban-Hochburg Kandahar an das pakistanische Ufer des Indischen Ozeans garantieren sollte.

Nachdem die »Koranschüler« auch die Hauptstadt Kabul eingenommen hatten, waren sie befähigt, ein unerbittliches Regiment zu errichten, die Scharia auf extrem grausame Weise anzuwenden und in dem von ihnen beherrschten, weitaus größten Teil Afghanistans Ruhe und Ordnung herzustellen. Als nützlicher Vermittler bei den Geschäften zwischen dem Pseudokalifen Omar und Unocal hatte sich ein milliardenschwerer saudiarabischer Bauunternehmer bemüht, der den Namen Osama Bin Laden trug. Mit der CIA hatte er im Kampf gegen die Sowjets intensiv zusammengearbeitet. Während des ersten amerikanischen Golfkrieges von 1991 hatte er dem General Schwarzkopf sogar die Aufstellung einer arabischen Legion angeboten, um an der Befreiung Kuweits von den Invasoren aus Bagdad teilzunehmen. Die Organisation Bin Ladens, dessen weitverzweigte Familie in den USA über beste Beziehungen an höchster Stelle verfügt, entpuppte sich jedoch unter dem Namen El Qaida als internationale Brigade der islamischen Revolution. Nach Vertreibung der gottlosen Sowjets wurde nun der allmächtige Welthegemon Amerika ins Visier genommen. Die US-Administration – das war noch zur Zeit Bill

Clintons – wurde sich dessen erst voll bewußt, als die US-Botschaften in Nairobi und Dar-es-Salam im November 1998 durch mörderische Bombenanschläge vernichtet wurden. Alle Fäden und Spuren deuteten auf die Anstiftung Osama Bin Ladens und seiner Gotteskrieger in Afghanistan. El Qaida war angeblich die Speerspitze eines weltweiten terroristischen Untergrundes, der Herrschaftsgelüste der Ungläubigen und deren Verstöße gegen muslimische Sittsamkeit unerbittlich bekämpfte. In erster Linie richtete sich der heilige Zorn der Eiferer gegen jene säkularen und korrupten Politiker, Militärdiktatoren und Dynasten der islamischen Welt, die die fromme Auflehnung des eigenen Volkes gegen den Westen ignorierten, sich dem Protektorat Washingtons unterwarfen und Schutz unter dem Sternenbanner suchten.

Spätestens ab 1998 mußte die hochrentable Kumpanei zwischen Mullah Omar und Unocal eingestellt werden. Die freundliche Nachbarschaft, die der texanische Petroleumkonzern, der Regierungschef der Taleban und der Meister der Verschwörung Osama Bin Laden bislang in ihren dicht beieinanderliegenden Villen von Kandahar gepflegt hatten, ging brüsk zu Ende. Schon lange bevor Bush junior zum Präsidenten gewählt wurde und den »Kampf gegen das Böse« proklamierte, hatte die US Navy auf Befehl Clintons und seines Verteidigungsministers William Cohen eine Serie von Cruise Missiles auf die Ausbildungslager und Höhlen von El Qaida in der Provinz Paktia abgefeuert, ohne nennenswerten Erfolg, wie sich herausstellen sollte.

Der pakistanische Geheimdienst ISI hätte von Anfang an über die wahren Absichten Bin Ladens informiert sein müssen, zumal sein ehemaliger Chef, General Hamed Gul, mit dieser »Grünen Legion« sympathisierte. Islamabad war mit seiner Taleban-Aktion ein erhebliches Risiko eingegangen. Auf die Loyalität der »Koranschüler« war nicht im geringsten Verlaß. Diese jungen Paschtunen träumten ja insgeheim davon, ein geeintes »Paschtunistan« zu gründen, das die gleichrassigen Stämme nördlich und südlich der Durand-Linie in einem gemeinsamen Staatswesen zusammenschlösse. Die acht Millionen Paschtunen oder Pathanen in der Nordwestprovinz von Peshawar hatten schon mehrfach separatistische Neigungen zu erkennen gegeben.

In der Zwölf-Millionen-Stadt Karatschi in der Südprovinz Sind kam es immer wieder zu mörderischen Zusammenstößen sektiererischer oder ethnischer Natur. Die muslimischen Flüchtlinge aus Indien, die »Muhadschirin«, waren seit der Teilung des Subkontinents, der »Partition« von 1947, noch in keiner Weise integriert. Die aufsässigen Balutschen warteten nur auf die Gelegenheit, den Pundschabi die brutale Repression heimzuzahlen, der sie in den sechziger Jahren ausgeliefert waren. Die beachtliche schiitische Minderheit prallte immer wieder mit dem Rigorismus sunnitischer Mullahs zusammen. Kurzum, die elegante Ministerpräsidentin Benazir Bhutto, die damals regierte und im Westen weit überschätzt wurde, drohte in die Fußstapfen ihres Vaters Zulfikar Ali Bhutto zu treten. Dem war wegen seiner diktatorischen Allüren seinerzeit der Spottname »Buttolini« angehängt worden. Die Korruption wurde vor allem durch den geschäftstüchtigen Ehemann Benazirs gefördert und schrie zum Himmel. Diese Mißstände änderten sich auch nicht, als der gemäßigte Führer der »Muslim League« Nawaz Scharif die Nachfolge der streitbaren und schönen Politikerin antrat.

Schon trauerten die Massen und vor allem das Offizierscorps jenem schroffen General Zia-ul-Haq nach, der mit koranischer Strenge wenigstens die extremen Auswüchse einer wuchernden Fäulnis in Grenzen hielt und die Armee als Garant der Stabilität zu nutzen wußte. Zulfikar Ali Bhutto war im April 1979 auf Befehl seines Nachfolgers durch den Strang hingerichtet worden. Zia-ul-Haq seinerseits fiel neun Jahre später einem Attentat zum Opfer, der Explosion einer Zeitbombe, die vermutlich unter Mitwirkung des sowjetischen KGB in einer Obstkiste seines Flugzeugs versteckt worden war. Seitdem stand Pakistan auf extrem unsicheren Füßen. Im Oktober 1999 putschte General Pervez Musharaf, ein waghalsiger Offizier, der dem indischen Erzfeind im umstrittenen Kaschmir hart zugesetzt hatte. Die Entrüstung Washingtons über diesen Rückfall in den diktatorischen Militarismus verflüchtigte sich über Nacht, als nach dem 11. September 2001 der Feldzug gegen Afghanistan, die Ausmerzung der unberechenbaren Taleban und die Liquidierung des Erzverschwörers Osama Bin Laden geplant wurden.

Die Islamische Republik Pakistan erwies sich als unentbehrliche strategische Plattform dieser Kampagne. Pervez Musharaf stellte unter massivem Druck Stützpunkte für die amerikanischen Streitkräfte zur Verfügung und wurde zum Vasallen der USA. Der erwartete geballte Aufruhr entrüsteter Islamisten gegen diesen »Verrat«, mit dem man zwischen Karatschi und Peshawar gerechnet hatte, blieb aus. Erst bei den Regionalwahlen des Jahres 2002 errangen die Parteien der koranischen Erneuerung die absolute Mehrheit in den strategischen Nordwestterritorien und in der Provinz Balutschistan, die ebenfalls an Afghanistan grenzt. Die Republik von Islamabad lebt seitdem in einem Zustand angespannter Nervosität. Präsident Musharaf, im Weißen Haus wohlgelitten, muß stets das Schicksal seines Vorgängers Zia-ul-Haq vor Augen haben. Schon mutmaßen die Experten, daß in Islamabad eine politische Zeitbombe tickt. Das artifizielle Staatsgebilde Pakistan, das immerhin über Atomwaffen verfügt, könnte auf Dauer zum gefährlichsten Risikofaktor der gesamten Region werden.

Seitdem die Taleban mitsamt den Freischärlern von El Qaida durch den Blitzkrieg der Amerikaner und der mit ihnen verbündeten Nordallianz aus Kabul verjagt wurden, sind die Verhandlungen über den Bau der ominösen Erdölleitung aus Zentralasien zum Indischen Ozean wiederaufgenommen und angeblich auch abgeschlossen worden. Jetzt schien es sich auszuzahlen, daß der von US-Gnaden installierte Präsident Karzai wie auch sein geheimer Freund und Strippenzieher Khalilzad seit langen Jahren enge und lukrative Geschäftsbeziehungen zu den texanischen Ölgiganten unterhielten. Dem Bau der Pipeline steht jedoch weiterhin die totale Unsicherheit im Umkreis der vorgesehenen Trasse entgegen.

Sollte die Stationierung eines deutschen »Provincial Reconstruction Teams« in Herat, von wo sich zumindest die Strecke nach Shindand kontrollieren ließe, etwa der schrittweisen Absicherung dieses extrem rentablen Geschäftes dienen und den Energiekonzernen der USA, denen die Bush-Administration so nahesteht, zusätzlichen Gewinn in Aussicht stellen? Schon der Verdacht einer solchen Absicht wäre ein Grund, sich zu dem Verzicht der

Berliner Regierung auf eigene Truppenpräsenz in Herat zu beglückwünschen und dem alten Haudegen Ismail Khan für seine Verweigerung dankbar zu sein. »Blood for oil« findet in diesem Fall jedenfalls nicht statt. Der Bundeswehr bleibt erspart, in West-Afghanistan als Tankwart von Unocal zu agieren.

Vabanque-Spiel in Kundus

Bei der Kabul-Brigade schwirren die Gerüchte. Bei der unermüdlichen Suche nach einem Betätigungsfeld für ihren von Naivität und Opportunismus geprägten Befriedungsaktionismus, so sickert in diesen Tagen durch, sei die endgültige Wahl der Bundesregierung auf die Ortschaft Kundus im äußersten Nordosten Afghanistans gefallen. Etwa 150 000 Menschen leben in dieser weitgestreckten Oase, die bereits in die staubige Ebene des größten Flusses Zentralasiens, des Amu Daria, überleitet. Zur Zeit Alexander des Großen, der bis auf den heutigen Tag in der Legendenwelt der Einheimischen unter dem Namen Iskander weiterlebt, war der Amu Daria als Oxus bekannt. Warum ausgerechnet Kundus von den Planern deutscher Ministerien den Zuschlag erhielt, entzieht sich dem normalen Menschenverstand. Angeblich handelt es sich hier um eine gänzlich ungefährdete Region, aber dann fragt man sich, warum Soldaten dorthin verschickt werden. Die karitativen Organisationen, die in Kundus tätig sind, hätten sich über Zurückhaltung nicht beschwert, würden damit doch unnötige Querelen mit der Lokalbevölkerung vermieden. Keine NGO – was immer man von ihnen denken mag – hat in Kundus nach dem erweiterten ISAF-Einsatz gerufen, schon gar nicht die tatkräftige Mannschaft von »Cap Anamur«, deren Gründer Rupert Neudeck sich gegen die militärische Belastung heftig, aber vergeblich zur Wehr setzte.

Ein bescheidenes Bundeswehr-Kontingent von 450 Mann soll also in Zukunft für die Besänftigung einer Region sorgen, die dem Ausmaß Bayerns gleichkommt und die äußerst unwirtliche Provinz

Badaghschan einschließt. Es mag pessimistisch anmuten, heute schon über einen überstürzten Rückzug des deutschen Teams nachzudenken. Das einzige Fluchtziel, das sich hier bietet, wäre die tadschikische Grenze, hinter der die russischen Streitkräfte immer noch mit der 201. Schützendivision und einem starken Aufgebot von Grenztruppen präsent sind. Nur sechzig Kilometer trennen Kundus von der Republik Tadschikistan, die sich im Süden bis zum Amu Daria ausdehnt, der in seinem Oberlauf Pjandsch genannt wird. Vielleicht täte die Berliner Regierung gut daran, sich rechtzeitig mit Moskau in Verbindung zu setzen, um im Extremfall eine zügige Evakuierung vorzunehmen.

Die »Dust Bowl« der Amu Daria-Ebene ist mir wohlbekannt. Auf dem tadschikischen Nordufer habe ich nach dem Flecken Abiderya gesucht, wo der letzte Kriegsminister des Osmanischen Reiches, Enver Pascha, an der Spitze verzweifelter islamischer Gotteskrieger im Kampf gegen die vorrückende Sowjetmacht einen glorreichen Tod gefunden hatte. Mit ein paar Dutzend »Basmatschi«, wie sie verächtlich genannt wurden, war er mit gezogenem Säbel in das Maschinengewehrfeuer der Rotarmisten galoppiert. Seit ihrer Unabhängigkeitserklärung im Jahr 1991 war die Republik Tadschikistan von fürchterlichen Bürgerkriegsgreueln zwischen Postkommunisten und Islamisten heimgesucht worden. Die jetzige Koalitionsregierung, die unter der Ägide des Moskau-hörigen Präsidenten Emomali Rachmonow in der Hauptstadt Duschanbe zusammengeklittert wurde, droht jederzeit zu zerbersten.

Wladimir Putin blickt deshalb sorgenvoll auf diese äußerste Randposition der ehemaligen Sowjetunion, wo das Pamir-Gebirge mit seinen Siebentausender-Gipfeln bereits auf breiter Front an die Volksrepublik China heranrückt. Die Nähe des Reiches der Mitte, so mutmaßen schon jetzt phantasiebegabte Verschwörungstheoretiker, sei für das Pentagon der ausschlaggebende Grund gewesen, den Deutschen die Stadt Kundus als Garnison zu empfehlen. Bekanntlich sind – das wird offen zugegeben – die Strategen in Washington bemüht, einen weit ausholenden Ring von Stützpunkten und Horchposten rund um den potentiellen Zukunftsgegner China zu spannen, von Usbekistan bis Osttimor. Die deutsche Basis Kundus würde sich in dieses gegen Peking gerichtete

System ebenso einfügen, wie eine Delegierung der Bundeswehr nach Herat der Umzingelung der Mullahkratie von Teheran zugute gekommen wäre. Das sind gewiß weithergeholte Hypothesen. Die verantwortlichen Politiker der Bundesrepublik sollten sich dennoch bewußt werden, in welch unberechenbare Abenteuer die Expansionspolitik der NATO in die Weiten Zentralasiens den gefügigen deutschen Bündnispartner Schritt um Schritt zu verstricken droht.

Ich bin zu Gast im Camp Warehouse und hüte mich, vor den gesellig versammelten Militärs meine Bedenken auszubreiten. Meiner Meinung nach bleibt zwar das Atlantische Bündnis für Amerikaner und auch Europäer unentbehrlich. Deren organisatorische Struktur, die NATO, hingegen, die unentrinnbar dem US-Kommando untersteht, läuft infolge ihrer Fixierung auf Operationen »out of area«, des daraus resultierenden »overstretch« und der Verzettelung bis in die ferne »Tatarensteppe« den realen europäischen Verteidigungsinteressen zuwider. Wenn aus Washington die Ermahnung tönt, wer nicht bereit sei, »out of area« zu kämpfen, begebe sich automatisch »out of business«, sollte sie in Berlin und Paris auf Gelassenheit und notfalls auf Widerspruch stoßen.

Das Umfeld von Kundus ist gar nicht so harmlos, wie es manche darstellen möchten. In der weitgestreckten Nordregion südlich des Pjandsch siedelt zwar überwiegend das iranische Volk der Tadschiken. Sie gilt als exklusive Einflußzone des derzeitigen Verteidigungsministers Mohammed Fahim. Der wiederum läßt sich an Ort und Stelle durch den ihm ergebenen »General« Daud vertreten. Aber rund um Kundus existiert auch eine paschtunische Bevölkerungsenklave von beachtlicher ethnischer Brisanz. Im neunzehnten Jahrhundert hatte der Emir Abdurrahman, als er den heutigen afghanischen Staat mit eiserner Faust zusammenschmiedete, den nationalen Zusammenhalt stärken wollen. Zu diesem Zwecke verpflanzte er eine große Anzahl Siedler der paschtunischen »Herrenrasse«, der er selbst angehörte, in jene unsichere Nordzone, die bislang der Willkür wilder Reiterbanden von Usbeken und Tadschiken ausgesetzt war. So gründete Abdurrahman zwischen Herat und Badaghschan eine ganze Kette paschtunischer Ortschaften. Kundus galt als besonders wichtiger Kontrollposten im aufsässigen »Yaghestan«. Kein Wunder, daß in jüngster Vergangenheit diese Oase, die in unmittelbarer Nachbarschaft des Gebirgs-Réduits des Tadschiken-Führers Ahmed Schah Massud gelegen ist, zur Hochburg der Taleban ausgebaut wurde.

Als die Krieger der Nordallianz im September 2001 zur Zerschlagung des Regimes der »Koranschüler« antraten, stießen sie in Kundus auf heftigsten Widerstand. Mullah Omar hatte einen törichten Durchhaltebefehl gegen die Offensivkräfte von »Enduring Freedom« ausgegeben. Hier erlitten die Taleban mitsamt ihren Verbündeten von El Qaida unter den Bombenteppichen der B-52 ihre weitaus schwersten Verluste, bevor sie zu ihrer angestammten Partisanentaktik zurückfanden und sich im Gebirge verstreuten. Die Sympathisanten Osama Bin Ladens hatten bei Kundus einen schweren Aderlaß zu beklagen. Unter den Toten befand sich ein hochangesehener jugendlicher Anführer der islamischen Revolution aus Usbekistan, der sich den Kriegsnamen »Namangani« zugelegt hatte und im Fergana-Tal weiterhin als Volksheld und religiöses Vorbild verehrt wird. Die Überlebenden dieses Verzweiflungskampfes wurden nach ihrer Gefangennahme nach Mazar-e-Scharif gebracht. Dort wurden sie dem brutalen Warlord Abdurraschid Dostom ausgeliefert, einem ehemaligen Verbündeten der Sowjets, der heute als Staatssekretär dem Kabinett Karzai angehört. Die meisten dieser »Detainees« – etwa tausend an der Zahl – sind in den Container-Lastwagen auf dem Transport zum Sammellager Sheberghan in glühender Hitze erstickt und verdurstet.

Heute herrscht Ruhe in Kundus, so wird allseits versichert. Die Amerikaner beklagen dort keine Verluste. Sie hatten eine oberflächliche Befriedung erzielt, indem sie die wankelmütigen Stammesfürsten und Clanchefs mit klingender Münze bei der Stange hielten. Diese Methode hatte sich ja schon im Herbst 2001 bewährt, als eine Handvoll speziell beauftragter CIA-Agenten Bares in Höhe von 70 Millionen US-Dollar in der Umgebung von Mazar-e-Scharif als Bestechungsgelder verteilte. Ähnlich wird heute auch im aufsässigen Paschtunen-Gürtel des afghanischen Südens und Ostens vorgegangen, wobei sogar notorische ehemalige Taleban-Führer von finanziellen Zuwendungen profitieren.

So täte auch die deutsche Truppe bei ihrem Einrücken in Kundus gut daran, neben kampftauglicher Ausrüstung eine Anzahl prall mit Hundert-Dollar-Noten gefüllter Säcke mitzuführen. Dabei sollte stets bedacht werden, daß man Afghanen zwar mieten, aber nicht kaufen kann. Ein zusätzlicher Hinweis sei erteilt: Der paschtunische Führer der radikalen Hezb-e-Islami, Gulbuddin Hekmatyar, der sich im Krieg gegen die Sowjets hervortat, nach Abzug der Russen vorübergehend unter Präsident Rabbani Verteidigungsminister und sogar Regierungschef in Kabul wurde, stammt aus Kundus. Vor den Taleban mußte Hekmatyar in den Iran flüchten, aber seit dem Pyrrhussieg der US Army ist er in die Schluchten des Hindukusch zurückgekehrt.

Die diversen Entwicklungsprojekte sind in dieser Provinz mit schweren Hypotheken belastet. Die Nahrungsmittellieferungen aus aller Herren Länder, die sich auch im Umkreis von Kundus häufen, haben mit ihren kostenlosen Speisungen und extrem niedrigen Preisen dazu geführt, daß die ortsansässigen Bauern für ihre eigene Ernte geringes Entgelt erhalten und kaum noch Abnehmer finden. Die kümmerlichen Erlöse, die die Landbesitzer für ihr Getreide, ihren Reis und ihre Baumwolle erzielen, zwingen sie geradezu, sich nach einer rentableren Anbaukultur umzutun. Die meisten Täler dieser Region leuchten deshalb zur Zeit der Ernte in den herrlichen Farben endloser Mohnfelder. Das Land am Hindukusch ist zum ersten Opiumproduzenten der Welt geworden, hat das »Goldene Dreieck« von Burma, Thailand und Laos längst überflügelt. Die unberechenbaren Kriegsherren und auch die antiamerikanischen Widerstandskräfte bedürfen zum Ankauf ihrer Waffen keiner ausländischen Finanzhilfen. Die Mafiaverbindungen verlaufen über Tadschikistan und Pakistan bis nach Westeuropa und in die USA. Rußland ist unmittelbar betroffen und betrachtet die Heroinschwemme inzwischen als existentielle Gefahr. Zur Zeit der Taleban war hingegen, wie erwähnt, die Opiumproduktion stark reduziert worden. Diese Feststellung wie auch die Tatsache, daß unter der grausamen Knute des Mullah Omar eine Sicherheit im ganzen Land herrschte, die man heute vermißt, läßt in Kabul eine Stimmung hochkommen, die man hierzulande als »Ostalgie« bezeichnen würde.

Nur einfältige Gemüter kämen auf die Idee, das deutsche ISAF-Detachment, das an der Opiumschneise von Kundus stationiert ist, sei doch vorzüglich geeignet, diesem tödlichen Handel über den Pjandsch nach Duschanbe und nach Osch im Fergana-Tal notfalls mit militärischer Gewalt Einhalt zu gebieten. Eine solche Herausforderung der mächtigen Trafikanten und ihrer kriegerischen Gefolgschaft käme für die isolierte Bundeswehr-Garnison von Kundus eventuell einem Todesurteil gleich.

Während meiner kurzen Visite bei der multinationalen Kabul-Brigade läßt sich noch nicht abschätzen, wie die deutsche Bevölkerung auf die Ausdehnung des ISAF-Auftrages in Afghanistan reagiert. Aber kurz danach sollte eine Umfrage von Infra-Test folgende Resultate erbringen: Nur 34 Prozent der Deutschen stimmen der Aktion Kundus zu. In der Bewertung der diversen Parteien ergibt sich ein verblüffendes Ergebnis: Von den Wählern der SPD lehnen 60 Prozent den Kundus-Einsatz ab; bei der CDU sind es immerhin 52 Prozent. Massive Zustimmung gibt es hingegen bei den Wählern der FDP mit 70 Prozent, und bei den Grünen steigt der Anteil auf 58 Prozent. Zu Zeiten Hans-Dietrich Genschers wäre eine solche außenpolitische Verirrung der Liberalen kaum vorstellbar gewesen.

Weit schockierender erscheint jedoch die Reaktion der Grünen, die sich unlängst noch als Pazifisten aufführten und allem Militärischen abhold waren. Die Gefolgschaft Joschka Fischers kann sich doch nicht ernsthaft an die Illusion klammern, im Namen des »humanitären« Bundeswehr-Einsatzes ein demokratisches Patenkind Afghanistan hochzupäppeln. Doch wer nimmt heute schon Anstoß daran, daß die Wehrdienstverweigerer von gestern die jungen Soldaten von heute in ein potentielles Himmelfahrtskommando am Ende der Welt verabschieden. Glaubt man etwa in Berlin, daß die Verschickung eines Bundeswehr-Kontingents von 450 Mann nach Kundus den zürnenden transatlantischen Hegemon wieder gnädig stimmen wird? Eines sollte bedacht werden: Die öden Steppen am Amu Daria eignen sich wirklich nicht für die Züchtung der »blauen Blume« deutscher Politromantik.

Ein zu schneller Sieg

Die Unterkunft im Camp Warehouse ist spartanisch. Immerhin übernachte ich allein in dem mir zugewiesenen Container. Daß es weder Licht- noch Klimaanlage gibt, muß in Kauf genommen werden. Bei Tage verwandelt sich der Blechkanister unter der sengenden Sonne in eine Art Bleikammer. Aber ab elf Uhr abends dringt dann doch die kühle Gebirgsluft durch schmale Öffnungen. Der Treibsand sickert so beharrlich durch die Ritzen, daß er schon gar nicht mehr weggefegt wird. Als einziges Möbelstück verfüge ich über eine Pritsche. Auf dem Boden liegen zwei Schlafsäcke. Den einen knülle ich mir zum Kopfkissen zusammen, den anderen breite ich in den frühen, frischen Morgenstunden über die Beine. Ich habe in meinem Leben schon sehr viel unbequemer geschlafen. Da auch die Taschenlampe nicht funktioniert und die Temperatur erst ganz allmählich sinkt, bleibt Zeit zum Nachdenken, bevor ich in Morpheus' Armen versinke.

Osama Bin Laden habe Amerika mit der Sprengung des World Trade Center und dem dadurch ausgelösten Feldzug am Hindukusch ganz bewußt in die Falle gelockt, formuliert ein obskurer New Yorker Autor. »The Trap« heißt der Titel seiner Abhandlung. Doch man sollte die Verschwörer von El Qaida auch nicht überschätzen. Der Ablauf der Operation »Enduring Freedom« in Afghanistan ist ja inzwischen etwas erkenntlicher geworden. Am Anfang hatte die Phase des Blitzkrieges gestanden, die es den US-Streitkräften und der mit ihnen verbündeten Nordallianz erlaubte, die Stellungen der Taleban aus der Luft auszulöschen und damit fast ohne Widerstand bis zu den diversen Provinzhauptstädten in kürzester Frist vorzustoßen. Die Offensive hatte vier Wochen nach dem ominösen 11. September eingesetzt, was einige Beobachter in Europa veranlaßte, über die Langmut und die strategische Umsicht Donald Rumsfelds Lobeshymnen anzustimmen. In Wirklichkeit war die Konzentration der notwendigen Streitkräfte – man denke nur an die Verhandlungen mit den Regierungen von Pakistan und Usbekistan über die Errichtung von rückwärtigen US-Basen oder an die Zeit, die ein Flugzeugträger benötigt, um aus dem Westpazifik in das Meer von Oman zu gelangen – eine logistische Meisterleistung und ein Rekord des »rapid deployment«.

Die unentbehrliche Intelligence hatten wohl die Russen geliefert, die in der Gegend weiterhin heimisch sind. Der Sowjetarmee war bei ihrem eigenen Afghanistan-Abenteuer im Dezember 1979 übrigens eine ebenso plötzliche, auf weit expansivere Okkupation angelegte Aktion spielend gelungen. Die Torheit der Taleban und der ihnen angeschlossenen gesamtislamischen Legion, die man sehr pauschal und willkürlich als »El Qaida« bezeichnet, bestand im September 2001 darin, gegen das Vordringen der tadschikischen oder usbekischen Infanterie der Nordallianz, die von Hunderten alter Sowjetpanzer vom Typ T-54 und T-62 begleitet wurde, bei Kundus, bei Mazar-e-Scharif und noch einmal kurz vor Bagram frontal Widerstand zu leisten. Statt dessen hätten sie, wie es der angestammten Übung des Landes entsprach, gleich in den Gebirgsschluchten verschwinden müssen.

Den Gefolgsleuten des Mullah Omar bereitete die schier unglaubliche Wucht und Präzision der amerikanischen Bombenangriffe und Lenkwaffen eine fürchterliche Überraschung. Enduring Freedom vollzog in jenen ersten Tagen die Vernichtung der feindlichen Stellungen mit beeindruckender Effizienz. Jetzt bewährte es sich, daß kleine Trupps der US Special Forces und – mit noch besserem Resultat – des britischen »Special Air Service« hinter den Taleban-Linien abgesetzt worden waren und die Sprengstoff-Kaskaden der Luftwaffe mit exakter Lasertechnik ins Ziel lenkten. Die Zahl der an Ort und Stelle engagierten US-Soldaten war erstaunlich niedrig. Vorzüglich operierten wieder einmal die britischen Royal Marines, die sich schon auf den Falkland-Inseln hervorgetan hatten. Die CIA wiederum – wir erwähnten es kurz – hatte mit Hilfe ortskundiger Agenten und unter Aufwand von 70 Millionen US-Dollar in bar eine Anzahl wankelmütiger Stammesfürsten und Clanchefs zum Einschwenken auf die Nordallianz bewegt. Der Usbeken-Kommandeur Abdurraschid Dostom, der vor den Taleban vorübergehend in die Türkei geflüchtet war, stellte ebenfalls seine Horden zur Verfügung.

Kabul ist ohne Gegenwehr gefallen. Ähnlich kampflos hatten sich schon die »Koranschüler« fünf Jahre zuvor der Hauptstadt bemächtigt. Der gefürchtete »Kalif« von Afghanistan, Mullah Mohammed Omar, konnte seinen Häschern knapp entkommen. Osama Bin Laden seinerseits tauchte in seine Höhlenwelt ab. Es dauerte eine Weile, bis sich die US-Strategen bewußt wurden, daß ihr brillanter Blitzsieg am Hindukusch sehr bald in eine neue tückische Phase des Krieges einmündete. Mochten die Zeitungskommentatoren der Bundesrepublik auch von Befriedung, Stabilisierung oder gar demokratischer Erneuerung Afghanistans unter dem Quisling-Regime Hamed Karzais fabulieren, in Wirklichkeit gärte es schon wieder bei den paschtunischen Stämmen, die sich von der realen Machtausübung in Kabul ausgeschlossen fühlten. Die ehemaligen Taleban-Haufen verschmolzen in ihren Sippen- und Clanstrukturen oder schlossen sich jenen erprobten Mudschahidin-Organisationen an, die bereits die Hauptlast des fast zehnjährigen Krieges gegen die gottlosen »Schurawi«, gegen die Sowjets, getragen hatten.

Die Absicht des US-Kommandos, die natürlichen Gebirgsfestungen von Kunar, Nangahar, Paktia, Paktika, Laghman, Zabol, Ghazni, Ozurgan durch gewaltige Faustschläge zu neutralisieren, schlug gründlich fehl. Mit ihren Bunker-Bustern, die Betonwände von sechs Meter Dicke durchschlugen, mit Vakuum-Bomben, die ganze Höhlensysteme in ein flammendes Inferno verwandelten, mit verniedlichend »Daisy Cutters – Gänseblümchen-Schnitter« genannten, enormen Explosivmonstern, auch mit Cluster-Bomben und Napalm-ähnlichen Horrorsubstanzen war die großangelegte Offensive gegen die angebliche El Qaida-Gralsburg Tora Bora ins Leere gestoßen. Die Nachrichtendienste waren offenbar einem Bündel gezielter Fehlinformationen aufgesessen. Die US Air Force war angeblich befähigt, mit ihrem Sprengpotential ganze Bergmassive im Osten und Süden Afghanistans plattzuwalzen. Aber als es darum ging, die verbleibenden Terroristen zu vernichten, hatten diese sich scheinbar in Luft aufgelöst.

Die pakistanische Grenze ist heute poröser denn je. Die völlig unzureichende Entfaltung amerikanischer Bodentruppen kann nicht unbegrenzt durch die Allmacht der Luftwaffe aufgewogen werden. Die neu aufgestellten Bataillone der afghanischen »Nationalarmee« setzen sich schätzungsweise zu achtzig Prozent aus

Tadschiken zusammen, wie es den Interessen Fahims entspricht. Sie erleiden schwere Verluste, sobald sie sich in ethnisch fremde Gebiete vorwagen. Diese hastig zusammengewürfelten Einheiten Karzais können sich nicht mit jener schlagkräftigen, zum Teil sogar ideologisch motivierten Truppe vergleichen, mit deren Hilfe der kommunistische Machthaber Nadschibullah nach Abzug der Sowjetarmee immerhin drei Jahre lang gegen den Ansturm der Mudschahidin Front machte.

Von einer schrittweisen Befriedung, einer vom Volkswillen getragenen Stabilisierung oder gar von »nation building« kann heute nicht mehr die Rede sein. Etwa hundert deutsche Elitesoldaten der neu aufgestellten »Krisen-Spezial-Kommandos« hatten an der NATO-Operation »Enduring Freedom« im Süden des Landes teilgenommen. Sie hatten dort das Vorgehen ihrer amerikanischen Kameraden, vor allem deren totales psychologisches Unvermögen im Umgang mit der Lokalbevölkerung, mit Verwunderung und wachsender Skepsis wahrgenommen. Wie lange »Enduring Freedom« noch andauern soll, weiß Allah allein. Das kleine deutsche Kampfkontingent der KSK wird dieser Tage abgezogen, aber zurück bleibt ja die Friedensbrigade ISAF. Sie hatte mit dem Segen der Vereinten Nationen bei Kabul ihr Lager aufgeschlagen und wurde dem Karzai-Regime als Konsolidierungsfaktor, als bewaffneter Garant des Wiederaufbaus, ja als humanitärer Wohltäter zur Seite gestellt, ein fragwürdiges Unternehmen, wie sich jetzt herausstellt.

Niemand will offenbar auf die immer dringlicher vorgetragenen Alarmrufe der alliierten Nachrichtendienste hören, die auf die unaufhaltsame Verschlechterung der Lage, auf das Erstarken des Widerstandes, auf das fortdauernde Doppelspiel pakistanischer Geheimagenten verweisen. Wer will schon in den fernen Kanzleien der Atlantischen Allianz daran erinnert werden, daß Afghanistan von jeher sämtlichen Invasoren, zumal wenn sie vom Makel der Ungläubigkeit, des »Kufr«, gezeichnet waren, zum Verhängnis wurde. Selbst zu Zeiten der Monarchie war ja der Staat in zwei Teile zerfallen, in die Einflußzone des herrschenden Emirs oder Königs, »Hukuma« genannt, und die weiten Stammesgebiete des rebellischen »Yaghestan« andererseits, wo die aufsässigen Krieger sich keiner Zentralautorität unterordneten.

Am Hindukusch bietet sich kein Schlachtfeld für einen »frisch-fröhlichen Krieg«, »la guerre fraîche et joyeuse«, wie man im achtzehnten Jahrhundert mit aristokratischer Nonchalance zu sagen pflegte. Die wackeren Vorhuten der Special Forces hatten sich in der Ebene von Mazar-e-Scharif noch begeistern können, als sie, wie ihre Vorfahren, in Wildwestmanier auf dem Rücken der Pferde zu ihren Erkundungen aufbrachen. Das hatten ihnen übrigens längst zahlreiche Reporter vorgemacht, die über den abenteuerlichen Abwehrkampf der Mudschahidin gegen die Sowjets an Ort und Stelle berichteten.

Die Phase der Euphorie ist längst vorbei. Nunmehr entdecken die verstreuten Garnisonen der Alliierten, auch die ISAF-Brigade von Camp Warehouse, daß sie in einem unerbittlichen Land weilen, wo – zumindest bei den Paschtunen – neben dem obersten Gebot des Schutzes für Asylsuchende, dessen obligatorische Befolgung Osama Bin Laden zugute kommt, das eherne Gesetz der Blutrache gilt. Die lokalen Bräuche, Paschtunwali genannt, erlauben nicht einmal den Freikauf des Mörders nach ausführlicher Verhandlung und Schuldabwägung, der in der koranischen Gesetzgebung, der Scharia, vorgesehen ist. Durch Generationen schleppt sich die Vergeltung zwischen den verfeindeten Clans. Eine oft zitierte Anekdote erwähnt jenen Dorfältesten, der erst nach Ablauf von hundert Jahren seiner Pflicht als Rächer nachkommen konnte. »Du hast es aber eilig gehabt«, hätten seine Stammesbrüder gescherzt. Diese Legende dient nur als Hinweis auf die unendliche Geduld, jenes ganz andere Zeitgefühl, das die Völker Zentralasiens von ihren jeweiligen fremden Eroberern, vor allem von den stets zur Hast neigenden Amerikanern, unterscheidet.

Spätestens ein Jahr nach dem trügerischen Triumph der Nordallianz enthüllt der Krieg seine häßlichste Fratze. In den südlichen und östlichen Provinzen nistet sich die Guerilla ein; der Begriff stammt aus Spanien, wo die Armeen Bonapartes, die sich noch im Glanz ihrer Siege von Austerlitz und Jena sonnten, durch einen mörderischen, unbeugsamen Volksaufstand – oft von eifernden Mönchen angeführt – allmählicher Zermürbung und hohen Verlusten ausgesetzt waren. Seitdem zählt die Partisanenbekämpfung zu den schwierigsten und grausamsten Kapiteln moderner Strategie. Werden die Bundeswehrsoldaten der Kabul-Brigade vor Überfällen aus dem Hinterhalt verschont bleiben? Offenbar klammern sich die Berliner Politiker an die Wunschvorstellung, die sprichwörtliche Beliebtheit der Deutschen würde ihnen Schutz gewähren. Deutschland hatte in zwei Weltkriegen, die es gegen die traditionellen Unterdrücker Afghanistans, die Briten und die Russen, führte, ein beachtliches Kapital an Sympathie angesammelt. Auch die technische Hilfe, die zur Zeit der Monarchie von Bonn geleistet wurde, genießt am Hindukusch weiterhin hohes Ansehen.

Doch diese germanische Sonderstellung könnte jäh zu Ende gehen, seit die Ankunft der Kanadier die Unterstellung von ISAF unter die NATO, also unter höchstes amerikanisches Kommando, bewirkte. Mit dieser Umdisposition wurde das bislang recht positive Profil der »Multinationalen Kabul-Brigade« verwischt. Sie wird nolens volens zum Bestandteil von »Enduring Freedom«, mit anderen Worten und in letzter Analyse zum ausführenden Organ des Pentagon. Kaum ein afghanischer Mudschahid dürfte noch einen Unterschied zwischen beiden Einsätze entdecken können.

»Dans le sang et dans la merde«

Niemand wird sich in Zukunft damit herausreden können, er sei nicht gewarnt worden. Während ich in meinem Container des Camp Warehouse der erlösenden kühlen Nachtluft entgegendöse, stellt sich die Erinnerung an das Interview ein, das ich im September 2002 bei meinem letzten Aufenthalt in Kabul über verschwiegene Mittelsmänner mit meinem alten Kampfgefährten Gulbuddin Hekmatyar zustande brachte. Eine persönliche Begegnung konnte nicht stattfinden. Es hätte unerträglicher Strapazen bedurft, um in das Gebirgsversteck zu gelangen, in dem der Führer der Hezb-e-Islami, ständig den Aufenthaltsort wechselnd, untergetaucht war. Es hätten auch genügend »spooks« auf der Lauer gelegen, um mir einen Fangschuß zu verpassen. Dennoch habe ich mit zehntägiger Verspätung die schriftlichen Antworten auf meine Fragen erhalten.

Ich wiederhole hier die entscheidenden Aussagen Hekmatyars im Wortlaut: »Der Widerstand gegen die Amerikaner wird von Tag zu Tag intensiver. In absehbarer Zeit werden die Patrouillen der US-Armee, ihre militärischen Konvois und Lager extrem verwundbar sein. Der öffentliche Druck auf die Bush-Administration, ihre Truppen aus Afghanistan abzuziehen, wird dann zunehmen.« Zur Internationalen Kabul-Brigade äußert sich der Führer der »Islamischen Partei« wie folgt: »Die USA und ihre Verbündeten führen einen ungerechten und für die Zivilbevölkerung verlustreichen Krieg. Die Präsenz der ISAF-Truppe ist da nur eine schmerzlindernde Tablette, ein Alibi, und soll die verbrecherischen Ziele der US-Strategie kaschieren. Der Verbleib ausländischer Soldaten in Afghanistan bietet keinerlei Garantie für Frieden und Sicherheit, sondern bewirkt das Gegenteil. Die ISAF-Brigade bemüht sich lediglich, die Herrschaft verräterischer Räuberbanden in Kabul zu konsolidieren.«

Den vollen Text dieser Mitteilung aus dem Untergrund habe ich den zuständigen deutschen Behörden übermittelt. Ähnliche Botschaften aus der »Résistance« – es handelt sich dabei nicht nur um hartgesottene Taleban oder gar versprengte Jünger Osama Bin Ladens – sind den westlichen Diensten mehrfach zugegangen. Der Gedanke, daß man zur Beendigung eines Konflikts mit dem deklarierten Gegner verhandeln muß und es nicht krampfhaft mit dem Hochpäppeln einer Clique willfähriger Protegés bewenden läßt, ist in Washington verpönt. Dabei besaß doch, um bei diesem Beispiel zu bleiben, Gulbuddin Hekmatyar während des Krieges gegen Moskau offenen Zugang zu diversen westlichen Einrichtungen, darunter die Friedrich-Ebert-Stiftung. Der Friede der Tapferen, »la paix des braves«, den de Gaulle gegen den verzweifelten Widerstand der Algerienfranzosen zur Beendigung des endlosen Konfliktes im Maghreb anbot, entspricht wohl nicht dem neuen Zeitgeist, der manichäischen Zwangsvorstellung von Gut und Böse. Es wird Zeit, daß die Apologeten einer demokratischen und humanitären Befriedung am Hindukusch der Wirklichkeit ins Auge blicken. Die Kabul-Brigade könnte sehr bald in eine abscheuliche Partisanenbekämpfung hineingezogen werden. Der Abnutzungskrieg ist schon im Gange, »la sale guerre«, wie die Franzosen in Algerien zu sagen pflegten.

Der Selbstmordanschlag auf den ISAF-Bus, der vier Bundeswehrsoldaten am 7. Juni 2003 das Leben kostete, war ein deutliches Signal. Noch bleibt er ein isolierter Fall, und die Urheberschaft wird von den meisten Afghanen bei pakistanischen Fanatikern gesucht. Bei dieser Gelegenheit ist deutlich geworden, wie schnell eine »Friedenstruppe« in das Räderwerk, in das mörderische Wechselspiel von Terrorismus und Repression, geraten kann. Den Oberkommandierenden der ISAF-Brigade, General Norbert van Heyst, habe ich während meines kurzen Aufenthalts als hochanständigen, kompetenten Offizier schätzengelernt. Aber warum hat er nach Beendigung seines Auftrags in Kabul in der »Frankfurter Allgemeinen Sonntagszeitung« ein persönliches »Tagebuch« veröffentlicht? Darin enthüllt sich die ganze Fragwürdigkeit, die düstere Seite des asymmetrischen Krieges, der sich am Hindukusch noch hinter der Fassade einer Aufbaumission verbirgt.

Ich zitiere den Auszug der FAZ, der mir erst geraume Zeit nach meinem eigenen Rückflug aus Kabul zugestellt wurde: »Die Attentäter vom 7. Juni müssen Leute im Lager gehabt haben, afghanische Angestellte, die sie über Funk oder Handy über Abfahrtzeit und Route des Konvois informierten«, so heißt es in dem Rapport. »Sonst wäre der Anschlag gar nicht möglich gewesen. Da haben wir natürlich gezielt nachgefaßt. Wir haben Leute befragt, und wir sind, glaube ich, einigen auf die Schliche gekommen. Acht Mann haben wir festgesetzt, auf einen Schlag, in einer Hauruck-Aktion. Aber weil wir nur wenig Möglichkeiten haben, die Angaben dieser Männer zu überprüfen – stimmen die Namen, ist das ein Ex-Taleban? –, haben wir die Verdächtigen vor drei, vier Wochen dem afghanischen Nachrichtendienst übergeben. Das war meine vielleicht schwierigste Entscheidung in Kabul. Ich kann nicht hinnehmen, daß die vier meiner Soldaten in die Luft gesprengt haben. Aber vor der Übergabe haben wir die mutmaßlichen Verbrecher ärztlich untersucht und auf Fotos dokumentiert, daß die in einem ordentlichen Zustand waren. Wer weiß, was jetzt mit ihnen passiert?«

In der heißen Nacht des ISAF-Lagers Mitte Juni 2003 habe ich noch keine Kenntnis von diesem Text. Aber der Anschauungsunterricht, der mir in fast sechzigjähriger Beobachtertätigkeit bei der Bekämpfung von Partisanen und Terroristen in exotischen Ländern zuteil wurde, stimmt mich nachdenklich. Böse Ahnungen kommen auf. Die alliierten Verbindungsoffiziere in Kabul sind nämlich sehr gründlich darüber informiert, daß das Personal der lokalen Sicherheitsorgane des Karzai-Regimes, das zur Bekämpfung des Terrorismus eingesetzt wird, einst dem gefürchteten »Khad« angehörte, daß es unter dem Diktator Daud, dann unter den Kommunisten der Parcham- und der Khalq-Partei, später unter der Koalition des Präsidenten Rabbani und zuletzt unter den Taleban seine Aktivität ausübte. Es sind Spezialisten der Brutalisierung von Gefangenen und der Folter. An dieser Stelle soll in keiner Weise gegen die Entscheidung eines deutschen Kommandeurs polemisiert werden, der in Ermangelung gültiger juristischer Normen eine Anzahl von Mordverdächtigen den zuständigen afghanischen Behörden auslieferte. Aber zu einem Zeitpunkt, da die Überstellung des in Deutschland verurteilten Verschwörers Mehmet Kaplan, des selbsternannten »Kalifen von Köln«, an die türkische Justiz durch deutsche Richter unter Hinweis auf die Gefahr körperlicher Mißhandlung verweigert wird, wirkt die Entscheidung von Kabul recht beklemmend.

Hier tritt die Verlogenheit, der interne Zwiespalt zutage, mit der Soldaten der Bundeswehr von den Berliner Politikern in eine Situation gebracht werden, wo sie, statt ein utopisches Befriedungsprogramm auszuführen, in die Repressions- und Vergeltungs-Automatik des »asymmetrischen Krieges« verstrickt werden. Noch hat der Partisanenkrieg die ISAF-Brigade relativ unbeschadet gelassen. Aber wer kann davon ausgehen, daß dieser halbwegs erträgliche Zustand andauert? In den langen Jahren des Ost-West-Konfliktes waren jene Generale, die der Bundeswehr für eine massive Abwehr sowjetischer Stoßarmeen in der norddeutschen Tiefebene oder in der »Fulda Gap« die Richtlinien erteilten, von einer Strategie ausgegangen, die – gestützt auf amerikanische Luftüberlegenheit und die Feuerkraft der eigenen Leo-II-Panzer – in keinerlei Beziehung stand zu den Realitäten der sich seitdem häufenden Regionalkonflikte und des »low intensity warfare«. In den NATO-Stäben von Mons war eine ganz spezielle Mentalität entstanden. Die im Kalten Krieg absolut notwendige Akzeptanz des amerikanischen Oberbefehls war zum Instinkt geworden. Es hatte sich dort eine Kameraderie der »old boys« entwickelt, die weder den veränderten Bündnisbeziehungen zu den USA noch den eigenen Erfordernissen des »rapid deployment« Rechnung trägt.

Vermutlich wird in Deutschland niemand je erfahren, was aus den acht Verdächtigen des Camp Warehouse geworden ist, ob sie von afghanischen Verhörspezialisten grauenhaften Torturen unterzogen wurden, wie das in Pul-e-Scharki üblich war, oder ob sie den CIA-Experten der Basis Bagram überstellt wurden, wo ebenfalls »robuste« Methoden der Befragung praktiziert werden. Die Bundeswehr war seit ihrer Gründung auf das Modell des »Bürgers in Uniform« ausgerichtet. Niemals wieder sollten deutsche Soldaten in jene Unerbittlichkeit der Partisanenbekämpfung verwickelt werden, die die Wehrmacht in Weißrußland oder auf dem Balkan so schwer belastet hatte. Aber es gibt keine Unschuld in Zeiten der Guerilla. Die Reaktion der Truppe ist eben eine ganz andere, wenn der Kamerad in offenem Kampf durch die Brust geschossen wird oder wenn man ihn eines Morgens nach seiner Entführung durch Freischärler mit ausgestochenen Augen und schrecklichen Verstümmlungen am Wegrand entdeckt.

Um mit den Untergrundkämpfern des Terrorismus oder eines nationalen Widerstandes fertig zu werden, haben sich fast alle regulären Armeen der Neuzeit zu abscheulichen Fehlleistungen hinreißen lassen. Um zu verhindern, daß die nächste Bombe hochgeht und unbeteiligte Zivilisten zerreißt, werden auch heute noch Verhörmethoden angewandt, wie sie in den Kellern der Gestapo stattfanden. Ob es sich um die Franzosen bei der Verfolgung der »Befreiungsfront« in Algerien, um die Briten beim Einsatz gegen die IRA in Nordirland, um die Amerikaner bei der Operation »Phoenix« in Vietnam, um die Israeli bei der Suche nach Hamas-Verschwörern im Gaza-Streifen, um die Russen bei der Niederschlagung des Tschetschenen-Aufstandes handelt – sie alle sind beinahe zwangsläufig jenem tragischen Prozeß erlegen, den der ehrenwerte französische General Massu, nach der Säuberung der

Kasbah von Algier von den dort verschanzten algerischen Attentätern, mit den Worten beschrieb: »Nous avons glissé dans le sang et dans la merde – wir sind in Blut und Scheiße hineingerutscht«.

In der staubigen Hitze meines Containers bin ich in Halbschlaf versunken. Glücklicherweise träume ich nie von dem kriegerischen Horror, der mir während meines langen Lebens so häufig begegnet ist. In dieser Nacht jedoch taucht eine schreckliche Episode auf, deren Zeuge ich als junger Soldat am Rande der nordvietnamesischen Hafenstadt Haiphong wurde. Es war im März 1946, unmittelbar nach der französischen Landung in dieser Hochburg des kommunistischen Vietminh. Drei Angehörige einer benachbarten Kompanie der Infanterie Coloniale waren bei einem unvorsichtigen Ausflug in die Umgebung ihrer Garnison den »Irregulären« Ho Tschi Minhs in die Hände gefallen. Drei Tage später trieben ihre Leichen in einem schlammigen Seitenkanal des Roten Flusses. Man hatte ihnen die Hoden in den Mund gestopft und den Anus mit einem Bambusstab durchbohrt. Es ist uns damals gerade noch gelungen, die wütenden »Coloniaux« daran zu hindern, in dem verdächtigten annamitischen Dorf ein Massaker anzurichten.

Feldgottesdienst

Am Sonntagmorgen vor unserer Abreise werden Elke Leonhard und ich gefragt, ob wir am militärischen Gottesdienst teilnehmen wollen. Natürlich sagen wir zu. Mir persönlich ist es ziemlich gleichgültig, welche christliche Konfession den Gedanken an den Heiland und seinen Kreuzestod zelebriert. Der Glanz der mir vertrauten römischen Liturgie ist seit dem Zweiten Vatikanischen Konzil ohnehin verblaßt. In Belfast hatte ich sogar aus Neugier dem ultraprotestantischen Zeremoniell des Katholiken-Hassers Ian Paisley beigewohnt und an dessen süßlichem Meßwein genippt. In Camp Warehouse war turnusmäßig ein junger Geistlicher an der Reihe, der vermutlich einer presbyteranischen Gemeinde Nordirlands angehört und schon bei der Begrüßung seine unionistische Überzeugung betont.

Gegen die recht konventionelle Predigt ist nichts einzuwenden, und das fromme Ritual verläuft in calvinistischer Strenge. Vor dem Abschlußsegen stimmt der »Chaplain« einen Choral an, in den die überwiegend deutschen Soldaten, nach Verteilung von Textblättern, mühelos einstimmen. Die Melodie ist uns wohlbekannt. »Glory Glory Halleluja!« erklingt es zu Füßen des Hindukusch. Aber der Wortlaut dieses Gesangs, der angeblich einst den amerikanischen Konföderierten der Südstaaten während des Sezessionskrieges als eine Art Nationalhymne diente, löst bei mir Widerwillen aus und kommt mir schwer über die Lippen. So wie er hier glorifiziert wird, kann ich mir den Erlöser Jesus Christus nicht vorstellen:

»Mine eyes have seen the glory of the coming of the Lord; – He is trampling out the vintage where the grapes of wrath are stored; – He hath loosed the fateful lightning of his terrible swift sword; – His truth is marching on.« – In der Übersetzung lautet das etwa: »Meine Augen haben die Glorie des Herrn gesehen; er zerstampft die Weinlese, wo die Trauben des Zorns gelagert sind; der Herr hat sein schrecklich schnelles Schwert wie einen leuchtenden Blitz gezückt; Seine Wahrheit marschiert voran.« – »Glory Glory Halleluja!« – Und so geht es weiter: »Der Herr stößt in die Trompete, die nie zum Rückzug bläst; er prüft die Herzen der Menschen vor seinem Richterstuhl; oh meine Seele, antworte ihm geschwind; und stehe jubelnd auf deinen Füßen, denn unser Gott marschiert voran. – Our God is marching on.«

Stellenweise habe ich mitgesummt. Der Refrain »when the Saints are marching in« klingt ja so schön. Wer kann im hohen Alter schon wählerisch sein, wenn er als Pennäler des Wilhelms-Gymnasiums von Kassel das Nazi-Lied mitgesungen hatte: »Es zittern die morschen Knochen der Welt vor dem großen Krieg …«? Was mich am meisten irritiert an diesem martialischen Choral der Konföderierten, ist seine neu gewonnene Aktualität. Der Rächer-Gott, der hier verherrlicht wird, entspricht wohl den religiösen Vorstellungen des Präsidenten George W. Bush. Schon die Orwellsche Namensgebung für den US-Feldzug in Zentralasien »Enduring Freedom« erscheint mir unerträglich. »The Lord loosed the fateful lightning of his terrible swift sword; His truth is marching on!« klingt es nach, und mir wird klar: Das ist nicht der Gott, an den ich glaube, und dieses ist nicht mein Krieg.

IRAN
Ende des Heiligen Experiments

Die Last der Geiselnahme

Teheran, im September 2003

»Down with USA!« Die antiamerikanischen Pinseleien sind selten geworden in Teheran. Aber an dieser Stelle, vor dem Eingangstor der ehemaligen Botschaft der Vereinigten Staaten, gewinnt die Inschrift eine historische Bedeutung. Die Mauer, die das Gelände abschirmt, ist zusätzlich mit allegorischen Darstellungen bemalt. Da wird »Uncle Sam« als unheimliches Skelett porträtiert; heldenhafte Gotteskrieger der Islamischen Revolution taumeln tödlich verwundet der himmlischen Verheißung entgegen.

Für die Masse der Iraner ist die »US Embassy« kein Ort mythischer Erinnerung mehr. Die stets eiligen Passanten nehmen die Propagandasprüche überhaupt nicht zur Kenntnis. Anstelle der amerikanischen Diplomaten haben sich Revolutionswächter, Pasdaran, in den Gebäuden installiert. Die beiden mit Kalaschnikows bewaffneten Posten lassen mit sich reden, während das persische Team die Kamera aufstellt. Bei ihnen wirkt noch die etwas vergilbte Fotografie, die mich an der Seite des Ayatollah Khomeini zeigt. »Holen Sie Ihren ›passport‹ heraus«, hatte mein iranischer Begleiter Hassan geraten, als die Garden sich anfänglich abweisend verhielten. Bei den Studenten von Teheran hätte mir das Vorzeigen allenfalls mitleidiges Lächeln oder Achselzucken eingebracht.

Es gibt noch ein paar bemalte Fassaden im Häusermeer von Teheran, wo amerikanische Bomben auf das fromme schiitische Volk niedergehen. Aber von revolutionärer Stimmung kann nicht mehr die Rede sein. Wie sollte auch die religiöse Exaltation nach einem

Vierteljahrhundert noch immer dieselbe sein? Die zuständigen staatlichen und geistlichen Instanzen sind sich der Desakralisierung, der Banalisierung des öffentlichen und privaten Lebens durchaus bewußt. Von hohen Beamten wird mir gleich zu Beginn des Gesprächs versichert, daß sich die Islamische Republik Iran seit dem kämpferischen Aufbruch des »Imam« Khomeini in ihrer tiefsten ideologischen, vielleicht existentiellen Krise befindet.

Ich verharre eine Weile vor der Mauer der Botschaft. Wenn die große Mehrheit der Iraner die Geiselnahme der US-Diplomaten, die im November 1979 stattfand und 444 Tage lang dauerte, als wenig rühmliche Verletzung internationaler Gepflogenheiten am liebsten vergessen würde, so ist das Gedenken daran in Washington und speziell bei der Bush-Administration überaus lebendig geblieben. Sie trug wesentlich dazu bei, daß der Iran neben dem Irak und Nordkorea in die vom Präsidenten definierte »Achse des Bösen« eingereiht wurde. Seltsame Umkehr der Begriffe: Denn vor zwanzig Jahren waren es die schiitischen Mullahs, die Amerika als den »Großen Satan« verfluchten. Schon im Juli 1995 hatte mein persischer Gefährte, der Soziologe Abol Fadl, den ich während Khomeinis Exil in Neauphle-le-Château bei Paris kennengelernt hatte, die Spannungssituation zwischen Washington und Teheran wie folgt beschrieben.

»Bei unserer Bevölkerung werden Sie kaum noch eine Spur von aggressivem Antiamerikanismus antreffen«, so hatte er doziert. »Die US-Politiker sind viel nachtragender als wir. In den amerikanischen Medien, die so lange brauchten, um mit dem verlorenen Krieg in Indochina fertig zu werden, ist das Vietnam-Syndrom durch ein undifferenziertes Iran-Trauma ersetzt worden. Nachdem die Beziehungen zu Hanoi normalisiert wurden, will und kann man jenseits des Atlantiks den Mullahs nicht verzeihen, daß sie den scheinbar unerschütterlichen Verbündeten der USA, Schah Mohammed Reza Pahlevi, ins Exil zwangen. Noch weit schlimmer wirkt die gewaltsame Besetzung der US-Botschaft von Teheran durch exaltierte, junge Khomeini-Anhänger im November 1979 nach. Die Geiselnahme wird weiterhin als unverzeihliche Demütigung der Supermacht empfunden, auch wenn es sich bei dieser diplomatischen Vertretung tatsächlich um ein Nest von Spionen und Komplotteuren handelte. Wehe dem, der der Rachsucht Amerikas und seiner Medien anheimfällt! Zur Stunde«, so sagte er, »gehört es zum guten Ton, den sogenannten islamischen Fundamentalismus für alles Übel auf dem Erdball verantwortlich zu machen und das Regime der Ayatollahs als Zentrum dieser universalen Verschwörung zu brandmarken. Wenn Sie wüßten, wie sehr die Amerikaner unsere tatsächlichen Fähigkeiten überschätzen! Als eine gefräßige, mit ihren Fangarmen wild um sich greifende Krake wird die Islamische Republik Iran dargestellt; in Wirklichkeit gleicht sie heute eher einer Schildkröte, die auf die eigene Sicherheit bedacht ist.« Es hatte also nicht des ominösen Datums »Nine Eleven« und der Vernichtung des World Trade Centers bedurft, um die Zwangsvorstellung einer islamischen Weltverschwörung in Washington anzuheizen. Noch bevor der Name Osama Bin Laden oder das El-Qaida-Gespenst das kollektive Bewußtsein Amerikas heimsuchte, seien alle psychologischen Prämissen für die »cruisade«, den primär antiislamisch ausgerichteten Feldzug Amerikas gegen den Terrorismus, längst vorhanden gewesen.

Heute rauscht und faucht der Verkehr der Metropole in chaotischem Gedränge teilnahmslos an der Botschaftsmauer vorbei. Der Motorenlärm ist so unerträglich, daß ich den geplanten Kommentar vor laufender Kamera abbrechen muß. Die beiden wachhabenden Pasdaran – sie tragen inzwischen die in allen Armeen der Welt übliche Tarnuniform und sind sogar rasiert – mühen sich zwar redlich, zumindest den Strom der Passanten von unserem Gerät fernzuhalten. Aber der Ort eignet sich wirklich nicht zum »stand up«. Dabei wäre es sinnvoll gewesen, an dieser symbolischen Stelle mit meinen Erinnerungen aus dem November 1979 anzuknüpfen. Die Geburtsphase der islamischen Revolution, die ich so intensiv miterlebte, scheint einer anderen Epoche anzugehören. Es lohnt sich dennoch, die Exaltation jener Tage noch einmal aufleben zu lassen, um den ganzen Wandel zu ermessen, den der Gottesstaat Khomeinis inzwischen durchlaufen hat.

*

Im November 1979 hatte Teheran eines der zahllosen schiitischen Trauerfeste wie ein Mysterienspiel zelebriert. Genau ein Jahr zuvor war eine Anzahl von Studenten unter den Kugeln des Savak-Geheimdienstes und der Kaiserlichen Armee verblutet. Aus diesem Grund war eine Massenkundgebung auf dem Universitätsgelände einberufen worden. Sadeq Tabatabai, der damalige Regierungssprecher und stellvertretende Ministerpräsident, mit dem ich schon seit Neauphle-le-Château befreundet war, hatte mir den Rat gegeben, mich dort einzufinden. »Wir haben erfahren, daß gewisse Kräfte die Feier zu Ehren der Märtyrer in eine antiamerikanische Gewaltaktion ausarten lassen wollen. Was sie genau vorhaben, wissen wir nicht. Aber für alle Fälle haben wir die Theologie-Studenten, die Tullab, aus Qom nach Teheran geladen, damit sie eventuelle Ausschreitungen dämpfen und beschwichtigen können.«

Zu Zehntausenden waren die Gläubigen auf dem weiten Innengelände der Hochschule zusammengeströmt. Der neue Freitags-Imam von Teheran, der an der Spitze des mächtigen Revolutionsrates fungierte, Ayatollah Montazeri, war auf die Rednertribüne getreten. Er wirkte etwas kränklich. Die Augen funkelten listig hinter den Brillengläsern, und der Mund war verkniffen. Während seiner Ansprache, der Khutba, stützte der Freitags-Imam sich auf ein Schnellfeuergewehr mit aufgepflanztem Bajonett. Die Kalaschnikow hatte das althergebrachte »Schwert des Islam« – Seif-ul-Islam – bei der Predigt verdrängt, ein bemerkenswertes Zugeständnis an den technischen Fortschritt.

In den ersten Reihen kauerten die Mullahs. Sie waren von ihrer Wichtigkeit durchdrungen und in der Mehrzahl recht korpulent. Dahinter drängten sich die »Tullab« aus Qom sowie ein buntes Durcheinander von Pasdaran und »Mustazafin« aus den Armenvierteln der Hauptstadt. Die Frauen im Tschador saßen säuberlich von den Männern getrennt und bildeten einen düsteren Block. Die Versammlung verneigte sich rhythmisch zum Gebet, nachdem Montazeri in seiner Ansprache das Komplott Präsident Carters und Mohammed Reza Pahlevis gegeißelt hatte. Es sei höchste Zeit, den verkappten Sympathisanten Amerikas in den eigenen Reihen der islamischen Revolution das Handwerk zu legen, hatte der Vorsitzende des Revolutionsrates gedroht.

Die Kundgebung wurde plötzlich durch die Ankunft eines Trupps Soldaten in Heeresuniform aufgewühlt. Sie trugen riesige Kränze und wurden von einem Mullah in Uniform, halb Feldgeistlicher, halb politischer Kommissar, angeführt. Im Sprechchor brüllten die Soldaten »Allahu akbar« und die Litaneien der schiitischen Leidensprozession. Sie feierten ihre Gefallenen im aufständischen Kurdistan. Die Armee verfügte endlich über ihre eigenen Märtyrer und hatte sich somit in den heiligen Strom des Leidens für die Religion integriert. Die Militärs bewegten sich nunmehr auf dem Wege Allahs, hatten die Schmach ihres Einsatzes im Dienste des teuflischen Schah-Regimes abgestreift. Sie hatten sich das Bestattungsritual der mit ihnen rivalisierenden Revolutionswächter zum Vorbild genommen.

Welche Lust an der Trauer, ja welche Wonne am Tod bemächtigte sich doch der Pasdaran, wenn sie die in weiße Laken gehüllten Leichen der »Schuhada«, der Märtyrer, auf den Schultern trugen, mit Rosenwasser begossen und dazu in wirrer Verzückung mit geballten Fäusten auf den eigenen Körper einschlugen. Nach dieser patriotisch-religiösen Exhibition der Soldaten war eine Knabengruppe in Pfadfinderaufzug auf die Tribüne geklettert. Mit piepsigen Stimmen trugen sie ein Lied vor, in dem sich das Wort »Schahid – Märtyrer« stets wiederholte. »Unser Blut kocht ... wir werden bis zum letzten Herzschlag kämpfen ...«, sangen die Kinder.

Zum gleichen Zeitpunkt hatte sich eine Gruppe von rund dreihundert Jugendlichen der amerikanischen Vertretung im Herzen der Hauptstadt bemächtigt und nach schwacher Gegenwehr der wachhabenden Marines die Botschaftsangehörigen als Geiseln festgesetzt. Unter dem Schrei »Margbar Schah – Tod dem Schah« waren die jungen Leute, auch Mädchen, über die Gitter der US-Botschaft geklettert. Die zum Schutz des exterritorialen Geländes abgeordneten Pasdaran machten nach kurzem Zögern gemeinsame Sache mit den Geiselnehmern, und die Theologie-Studenten aus Qom, von denen sich die Regierung einen mäßigenden Einfluß versprochen hatte, sahen in der Besetzung dieses angeblichen Spionage-Horts, in der Verhaftung der imperialistischen Teufelsbrut, einen unverhofften Triumph der islamischen Bewe-

133

gung. Die Botschaftsangehörigen würden erst freigelassen, wenn Carter den Schah an die iranischen Behörden auslieferte, ließen die jungen Geiselnehmer wissen, die sich als »Anhänger der Khomeini-Ideologie« deklarierten.

Vor der gestürmten Botschaft ballte sich sofort eine gewaltige Menge zusammen. »Allahu akbar«, hallte es von den nackten Häuserfronten der Takhte-Dschamschid-Avenue wider. Im Nu wurden Transparente aufgespannt mit übergroßen Karikaturen, die den US-Imperialismus als mörderisches Monstrum darstellten, während Präsident Carter mit geradezu kannibalischem Grinsen die Zähne fletschte. Trotz langen Debattierens mit den bewaffneten Pasdaran, die vor der Botschaftsmauer Posten standen, wurden wir nicht durch die verriegelten Eisentore in den inneren Compound eingelassen. Schon war das Tor der US-Vertretung von einem großen Khomeini-Porträt gekrönt. Zwischen den niedrigen Ziegelbauten, auf die sich die verschiedenen Amtsstellen der Kanzlei verteilten, erblickten wir die Helden des Tages, stoppelbärtige junge Männer mit bleichen Gesichtern und glühenden Blicken, die an ihren Erfolg noch nicht zu glauben wagten und sich wie in einem hysterischen Krampf bewegten. Die revolutionären Mädchen waren verschleiert und ebenfalls leichenblaß.

Die tobenden und schreienden Zuschauer auf der Straße erwiesen sich beim Näherkommen als durchaus umgängliche Zeitgenossen. Obwohl sie nicht wußten, welchem Land wir angehörten, ob wir nicht sogar amerikanische Journalisten seien, reagierten sie ohne jede Feindseligkeit, erleichterten unsere Kameraarbeit und boten uns – als wir uns aneinander gewöhnt hatten – sogar Früchte an. Nachdem die erste Überreiztheit verzogen und die Kehlen heiser krakeelt waren, dröhnten die antiamerikanischen Sprechchöre erst wieder auf, wenn die Kamera auf sie gerichtet und das Tonband eingeschaltet war. Die freundlichen Zeitgenossen verwandelten sich dann im Nu in heulende Derwische.

Am späten Abend hatte ich mit Sadeq Tabatabai im Hotel Intercontinental, das heute »Laleh« heißt, die Ereignisse des Tages besprochen. Von Anfang an sei es gar nicht um das Schicksal der amerikanischen Botschaftsangehörigen gegangen, nicht einmal um die Auslieferung des Schah, die von der aufgepeitschten Menge lauthals gefordert wurde, meinte der noch jugendliche stellvertretende Premierminister, dessen Schwester mit dem Sohn des Imam, mit Ahmed Khomeini, verheiratet war. Die Geiselaffäre war zum wirksamen Instrument des internen Herrschaftskampfes in den Spitzengremien der islamischen Revolution geworden. Ayatollah Montazeri hatte die Zustimmung Khomeinis gar nicht erst abgewartet, um sich mit der Geiselnahme der sogenannten islamischen Studenten in der Botschaft zu solidarisieren. Das Drama hielt die Stimmung der islamischen Massen am Kochen. Eine seltsame Einstimmigkeit hatte sich in dieser Affäre der Volksseele bemächtigt.

Waren die Iraner wahnsinnig geworden, wie die Presse des Westens vermutete? Jedenfalls hatte der Wahnsinn Methode. Gleich in den ersten Stunden hatte Ruhollah Khomeini seinen Sohn Ahmed nach Teheran geschickt – er wurde von den Pasdaran über die geschlossenen Gitter gehoben, wobei er seinen Turban verlor –, um zu verhindern, daß die Botschaftsangehörigen physisch mißhandelt würden. Der Imam hatte die Aktion, die so breiten Anklang bei den »Mustazafin« fand, gutgeheißen, aber nun bereitete er sich auf seine Rolle als »deus ex machina« vor. Die Islamische Revolution, so spürte er wohl, drohte seit einigen Monaten in der Routine zu erstarren, sich in formalistischen Erklärungen zu erschöpfen. Der Ayatollah wußte nur zu gut um die Versuchungen der bürgerlichen Politiker rund um den Ministerpräsidenten Mehdi Bazargan, auch wenn sie rechtschaffene Muslime waren, ihre alten Bindungen an Amerika und Europa neu zu beleben. Dieser Neigung war nun durch die Radikalisierung der Bewegung ein Riegel vorgeschoben worden. Der Alte von Qom beobachtete den internen, skrupellosen Machtkampf, der sich hinter der Tarnung eines trügerischen islamischen Konsensus und unter Mißbrauch des »Tauhid«, der Lehre der harmonischen Einheit, verbarg, wohl mit Abscheu und Trauer.

Die Schlägertypen aus den Armenvierteln, die fanatisierten Hizbullahi, die »Parteigänger Allahs«, wie sie sich damals schon nannten, prügelten und beschossen sich mit den marxistischen Volks-Fedayin und mehr noch mit den linksradikalen Volks-Mudschahidin, die sich später als die gefährlichsten Gegner des Regimes erwiesen. Die Kommunisten der Tudeh-Partei klammerten sich unter Verleugnung aller ideologischen Grundsätze an die unversöhnlichsten Exzesse der islamischen Kulturrevolution, hießen jede Äußerung Khomeinis gut, hetzten gegen Amerika, versuchten, die beherrschenden religiösen Gruppen zu umgarnen und zu infiltrieren. Über das Schicksal der Geiseln werde in letzter Instanz das iranische Parlament entscheiden, hatte Khomeini sibyllinisch erklärt.

*

Nach Ausschaltung der gemäßigt-muslimischen Fraktion des Regierungschefs Mehdi Bazargan, der auch mein Gefährte Tabatabai nahestand, nach der nun einsetzenden Liquidierung aller marxistischen Kampfgruppen – auch die Kommunisten der Tudeh wurden gnadenlos verfolgt – schien die schiitische Theokratie zunächst gefestigt. Dazu trug auch die leichtfertige Militäraktion bei, zu der Präsident Jimmy Carter sich aufgerafft hatte, um die amerikanischen Geiseln aus Teheran herauszuholen. Dieses Unternehmen – »Blue Light« genannt – enthüllte bereits den Dilettantismus der Pentagon-Strategie gegenüber den neuen Herausforderungen des Orients. Ein paar Dutzend Elitesoldaten der Delta Force waren von einem Flugzeugträger im Indischen Ozean mit Hubschraubern in die menschenleere Einöde der Wüste von Tabas vorgedrungen. Sie sollten von dort aus eine abenteuerliche Befreiungsaktion des Botschaftspersonals durchführen. Eine ganze Serie technischer Pannen und Helikopter-Unfälle zwang die wackere Truppe zur schleunigen Rückkehr auf das sichere Deck des Aircraft Carriers, und sie konnten noch von Glück reden. Die US-Embassy war im Zentrum der iranischen Hauptstadt gelegen, nahe einer Kreuzung, die fast zu jeder Tageszeit durch den Verkehr verstopft war. Weder eine Geisel noch ein Angehöriger der Delta Force hätte diesen tollkühnen Einsatz überlebt. Zur Bestätigung des amerikanischen Drohpotentials wäre Jimmy Carter wohl nichts anderes übriggeblieben, als ein rächendes Flächenbombardement der iranischen Hauptstadt anzuordnen.

In den folgenden Monaten sollte Carter im Wahlkampf um die Verlängerung seiner Präsidentschaft dem republikanischen Kandidaten Ronald Reagan unterliegen. Die Schmach von Teheran hat dabei eine entscheidende Rolle gespielt. Für Khomeini war Ende 1980 – ein Jahr nach der Botschaftsbesetzung – der Zeitpunkt gekommen, dieses gefährliche Katz-und-Maus-Spiel, das den Mittleren Osten an den Rand eines Großkonfliktes steuerte, abzubrechen. Bis zuletzt verfolgte er jedoch den unglücklichen Jimmy Carter mit unerbittlicher Feindschaft. Er wollte dem geschlagenen Präsidenten nicht die Gunst erweisen, die befreiten Geiseln von Teheran, gewissermaßen als versöhnlichen Abschluß einer glücklosen Amtsperiode, im Weißen Haus willkommen heißen zu können.

Andererseits befürchtete man in Teheran, daß der neue Präsident Reagan notfalls zum Schlag mit dem »big stick« ausholen würde, um dieser Episode amerikanischer Erniedrigung ein Ende zu setzen. Ohne Widerspruch oder gar Widerstand der angeblich unkontrollierbaren Studenten-Komitees wurde also die Freilassung der Geiseln so exakt und präzis programmiert, daß Carter bereits aus dem Weißen Haus ausgeschieden und Reagan die tatsächliche Staatsführung noch nicht übernommen hatte. Der Imam konnte mit seinem orientalischen Basartrick zufrieden sein.

In der Zwischenzeit, im September 1980, war jedoch die wahre, schreckliche Prüfung über den schiitischen Gottesstaat hereingebrochen. Die Panzerdivisionen des irakischen Präsidenten Saddam Hussein waren auf die Erdölfelder der iranischen Provinz Khuzistan am Schatt-el-Arab vorgestoßen. Sie hatten die Hafenstadt Khorramshahr eingenommen und das riesige Raffinerie-Gelände von Abadan umzingelt. Der Diktator von Bagdad war aus Washington zu diesem Überfall lebhaft ermutigt worden. Man wollte es den Mullahs von Teheran endlich heimzahlen, und Saddam Hussein war hierfür das geeignete Instrument, der unentbehrliche Verbündete.

Der Erwählte

Knapp zwei Jahre später, es war im Juni 1982, befand ich mich wieder in Teheran. Zwei Tage vor meinem damaligen Frontbesuch war ich zum klotzigen Gebäude des Oberkommandos in der Hauptstadt bestellt worden. Ich wurde zum holzgetäfelten, luxuriösen Büro des Stabschefs der drei Waffengattungen geführt, der unter der höchsten Autorität des Imam Khomeini als effektiver Oberbefehlshaber fungierte. General Zaher Nejad war ein alter Bekannter. Im Herbst 1979 kommandierte er die 62. Infanterie-Division in Urmia, und ich hatte gemeinsam mit ihm – anläßlich einer Hubschrauber-Tournee – die Situation in Kurdistan inspiziert. Durch einen tragischen Zufall war Zaher Nejad an die Spitze des persischen Militärapparats befördert worden. Eine Transportmaschine, in der sich die höchste Generalität befand, war abgestürzt, und Zaher Nejad war fast automatisch aufgerückt. Als er mich an der Tür erblickte, umarmte er mich, küßte mich nach persischer Sitte und behandelte mich als Freund.

Er führte mich vor die Landkarte, auf der die letzten Frontveränderungen eingetragen waren. Das iranische Kamerateam, das ich angemietet hatte, war bei diesem Briefing nicht zugelassen. Der General erklärte mir den Verlauf der Schlacht von Khorramshahr, wie die Perser in einer ersten Phase den Karun-Fluß mitten in der Nacht binnen acht Stunden mit zwei voll ausgerüsteten Divisionen überquert hatten, obwohl die hastig gelegten fünf Pontonbrücken unter schweres Artilleriefeuer gerieten. Dann hatten die Iraner, deren Angriffskeil von Osten her erwartet wurde, zu einem halbkreisförmigen Überraschungsstoß aus Norden ausgeholt und die schwerbefestigten Stellungen der Iraker mit Allahs Hilfe überrannt. Die logistischen Probleme seien relativ geringfügig gewesen, erläuterte Zaher Nejad, zumindest was die Versorgung der Truppe betraf. In einem gewaltigen nationalen und religiösen Elan hätte die örtliche Bevölkerung Lebensmittel und frisches Wasser in die Wüste gekarrt. Freiwilligenkolonnen seien aus dem ganzen Land zusammengeströmt, um in unermüdlicher Arbeit bei Tag und Nacht die zerstörten Verkehrswege wiederherzustellen.

138

»Im Namen Gottes, des Gnädigen, des Barmherzigen«, so hatte der Stabschef seinen Vortrag begonnen, »solange Saddam und seine Gefolgsleute in Bagdad regieren, müssen wir bis zu seiner Vernichtung Krieg führen. Wir werden doch unser Nachbarland Irak nicht länger diesem wahnsinnigen Tyrannen ausliefern. Der Imam Khomeini wird uns, so Gott will, die Erlaubnis geben, den Befehl erteilen, Saddam Hussein den Garaus zu machen.« Im übrigen würde ohne die Weisung des höchsten geistlichen Führers kein Panzer, nicht einmal ein Jeep, bewegt. »Wir sind Schiiten«, fuhr der General fort, als ich ihn nach einer eventuellen politischen Rolle der Streitkräfte fragte, »die Armee macht bei uns keine Politik. In allem berufen wir uns auf den Imam, der unser religiöser und weltlicher Kommandeur ist.«

Ohne Übergang stimmte Zaher Nejad ein lyrisches Loblied auf die Bassidschi, die halbwüchsigen Todesfreiwilligen, an: »Wo hat man je solchen Löwenmut erlebt? Mit knapp fünfzehn Jahren ist der Körper dieser jungen Helden noch nicht ausgewachsen, der Geist noch nicht gehärtet. Zu Hause riefen Vater und Mutter sie noch mit Kosenamen, nannte man sie noch »Liebling – Parviz«, und jetzt stehen sie furchtlos den schrecklichsten Waffen gegenüber. Sie eilen oft ohne Genehmigung ihres Vaters an die Front, verabschieden sich mit ein paar Zeilen von ihrer Familie. Wo hat es je eine ähnliche Opferbereitschaft, einen solchen Kampfwillen, eine solche Sucht nach Martyrium gegeben auf dem Wege des Allmächtigen und des Glaubens? In welcher Legende, in welcher Heldensage wurden vergleichbare Taten so junger Menschen gepriesen?«

Er schwieg eine Weile. »Warum haben wir Iraner eigentlich eine so schlechte Presse im Ausland?« fragte er plötzlich. »Warum werden unsere Siege systematisch heruntergespielt oder totgeschwiegen?« Ich verwies ihn auf die miserable Public-Relations-Arbeit der iranischen Behörden, auf die unendlichen Schwierigkeiten der Visumerteilung, ganz zu schweigen von Drehgenehmigungen. »Das mag sein«, sinnierte der General, »aber uns ergeht es vielleicht wie dem sprachlosen Liebenden, den unser Dichter Saadi beschrieb.« Überraschend rezitierte er in dieser Runde von Obristen ein klangvolles persisches Poem, und die Offiziere fielen ohne

Zögern ein. Der Dolmetscher tat sich schwer mit der Übersetzung: »Die echte Liebe bedarf nicht der lauten, äußeren Kundgebung; sie leuchtet aus sich selbst heraus«, so lautete etwa der Abschluß dieses alten Minneliedes aus der Rosen-Stadt Schiras. Welch seltsames Land, in dem das Briefing eines islamischen Revolutions-Generals so poetisch ausklingt.

Zwei Tage später befand ich mich an der Front des Schatt-el-Arab. Beim Morgengrauen wollten wir in Begleitung von Oberst Kafei, der mich offiziell betreute, nach Süden. Ein zweiter Colonel hatte sich zu uns gesellt. Er führte im Kartenraum nebenan intensive Besprechungen mit Oberst Kafei. Allem Anschein nach wurden die Pläne für einen militärischen Vorstoß auf Basra erörtert. Ich fragte Kafei rundheraus nach den Chancen einer solchen Offensive. »Natürlich können wir Basra erreichen und erobern, sogar den Schatt-el-Arab überschreiten«, meinte der Oberst mit einem Optimismus, der sich nachträglich als trügerisch erweisen sollte. »Aber wir wollen Rücksicht auf die irakische Bevölkerung nehmen. Basra ist eine riesige Stadt, die zweitgrößte des Irak, und die Menschen in diesem Raum sind fast ausschließlich Schiiten. Wir werden doch unsere Brüder nicht bombardieren und ihre Häuser vernichten.«

Die Militärs machten sich wohl Illusionen über die Stimmung bei ihren Glaubensgenossen im südlichen Mesopotamien. So viele Iraker hatten sich in den vergangenen Schlachten um Dezful und Khorramshahr fast kampflos ergeben – zweiundvierzigtausend Gefangene wurden gemeldet –, daß der Endsieg der iranischen Revolution zum Greifen nahe schien. Im Lager Heschmatiyeh hatte ich mir rund fünftausend Kriegsgefangene ein paar Tage zuvor angesehen. Sie wurden von den Persern gut behandelt, aber einer intensiven propagandistischen Beeinflussung unterworfen, vor allem die Schiiten unter ihnen. Diese Bemühung war nicht erfolglos geblieben.

In einem separaten Camp waren etwa tausend irakische Soldaten untergebracht, die angeblich zum Kampf gegen das Saddam-Regime von Bagdad entschlossen waren. Als unsere Kamera auf sie gerichtet war, stellten sie sich längs der Lagergasse in zwei Reihen auf und trugen eine ganze Litanei von Kampfparolen vor. Es begann mit »Allahu akbar!« – »Saddam hat den Krieg begonnen. Das Volk verabscheut ihn. Er vernichtet die eigene Nation!« So ging es weiter: »Wir trauern über das Schicksal unserer irakischen Ayatollahs, die Saddam ermorden ließ. – Die Baath-Partei ist der Feind Gottes! – Saddam geht den gleichen Weg wie der Schah. – Im Namen des Islam wird Khomeini siegen! – Wir wollen die Islamische Republik Irak!« Auch der unvermeidliche Schrei »Margbar Amrika« gehörte zum Repertoire der Kriegsgefangenen, die zusammen mit etwa dreißigtausend Exilirakern ihre Bereitschaft bekundeten, gemeinsam mit den Divisionen Khomeinis auf Bagdad und Kerbela zu marschieren.

Die Stadt Khorramshahr, wo bei Kriegsausbruch mehr als zweihunderttausend Menschen gelebt hatten, sah aus wie nach einem Atomangriff. Lange vor der iranischen Gegenoffensive hatten die Pioniere Saddam Husseins Haus um Haus, Mauer um Mauer gesprengt. Die Hochbauten aus Beton waren dem Erdboden gleichgemacht, die Stahlgerüste zu wirren Knäueln verbogen worden. Hier war gewütet worden wie nach dem Sieg eines babylonischen Großkönigs.

Lediglich die Freitags-Moschee von Khorramshahr war von der Vernichtung ausgespart. Am Portal entdeckte ich eine seltsame Karikatur: Adolf Hitler – durch Schnurrbart und Hakenkreuz kenntlich gemacht – und Saddam Hussein, dem man den David-Stern wie ein Brandmal auf die Stirn gedrückt hatte, schüttelten sich als teuflische Komplizen mit abgefeimtem Lächeln die Hand. Die Kuppel war geborsten, und das Sonnenlicht fiel grell auf ein Spruchband, das – persisch und arabisch beschriftet – quer über den Mihrab gespannt war: »Ya Allah, ya Allah«, entzifferte ich, »ahfaz lana Ruhollah Khomeini hatta el thaura el Imam el Mehdi – Oh Allah, erhalte uns Ruhollah Khomeini bis zur Revolution des Imam Mehdi!« – Für die Wiederkehr des Verborgenen Imams auf Erden war das Wort »thaura«, auf persisch »enqelab«, verwendet worden. Als »Revolutionär« sollte der Zwölfte Imam Mehdi seiner mystischen Entrückung ein Ende setzen und seine Herrschaft der Tugend und der Gerechtigkeit antreten. Bis dahin, so hofften die Getreuen in ihrem himmelstürmenden Glauben, möge Khomeini ihnen als sein Statthalter und Sachwalter erhalten bleiben.

Der Gaskrieg Saddams

Wieder waren zwei Jahre vergangen. Bei einem diplomatischen Empfang zu Ehren des deutschen Außenministers Hans-Dietrich Genscher, der im Sommer 1984 allen amerikanischen Einwänden zum Trotz in offizieller Mission nach Teheran geflogen war, bin ich Zaher Nejad noch einmal begegnet. Warum er vor zwei Jahren nicht zügig weitermarschiert sei, habe ich den General gefragt. Die totale Auflösung, die panikartige Flucht der Iraker bei Khorramshahr hätten genutzt werden müssen, um auf Basra vorzudringen und den südlichen Teil Mesopotamiens dem Tyrannen von Bagdad zu entreißen. Es hätte sich ihm damals doch eine reale Erfolgschance geboten.

Warum er nicht weitermarschiert sei? wiederholte Zaher Nejad meine Frage und machte ein verärgertes Gesicht. »Mir schwebten ganz andere Pläne vor. Ich hätte gar nicht unsere Offensivkeile auf die total vernichtete Ortschaft Khorramshahr gerichtet, sondern diesen Platz links liegenlassen, um direkt auf Basra vorzurücken. Der Sieg war in Reichweite. Aber in Teheran blieb mein Vorschlag unbeachtet.« Die eifersüchtigen Mullahs, die von der Selbstherrlichkeit der Militärs ohnehin nichts hielten, hatten der Theologie den Vorrang über die Strategie eingeräumt. Sie hingen dem festen Glauben an, die schiitische Bevölkerung des Irak, ihre Brüder in Ali, würden sich wie ein Mann erheben, den »neuen Yazid« von Bagdad zu Fall bringen und den iranischen Mudschahidin Khomeinis den Weg zu den heiligen Stätten von Kerbela und Nedschef wie zu einer Prozession freigeben. Die geistliche Führung hatte sich gründlich verspekuliert. Bei den arabischen Schiiten Mesopotamiens war die Furcht vor dem Henker Saddam wohl größer als das Zutrauen in die Schlagkraft der ohnehin suspekten persischen Glaubensbrüder. Die Stäbe von Bagdad erhielten eine ausreichende Frist, um dank massiver russischer und französischer Rüstungslieferungen ihre bereits sturmreifen Stellungen zu konsolidieren.

Inzwischen lief die internationale Hilfe auf vollen Touren, um den arabischen »Protégé« Saddam Hussein – ein Frankenstein-Monstrum, wie sich später herausstellte – mit Panzern, Artillerie und anderem Kriegsgerät zu überschütten. Es galt damals schon für die amerikanischen und russischen Partner, die, ungeachtet des Kalten Krieges, in diesem Punkt übereinstimmten, das Hochkommen einer islamischen Revolution, die möglicherweise den ganzen Orient bis in den Kaukasus und Zentralasien aufgewühlt hätte, im Keim zu ersticken oder zumindest auf das iranische Staatsgebiet einzugrenzen. 1983 war Donald Rumsfeld, zu jener Zeit Staatssekretär im Verteidigungsministerium unter Präsident Ronald Reagan, höchstpersönlich in den Irak geflogen. Er traf dort in aufgeräumter Stimmung mit Saddam Hussein zusammen, um gemeinsam mit dem Tyrannen von Bagdad verstärkte Abwehrmaßnahmen gegen die unerwartete persische Offensivkraft zu vereinbaren. Zwanzig Jahre später, nach Abschluß des amerikanischen Eroberungsfeldzugs von 2003, als Rumsfeld, dieses Mal als Secretary of Defense, im Auftrag George W. Bushs seine Soldaten am Tigris aufsuchte, brachte der US-Sender CNN immerhin den Mut auf, jene Aufnahmen noch einmal auszustrahlen, die Rumsfeld und Saddam beim herzlichen Händedruck zeigten.

Im Kriegsjahr 1983 hatte in Teheran niemand mit dem ungeheuerlichen Verbrechen, dem zynischen Verstoß gegen das bestehende Völker- und Kriegsrecht gerechnet, dessen sich Saddam Hussein – mit Duldung seiner ausländischen Gönner – schuldig machen würde. Als die Pasdaran nach viel zu langem Zögern ihren Gegenangriff wiederaufnahmen, sich mit Schlauchbooten durch die Madschnun-Sümpfe quälten, auf zerbrechlichen Holzstegen nach Westen vordrängten und bereits die strategische Straße Basra–Bagdad unterbrochen hatten, da setzte Saddam Hussein eine Waffe ein, auf die sogar Adolf Hitler im Zweiten Weltkrieg verzichtet hatte. Dichte Schwaden von Giftgas legten sich auf die trostlose Schilflandschaft von Madschnun – des »Verrückten«, wie die Übersetzung lautet. Der Elan der iranischen Gotteskrieger wurde von explodierenden Gasgranaten und dem gelblichen Qualm, der aus ihnen herauskroch, buchstäblich erstickt. Die Revolutionswächter waren auf diese heimtückische Form des Krieges in keiner Weise vorbereitet und geschützt. Zu Tausenden wurden sie verseucht und verätzt. Mit Billigung und tatkräftiger Hilfe der westlichen Industriestaaten und der Sowjetunion waren diese international geächteten Vernichtungsmittel dem irakischen Aggressor geliefert worden. Bei späteren Offensivansätzen im Umkreis Fao und Umm Qasr griff Bagdad auf die gleiche schändliche Strategie zurück, und keine Regierung der »freien Welt« hat gegen diese flagrante Verletzung der Haager Konvention den leisesten Vorwurf erhoben. Erst als Saddam Hussein 1988 im Raum von Halabjah im aufständischen Kurdistan fünftausend Zivilisten einen ähnlich grausamen Tod bereitete, brach weltweite Empörung aus.

Zu diesem Zeitpunkt jedoch hatte der Mohr Saddam Hussein bereits seine Schuldigkeit getan. Amerika hatte sein Ziel erreicht, die beiden potentiell gefährlichsten Staaten des islamischen Orients – Iran und Irak – entscheidend zu schwächen. Angesichts einer strategischen Pattsituation am Schatt-el-Arab und der grauenhaften Statistik von mehr als einer Million Gefallenen willigte Khomeini in den Waffenstillstand mit seinem Todfeind Saddam Hussein ein. Er hätte lieber einen Becher Gift geleert, kommentierte er dieses erzwungene Nachgeben. Schon im folgenden Jahr, am 3. Juni 1989, ist der Imam in Bitterkeit und Zorn gestorben. Der iranischen Millionenmassen bemächtigte sich im Tumult der feierlichen Bestattung ein kollektiver Anfall von Hysterie und Verzweiflung. Das Volk der Gläubigen fühlte sich verwaist.

Die Gesichtszüge des religiösen Zuchtmeisters, dieses düsteren Erweckers, haben sich mir bis auf den heutigen Tag zutiefst eingeprägt. Nur einmal sah ich ihn lächeln, als er mir beim Rückflug aus dem französischen Exil nach Teheran – nicht wissend, welches Schicksal ihn in seiner Heimat erwartete – den Text der Verfassung der Islamischen Republik Iran für die Dauer von zwei Stunden an Bord des Air-France-Jumbos anvertraute. Später, nach Ausbruch des Krieges, habe ich ihn in der heiligen Stadt Qom nur noch als strenge, biblische Richtergestalt wahrgenommen. Auf der Terrasse seines bescheidenen Wohnsitzes nahm er eine improvisierte Parade ab, und dabei enthüllte sich, so schien mir, seine wahre Natur.

Schon damals mochte Ruhollah Khomeini, der – laut Artikel V der Verfassung – als Statthalter Allahs auf Erden weilte, als Sachwalter des Zwölften, des Verborgenen Imam, als Garant der Wiederkehr dieses schiitischen Messias, die Widersprüche, die Ausweglosigkeit seines heiligen, schrecklichen Experiments geahnt haben. Der verzückte Jubel der Gläubigen, die martialische Darbietung der Soldaten konnten darüber nicht hinwegtäuschen. Der tödlichen Konfrontation mit der Supermacht Amerika begegnete er mit furchterregender Gelassenheit. Trachtete er denn überhaupt nach dem Erfolg, nach dem Sieg? Waren nicht die Niederlage, der Fehlschlag, für diesen unzeitgemäßen Patriarchen die größere Verlockung? Das Martyrium würde ihn einreihen in die lange Passionsreihe der schiitischen Imame und in ihre Leidensgeschichte. Der Untergang wäre für ihn fast eine Bestätigung seiner göttlichen Auserwähltheit.

Die Pläne des Pentagon

Das alles liegt jetzt zwanzig Jahre zurück. Den ganzen Tag habe ich mit Gesprächen verbracht. Am Abend möchte ich allein sein. Der Portier des »Laleh«-Hotels hat mir ein Restaurant in der Innenstadt empfohlen, das für seine gute orientalische Küche bekannt sei. Von Alkoholkonsum kann dort nicht die Rede sein. Also bestelle ich »Islamic beer« zum Essen.

Im Vergleich zu den wenig geselligen Treffpunkten der Revolutionsjahre herrscht in diesem üppig und geschmacklos dekorierten Kellergewölbe eine anstößige, fast sündhafte Ausgelassenheit. Das Orchester und der Sänger, dessen brüllendes Organ das Trommelfell strapaziert und jedes Gespräch erstickt, tragen zwar keine amerikanischen Love songs vor. Doch von den obligat religiös inspirierten Weisen, die im offiziellen Rundfunk und Fernsehen noch zu hören sind, ist diese persische Folklore weit entfernt.

Die Frauen haben das Kopftuch meist nach hinten verschoben, so daß ihre Haarpracht sichtbar wird. Viele von ihnen haben mit Lippenstift und Schminke nicht gespart. Ob denn die früher allgegenwärtigen Sittenwächter, die »Komitees« oder die »Bassidschi«, gegen solche Abweichung vom strengen Tugendpfad nicht mehr radikal vorgingen, frage ich den Kellner. »Sehen Sie sich doch auf der Straße um«, antwortet der, »es müßten ja Massenverhaftungen stattfinden, und dann käme es zur Randale.« Mir war bei meinen Streifzügen durch Teheran aufgefallen, daß die Mullahs im feierlichen Gewand und schwarzen oder weißen Turban praktisch aus dem Straßenbild der Hauptstadt verschwunden sind. Früher schritten sie im Hochgefühl ihrer politischen und geistlichen Bedeutung feierlich, fast schwebend einher. »Die Mullahs riskieren heute, angepöbelt und beleidigt zu werden«, hat mir der Taxifahrer erklärt, »und deshalb verzichten sie, außer bei offiziellen Anlässen, auf ihre Klerikertracht.«

Zwischen Mezze und Kebab mache ich mir Notizen. Die Namen der Informanten erwähne ich verständlicherweise nicht. Nirgendwo im Führungsapparat von Teheran habe ich Nervosität feststellen können. Noch unmittelbar nach Beginn der Offensive »Iraqi Freedom« hatte man in den Verteidigungsstäben mit einer begrenzten, aber für den Iran sehr schmerzlichen Aktion von US Air Force und US Navy gerechnet. Niemand war davon ausgegangen, daß das amerikanische Oberkommando so töricht wäre, die Hauptstadt mit ihren zwölf Millionen Einwohnern in die Kämpfe einzubeziehen. Aber die Iraner nahmen an, daß die Atomfabrik von Buschir, bequem an der Küste des Indischen Ozeans gelegen, auch die Uran-Anreicherungsanlage von Natanz, die Produktionsstätte für schweres Wasser von Arak, das verdächtige Elektrizitätswerk Kalaye bei Teheran und angebliche Aufbereitungsanlagen bei Qom und Anarak bereits als Angriffsziele amerikanischer oder israelischer Lenkwaffen einprogrammiert seien. Um die Mullahs zusätzlich zu schwächen und die Wirtschaft des Landes zu lähmen, so wurde noch Anfang März 2003 vermutet, würden wohl auch die Erdöl-Verschiffungshäfen am Golf und am Meer von Oman intensiv bombardiert. Zur Beeindruckung der weltweiten Öffentlichkeit plane das Pentagon die Besetzung der drei winzigen Eilande Abu Musa, Tumb-es-si'ra und Tumb-el-kubra. Schon zu Lebzeiten des Schahs Mohammed Reza Pahlevi, im Jahre 1971, hatte die iranische Marine im Handstreich diese Inselgruppe annektiert, die bislang zum arabischen Emirat Rhas-el-Kheima gehört hatte und die schmale Durchfahrt der Straße von Hormuz kontrollierte.

In Washington hatte man seinerzeit diese willkürliche Operation des verbündeten Iran mit offener Befriedigung quittiert, zumal die Sowjetunion zu erkennen gab, daß sie am irakischen Ausläufer des Schatt-el-Arab das Fischerdorf Umm Qasr für ihre Flottenzwecke ausbauen wollte. König Feisal von Saudi-Arabien hatte zwar gegen die iranische Eigenmächtigkeit protestiert, doch die Herrscherfamilie von Riad blickte ihrerseits voll Sorge auf revolutionäre Umtriebe in Bahrein und vor allem im unzugänglichen Gebirgsland von Dhofar, das der Autorität des Sultanats Oman zu entgleiten drohte.

In den ersten Wochen des Jahres 2003, als die Islamische Republik Iran ernsthaft mit einer Konfrontation rechnete, hallte die Welt noch wider vom Siegeszug des Generals Tommy Franks an Euphrat und Tigris. Die graduelle Verschlechterung der Lage in Afghanistan wurde noch nicht wahrgenommen. Diverse Kommentatoren gefielen sich in dem Gedankenspiel, daß der Iran von West und Ost, aus Mesopotamien und aus dem Hindukusch, in die Zange zu nehmen sei.

Die Atmosphäre in den Ministerien von Teheran veränderte sich deutlich schon bald nach der Eroberung Bagdads, als die US Army in einen tückischen »Guerilla Warfare« verwickelt wurde, wie US-General John Abizaid, ein Offizier libanesischer Abstammung, mit schonungsloser Offenheit meldete. Die zunehmende Anarchie in Afghanistan schuf zusätzliche Zweifel. »Die Vernichtungsschläge, die Donald Rumsfeld ankündigte, erscheinen uns heute weit weniger plausibel als noch vor ein paar Wochen«, wurde ich belehrt. »Angesichts des Widerstandes, auf den sie im Irak stoßen, werden sich die Amerikaner hüten, den Krieg zusätzlich auf den Iran auszuweiten. Auf eventuelle amerikanische Übergriffe würden wir natürlich weder unsere eigene Armee noch die Pasdaran in Bewegung setzen. Aber zwischen den beiden überwiegend schiitischen Ländern Iran und Irak bestehen zahllose konfessionelle und familiäre Bindungen. Die Partisanentätigkeit des irakischen Widerstandes, die sich heute noch auf das sunnitische Dreieck beschränkt, könnten wir mühelos auf die weiten Provinzen zwischen Bagdad und Basra ausdehnen, die ausschließlich von Schiiten bewohnt sind und sich zur Stunde noch erstaunlich ruhig verhalten.«

In Teheran spürt der ausländische Beobachter deutlich, wie jäh der Allmachtsanspruch des Präsidenten Bush durch die Fehlschläge in Kabul und Bagdad relativiert wurde. In Persien hatte man zu keinem Zeitpunkt irgendein Gefühl islamischer Solidarität mit Saddam Hussein empfunden. Man betrachtete ihn als teuflischen »Gottesfeind«, als Wiedergeburt jenes frühen Omayyaden-Kalifen Yazid, der den heldischen Imam Hussein und dessen Gefährten in Kerbela abschlachten ließ. Die Niederlage des säkularen Baath-Regimes von Bagdad hat die Perser mit Schadenfreude und tiefer Befriedigung erfüllt. Nach der Bildung eines »Governing Council« in Bagdad durch den amerikanischen Prokonsul Paul Bremer schlägt im Zweistromland jedoch die Stunde des schiitischen Machtanspruchs. Mochte sich in Teheran religiöse Ernüchterung, die Abkehr vom islamischen Gottesstaat, eingestellt haben – bei den Schiiten des Irak, die sich endlich von der grausamen Heimsuchung durch Saddam Hussein erlöst fühlen, triumphiert der eifernde Taumel der Frömmigkeit.

Das Prestige der omnipotenten Supermacht wurde reduziert, seit die Heckenschützen und Selbstmordattentäter von Bagdad, Tikrit, Faluja und Mossul den amerikanischen Streitkräften zwar geringe, aber psychologisch wirksame Verluste beibringen. Dennoch ist der Masse der Iraner überhaupt nicht nach Krieg oder neuen Opfern zumute. Die Jugend ersehnt ein Ende der erdrückenden Prüderie der Mullahs und verlangt nach Lebensfreude, Konsum und Freiheit. Wie in so vielen Ländern der Dritten Welt werden diese Begriffe im Iran mit dem »American way of life« gleichgesetzt. Die Generation der unter Dreißigjährigen macht mehr als sechzig Prozent der persischen Bevölkerung aus, und für diese Jugendlichen erscheint die prophetische Rächergestalt Khomeinis bereits wie eine ferne Legende. Die Bürgerkriegsatmosphäre, die sich neuerdings an Euphrat und Tigris unter dem Sternenbanner ausbreitet, muß auf alle oppositionellen Kräfte Irans wie eine Ernüchterung, eine kalte Dusche wirken. Daran gemessen erscheinen sogar die Exzesse der Mullahkratie als das geringere Übel.

Amerika, so stellen die Regierenden von Teheran ironisch fest, wurde zu einer grundlegenden Kursänderung seiner Diplomatie gezwungen. Während Donald Rumsfeld, Paul Wolfowitz, Richard

Perle, Karl Grove, Condoleezza Rice und andere bislang auf die unilaterale Machtausübung der USA pochen, die Vereinten Nationen als »irrelevant« erklären und das »alte Europa« schmähen, besinnt sich Washington plötzlich auf die Vorteile des Multilateralismus und der internationalen Instrumentarien. Noch weigert sich Bush, der UNO oder gar den Franzosen oder Deutschen ein Mitspracherecht im Irak einzuräumen. Aber bei der Eindämmung der vermuteten Nuklearrüstung Irans bemüht sich das State Department plötzlich um die Solidarität der Deutschen, die man unlängst ignorieren, der Franzosen, die Condi Rice »abstrafen« wollte. Als zentrale Figur wird der ägyptische Vorsitzende der IAEA (»International Atomic Energy Agency«), der Ägypter El Baradei, aufgewertet, der die Behauptungen Bushs und Blairs, Saddam Hussein stelle weiterhin eine atomare Gefahr dar, in das Reich der Fabel verwiesen hatte.

Das lasche Kontrollsystem der Massenvernichtungswaffen, das die Nachfolger Khomenis akzeptiert hatten, wurde durch ein Zusatzprotokoll ergänzt, das den Inspekteuren der UNO weitgehende Untersuchungs- und Überwachungsmöglichkeiten einräumt. Aber die Mullahs sind sich sehr wohl bewußt, daß die robusten Spürmethoden von Unscom und Unmovic in Mesopotamien auf die lückenlose Erkundung des gesamten militärischen Potentials des Irak durch zahlreiche Spione diverser Nationalität hinausliefen. Darüber hinaus wurde die Souveränität des Irak und die Autorität des Baath-Regimes untergraben. Zahlreiche Iraner wären in ihrer postrevolutionären Erschlaffung und Depression bereit, der »Internationalen Gemeinschaft« – was immer das bedeuten mag – die Tore ihres Landes weit zu öffnen, in der Erwartung, daß damit die Entfaltung von Liberalität und Demokratie gefördert würde. Sogar eine Anzahl hoher schiitischer Geistlicher predigt ja neuerdings Konzilianz und Versöhnlichkeit gegenüber dem Westen. Aber schon drohen die Hardliner in Washington, denen sich Israel als eifriger Sekundant zur Seite gesellt, die Differenzen im Weltsicherheitsrat auszutragen und – unter vorläufigem Verzicht auf die ursprünglich geplanten Bombardierungen – die Republik Khomeinis in den Würgegriff unerbittlicher Wirtschaftssanktionen zu nehmen.

Die Regierung von Teheran empfindet es als Demütigung, daß die USA nicht einmal gewillt sind, irgendeine zivile Nutzung von Kernenergie zu erlauben. In diesem Punkt könnte ihr – im Gegensatz zum geheimen Waffenprogramm, das das breite Publikum nicht sonderlich zu interessieren scheint – eine Aufwallung nationaler Empörung gegen die ausländische Bevormundung zugute kommen. Natürlich wenden ausländische Experten ein, daß der Iran, mit immensem Petroleum- und Erdgasvorkommen gesegnet, auf die Erzeugung von Kernenergie für zivile Zwecke verzichten kann. Doch der UN-Botschafter Ali Salehi hat nach überaus höflichen Gesprächen mit El Baradei den eigenen Standpunkt recht einleuchtend formuliert.

»In den vergangenen vierundzwanzig Jahren«, so argumentierte er, »wurde Iran durch eine ganze Folge von strengen Sanktionen und Exporteinschränkungen geknebelt. Man verweigert ihm das technische Material für die Erzeugung von Nuklearenergie für zivile Zwecke. So mußte unser friedliches Programm diskret vonstatten gehen. Die Zusammenarbeit mit der IAEA mag von unserer Seite zögerlich gewesen sein. Aber hat denn irgendeiner unserer Gesprächspartner auch nur die leiseste Andeutung gemacht, daß unser Land im Falle voller Gefügigkeit als Gegenleistung aus dem Würgegriff des Embargos befreit würde? Selbst europäische Fachleute der Atomagentur sind zu dem Schluß gekommen, daß – unabhängig von allen Konzessionen, zu denen sich der Iran bereit fände – die USA nicht die Anreicherung eines einzigen Gramms Uranium dulden werden.«

In Kenntnis der weitverbreiteten Unzufriedenheit mit dem veralteten Mullah-System, der wirtschaftlichen Engpässe, der zunehmenden Arbeitslosigkeit und einer Korruption zumal, die auf allen Ebenen von Regierung und Verwaltung grassiert, spekulieren die Befürworter eines Regimesturzes auf eine Volkserhebung, die den höchsten geistlichen Führer Ali Khamenei und auch den Staatspräsidenten Mohammed Khatami hinwegfegen würde. Diese Hoffnung auf eine Konterrevolution, die einer proamerikanischen Ausrichtung Teherans und, wer weiß, einer Restauration der Pahlevi-Dynastie den Weg freimacht, wird vor allem von den Exiliranern in Kalifornien – sie sind eine halbe Million – getragen, die auf ihre Stunde warten. Im Umkreis von Los Angeles entfalten die Komplott-Zirkel der Immigration eine teils törichte, teils geschickte Agitation in Richtung auf die alte Heimat. Der

Ayatollah Khomeini hatte einst von Neauphle-le-Château aus mit den Tonbandkassetten seiner Predigten die Gegner des Schahs an den Hochschulen und im Basar, vor allem die »Mustazafin«, in aufrührerische Wut versetzen können. Ob die Radio- und Video-Botschaften der Exilperser aus Kalifornien auch nur eine annähernde Wirkung erzeugen werden, muß bezweifelt werden.

Proteste gegen Khatami

Die Befürworter des internen Umsturzes berufen sich auf die Bilder der Studentenunruhen in Teheran, die über die internationalen Fernsehkanäle flackerten. Im ZDF-Büro der iranischen Hauptstadt habe ich mir diese Aufnahmen, die Ulrich Tilgner mir kollegial zur Verfügung stellte, sehr genau angesehen.

Verschiedene Sequenzen wurden in hellem Tageslicht aufgenommen, nicht in jenen düsteren Nachtstunden, in denen jeder brennende Scheit eine explosive Krisensituation vortäuscht. Diese jungen Leute, die innerhalb des Universitäts-Campus demonstrierten und trotz eines extrem bescheidenen Polizeikordons nicht ernsthaft versuchten, die durch ein einfaches Vorhängeschloß zusammengehaltenen Gitter gewaltsam zu öffnen, haben es offenbar verstanden, ihre lautstarke Entrüstung im Zaum zu halten. Worum ging es bei diesen Kundgebungen? Zunächst einmal wurde das Bild eines überaus beliebten Geschichtsprofessors, Hashem Aghajari, hochgehalten, eines »Helden« im Krieg gegen den Irak, der sich gegen die Arroganz unwissender Mullahs aufgelehnt und sie als »Affen« beschimpft hatte. Ein von den Klerikern weiterhin beherrschtes Inquisitionstribunal hatte gegen dieses Idol der Jugend ein Todesurteil wegen Gotteslästerung verhängt, das zwar nicht vollstreckt wurde, aber aller Welt vor Augen führte, daß die von dem Reformpolitiker Khatami eingeleitete Modernisierung und kulturelle Lockerung gescheitert war.

1997 war Khatami, der stets in der Kleidung des Mullah und unter dem schwarzen Turban des »Sayyed« auftritt, gegen den

Widerstand des konservativ-klerikalen Flügels zum Staatspräsidenten gewählt worden. Drei Jahre später errang die ihm gewogene Koalition der Reform-Parteien einen überwältigenden Wahlsieg über ihre konservativen Gegner. Auf den ersten Blick verfügte Khatami nunmehr über die exekutive und legislative Gewalt. In Wirklichkeit waren der Staatspräsident und das Parlament, die Majlis, der strengen Beobachtung und Zensur durch den Obersten Wächterrat untergeordnet, so entsprach es der Verfassung. Die letzte Autorität ist in der Islamischen Republik hoch über dem Staatspräsidenten angesiedelt und bleibt dem geistlichen Führer der Revolution vorbehalten. Dieses Amt war nach dem Tod Khomeinis einem halsstarrigen Konservativen ohne charismatische Ausstrahlung, dem Ayatollah Ali Khamenei, zugefallen, dessen theologische Spitzenqualifikation bei den übrigen Häuptern der schiitischen Glaubensgemeinschaft umstritten bleibt. Khamenei, dessen bescheidene Familie aus der iranischen Provinz Aserbaidshan stammt und der in ethnischer Hinsicht ein Türke ist, nimmt eine schroffere und kompromißlosere Haltung ein als die meisten seiner persischen Landsleute.

Zu meiner Überraschung entnehme ich den Sprechchören der Studenten, deren Aufnahmen ich am Schneidetisch ablaufen lasse, daß sich ihre Wut weniger gegen Khamenei als gegen ihren ehemaligen Liebling Mohammed Khatami richtet. Diesem sympathisch und verbindlich auftretenden Politiker wird nunmehr totales Versagen bei den ersehnten Liberalisierungsmaßnahmen und beim Zurückdrängen der Reaktionäre vorgeworfen. Khatami ist eben nicht die starke, bahnbrechende Persönlichkeit, auf die so viele gehofft hatten. Eine Gegenrevolution hätte ihm zutiefst widerstrebt. Sein eingefleischter Loyalismus wurde ihm zum Verhängnis. Es war ja nicht nur die schiitische Klerisei, die alle seine Anläufe blockierte und lähmte. Die stürmischen Reformer hatten sich nach dem Urnengang des Jahres 2000 auch mit jenen Finanz- und Handelskräften, mit den Basari und den Neokapitalisten angelegt, die sich im Gefolge des ehemaligen Präsidenten Ali Akbar Haschemi Rafsandschani der meisten Schlüsselsektoren der iranischen Wirtschaft bemächtigten und den ursprünglich egalitären Vorstellungen des Imam Khomeini den Rücken kehrten. Schon wurde diese neue Kategorie von Geschäftemachern mit den russischen Oligarchen der Jelzin-Ära verglichen. In den neunziger Jahren hatte Rafsandschani, der den relativ bescheidenen Titel eines »Hodschatulislam« trägt und wohl auf Grund mongolischer Abstammung über sehr spärlichen Haarwuchs verfügt, als Garant außenpolitischer Mäßigung und ökonomischer Kompetenz gegolten. Seitdem ist er zum diskreten Drahtzieher aller ökonomischen Transaktionen aufgestiegen und hat immensen Reichtum angehäuft.

Er präsidiert das weitverzweigte System der religiösen Stiftungen oder »Waqf«, die schier unbegrenzte finanzielle Ressourcen besitzen. In Gestalt der »merkantilen Bourgeoisie« ist ihm ein Machtinstrument ersten Ranges zugewachsen. Daß dieser Mann den einen unentbehrlich, den anderen jedoch verdächtig erscheint, kann seinen Einfluß offenbar nicht mindern. Sein ausgeprägter kommerzieller Instinkt hat sogar geschäftliche Verbindungen seiner Großfamilie nach Nordamerika ermöglicht, die jedem anderen zum Verhängnis geworden wären. Manche Beobachter sehen in diesem Hodschatulislam den prädestinierten Gesprächspartner für Washington, falls sich dort eines Tages ein Hauch von diplomatischem Gespür für die komplizierten Verhältnisse des Orients wieder einstellen sollte. Über einen zusätzlichen Trumpf verfügt Rafsandschani in seiner offiziellen Eigenschaft als Vermittler zwischen Wächterrat und Parlament.

Gemessen an anderen Studentenunruhen, die ich rund um den Erdball erlebte – von der Mai-Revolution im Quartier Latin bis zum Aufstand von Tien An Men in Peking –, zeichnen sich die Kundgebungen von Teheran nicht durch spektakuläre Gewalt aus. In fast jedem anderen Staat des Nahen und Mittleren Ostens wären ähnliche Proteste im Blut erstickt worden. In Bagdad hätte Saddam Hussein die Zusammenrottung von Regimekritikern mit Folter und Hinrichtung geahndet. Trotz einiger Schlägertrupps der Bassidschi, die auf Mopeds anrollten und auf ihre Altersgenossen an den Hochschulen mit Knüppeln und Ketten eindroschen, befleißigte sich die Islamische Republik Iran einer für diese Weltgegend ungewohnten Zurückhaltung.

Die Schriftsteller und Intellektuellen, die sich mit ihrem Anspruch auf Freiheit und Toleranz immer wieder an die Sympathisanten des Auslandes wenden, verdienen natürlich die Unterstützung des Westens. Das hartnäckige Festhalten am Verschleierungszwang, der allenfalls für die Frauen der Hauptstadt gelockert wurde, sollte jedoch nicht darüber hinwegtäuschen, daß die politischen Verhältnisse in Iran – was immer Ali Khamenei und sein Wächterrat sich an Schikanen einfallen lassen – unendlich liberaler sind als in Ägypten, in Usbekistan oder Algerien, ganz zu schweigen vom unerträglichsten aller islamischen Regime, dem Königreich Saudi-Arabien. In den Majlis liefern sich die Abgeordneten diverser Parteien heftige Wortgefechte. Eine Frau darf zwar in der Öffentlichkeit einem Mann nicht die Hand reichen, aber das »zweite Geschlecht«, wie Simone de Beauvoir schrieb, hat berufliche Schlüsselstellungen erobert, ist in Redaktionen, Wirtschaftsstäben und Ministerien vertreten. Eine Frau fungiert sogar als Vizepräsidentin der Republik. Diese partielle Gleichberechtigung war bereits in der Khomeini-Konstitution enthalten. Im Zeichen einer postrevolutionären Katharsis, die heute überall zu spüren ist, gewinnt sie Schritt für Schritt an Boden.

Dieses ist ein seltsames Misch-Regime, das eine vielfältige Parteienlandschaft zuläßt und in einem relativ korrekten Urnengang der reformistischen Opposition erlaubte, die Mehrheit im Parlament zu erringen. Gleichzeitig sehen sich jedoch die Volksvertreter durch die Vorgabe islamischer Richtlinien eingeengt. Die religiöse Führung sieht den kommenden Parlamentswahlen mit Sorge entgegen. In Teheran zumindest muß mit massiver Stimmenthaltung gerechnet werden, nachdem bei den letzten Kommunalwahlen dort nur dreißig Prozent der Stimmberechtigten ihr Votum abgaben. In den Dörfern und in den Provinzen hat sich diese Abstinenz weit weniger geäußert.

Orgien in Schemiran

Den Architektur-Professor Ali Jahangiri von der Jame-Technologie-Hochschule hatte ich einst als strammen Anhänger Khomeinis kennengelernt. Heute ergeht er sich, wie so viele seiner Landsleute, in wütender Kritik an der Mullahkratie. Unsere Konversation findet in seiner bürgerlich möblierten Wohnung bei Tee, Kaffee und Pepsi-Cola statt. Bei Jahangiri erkundige ich mich nach der realen Bedeutung der Hochschulrevolte.

»Lassen Sie sich durch die Fernsehbilder und die Propaganda aus Los Angeles nicht irremachen«, ermahnt mich der Professor gleich zu Anfang. »Der wirkliche Grund des Aufruhrs an den Universitäten war eine für die Studenten nachteilige Gebührenordnung und die neuerdings obligate Bezahlung der Mensa-Verpflegung. Natürlich betrachten sich diese Jugendlichen, die infolge der Bevölkerungsexplosion geringe berufliche Aussichten haben und bestenfalls mit einer jämmerlichen Entlohnung rechnen können, als ›lost generation‹. Sie wissen ja, daß der normale Iraner drei Tätigkeiten zugleich ausüben muß, um halbwegs über die Runden zu kommen. Aber kämpferischen Einsatz, ideologische Überzeugung, ein konkretes Programm oder gar die Bereitschaft zum Märtyrertod werden Sie nur in extremen Ausnahmefällen vorfinden. Dieses ist eine Generation von Hedonisten. Wenn ich sie einer Denkschule des griechischen Altertums zuordnen müßte, würde ich sie als Epikuräer bezeichnen.« Jahangiri will mich offenbar mit seiner klassischen Bildung beeindrucken.

Für eine solche Lebensform würden ihnen doch die materiellen Voraussetzungen fehlen, wende ich ein. »Gewiß«, lautet die Antwort, »nur eine Minderheit gehört der neuen begüterten Oberschicht an oder jenen Privilegierten, die in den Protzvillen des hochgelegenen Schemiran-Viertels nächtliche Whisky-Gelage veranstalten, mit ihren Gespielinnen schmusen und sich zu amerikanischer Rockmusik verrenken. Aber die Geisteshaltung dieser Jungakademiker ist überwiegend auf trivialen Lebensgenuß, auf ›pursuit of happiness‹, ausgerichtet. Man kann sie in keiner Weise mit ihren chinesischen Kommilitonen von Tien An Men vergleichen, bei denen allerdings auch die aktivsten Wortführer des Protestes Söhne und Töchter der herrschenden Nomenklatura waren. Es kommt ein zusätzliches Problem hinzu. Seitdem die Regierung Karzai in Kabul die Kontrolle über das eigene Land verliert, überschwemmen uns die afghanischen Drogenhändler mit Opium und Heroin. Die Auswirkungen auf unsere heranwachsende Generation sind fürchterlich, da die Preise relativ niedrig sind. Es wird sogar behauptet, die iranische Regierung lasse diesen Rauschgiftkonsum, der oft in den öffentlichen Parks stattfindet, wissentlich zu, um den revoltierenden Elan der oppositionellen Elemente zu lähmen. Aber das ist eine infame Unterstellung der amerikanischen Propaganda.«

Auch über die regimetreuen Bassidschi solle ich mir keine Illusionen machen. Die jugendliche Massenorganisation dieses »Aufgebots« hat angeblich acht Millionen Mitglieder rekrutiert. Die meisten hätten sich dieser Truppe zur Verfügung gestellt, um ihre beruflichen Chancen zu verbessern, um Zugang zur Universität zu erhalten und kleine Vorteile im Alltag zu genießen. Neben der Mehrheit der Opportunisten gibt es jene Raufbolde und Schläger, die im Auftrag des konservativen Flügels auf ihren Motorrädern Protestveranstaltungen sprengen und mit Eisenstangen auf die Oppositionellen einschlagen. Bei den ärmeren Volksschichten und auf dem Lande finden sich noch zahlreiche Idealisten, für die das Wort »Schahid« weiterhin einen strahlenden Klang behält.

Vor wenigen Monaten habe eine vom Sicherheitsministerium veranlaßte Umfrage ergeben, so berichtet mein Gegenüber, daß etwa siebzig Prozent der Iraner eine ausgeprägte Sympathie für die USA empfänden und von der eigenen Regierung erwarten, daß sie einen versöhnlichen und kompromißbereiten Dialog mit Washington führe. Die Behörden seien sogar zu der betrüblichen Erkenntnis gelangt, daß im Falle einer amerikanischen Aggression auf die Mehrheit der Bevölkerung kein Verlaß sei. Er selbst hält diese angeblichen Resultate jedoch für das Produkt der von allen Seiten einströmenden feindlichen Desinformation. Zwar wird das offizielle Verbot des Satellitenempfangs ausländischer Sender von den meisten Iranern ignoriert. Die weltweiten Informationen erreichen heute die fernsten Dörfer. Aber an die Stelle des erlahmenden islamischen Engagements würde jederzeit der patriotische iranische Abwehrreflex treten. Das präislamische Heldenlied »Schahname«, die legendären Taten des Recken Rustam, seien nach jahrelangem Verbot durch die religiösen Zensoren wieder zum Sammelpunkt einer alten, eingefleischten Ablehnung arabischer Überfremdung und zum Kristallisationspunkt des persischen Nationalismus geworden. Im übrigen hätten die Neokonservativen der Bush-Administration mit ihrer Verteufelung eines jeden Gegners, mit ihrem Rabaukentum und – was am schwersten wiegt – mit der Enthüllung ihres imperialen Unvermögens in Afghanistan und Irak dem proamerikanischen Trend einen Dämpfer versetzt.

Man dürfe sich durch »The lights of the city« nicht irreführen lassen. »Die Mullahkratie hat sich im Auftrag Khomeinis um die Mustazafin durchaus verdient gemacht. Die Alphabetisierung wurde vorangetrieben. Die religiösen Stiftungen haben ein Sozialgefüge geschaffen, das den Armen und Bedürftigen, den Witwen und Waisen zugute kommt. In den Dörfern herrscht meist noch die überlieferte patriarchalische Ordnung der Schia. Der örtliche Mullah genießt dort einen Respekt, der ihm in Teheran verweigert wird. In der Provinz ist es längst nicht zu ähnlich massiven Stimmenthaltungen bei den Kommunalwahlen gekommen wie in der Hauptstadt. Dort steht auch noch das Andenken an die Erweckergestalt des Ayatollah Khomeini in hohen Ehren.«

Professor Jahangiri versinkt unversehens in pathetischem Pessimismus. »Lehren Sie mich meine Perser kennen! In den kommenden fünfzig Jahren wird sich dieses abgeschlaffte, unter dem Mantel der Frömmigkeit skeptische Volk nicht noch einmal aufraffen, eine Revolution von so epochaler Bedeutung durchzufechten. Diese unkriegerische Nation ist gar nicht imstande, in absehbarer Zeit ein vergleichbares Heldentum zu entfalten, wie es im achtjährigen Feldzug gegen Saddam Hussein zum Alltag gehörte.« Ob es denn nicht denkbar sei, wende ich ein, daß die Masse der Unzufriedenen und Enttäuschten eines Tages in einer ähnlich unwiderstehlichen Flutwelle durch die Straßen von Teheran brande wie damals, als sie den Schah wegfegte? »Auf zwei Millionen Menschen kann ich nicht schießen lassen«, soll der letzte Schah der Pahlevi-Dynastie erwidert haben, als General Oveissi zur blutigen Repression drängte. »Die heute Regierenden würden solche Skrupel nicht haben«, fällt Jahangiri mir ins Wort, »sie würden das Feuer eröffnen – ohne Nachsicht und Gnade.«

Den Rauschgiftkonsum, der unter den jungen Intellektuellen von Teheran, aber auch breiten Volksschichten um sich greift, dürfe man nicht mit dem hemmungslosen Genuß des verbotenen Rotweins vergleichen, der in früheren Jahrhunderten die persischen Poeten in einen Zustand des ekstatischen Rausches und der poetischen Schöpfung versetzte. Doch Omar Khayyam, jener Mathematiker und Astronom aus dem elften Jahrhundert, dessen Gedichtband »Rubaiyat« durch die schiitische Revolution ausgelöscht schien, kommt heimlich wieder zu Ehren, bestätigt mir mein iranischer Mentor. Schon der frühe Dichter Rudaki habe den Rotwein als »flüssigen Rubin« zelebriert. Khayyam wiederum sei auf seiner Suche nach der befreienden Erkenntnis durch ausschweifende Trunksucht beflügelt worden. Jahangiri zitiert einen Vers dieses begnadeten Säufers und Lüstlings, der den offenen Bruch mit der koranischen Offenbarung vollzog: »Ein Klumpen Lehm bin ich./Der göttliche Gestalter, der mich schuf, wußte sehr wohl, was meine Hand verrichten würde./So kann ich keine Sünde wider seinen Befehl begehen./Warum, so frage ich, soll uns denn am Ende die Pein der Hölle aufnehmen?«

Während mich der Architekt zum Ausgang begleitet, erwähne ich einen Ausspruch des Ayatollah Khomeini, der den Rückfall seines Volks in eine heidnisch anmutende Sinnlichkeit mit Sorge zu ahnen schien. Khomeini hielt nichts von Poeten und anderen Magiern. »Wenn wir denen Glauben schenken«, so soll er gegrollt haben, »wäre das Paradies ein riesiger Weinkeller, in dem die lallenden Zecher sich am Boden wälzen.«

*

Bei Anbruch der Dämmerung habe ich mich mit dem Taxi zum Hotel »Esteqlal« fahren lassen. Der Name, vom Arabischen abgeleitet, bedeutet »Unabhängigkeit«. Früher hatte diese Luxusherberge, die seit den Tagen der Monarchie heruntergekommen ist, »Hilton« geheißen. Das hochgelegene Terrassenrestaurant suche ich als Refugium auf in der monströsen, häßlichen Metropole. Hier erstickt man nicht am Benzingestank, und bei sinkender Sonne legt sich ein rosa Schleier auf das chaotische Häusergewirr. Das Elburs-Gebirge verfärbt sich trotz seiner Kahlheit dunkelgrün.

Die Studenten von Teheran, die hatte ich vor zwei Dekaden schon ganz anders erlebt, und im Ex-Hilton kommt mir die Erinnerung an den »blutigen Freitag« im September 1978. Die Maschine der Iran Air hatte mich, von Tokio kommend, nach einem nächtlichen Flug über Sinkiang, Kaschmir und Afghanistan in der persischen Hauptstadt abgesetzt. Es war nur ein kurzer Aufenthalt vor dem Weiterflug nach Paris. Ich hatte mich im Hilton einquartiert. Das Hotel war überfüllt mit ausländischen Journalisten. In der Lobby traf ich den Amerikaner Ted Murphy, mit dem ich mich im Vietnamkrieg angefreundet hatte. »Was machst du hier?« fragte ich ihn. »Du bist doch bibelfest«, antwortete er lachend, »wo ein Aas ist, da sammeln sich die Geier.« Das Aas, so schien es, war bereits der umstrittene Herrscher auf dem Pfauenthron. Kein Tag verging, ohne daß die studentische Opposition zu einer Kundgebung gegen den Schah aufrief. Dabei wurden Schaufenster zertrümmert, ja ganze Häuserzeilen niedergebrannt. Es hieß, daß auch die gefürchtete Geheimpolizei, die Savak, ihre Provokateure ausgeschickt hatte. Die Regimegegner wurden in den Gefängnissen schrecklich gefoltert. Im Umkreis der Teheraner Universität hatten Militär und Polizei mehrfach das Feuer auf die jugendlichen Demonstranten eröffnet. Es war zu einem Blutbad gekommen, und die Zahl der Opfer, so berichteten die teils islamischen, teils marxistischen Aufrührer, gehe in die Hunderte. In den vom heißen Sommer ausgetrockneten Rinnsteinen der Teheraner Innenstadt floß Blut.

Am späten Abend traf sich im Garten des Hotels die Creme der iranischen Geschäftswelt. Die Männer trugen weißen Smoking. Die stark geschminkten Frauen hatten sich Dior-Abendkleider aus Paris kommen lassen. Auf den gewagten Dekolletés glitzerten kostbare Juwelen. Es war kaum vorstellbar, daß zur gleichen Stunde ein paar Straßenzüge entfernt Rotten von Jugendlichen und Regimegegnern Todesrufe gegen den Kaiser ausstießen und die Losung »Margbar Schah – Tod dem Schah!« auf die Mauer pinselten. Es herrschte keinerlei Weltuntergangs- oder auch nur Katastrophenstimmung bei den Reichen von Teheran und den Günstlingen des Hofes. Man protzte noch ein wenig demonstrativer als sonst, und wenn man nicht selbst bereit war, um den eigenen Besitz und die eigenen Privilegien zu kämpfen – »wann geht schon die Bourgeoisie auf die Barrikaden?« meinte Ted Murphy –, so verließ man sich auf die braven Soldaten der Armee und die Treue des Offizierscorps zu ihrem Monarchen.

Eine Jazzband spielte den neuesten amerikanischen Beat. Die Champagner-Pfropfen knallten. Es fehlte nur noch ein Feuerwerk, um die Feststimmung vollzumachen. Aber dafür sorgten wohl ein paar verzweifelte Revolutionäre in den Nebengassen der Reza-Schah-Avenue mit ihren Maschinenpistolen und Molotow-Cocktails. Ein deutscher Industrierepräsentant hatte mich beiseite genommen. Als ich ihn auf die Spannung, die Unheimlichkeit der Situation verwies, lachte er schallend. »Sie sollten es doch besser wissen«, meinte er wohlgemut. »Sie haben doch die sogenannte Mai-Revolution von 1968 im Quartier Latin erlebt. Was sich hier vollzieht, ist durchaus vergleichbar. Der Schah zögert vielleicht zu lange, seine Panzer rollen zu lassen, aber erinnern Sie sich, wie schnell es damals Ihrem General de Gaulle gelungen ist, die Lage in Paris wieder in den Griff zu bekommen.«

Abschied von der Revolution

Die Nacht hat sich über Teheran gesenkt. Trotz des Smogs strahlt das Lichtermeer der Hauptstadt wie ein seitenverkehrtes Firmament. Die letzten Tage habe ich mit unaufhörlichen Gesprächen über Politik, Religion und Wirtschaft verbracht. Die Redseligkeit und das Mitteilungsbedürfnis der Perser kennt keine Grenzen, und ich genieße offenbar ihr Vertrauen. Natürlich dreht sich alles um Amerika, im guten wie im schlechten. Am Vormittag hatte mich der Vizepräsident der Republik in einem palastähnlichen Gebäude an den unteren Hängen des Elburs empfangen. Die pompöse Möblierung erinnert mich an die früheren Paläste des Schah.

Mohammed Ali Abtahi ist zuständig für Rechtsfragen und Sicherheit. Seine freimütigen Äußerungen stehen im Kontrast zu dieser strengen Funktion. Der etwa fünfzigjährige, füllige Mann trägt den schwarzen Turban und das Gewand der Kleriker, obwohl er kein Mullah zu sein scheint. Er möchte es wegen des Streits um die Uranproduktion nicht zum Konflikt mit dem Westen kommen lassen. Die Perser – einst von den Briten im Süden, von den Russen im Norden bedrängt – verstanden sich schon immer aufs Lavieren. Das Interview mit dem Vizepräsidenten ist aufschlußreicher, als ich erwartet hatte. Vor allem ein Satz Abtahis läßt mich aufhorchen: »Wir müssen den Wünschen unseres eigenen Volkes nach Förderung einer Zivilgesellschaft entgegenkommen«, erklärt er, »wir müssen dem gesellschaftlichen Wandel Rechnung tragen, wenn wir – im Falle einer unheilvollen Konfrontation – uns auf die volle patriotische Unterstützung der Massen verlassen wollen.«

Am besten zitiere ich Mohammed Ali Abtahi im Wortlaut: »Diese vergangenen fünfundzwanzig Jahre waren kein gewöhnliches Vierteljahrhundert. Diese vergangenen fünfundzwanzig Jahre müssen wir im Hinblick auf die Revolution in der Telekommunikation sehen und auf die Vernetzung und das Näherrücken der Welt, deren Einflüsse auch in der iranischen Gesellschaft spürbar sind. Ich habe das Gefühl, daß die Gesellschaft in dieser Zeit einen Fortschritt gemacht hat wie sonst in hundert Jahren nicht. Wir haben im Iran verschiedene Auffassungen darüber, wie gewählt wird. Wenn die Leute das Gefühl haben, daß ihre Stimme wirklich einen Einfluß hat, und wenn die Leute, die gewählt werden, auch etwas bewirken können, dann sind die Menschen bereit, an Wahlen teilzunehmen. Deshalb hat der Staat den Menschen das Wahlrecht gegeben. Aber es gibt auch eine Gruppe, die die zu Wahlen aufgestellten Personen einengen wollen und die kurzsichtig denken. Deshalb hat diese Gruppe für die Menschen keine große Anziehungskraft.« Gemeint sind damit die Konservativen«.

Zum Irak äußert sich Mohammed Ali Abtahi wie folgt:

»Schauen Sie, Saddam Hussein war einer unserer größten Feinde. Wir und unser ganzes Volk haben immer gesagt, daß der Tag seiner Niederlage ein Freudentag und ein Tag zum Feiern für uns sein wird. Deshalb ist es natürlich, daß wir seit Kriegsbeginn gehofft haben, Saddam Hussein würde gestürzt, und wir haben versucht, dazu beizutragen ... Wir sind auch der Meinung, daß Amerika auf unbedingte Sicherheit des Irak bedacht sein muß. Um diese Sicherheit zu garantieren, müssen sie vor allem die Kultur des Irak und des irakischen Volkes respektieren. Dies ist ein ganz wichtiger Punkt.

Auch wir machen uns Sorgen über die terroristischen Kräfte, die sich im Irak aufhalten und deren Anwesenheit sich dort zu verstärken scheint. Diese Kräfte waren auch gegen uns gerichtet. Unsere Anhänger im Irak setzen sich für den Frieden ein. Insbesondere die Schiiten bringen viele Opfer und sind um Frieden bemüht. So agieren wir auch vom Iran aus. Nehmen Sie das Beispiel des ermordeten Ayatollah Hakim. Er war ein Realist und sehr wahrheitsliebend. Er sah die Realität nüchtern und ohne Leidenschaft ... Er war im Iran gewesen, und zwar von Beginn unserer Revolution an. Er hatte die positiven Seiten unserer Revolution gesehen, und er hatte ebenfalls unsere Schwächen erkannt. Er hat dann versucht, es besser zu machen. Dies waren jene Besonderheiten des Ayatollah Baqr-el-Hakim, die man nur selten findet ... Ich sehe die eigentliche Schwierigkeit Amerikas darin, daß die Amerikaner ihre Entscheidungen nicht mit Rücksicht auf die Menschen in Amerika treffen können. Die Entscheidungen für Amerika treffen in der Regel die Zionisten, und für die sind die Interessen Tel Avivs wichtiger als die Interessen Washingtons. Die sind es, die die US-Politik im Orient bestimmen, aber diese Region wird mit der Politik Israels niemals in Einklang kommen ... Ich glaube, daß die Nahost-Politik Europas realistischer ist als die Amerikas, aber natürlich muß sich Europa manchmal dem Druck Amerikas beugen und hat dies auch immer wieder getan. Die Völker des Nahen Ostens haben zu Europa eine positivere Haltung als zu Amerika, weil sie das Gefühl haben, Europa spreche zu ihnen aus einer realistischen Position und nicht aus einer Position von Herrschaft und Gewalt.«

Bevor er mich verabschiedet, fügt der als Reformer bekannte Vizepräsident Abtahi noch hinzu, daß eine zu willfährige Nachgiebigkeit der derzeitigen Präsidentschaft Irans gegenüber exorbitanten amerikanischen Einmischungs- und Überwachungsforderungen den konservativen Kräften eine Begründung liefern könnte, ihren mächtigen Repressionsapparat in Bewegung zu setzen.

In Teheran ist zur Stunde viel von »islamischer Demokratie« die Rede. Die Wortführer aller Tendenzen verweisen gern darauf, daß Persien – im Gegensatz zu allen Ländern der Nachbarschaft, die ausnahmslos irgendeiner Fremdherrschaft unterlagen – sich auf die frühe Reformbewegung ihres Staates im Jahr 1906 und die damalige Ausrufung einer konstitutionellen Monarchie berufen kann. Ich will an dieser Stelle nur in dem Maße auf die Geschichte Persiens zurückgreifen, wie sie das heutige Verhältnis zu den USA direkt oder indirekt tangiert. Die Verfassung von 1906 resultierte mehr aus der Schwäche der agonisierenden Khadscharen-Dynastie als aus dem Freiheitswillen der breiten Bevölkerung.

Viel wichtiger als diese kurzlebige Palastrevolte der fundamentalistischen und klerikalen Oberschicht gegen den Thron einer ausgelaugten Dynastie türkischen Ursprungs war die Massenerhebung von 1890 gewesen, die vom schiitischen Klerus ausgelöst wurde, um den schamlosen Ausverkauf der noch verbliebenen Souveränität an die britische Imperialmacht zu blockieren. In seiner permanenten Finanznot hatte der damalige Khadscharen-Schah den englischen Ausbeutern das Tabakmonopol Persiens übereignet. Die schiitischen Ayatollahs hatten daraufhin eine Fatwa erlassen, die der gesamten iranischen Bevölkerung ein absolutes Rauchverbot auferlegte. Die Perser gehorchten wie ein Mann, und der Schah mußte seine Konzession aufkündigen.

Die CIA schlägt zu

Bei meinen jetzigen Recherchen versetze ich mich um ein halbes Jahrhundert zurück, um die allmähliche Verstrickung der USA in die iranischen Wirren zu erklären. Im August 1951 war ich nach einer extrem beschwerlichen Busfahrt von Erzerum über Täbris in Teheran eingetroffen. Es war meine erste Orientreise, und ich stand dieser Weltregion und ihren Mysterien wohl ebenso fassungslos gegenüber wie der junge Hauptmann Charles de Gaulle, der bei seiner Abkommandierung in das französische Mandatsgebiet der Levante in seinem Tagebuch vermerkt hatte: »Vers l'Orient compliqué, je partais avec des idées simples – Dem komplizierten Orient begegnete ich mit einfachen Vorstellungen.«

In der billigen jugoslawischen Pension, in der ich damals abgestiegen war, zerbrach ich mir bis in die späte, heiße Nacht den Kopf über den verworrenen Intrigen- und Machtkampf, zu dem der damalige iranische Ministerpräsident Mohammed Mossadeq das britische Empire und dessen Anspruch auf permanente Vorherrschaft am Persischen Golf herausgefordert hatte. Es war ein Kampf auf Leben und Tod. Mossadeq hatte mit einem Federstrich eine der wichtigsten Finanzressourcen Londons, die »Anglo-Iranian Oil Company«, nationalisiert, die sich seit 1911 im quasikolonialen Besitz Albions befand. Das kam einer ungeheuerlichen Herausforderung gleich, die seinerzeit die Schlagzeilen der westlichen Presse fast in gleichem Maße prägte wie dreißig Jahre später die Khomeini-Revolution.

Das Hotel Ritz im Zentrum von Teheran ist inzwischen dem Abbruchhammer zum Opfer gefallen. 1951 befand sich dort das Hauptquartier der internationalen Presse, die von Geheimagenten diverser Nationalität unterwandert war. Zum Nachrichtensammeln kam ich regelmäßig an die Bar des Journalistentreffs und wurde dort von einem älteren britischen Kollegen – stets blütenweiß gekleidet, das Monokel ins Auge geschraubt, den rötlichen Schnurrbart stilvoll gebürstet – in die Geheimnisse persischer Politik und persischer Religiosität eingeführt; beides war damals schon untrennbar.

Wir bewegten uns in jenem Sommer 1951 auf dem Höhepunkt der Krise, die Mossadeq, gestützt auf ein kleines Fähnlein von acht Abgeordneten der »Nationalen Front«, durch die Verstaatlichung der Anglo-Iranian Oil Company ausgelöst hatte. Selbst diese nationalistisch gefärbte, auf wirtschaftliche Unabhängigkeit Persiens abzielende Maßnahme, die die fest etablierte britische Vormacht zu Boykottmaßnahmen veranlaßte, war bereits von Mysterien und Visionen umgeben. Der alte, kahlköpfige Mossadeq, der seine Besucher in einer Art Pyjama empfing, war durchaus kein religiöser Schwärmer. »Mein Programm ist das Erdöl und das Erdöl allein«,

164

pflegte er der Mehrheit der Majlis-Abgeordneten zuzurufen, die ihn am liebsten gestürzt hätten, aber den Zorn des Volkes fürchteten. Der Intelligence Service versuchte sogar, Mossadeq den amerikanischen »Vettern« als einen verkappten Kommunisten darzustellen, der die Petroleumquellen des Persischen Golfs den Sowjets in die Hände spielen wollte. In Wirklichkeit war er ein Verwandter jener Khadscharen-Dynastie, die durch den ersten Pahlevi-Schah im Jahr 1925 abgesetzt worden war. Er hatte mit dem derzeitigen jungen Herrscher, Mohammed Reza, der – im Vergleich zu seinem gewalttätigen Koloß von Vater – als ein Schwächling galt, eine alte Familienrechnung zu begleichen. Um das Volk auf seine Seite zu bringen, ließ Mossadeq, der ansonsten zum Säkularismus und zu modernen Ideen neigte, das Gerücht verbreiten, ein Engel Allahs sei ihm im Traum erschienen und habe ihm die antiimperialistischen Enteignungsmaßnahmen befohlen.

Im Gegensatz zu den indogermanischen Phantastereien des Grafen Gobineau beschrieb der englische Korrespondent im Ritz die Perser als ein »altes, dekadentes Volk, das nie reif geworden ist«. Er weihte mich auch als erster in die schiitische Verhaltensregel des »Ketman« oder der »Taqiya« ein, die Erlaubnis, ja das Gebot zur permanenten Verstellung. In dieser Praxis war Mossadeq ein Meister. Mag sein, daß er von der Religion und den Mullahs nicht viel hielt. Aber niemand konnte so überzeugend weinen und schluchzen, wenn es darum ging, die Verbrechen des britischen Kolonialismus zu beklagen.

Meine Notizen aus jenen Tagen trugen der mystischen Grundstimmung Rechnung. Ich zitiere im Wortlaut: »Der Streit um das Erdöl wurde in dieses Land hineingetragen wie die futuristischen Stahlgerüste von Abadan. Beide passen nicht nach Persien, dieses im feudalen muselmanischen Mittelalter erstarrte Land, in diese phantastische Wüstenlandschaft mit den rosa, gelben und schwarzen Felsen, in diese Lehmdörfer, die durstig am Brunnen hocken und über denen die goldenen oder smaragdgrünen Kuppeln der Moscheen wie Stein gewordene Ekstasen schweben. Was können die Menschen, denen die hochentwickelte Technologie der Bohrtürme unheimlich und unverständlich bleiben muß, von der wirtschaftlichen Rolle des Petroleums ahnen, wenn sie in Isfahan und Schiras unter revolutionären Transparenten oder grünen Fahnen demonstrieren und Solidaritätstelegramme an Ministerpräsident Mossadeq schicken? Für die Masse gehört dieser Streit mit der Anglo-Iranian in eine orientalische Fabelwelt. Selbst im Basar von Teheran wird der Konflikt mit den Engländern weniger anhand von Zahlen und Statistiken verfolgt, als durch plumpe Zeichnungen mystifiziert. So wird der britische Imperialismus durch einen Drachen dargestellt, dessen bluttriefendes Maul die iranische Bevölkerung verschlingt. Eine andere Karikatur zeigt Ministerpräsident Mossadeq, der mit kühner Geste eine Kapitalistengestalt mit Zylinder und Zigarre – Symbol der Anglo-Iranian Oil Company – erdolcht, aber aus dem Hintergrund feuern bereits finstere Verschwörergestalten ihre Revolver auf den Helden der nationalen Erneuerung ab. In der Vorstellung dieser Orientalen scheint sich ein Kampf der Gespenster, der Ungeheuer, der okkulten Kräfte zu vollziehen. Wo das müde, persische Temperament zur nationalen Leidenschaft nicht fähig ist, steigert es sich zur anglophoben Hysterie.«

Der entscheidende Fehler unterlief Mossadeq in jenen Tagen, als er diskrete Kontakte zur damals einflußreichen kommunistischen Tudeh-Partei aufnahm. Der Kalte Krieg war längst entbrannt, und mit der Warnung vor einem sowjetischen Vordringen bis zum Indischen Ozean brachte London die bislang sehr zögerliche US-Diplomatie auf seine Seite. Das Schreckgespenst der Tudeh-Partei, deren Sympathisanten später bei der deutschen Achtundsechziger-Generation eine beachtliche Rolle spielen sollten, hat wohl den Ausschlag gegeben, als es galt, einen prowestlichen Umsturz herbeizuführen und den bereits nach Rom geflüchteten Schah Mohammed Reza Pahlevi nach Teheran zurückzubringen. Die Experten der amerikanischen CIA, auch das erscheint im Rückblick pikant, mobilisierten zu diesem Zweck – neben einem halbkriminellen Mob von Kraftprotzen und den Keulenschwingern der »Zurkaneh« – auch die schiitische Geistlichkeit. Ein Aufruf des Ayatollah Kaschani trug entscheidend dazu bei, das Volk auf die Straße zu bringen und Mossadeq ins Abseits zu drängen. Die Gerichtsverhandlungen gegen den Regierungschef begleitete dieser geschickt mit der ihm eigenen Larmoyanz. Am Ende sollte er zu drei Jahren Gefängnis verurteilt werden.

In der Zwischenphase hatten Attentäter der koranischen Sache, so genannte »Fedayin-e-Islam«, eine Reihe von Morden an führenden, zum Sozialismus, also auch zur Laizität neigenden Politikern begangen. Damit terrorisierten sie die Abgeordneten der Majlis, des zutiefst gespaltenen Parlaments. Mir prägte sich vor allem der Prozeß gegen Nasrotollah Ghomi ein – ein Vorgriff auf die Zukunft –, der sich auch im Jahr 2003 abspielen könnte. Ghomi hatte den Erziehungsminister Zangeneh, einen Verfechter westlicher Kultureinflüsse, erschossen. Nun trat er unter tosendem Applaus des Publikums vor das Tribunal. Er verfluchte die Feinde Persiens und des Islam. Zu jener Zeit war Khomeini noch ein unbekannter Mullah, besaß vielleicht nicht einmal den Rang eines Hodschatulislam. Die Amerikaner hatten wohl nicht gemerkt, daß sie damals mit ihrem Feldzug gegen die »Nationale Front« Mossadeqs nicht nur die Restauration des Schahs in der Rolle eines von der Gunst Washingtons abhängigen Autokraten bewirkten, sondern unterschwellig auch die religiöse Wiedergeburt der Schia ahnungslos vorbereiten halfen.

Zehn Jahre später, als Mohammed Reza Pahlevi sich der sogenannten Kapitulation beugte, die ihm der amerikanische Verbündete aufzwang, hatte Ruhollah Khomeini die Chance wahrgenommen. In der schiitischen Hochburg Qom trat er an die Spitze des national-religiösen Widerstandes gegen die landesverräterische und blasphemische Monarchie. Für das magere Entgelt einer US-Anleihe von zweihundert Millionen Dollar hatte der Schah den amerikanischen Staatsangehörigen, die sich als Militärexperten, geheime Berater oder Geschäftsleute in Persien aufhielten, exterritoriale Sonderrechte zugestanden. Auch in dieser Hinsicht hat sich beim Umgang Washingtons mit seinen Vasallen bis zum heutigen Tag nicht viel geändert.

Der aufsässige Mullah von Qom, der Querulant Khomeini, wurde vom Herrscher des Pfauenthrons in den benachbarten Irak abgeschoben, wo dieser schiitische Zelot dreizehn Jahre in Nedschef, in unmittelbarer Nähe des goldstrotzenden Mausoleums des Gründer-Imam Ali, mit Meditation und religiösem Studium verbringen sollte. Schließlich wurde er auf Grund eines zweideutigen Abkommens zwischen Saddam Hussein und dem iranischen Geheimdienst Savak in die weite Ferne Westeuropas, in das Dorf Neauphle-le-Château bei Paris verbannt. Niemand wäre damals auf den Gedanken gekommen, daß sich in diesem Nest der Ile de France jene Rächergestalt offenbaren würde, die die persische Monarchie stürzen, den US-Protektor verjagen und den schiitischen Gottesstaat ausrufen würde.

Ein versöhnlicher Staatsanwalt

Qom, im September 2003

Die ohnehin reizlose Stadt Qom, etwa hundertfünfzig Kilometer südlich von Teheran gelegen, hat ihren letzten architektonischen Glanz eingebüßt, seit die weithin strahlende Goldkuppel der Fatima-Moschee im Zug von Restaurierungsarbeiten in eine graue Halbkugel aus Zement verwandelt wurde. Die Blumenmotive der benachbarten Gebetshalle wiegen diesen Verlust nicht auf. Im Zuge einer unaufhaltsamen Modernisierung wurden die Ortschaften Persiens, die außerhalb ihrer herrlichen Sakralbauten und weniger Paläste aus einer Ansammlung unansehnlicher Lehmbehausungen bestanden, zur Zeit des Schah durch hastig errichtete Zweckbauten aus Beton verschandelt. Der islamischen Revolution ist nicht viel Besseres eingefallen. Im Fall von Qom kommt hinzu, daß das kümmerliche, durch Unrat verstopfte Rinnsal, das das Zentrum durchquert und bei starken Regenfällen immerhin zu einem stattlichen Flüßchen anschwoll, zubetoniert wurde und als chaotischer Parkplatz dient.

In Qom, dieser Pilgerstätte schiitischer Frömmigkeit, ist dafür gesorgt, daß nicht der geringste Hauch bescheidener Lebensfreude aufkommt. Keine Frau würde es hier wagen, ohne den rabenschwarzen Tschador ins Freie zu treten. Die engen Gassen wimmeln von Mullahs, und denen fehlt es nicht an Selbstbewußtsein. Niemand käme in Qom auf den frevlerischen Gedanken, diesen schiitischen Geistlichen – wie das andernorts gelegentlich passieren soll – den Turban vom Kopf zu reißen oder ihnen während des

Fastenmonats Ramadan den Rauch einer Zigarette ins Gesicht zu blasen. Vergeblich habe ich an der bescheidenen blauen Pforte geklopft, hinter der sich eine üppig wuchernde Gartenpracht mit Rosen aus Schiras verbarg. Dort hatte mein kluger Freund Sadeq N. mich vor acht Jahren in eine endlose Debatte über Gott und die Welt verwickelt. Ich versuche, bei einem benachbarten Gemüsehändler zu erfahren, was aus Sadeq geworden ist, stoße aber auf mürrische Zurückhaltung. Schließlich erhalte ich den Hinweis: »Wir haben ihn seit drei Jahren nicht mehr gesehen. Vermutlich ist auch er ins Ausland abgewandert, wie so viele.«

Zum Heiligtum von Qom mit seiner blau schimmernden Pracht der Fayence-Kacheln habe ich mir mit einem hastig gemurmelten »bismillah rahman rahim« Eingang verschafft. Hier ist die jungfräuliche Schwester des Achten Imam Reza bestattet. Er selbst ruht in Meschhed unter Kaskaden von Gold, Silber und Kristall. Fatima, die nicht mit der gleichnamigen Tochter des Propheten Mohammed verwechselt werden darf, hatte wie ihr Bruder den Märtyrertod für den Glauben auf sich genommen. Es sind überwiegend Frauen, die am Grab dieser Madonnengestalt der Schia ihre Tränen vergießen. Der Ausspruch Khomeinis ist unvergessen: »Fatima hätte ein sehr großer Imam sein können – wenn sie ein Mann gewesen wäre.«

Familien kampieren auf dem kostbaren Marmorboden des Innenhofes mit ihren spielenden, lärmenden Kindern. Sie bereiten sogar Mahlzeiten zu. An dieser Stelle, die zu Zeiten des Schahs streng abgeschirmt war, hatte sich der gewalttätige Gründer der Pahlevi-Dynastie 1927 in Begleitung seiner unverschleierten Frau den Eintritt erzwungen und ein paar hohe Mullahs eigenhändig verprügelt. Jetzt vermischen sich hier Szenen orientalischer Häuslichkeit mit schluchzender Inbrunst. Mir fallen die zahlreichen mongolischen Gesichter unter den Betern auf. Es handelt sich um schiitische Hazara aus Afghanistan, die sich für billigen Lohn in Persien zu den härtesten Arbeiten verdingen. Anschließend kehren sie mit ihren dürftigen Ersparnissen in die kargen Dörfer am Hindukusch zurück, wo sie seit den Eroberungszügen Dschinghis Khans im Umkreis von Bamyan hängengeblieben sind.

Ohne Vorwarnung bin ich in Qom von dem Groß-Ayatollah

Scheikh Yussef Saanei zu einem Gespräch geladen worden. Die Informationsbehörden entsprechen damit meinem Wunsch, einen hohen religiösen Würdenträger zu treffen. Saanei gehört zu den Säulen schiitischer Theologie in der »Hawzat-el-'ilmiya« von Qom, der obersten geistlichen Instanz des Iran. Seine Vorfahren standen Ende des neunzehnten Jahrhunderts in vorderster Front neben Mirzay-e-Schirazi, der den Tabak-Boykott gegen die Briten erzwungen hatte. Vor allem in seiner Heimatprovinz Isfahan wird dieser Ayatollah Uzma als »Wissender«, als »Aref«, verehrt. Seine Interpretation der Heiligen Schriften in der Eigenschaft als »Mujtahid« hat eine zahlreiche, ergebene Gefolgschaft um ihn versammelt. Schon früh zählte Yussef Saanei zu den treuesten Gefährten Khomeinis, was beim internen Widerstreit der hohen schiitischen Klerisei nicht selbstverständlich war. 1985 wurde er als Generalstaatsanwalt der Islamischen Republik bestätigt.

Der siebenundsiebzigjährige Mann, der mich in seiner bescheidenen, fast kargen Behausung unweit der Fatima-Moschee empfängt, erweckt jedoch in keiner Weise den Eindruck eines islamischen »Torquemada«. Wäre nicht der wallende, weiße Bart, könnte man ihn auf Grund seiner asiatisch wirkenden Facies für einen gescheiten konfuzianischen Mandarin halten. Er trägt den weißen Turban, kann also nicht den Titel des »Sayyed« beanspruchen, aber was bedeutet das in einem Land, in dem schon vor zwanzig Jahren etwa eine halbe Million Gläubiger ihre angebliche Abstammung vom Propheten Mohammed beweisen zu können glaubte.

Natürlich spreche ich Saanei auf die Krisensituation rund um den Iran an. Da verweist er darauf, daß sogar der Imam Khomeini, der im Westen als fanatischer Gotteskrieger verschrien war, den Krieg nur rechtfertigte, wenn er der Verteidigung gegen einen Angreifer und dem Schutz des Dar-ul-Islam diente. Er räumt ohne weiteres ein, daß sich die interne Situation der von Khomeini gegründeten Republik verändert habe und daß ein Anpassungsprozeß durchaus vertretbar sei. Was die »Ungläubigen« betrifft, so bedient er sich einer für koranische Ulama üblichen, für Außenstehende verschlüsselten Sprache: »Die ›Reinheit‹ der Ungläubigen ist mit der ›Reinheit‹ der Muslime vergleichbar. Aber die Feinde der wahren Lehre, die die Muslime auf Grund ihrer Hingabe an den

170

Islam und ihren Glauben – und nicht aus einem anderen Grund – bekämpfen, müssen als Feinde der Religion verurteilt werden. Sie sind mit dem Makel der ›Unreinheit‹ behaftet.«

Das Lieblingsthema Saaneis bleibt jedoch die Nachfolge des Imam Khomeini. Sein Lob klingt überschwenglich: »Oh, wären Sie doch zu einem Zeitpunkt zu uns gekommen, als ich und meinesgleichen im Dienste des Imam aller Gläubigen standen! Ich hätte seine Lehren auf allen Gebieten interpretieren und auf alles eine Antwort finden können. Wir hätten begriffen, was die Revolution ist und was sie war.«

Ich befrage den Groß-Ayatollah nach der Rivalität, die sich zwischen den beiden höchsten schiitischen Bildungsstätten Nedschef im Irak und Qom im Iran eventuell herausbilden könnte. »Qom und Nedschef bilden eine Einheit als Zentren der Wissenschaft und der religiösen Ausbildung«, lautet die Antwort, »Qom wird sich niemals für sich allein und Nedschef auch nicht für sich allein entwickeln. An eine solche separate Entwicklung kann nicht gedacht werden. Zwischen Qom und Nedschef soll eine enge Verbindung bestehen und wissenschaftlicher Austausch stattfinden.«

Doch dann kehrt Saanei zu dem für ihn alles beherrschenden Thema Khomeini zurück:

>»Der Islam fordert, daß alle Menschen zu ihrem Recht kommen und daß das Recht keines Menschen mit Füßen getreten wird. Diesen Gedanken hat der Imam verwirklicht. Das ist der Kern und die Bedeutung seiner islamischen Revolution. Wenn wir heute im Iran sehen, wie die Bevölkerung durch Worte und durch diverse Tendenzen in unterschiedliche Gruppen aufgeteilt wird, so widerspricht das durchaus nicht unseren Vorstellungen, weil alle Gedanken auf Freiheit, Menschenrechte und die Verwirklichung der Gesetze Gottes ausgerichtet sind. Der Islam befürwortet eine Revolution, die aus dem Inneren der Menschheit entsteht. Die Menschen sollen zu sich selbst finden und ihr Selbstbewußtsein erlangen, ihre Rechte verteidigen und die Rechte anderer nicht verletzen ...

Imam Khomeini hat eine Revolution angestrebt, bei der alle Gewehre der Welt zu Schreibstiften würden. Heute ist es so, daß die Hauptursache für alle innen- und außenpolitischen Probleme des Iran darin besteht, daß uns der Imam Khomeini fehlt. Iran kann nur dann zur Zielscheibe seiner Feinde werden, wenn sich die Menschen im Iran – gottbewahre – von ihrer Regierung abwenden. Solange die Bevölkerung hinter ihrer Regierung steht, so lange kann keine Drohung für die Menschen Gefahr und Schaden bringen. Das heißt, wenn die Menschen wieder dazu gebracht werden können, dasselbe Interesse an ihrer Regierung zu haben wie zu Zeiten des Imam Khomeini, dann ist uns nicht bange ... Ich bin zu der Überzeugung gelangt, daß feindliche Kräfte hinter dem Vorhang tätig sind und die Menschen gegen die Regierung aufwiegeln. Diese Kräfte des Feindes sind die Ursache dafür, daß die Menschen sich von der Regierung entfernt haben ... Entscheidend war eben, daß der Imam Khomeini gefordert hatte, sämtliche Klassenunterschiede müßten ohne Ausnahme abgeschafft werden. Doch wenn sich eine Abkehr von diesen Grundsätzen vollzöge, was Gott verhüten möge, dann wird es Probleme geben. Die Rechte und die Freiheit des Volkes müssen garantiert werden. Sollte es dazu kommen, daß das Volk nicht mehr hinter der Regierung steht, dann verdeutlicht das lediglich, daß ihm seine Rechte vorenthalten wurden ... Der Islam ist die Religion der Logik und des Gesprächs, nicht die Religion von Gewalt und Zwang. Die Menschheit wird eines Tages insgesamt zu der Überzeugung gelangen, daß sie gemeinsam unter der Flagge der Gerechtigkeit und des einzigen Gottes leben wird. Der Islam sieht alle Menschen in ihren Rechten als gleich an, nicht als ähnlich – nein, als gleich. Die Gerechtigkeit muß allen Menschen widerfahren.«

Am Ende erteilt mir Yussef Saanei seinen Segen. Er ehrt mich auf eine für einen schiitischen Geistlichen seines Ranges höchst ungewöhnliche Weise. Er lädt mich zum Tee ein mit den Worten: »Zu Ehren des Imam Khomeini serviere ich Ihnen das Getränk persönlich, denn Sie kannten ja auch den Imam persönlich.«

*

In Qom befinden wir uns im Herzen der Mysterien des Glaubens. Dieses ist auch der Ort, um zu einer summarischen Erläuterung des Nachfolgekrieges auszuholen, der nach dem Ableben Mohammeds zwischen den beiden Hauptrichtungen des Islam, Sunna und Schia, ausgebrochen ist und bis auf den heutigen Tag andauert. In Persien, zumal in Qom, triumphiert die »Partei Alis« – Schiat Ali. Nach dem Tod des Propheten im Jahr 632 hatten seine Mitstreiter den Rechtschaffensten aus ihrer Mitte, Abu Bakr, zum Ersten Kalifen, zum geistlichen und weltlichen Sachwalter des Islam ernannt. Es folgten der große Eroberer Omar und der unbedeutende Dritte Kalif Othman.

Dann erst, als Vierter Kalif, wurde Ali Ibn Abi Talib, der Vetter und Schwiegersohn des Propheten, der dessen Tochter Fatima geheiratet hatte, mit der Würde des »Befehlshabers der Gläubigen« ausgestattet. Sofort regte sich Widerspruch. Nur fünf Jahre lang konnte Ali im mesopotamischen Kufa einer Glaubensgemeinschaft vorstehen, die in der Vorstellung der Schiiten von fast ebenso perfekter Heiligkeit überstrahlt war wie die Versammlung der Gefährten Mohammeds, der »Ansar«, in Medina. Gegen die Kalifatswürde Alis erhob sich der Usurpator Muawiya, ein entfernter Verwandter des Propheten. Mit List und Gewalt verdrängte er den rechtmäßigen Kalifen Ali, der in Kufa dem Mordanschlag eines »kharidschitischen« Sektierers zum Opfer fiel. Muawiya gründete die Dynastie der Omayyaden, deren Herrschaft sich von Córdoba in Andalusien bis Samarkand in Turkestan erstreckte. Die beiden Söhne Alis – die Propheten-Enkel Hassan und Hussein – wurden ebenfalls umgebracht.

Das Martyrium des Dritten Imam Hussein in Kerbela bildet den pathetischen Gipfel der schiitischen Leidensgeschichte und wird gelegentlich mit der Passion Christi verglichen. In der mesopotamischen Stadt Kerbela war Hussein von der weit überlegenen Heerschar des zweiten Omayyaden-Kalifen Yazid umzingelt worden. Nach langem Leiden und schrecklicher Folter erlag er seinen Feinden. Seitdem wird der Kalif Yazid von den Schiiten als Ausgeburt teuflischer Heimtücke verflucht. Nach heldenhaftem Kampf hatten der Imam Hussein und seine zweiundsiebzig Gefährten in Kerbela den Tod gefunden.

Die Partei Alis hatte nach der Tragödie des Imam Hussein in keiner Weise kapituliert. Diese Legitimisten betrachteten Ali Ibn Abi Talib als den einzigen und wahren Erben und Nachfolger des Propheten und verwarfen selbst die ersten drei Kalifen, die sogenannten Raschidun. Die Spaltung des Islam ist nach der Ablösung des Omayyaden-Kalifats von Damaskus durch die Abassiden-Kalifen von Bagdad nicht gemindert worden. Und schon gar nicht durch den fragwürdigen Übergang der höchsten geistlichen und weltlichen Würde des sunnitischen Islam auf die türkischen, die osmanischen Eroberer, der sich erst unter Selim I., dem Grausamem, um 1500 vollzog.

Während die Sunna und ihre Kalifen – der letzte dieser Statthalter Allahs auf Erden wurde erst 1924 von Atatürk abgesetzt – rüde Machtpolitik betrieben und das Reich des Islam mit Waffengewalt ausdehnten oder verteidigten, in Glaubensfragen meist einem einfallslosen orthodoxen Konformismus huldigten, verkapselte sich die Partei Alis in esoterischer Spekulation über die unauslöschliche, göttliche Erwähltheit, über die Unfehlbarkeit ihrer Imame. In der Nachfolge Alis, Hassans und des Schahid Hussein waren weitere Erwählte aufgestanden, zwölf Imame insgesamt, direkte Nachkommen aus der Verbindung Alis und Fatimas, sämtlich dazu verurteilt, eines gewaltsamen Todes von seiten ihrer sunnitischen Verfolger zu sterben.

Am Ende steht, bei den sogenannten Zwölfer-Schiiten, die ergreifende Figur eines Kindes, des fünfjährigen Mohammed-el-Muntadhar, der als »Mehdi« verehrt wird. Dieser Knabe verschwand im Jahr 874 unserer Zeitrechnung in einem unterirdischen Gewölbe der Stadt Samarra im Irak. Dem schiitischen Glauben zufolge ist der Mehdi dabei nicht umgekommen, sondern er lebt in der Verborgenheit weiter. Aus dieser Okkultation heraus wird er am Ende der Zeiten zur Welt zurückfinden, um das Reich Gottes und der Gerechtigkeit zu gründen. Bis dahin verkörpert der Verborgene Zwölfte Imam die mystische Herrschaft, die oberste Richtschnur. Nur in seinem Namen darf regiert, darf die Lehre des Propheten ausgelegt, darf Recht gesprochen werden. Um den Imam Mehdi rankt sich gewissermaßen die »geheime Offenbarung« der Schia. In seiner Vertretung kann sich als Zeichen göttlicher Gnade ein

»Nayeb« kundtun, der als »zeitlicher Imam« dem Volk den rechten Weg weist und es auf die Wiederkehr der messianischen Gestalt des Mohammed-el-Muntadhar vorbereitet.

Dies und nichts Geringeres war der tiefe Sinn der Berufung Ruhollah Khomeinis an die Spitze der schiitischen Gemeinschaft der Islamischen Revolution. So bekundete es nicht nur die Heilserwartung der Massen, sondern auch der Buchstabe der neuen Verfassung der Islamischen Republik Iran. Der Artikel V dieser Konstitution proklamiert als oberstes Gesetz die »Statthalterschaft, die Regentschaft des Koran-Gelehrten – Velayet-e-Faqih«. Der Faqih, der höchste Führer, wird wie folgt beschrieben: »Das Land und seine Regierung werden durch einen Mann geleitet, der wegen seiner Tugenden des Mutes, der Ehrlichkeit, des Wissens und der Weisheit bekannt ist und der niemals Verbrechen oder Delikte begangen hat.« Die Vollmachten dieses Faqih, der durch die breite Zustimmung der Gläubigen identifiziert wird, sind praktisch unbeschränkt: »Er kann den Präsidenten der Republik absetzen, gegen die Kandidaten auf dieses Amt sein Veto einlegen; er kann jedes Gesetz und jede Bestimmung aufheben, die er als nicht vereinbar mit dem Islam erachtet; er ist Oberbefehlshaber der Streitkräfte und kann alle hohen Offiziere ernennen oder absetzen; er entscheidet allein über Krieg und Frieden.«

Das orientalische Märchen vom bärtigen Ayatollah Khomeini aus Neauphle-le-Château hatte sich durch die abstruse Verbindung von schiitischer Mystik und revolutionärer Verfassungs-Juristerei zu einer realpolitischen Konstruktion ausgewachsen, vor der die westlichen Kanzleien sich ratlos und verzweifelt die Haare rauften. Denn dieses System der institutionalisierten Heiligkeit besaß seine eigene Logik, seine eigene Methodik sogar. »Der Islam ist alles«, so hat es bei Khomeini geheißen. »Was im Westen Freiheit und Demokratie genannt wird, ist im Islam enthalten. Der Islam umfaßt alles.« Hier war der westlichen Rationalität, die die Pahlevi-Herrscher so mühselig in Persien einführen wollten, ein Riegel vorgeschoben worden. Hier traten im Gewande der Mystik uralte Realitäten zutage.

In einem unserer langen Gespräche hatte der damalige Regierungssprecher Sadeq Tabatabai einmal versucht, mir das geistige

System Khomeinis zu erläutern. »Oberstes Prinzip, ja Wesen des Islam«, so sagte er, »ist der ›Tauhid‹, die Einheit, die Einzigkeit Gottes. Der Tauhid ist der Kern der musclmanischen Offenbarung. Nicht Pluralität der Gesellschaft ist das Ziel der islamischen Erneuerung, wie unser Imam Khomeini sie anstrebt. Im Gegenteil. Wenn die Gesellschaft nach dem koranischen Gesetz lebt, dann spiegelt die Einstimmigkeit des Volkes die Einzigkeit Gottes, dann steigt der Tauhid gewissermaßen auf Erden hinab.« Ich wandte ein, daß auch das christliche Mittelalter ähnliche Vorstellungen genährt hatte. »Consensus fidelium«, hieß es damals im Abendland.

Geheimnis des Glaubens

Die theologischen Querelen des schiitischen Glaubenszweiges sollten uns nicht über Gebühr beschäftigen, wird mancher Leser einwenden. Aber Religion ist weiterhin integrierender Bestandteil, ja Richtlinie der Politik im gesamten Dar-ul-Islam. Da mag in Teheran von Annäherung und sogar von Zusammenarbeit mit Saudi-Arabien die Rede sein. In Wirklichkeit ist die Kluft zwischen Schiiten und saudischen Wahhabiten in keiner Weise überbrückt. In Qom wird mir eine Broschüre überreicht mit der harmlosen Überschrift: »Aufrichtiger guter Rat an unsere Brüder, die Gelehrten von Nejd.« El Nejd ist jene Wüsten- und Oasenregion im Nordosten der arabischen Halbinsel, wo im achtzehnten Jahrhundert der Prediger Ibn Abdul Wahhab seine sterile, unduldsame Botschaft verbreitete. Was den wahhabitischen »Brüdern« in dieser offiziellen Veröffentlichung vorgeworfen wird, ist schlicht und einfach der Abfall vom wahren islamischen Glauben, die Apostasie.

So schreibt der Korangelehrte Hashim-er-Rifa'i, ein sunnitischer Kuweiti, auf den sich die Behörden von Teheran als Referenz berufen. »Ihr habt erst die Sufis – die Mystiker – zu Ungläubigen erklärt, dann die Asch'aris – die Dichter«, so beginnt Rifa'i seine Anklage. »Ihr habt die Nachahmung und die Nachfolge – ›taqlid‹ – der vier Imame Abu Hanifa, Malik, Schafe'i und Ahmed Ibn Hanbal abgelehnt und verurteilt, obwohl ihre Anhänger den bei weitem überwiegenden Teil der Muslime bildeten und weiterhin bilden. (Mit diesen vier Namen sind die Gründer der vier anerkannten Rechtsschulen oder »madhahib« gemeint, auf die sich die Sunna stützt.) – So hört doch auf damit! Möge Allah der Erhabene euch auf den rechten Weg leiten. Ihr ›Wahhabiten‹ solltet wissen, daß, wer zum Ungläubigen wird, nachdem er dem Islam angehörte, der Verurteilung unterliegt als einer, der vom Glauben abgefallen ist und sich des ›murtad‹, der Apostasie, schuldig gemacht hat. Das Blut solcher Abtrünniger soll vergossen werden.«

Der wirkliche Streitpunkt unter den Schiiten selbst bleibt der ausführlich beschriebene Begriff »Velayet-e-Faqih«, die Statthalterschaft des Verborgenen Imam. Schon unmittelbar nach der Revolution hatte sich gegen diese Regierungsdoktrin Khomeinis bei Teilen der hohen Geistlichkeit Widerspruch geregt. Im September 1979 war ich bei dem hochangesehenen Ayatollah Schariat Madari auf heftige Opposition dazu gestoßen. »Wer den Anspruch erhebt, die Geistlichkeit mit allen Attributen der Macht im Staat auszustatten, darf sich nicht wundern, wenn die Diener der Religion später an den Ergebnissen ihrer Regentschaft in Politik und Wirtschaft gemessen werden«, hatte Schariat Madari in Qom gewarnt. Das Urteil drohe negativ auszufallen, und die Religion hätte am Ende das Nachsehen. Nach dem Tod Khomeinis haben sich die Vorwürfe gegen jede Form von klerikaler Autokratie verschärft und an Boden gewonnen. Der Nachfolger im höchsten geistlichen Amt, Ali Khamenei, sei eine unzulängliche Kopie seines berühmten Vorgängers, hört man sogar in der Hawza von Qom. »Eine Katze kann sich doch nicht aus eigener Kraft in einen Löwen verwandeln«, heißt es dort.

Dieser Disput hat insofern an Bedeutung und Aktualität gewonnen, als sich ja auch die Schiiten des Irak nach ihrer Befreiung von der Tyrannei Saddam Husseins auf die Suche nach einer gültigen islamischen Staatsform begeben haben. Ruhollah Khomeini hatte durch die Kraft seiner Persönlichkeit und seines egalitären Programms die überlieferte Vorstellung der schiitischen Theokratie aus den Angeln gehoben. Deshalb wundert es nicht, wenn heute aus der sehr konservativen »Hawza« von Nedschef die Beteuerung zu vernehmen ist, die schiitische Machtergreifung in Bagdad werde sich keineswegs auf das iranische Modell Khomeinis ausrichten.

Khomeini und die Juden

Im Gassengewirr nahe der Fatima-Moschee habe ich vergeblich nach jenem unscheinbaren Haus gesucht, in dem mir der Imam unmittelbar nach der Besetzung der amerikanischen Botschaft von Teheran ein Interview gewährte. Die Vorbereitung dieser Begegnung fand unter merkwürdigen Umständen im Regierungsbüro Sadeq Tabatabais statt. »Haben Sie Ihre Interview-Fragen mitgebracht, damit ich sie nach Qom durchgebe?« erkundigte er sich. Ich hatte die Fragen parat – ein durchaus übliches Procedere in solchen Fällen –, und die Telefonverbindung zu Ahmed Khomeini, dem Sohn des Ayatollah, war schnell hergestellt. Tabatabai verlas meine Liste. Dabei erregte eine Frage besondere Heiterkeit. Ich wollte unter anderem wissen, wie Khomeini, der ja für die Zerstörung des Staates Israel plädierte, im Falle eines Sieges der Palästinenser mit den dort lebenden Juden verfahren wolle.

Nach dem Gespräch fragte ich, was denn so lustig gewesen sei an dieser Frage. Tabatabai schmunzelte. »Ich sollte es Ihnen eigentlich nicht sagen. Aber Ahmed Khomeini hat gefunden, daß die Frage völlig absurd sei. Die Araber würden doch nie über die Israeli siegen.« Wir sprachen noch eine Weile über die antiamerikanische Agitation in Teheran und den unversöhnlichen Haß, mit dem Khomeini Präsident Carter verfolgte. Das sei alles nicht so irrational und manichäisch, wie viele Kommentatoren behaupteten, erklärte Tabatabai. Für den Imam stelle nicht so sehr Amerika, sondern der »American way of life«, der von vielen Persern nachgeäfft wurde, eine tödliche Gefahr der Entfremdung dar. Gerade weil das Modell Amerika vor allem bei den jungen Iranern aller Schichten mit Alkoholgenuß, Diskotheken, Frauen-Emanzipation, sexueller Libertinage, Konsum-Vergötzung und Suche nach dem irdischen Glück – »pursuit of happiness« – so gleißend und verlockend wirke, habe der Imam diese verderblichen Einflüsse, die den strengen Lebensregeln des Islam diametral entgegenstünden, einen unerbittlichen Kampf angesagt. Der amerikanische Satan sei in Wahrheit das Goldene Kalb der Gegenwart.

*

Am frühen Nachmittag des folgenden Tages starteten wir in Richtung Qom. Sadeq Tabatabai fuhr in seinem knallroten Mercedes voraus. Vom Fluß her näherten wir uns dem Haus des Imam. Die Pasdaran waren von unserer Ankunft verständigt und räumten die Straßensperren grüßend beiseite. Durch eine Eisentür wurden wir eingelassen und waren sofort von einer Anzahl Turbanträger umgeben. Wir waren im Herzen des »schiitischen Vatikan« und wurden in einen studioähnlichen Raum geführt, in dem Kameras aufgebaut waren und der speziell für die Auftritte des Ayatollah im iranischen Fernsehen hergerichtet schien. Aller Anwesenden hatte sich in Erwartung des Imam Zurückhaltung und Scheu bemächtigt. Es wurde nur halblaut geredet wie in einer Kirche.

Plötzlich stand Khomeini unter uns. Er winkte mir kurz zu und setzte sich mit dem Rücken zur Wand auf den Teppich, ein großes, aber wertloses Serienfabrikat. Ich kauerte zu seiner Linken nieder. Tabatabai nahm auf der anderen Seite Platz. Es entspann sich ein langes Gespräch zwischen dem Ayatollah und dem stellvertretenden Ministerpräsidenten wie zwischen einem autoritären Vater und seinem gehorsamen Sohn. Khomeini war nicht in bester Laune, aber was hieß das schon bei diesem düsteren Mann? Er ließ sich meine Fragen übersetzen, nachdem er überprüft hatte, daß auch seine Gefolgsleute ein eigenes Tonband zur Kontrolle mitlaufen ließen. Der Achtzigjährige verhielt sich ebenso unwirsch und unpersönlich wie seinerzeit im französischen Neauphle-le-Château. Dabei verwies er auf dringende Geschäfte, die ihn zur Eile zwängen.

Ich will hier nicht sämtliche Fragen und Antworten wiederge- ben, die sich auf seine Konzeption des »Tauhid«, auf die damaligen Unruhen in Iranisch-Kurdistan und vor allem auf die Konsequen- zen bezogen, die sich für Iran aus der Besetzung der amerikani- schen Botschaft ergäben. Zitieren will ich hier lediglich seine Aus- sage zum Schicksal der Juden im Heiligen Land.

»Wir müssen den Unterschied machen zwischen den Juden und den Zionisten«, murmelte der Ayatollah. »Die Zionisten sind ebenso schlimm wie der Schah. Aber was die Juden betrifft, so werden sie in einem befreiten Palästina ein völlig normales Leben führen können. Es wird kein Unterschied gemacht werden zwi- schen Juden und Nichtjuden, und niemand darf sie angreifen.« Er erzählte zur Erläuterung eine Anekdote aus der Legende des Imam Ali, des Schwiegersohns des Propheten, während dessen kurzer Herrschaft in Kufa. Zwischen Ali und einem Juden in Kufa sei es damals zu einem Rechtsstreit gekommen, und sie seien beide zum Qadi gegangen. Beim Eintritt Alis habe sich der Rich- ter verneigt, den Juden habe er mit Nichtachtung bestraft. Dar- aufhin habe sich Ali entrüstet: »Du schuldest diesem Juden, der gegen mich klagt, dieselbe Achtung wie mir, denn obwohl ich Ka- lif bin, sind wir beide vor dem Gesetz gleich.« Im Laufe der Ver- handlung sei das Urteil zuungunsten Alis ausgefallen, und der Jude sei in seinem Anspruch bestätigt worden. Hierin sehe er, Khomeini, ein hohes Beispiel islamischer Justiz und Toleranz. Was der Imam an diesem Abend nicht erwähnte, ist die Fortset- zung der Legende. Demnach war besagter Jude von Kufa von der Unübertrefflichkeit der koranischen Lehre so überwältigt, daß er zum muslimischen Glauben übertrat.

Am Ende machte Khomeini eine kurze Pause, war fast abwe- send und kaum zu hören, als er hinzufügte: »Ich weiß, wie mühsam es ist, in unserem Land das Reich der Gerechtigkeit zu schaffen. In der Vergangenheit sind alle Einrichtungen des wahren Islam korrumpiert worden. Wir werden es sehr schwer haben, und der Erfolg unserer Erneuerung ist nicht garantiert. Vielleicht wird uns der Sieg beschert sein, aber ich werde notfalls auch bereit sein, unsere Überzeugung von der göttlichen Gerechtigkeit mit ins

Grab zu nehmen.« Ebenso brüsk, wie er gekommen war, stand Ruhollah Khomeini auf und verließ den Raum.

»… und dann sind sie verstummt«

Teheran, im September 2003

Das Gleichnis von Kufa mag für die Einwohner des Staates Israel nur geringen Trost bieten. Heute überschlagen sich ja die Regierungssprecher Ariel Scharons in Anklagen und bezeichnen die Islamische Republik Iran als ihren weitaus gefährlichsten Gegner. Jede Annäherung der Europäer an die Reformer von Teheran wird von Jerusalem aus unverzüglich unter heftiges Sperrfeuer genommen und in Washington konterkariert. Es gibt jedoch auch beim israelischen Geheimdienst Mossad eine Reihe von Experten, die zutiefst bedauern, daß der Judenstaat jegliche Form von Verständigung mit den Nachfolgern Khomeinis so kategorisch abgelehnt habe.

Der zürnende Imam hatte auf dem Höhepunkt seiner Vernichtungsschlachten gegen Saddam Hussein die Parole ausgegeben: »Der Weg nach Jerusalem führt über Bagdad – el tariq ila el Quds tamurru bi Baghdad.« Diese Weisung Khomeinis klingt unter den heutigen Umständen besonders bedrohlich, seit der Pyrrhussieg der US Army an Euphrat und Tigris eine Machtergreifung der Schiiten des Irak zur Folge haben könnte. Das revolutionäre Aufbegehren der »Partei Alis« könnte eine große Brücke schlagen bis zu den »Gotteskriegern« der schiitischen Hizbullah im südlichen Libanon. Die jüdischen Einwohner Nordgaliläas befinden sich in Alarmbereitschaft.

*

Die häßlichen Wohnviertel im Süden Teherans liegen hinter mir; und von weitem erkenne ich die metallisch schimmernden Türme des kolossalen Mausoleums, das dem Ayatollah Khomeini geweiht ist. Der Stil dieses riesigen Gewölbes, das durch ständige Ausweitung und den Neubau mehrstöckiger Koranschulen ergänzt wird, ist befremdend. Die Goldkuppel schimmert rostig, und die kurios gestalteten Minarette ragen wie Bohrtürme in die Höhe. Von der architektonischen Zauberwelt Isfahans ist keine Spur zu entdecken. Auf die herrliche Blumen- und Kachel-Ornamentik der Safawiden-Zeit hat man verzichtet. Vielleicht liegt dieser allzu modernen Askese eine tiefe Absicht zugrunde. Der Prunksucht eines Schah Abbas und der extravaganten Mystik der »Kizylbash« begegnete Khomeini stets mit abgrundtiefem Mißtrauen.

Smaragdfarbener Marmor bekleidet die Bodenfläche im eigentlichen Heiligtum. Eine bescheidene Schar von Gläubigen bewegt sich um die letzte Ruhestätte des Imam. Ein silbern schimmernder Kubus aus kugelsicherem Glas schirmt sie ab. Ohne jede Verzierung oder Aufschrift ruht ein massiver Block aus grünem Onyx auf dem Grab des Erwählten. Die Schlichtheit des Sarkophags soll wohl der Strenge seines Glaubens entsprechen. Neben dem Ayatollah ist sein Sohn Ahmed unter einer kleinen Onyx-Platte bestattet. Selbst im Innern dieses Sanktuariums sind Baugerüste aufgestellt. Weihestimmung will hier nicht aufkommen.

Eine Abordnung von zwei Dutzend Pasdaran ist durch einen Seiteneingang in straffer Ordnung in die Gruft einmarschiert. Sie tragen riesige weiße Blumengebinde, die sie vor der Glasverschalung aufstellen. Der Auftritt dieser kleinen Ehrengarde irritiert mich zutiefst. Der Imam hatte einst die Revolutionswächter als heilige Rotte von Gotteskämpfern aufgeboten, die durch ihr ungepflegtes Äußeres auffielen und einen durchaus proletarischen Zug der schiitischen Revolution verkörperten. Seitdem scheint eine gründliche Veränderung mit den Pasdaran vorgegangen zu sein. An der Grabstätte tritt heute ihr Détachement in bunt schamarrierten Uniformen auf. Sie tragen himmelblaue Jacken mit Goldtressen, weiße Hosen und Gamaschen sowie tellerförmige Mützen. Fast wie eine Zirkustruppe nähern sie sich im Stechschritt dem Sarkophag, während ihre Offiziere den Degen ziehen. Begleitet wird der Auftritt von orientalischer Jahrmarktmusik.

Ich muß an die zerlumpten Pasdaran und Bassidschi denken, an deren gottestrunkene Kampfstimmung, die mich vor zwanzig Jahren an der Front am Schatt-el-Arab so beeindruckt hatte. Enttäuscht wende ich mich ab. Ich verlasse die Gedenkanlage über den endlosen, leeren Parkplatz, der auf die Busse der Pilger zu warten scheint. Über der vergoldeten Kuppel weht eine blutrote Fahne. Das Blau des Abendhimmels trübt sich zur bräunlichen Dunstglocke. In einer Raffinerie am Horizont wird Petroleum abgefackelt, und der lodernde Flammenstrahl erscheint mir wie eine späte Huldigung an die ferne Zeit der Feueranbeter.

Auf der Rückfahrt halte ich nach dem Märtyrerfriedhof Beheshte-Zahra Ausschau. Die Gräberreihen führen ins Unendliche. Der Springbrunnen, der das Blut der »Schuhada« allegorisch auszuspeien schien – das Wasser wurde dunkelrot gefärbt – ist heute versiegt.

An dieser Stelle fällt mir ein elegischer Vers Omar Khayyams ein: »Mit allen Tugenden waren sie geschmückt; ja ihre Flamme haben sie ihren Freunden vermacht. Und dennoch sind sie der tiefen Nacht nie entronnen. Eine Fabel erzählten sie, und dann sind sie verstummt.«

IRAK
Die Super-Intifada

Der Aufbruch

Frankfurt, Mittwoch, den 8. Oktober 2003

Auffahrt zur Autobahn nach Frankfurt. Das Rheintal ertrinkt in einem grauen Regenflor. Die Abzweigung zum Petersberg ist kaum zu erkennen. Ich werfe einen kurzen Blick auf diese Höhe mit dem einfallslos restaurierten Gästehaus, wo sich angeblich einmal das Schicksal Afghanistans entschieden hat.

Apropos Petersberg – der Bürgermeister von Königswinter hatte damals heftig gegen die weltweite Behauptung protestiert, das Konferenzgebäude befinde sich in Bonn. Nein, der Petersberg gehöre zu seiner Gemeinde. Was Harald Schmidt in seiner Late-Night-Show veranlaßt hatte, eines jener rheinischen Juxlieder zu summen, das gut zum Karneval gepaßt hätte und mit dem Vers begann: »Königswinter – nix davor und nix dahinter.« Ohne es zu ahnen, hatte er so das Fazit dieser »historischen Tagung« über den Neuanfang am Hindukusch gezogen.

Die Regenböen, die über die A3 fegen, drücken nach diesem strahlend heißen Sommer auf die Stimmung. Vor der Abreise aus Rhöndorf – weder Drachenfels noch Rolandsbogen oder Adenauer-Haus waren im Dunst zu erkennen – hatte ich mir noch die CNN-Nachrichten angesehen, gegen den betrübten Protest von Eva, die, um mein Schicksal in Bagdad besorgt, noch gerne beim Glas Wein einen letzten Plausch gehalten hätte.

CNN zeigte Bilder aus »Sadr City«, jenem Stadtteil von Bagdad, der noch unlängst Saddam City geheißen hatte. Dort versammelten sich die schiitischen Massen zur Protestveranstaltung unter schwarzen, grünen und roten Fahnen. Die Amerikaner hatten einen Mullah festgenommen, in dessen Moschee ein Waffendepot entdeckt wurde. Doch kam es nicht zu blutigen Zwischenfällen. Hingegen war wieder ein amerikanischer Soldat in Faluja aus dem Hinterhalt erschossen worden, aber diese Meldung wurde nur mit knappem Text erwähnt. Bilder über Verluste der Okkupationsarmee waren ohnehin tabu. Die Erfahrungen mit den realitätsnahen, grausamen Reportagen aus dem Vietnamkrieg und deren psychologische Auswirkungen waren bei den Zensoren von Atlanta gebieterisch präsent.

Auf der Fahrt durch den Westerwald umfängt uns nasse Düsternis. Ich bitte Sigi, meinen treuen türkischen Fahrer, der Deutsch mit rheinischem Akzent spricht, aber seine junge Frau aus gutem Grund in seiner ostanatolischen Heimat bei Ardahan ausgesucht hat, die Innenbeleuchtung anzuschalten. So kann ich Zeitung lesen und wie immer der »International Herald Tribune« den Vorzug geben. Da gibt es zwar auch die Artikel von William Safire, die ein Amalgam von israelischer Likud-Ideologie und neokonservativer Propaganda nach dem Geschmack der amerikanischen Vordenker Paul Wolfowitz oder Richard Perle sind. Aber auf derselben Seite kommen Kommentatoren zu Wort, deren harsche, bissige Kritik an George W. Bush in deutschen Redaktionen den Aufstand der »politisch Korrekten«, ja helles Entsetzen über diese Respektlosigkeit gegenüber dem berufenen »Leader« der Freien Welt auslösen würde. In Germanien wird immer noch die berechtigte Ablehnung der derzeitigen Administration, die sich mit knapper Not und durch dubiose Stimmenauszählung des Weißen Hauses bemächtigte, mit Antiamerikanismus gleichgesetzt.

Der »Herald Tribune« entnehme ich die Bedingungen, zu denen die Türkei bereit wäre, etwa zehntausend Soldaten in den Irak zu schicken. 8,5 Milliarden Dollar sind ein gutes Geschäft für das finanziell marode Land, aber dieser Verkauf von Soldaten für Geld erinnert an die tragischen Zeiten des osmanischen Niedergangs. »Der kranke Mann am Bosporus«, hieß es damals. Mit dem Fahrer Sigi, in Wirklichkeit heißt er Zeki, der von der Statur her mein Bodyguard sein könnte, unterhalte ich mich immer wieder über die Verhältnisse in seiner Heimat, und er ist stets vorzüglich informiert. Der jetzige Ministerpräsident Recep Tayyip Erdoğan, ein ge-

1 und 2   Der ungewöhnliche Sandsturm, der über die vorrückenden US-Divisionen im März 2003 hereinbrach, konnte ihren blitzartigen Vormarsch auf Bagdad nicht hemmen.

3 Die Grab-Moschee des Imam Ali Ibn Abi Talib, Schwiegersohn und Neffe des Propheten, in Nedschef ist das höchste Heiligtum der Schiiten.

Ethnische und konfessionelle Gestaltung des Irak

TÜRKEI

Van

Tabriz

Dohuk

Mossul

Arbil

IRAN

SYRIEN

Suleimaniyeh

Kirkuk

Sanandadsch

Euphrat

Tikrit

Samarra

IRAK

Syrische Wüste

Ramadi

Faluja

Bagdad

Rutbah

Tigris

Kerbela

Hillah

Kufa

Nedschef

Amarah

nur sehr gering besiedeltes Gebiet

Nasariyeh

Basra

KUWEIT

200 km

Kuweit

Persischer Golf

SAUDI-ARABIEN

▩	Kurden
▩	Schiiten
▩	Sunniten

4   Der Autor beim Interview mit Ayatollah Khomeini in Qom, zwei Tage nach der Besetzung der US-Botschaft in Teheran im November 1979.

5   Mit Groß-Ayatollah Mohammed Yaqubi in dessen Haus in Nedschef.

6   Mit Scheikh Mohammed Hussein Fadlallah, der höchsten geistlichen Autorität der Schiiten des Libanon.

7   Mit Scheikh Nabil Qaouq, dem Befehlshaber des Süd-Abschnitts der schiitischen Hizbullah an der Grenze zu Israel.

8 Kolossale Bronzeköpfe Saddam Husseins unter mittelalterlichem Ritterhelm beherrschten das Stadtbild von Bagdad. Sie sind inzwischen gestürzt worden.

9 In einem der prunkvollen Paläste, die der irakische Diktator in seinem Größenwahn errichten ließ, kampieren amerikanische Soldaten.

10   Auf den »Türmen des Schweigens« bei Yazd in Persien wurden einst die Leichen der Zarathustra-Gläubigen den Adlern und Geiern ausgeliefert.

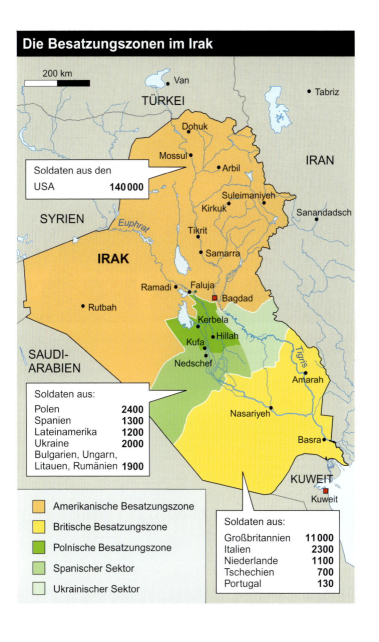

11   Das Kopftuch der jungen Iranerinnen hat sich gelockert, zumindest in Teheran, aber die Toleranz hält sich in Grenzen.

12   Rechts: Nach einem Vierteljahrhundert ist die Islamische Revolution des Iran am Ende. Doch die Bedeutung des Ayatollah Khomeini und seines Nachfolgers Ali Khamenei sollte nicht unterschätzt werden.

13   Mehr und mehr sieht sich die amerikanische Armee mit der Forderung nach Beendigung der Besatzung konfrontiert. Die Schiiten verlangen immer nachdrücklicher, dass nach dem Prinzip »Ein Mann – eine Stimme« gewählt wird.

14   Die gefallenen Amerikaner werden in aller Stille, fast heimlich, außer Landes gebracht und in der Heimat zu Grabe getragen. Der US-Bevölkerung soll der Schock dieser tödlichen Nadelstiche der irakischen Guerilla erspart bleiben.

15   Im Gegensatz zur Diskretion der Bush-Administration ehrt Spanien seine bei Bagdad getöteten Nachrichtendienst-Offiziere hochoffiziell durch die Präsenz von König Juan Carlos.

16 Der Groß-Ayatollah Mohammed Baqr-el-Hakim war der charismatische Hoffnungsträger der Schiiten des Irak. Am 29. August 2003 wurde er durch eine gewaltige Bombenexplosion am Grab des Imam Ali getötet.

17   Der noch jugendliche Scheikh Muqtada-es-Sadr gilt bei den radikalen Schiiten als Befürworter des Heiligen Krieges gegen die Besetzung des Irak durch Ungläubige.

18   Das Trauern und Wehklagen um die ermordeten Imame sei das ehrenvolle Erkennungszeichen der frommen Schiiten, hatte Ayatollah Khomeini gelehrt.

19 und 20   Durch ihr rauhes, oft brutales Vorgehen bei der Suche nach Terroristen haben sich die amerikanischen Truppen die Feindseligkeit, ja den Hass weiter Teile der irakischen Bevölkerung zugezogen.

21 Paul Bremer III., der amerikanische Prokonsul im Irak, thront fast wie ein orientalischer Monarch neben Ayad Alawi, einem Repräsentanten des Governing Council, anlässlich der Parade von 700 durch die Amerikaner ausgebildeter irakischer Soldaten.

22 Der von Bremer eingesetzte »Regierungsrat« des Irak wird mehrheitlich von der Bevölkerung als Instrument der Besatzungspolitik abgelehnt.

23 Seit dem Sturz Saddam Husseins kann sich die schiitische Glaubensgemeinschaft wieder frei entfalten. Der heiligste Imam, Ali Ibn Abi Talib, wird hier stark idealisiert dargestellt. Ihm gilt besondere religiöse Inbrunst.

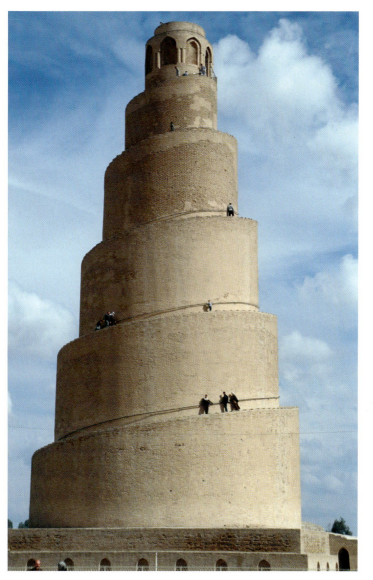

24 Der babylonisch anmutende Turm von Samarra ragt nahe jener Stelle in den Himmel, an der der Zwölfte Imam, El Mehdi, eine Messiasgestalt der Schiiten, vor seinen Verfolgern in die Verborgenheit entrückt wurde.

25   Zum Thanksgiving Day stattete Präsident Bush seinen Soldaten im Irak einen nächtlichen Blitzbesuch ab. Der Truthahn, den er hochhält, war angeblich ein Schaustück aus Plastik.

26   Die Sabotageakte gegen die Erdöl-Pipelines nehmen kein Ende und lähmen jeden wirtschaftlichen Neuanfang im Irak.

27   In der Hafenstadt Basra patrouillieren die britischen Soldaten ohne Helm und tragen imperiale Gelassenheit zur Schau.

28   Die Ruinen von Baalbek, die aus der Zeit des Kaisers Augustus stammen, dienen einer Kundgebung der schiitischen »Partei Gottes« als Bühne und Kulisse.

29   Der Besuch Kaiser Wilhelms II. in Baalbek wurde durch einen Champagner »Cuvée Impériale 1898-1998« verewigt.

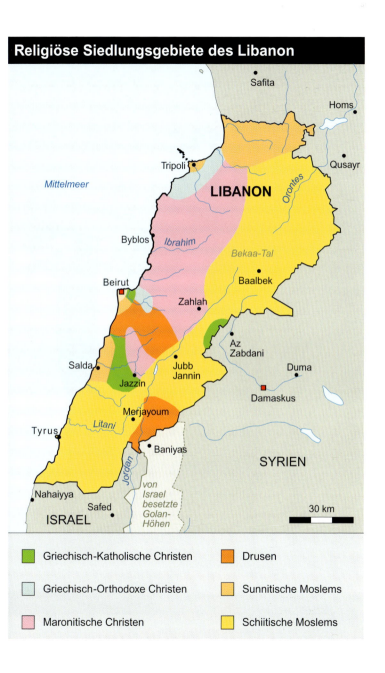

30 Letztes Gebet für einen gefallenen Kameraden.

mäßigter Islamist, muß das akrobatische Kunststück fertigbringen, seine religiöse Überzeugung, die ehrlich ist, mit seiner Bindung an die USA zu vereinbaren, die er wohl noch als unentbehrlich erachtet. Die Masse seiner Landsleute möchte sich hingegen aus dieser Umklammerung durch Washington losreißen. Sigi betrachtet Erdoğan als einen »guten Mann«.

Die Kurden des Nordirak, die im Gegensatz zu den sunnitischen und schiitischen Arabern die US Army als Freunde und Befreier begrüßt und umjubelt haben, drohen wieder einmal das Opfer eines zynischen Machtspiels zu werden. Schickt Ankara sich tatsächlich an, die territoriale Selbstgenügsamkeit des Kemalismus schrittweise aufzugeben, um in die Fußstapfen des Osmanischen Reiches zu treten und dessen Ordnungsfunktion im Orient zunächst noch extrem zögerlich zu übernehmen? All das bleibt ungewiß. In der Erdölstadt Kirkuk, wo das Schwarze Gold aus schier unerschöpflichen Quellen sprudelt, wo Saddam Hussein die kurdische Mehrheitsbevölkerung nach Kräften vertrieben und durch sunnitische Araber ersetzt hatte, wo aber auch eine starke ethnische Gruppe von Turkmenen alte Gebietsansprüche Ankaras wieder aufleben lassen könnte, wird sich erweisen, ob der sich abzeichnende neue Verrat an den Kurden stattfindet und zusätzliches Chaos schafft.

Was diesen Krieg des US-Präsidenten gegen den Terrorismus, gegen die »Kräfte des Bösen« so unerträglich macht, ist das Geflecht handfester Lügen, in die sich die Phantom-Jagd immer wieder verstrickt. Nur wenige Tage vor Beginn der amerikanischen Offensive am 20. März 2003 hatte ich von der nordirakischen Stadt Mossul aus die nahe gelegene Demarkationslinie zum autonomen Kurdengebiet der verfeindeten Stammesführer Barzani und Talabani inspiziert. Den Kurden war nach dem ersten Golfkrieg des Präsidenten George Bush senior ein autonomer Status gegenüber Bagdad zugefallen, der de facto einer Unabhängigkeit sehr nahekam. Kein einziger irakischer Soldat befand sich mehr zwischen Dohuk und Halabjah. Die »Peschmerga« hatten sich in eine kurdische Nationalarmee verwandelt, und der umfangreiche Schmuggel in Richtung Türkei oder Iran bescherte den bislang ärmlich lebenden Gebirgsvölkern einen beachtlichen Wohlstand.

187

Die Kurden hatten sich sogar den alten irakischen Dinar als eigene Währung zugelegt. Sie boten den Vorauskommandos der amerikanischen Special Forces einen gastlichen Empfang und strategische Ausgangsstellungen für ihren geplanten Vorstoß nach Süden.

Am Rande der unansehnlichen Ortschaft Kalak bildete das Flüßchen Nahr-el-Zab, aus unerfindlichen Gründen »el Kabir – der Große« genannt, die Demarkationslinie, die einer regulären Grenze, ja einer Front glich. Auf der Fahrt durch die saftig grünen Kuppen, die zu den schneebedeckten Bergen Kurdistans überleiten und wo normalerweise Saddam Hussein in Erwartung des amerikanischen Ansturms ein tief gestaffeltes Verteidigungssystem hätte ausbauen müssen, haben wir uns die Augen ermüdet auf der Suche nach Anzeichen kriegerischer Vorbereitungen. Da waren zwar ein paar irakische Soldaten in grüner Uniform und schwarzem Barett damit beschäftigt, Gräben auszuheben, vermutlich um dort ihre Panzer einzugraben, denen eine artilleristische, statische Aufgabe zugefallen wäre, wie das schon im Krieg gegen den Iran der Fall war. Aber von den Stahlungetümen sowjetischer Bauart war kein einziges Exemplar zu entdecken. Nicht einmal Feldbefestigungen wurden angelegt, so daß die weißflockigen Schafherden ein trügerisches Bild des Friedens vermittelten.

Zu jenem Zeitpunkt entrüstete sich noch die Sicherheitsberaterin des Weißen Hauses, Condoleezza Rice, darüber, daß der deutsche NATO-Partner sich seiner elementaren Solidarität gegenüber der Türkei verweigerte, die – so hieß es in Washington – durch die Offensivabsichten Saddam Husseins und den Einsatz irakischer Massenvernichtungswaffen existentiell bedroht sei. Es ging darum, die zögerlichen Deutschen unter Berufung auf ihre Verpflichtung gegenüber Ankara doch noch in den bevorstehenden Konflikt zu verwickeln. Auf der Brücke über das Flüßchen Nahr-el-Zab el Kabir hatte ich damals meinen Fernseh-»Stand up« mit den Worten begonnen: »An dieser Stelle, im äußersten Norden des Irak, wird deutlich, wie die Desinformationskampagne der NATO sich auswirkt und wie die europäischen Völker und Regierungen in die Irre geführt werden.«

Die von Washington lancierte Kampagne, die von NATO-Generalsekretär Lord Robertson bereitwillig sekundiert wurde, entsprach einer flagranten, ja schamlosen Verfälschung der realen Situation. Es gab ja nicht einmal mehr einen geographischen Berührungspunkt zwischen dem von Saddam Hussein kontrollierten Irak und dem Territorium der türkischen Republik. Dazwischen schob sich seit mehr als zehn Jahren der breite Streifen der kurdischen Autonomie. Die türkische Armee war zudem dem militärischen Aufgebot Bagdads haushoch überlegen und hätte vermutlich binnen acht Tagen in der irakischen Hauptstadt einmarschieren können. Was nun die Massenvernichtungswaffen Saddams betraf, so war deren Existenz bereits zu jenem Zeitpunkt fragwürdig, und die zu ihrem Einsatz unentbehrlichen Scud-B-Raketen wurden, soweit sie noch funktionsfähig waren, sogar vom israelischen Generalstab auf allenfalls ein Dutzend geschätzt. Als ob der Diktator von Bagdad in der Stunde seines Untergangs diese altertümlichen Utensilien ausgerechnet auf die ostanatolischen Städte Diyarbakir oder Van richten würde!

Das Ganze war purer Unsinn, und dennoch hatte sich die Berliner Regierung darauf eingelassen, eine Anzahl von Patriot-Raketen zur Abwehr der ominösen Scud-B an den türkischen Verbündeten zu liefern und auch die Beteiligung an Awacs-Aufklärungsflügen zuzusagen, wobei jedermann wußte, daß man von diesen perfektionierten Beobachtungsflugzeugen aus, selbst wenn sie über dem anatolischen Grenzgebiet kreisten, den halben Irak sehr präzis erkunden und die dort bevorstehenden Militäraktionen bis in den Raum der Hauptstadt koordinieren könnte.

Vielleicht ist es töricht, sich nachträglich über die grotesken Täuschungen zu erregen, denen ein großer Teil der europäischen Medien erlag. Aber die Irreführungen nehmen ja kein Ende. Inzwischen wissen wir, daß Saddam nicht einmal über jenen Restbestand an Trägerwaffen verfügte, von denen in den alliierten Stäben die Rede war. Die Massenvernichtungswaffen des Irak wiederum, die Tony Blair angeblich schlaflose Nächte bereiteten und die dem Feldzug in Mesopotamien den einzig plausiblen Vorwand hätten liefern können, hatten sich in Luft aufgelöst.

Die grellen Lichter des Frankfurter Flughafens spiegeln sich auf dem nassen Asphalt. Meine Zeitungslektüre habe ich beendet und frage mich, was wohl der israelische Bombenangriff auf ein verlassenes Ausbildungslager nördlich von Damaskus zu bedeuten hat. Wenn es nur um Einschüchterung ginge, wäre die Welt ja noch halbwegs in Ordnung. Aber das martialische Gefuchtel, mit dem Amerikaner und Israeli zu wetteifern scheinen, trifft doch immer wieder ins Leere und verleiht paradoxerweise jenen unversöhnlichen Kräften im gegnerischen Lager Auftrieb, die es angeblich auszumerzen gilt.

Warum begebe ich mich in meinem achtzigsten Lebensjahr überhaupt noch auf die beschwerliche Route nach Bagdad? Wie oft ist mir diese Frage gestellt worden. Wenn ich meine Chronisten-Tätigkeit als Belastung empfände, hätte ich mich sehr bequem zur Ruhe setzen können. Aber ich betrachte es als ein seltenes Privileg, daß mein Beruf für mich stets mein Hobby war, wie man heute zu sagen pflegt, daß ich im hohen Alter noch jener Beschäftigung nachgehen kann, von der ich als Jüngling geträumt hatte. Das Ganze macht mir eben Spaß. Warum soll ich dem intensiven Erleben, den »émotions fortes«, die so manchem französischen Denker zufolge das Leben erst lebenswert machen, ein zeitlich bedingtes Ende setzen? Die Grenze meiner physischen Leistungsfähigkeit wird mir eines Tages die Natur diktieren. Dann werde ich meine Memoiren im Rollstuhl verfassen und mich auf den Tod, auf das wirklich »große Abenteuer«, wie Ernst Jünger es ausdrückte, einstellen. Im übrigen hatte schon mein Freund Johannes Groß bei gelegentlichen Festreden von mir gesagt, ich hätte stets »in expectatione mortis – in Erwartung des Todes« gelebt, was wohl jedem von uns beschieden ist. Durch meine intensive Beschäftigung mit den religiösen Erweckungsbewegungen, von denen André Malraux prophezeite, sie würden das Merkmal des einundzwanzigsten Jahrhunderts sein, war ich zusätzlich geneigt, den Lauf der Dinge »sub specie aeternitatis – unter dem Blickwinkel der Ewigkeit« zu verfolgen.

In der Abflughalle C herrscht Gedränge und Durcheinander. Eine Passagiermaschine aus Tel Aviv ist eben eingetroffen. Kompakte Gruppen orthodoxer Juden mit ihrer schwarzen Trauerkleidung, die an die polnischen Ghettos und »Stetl« erinnert, vermischen sich hautnah mit stoppelbärtigen, grimmig blickenden Palästinensern, die den Flug nach Amman gebucht haben. Das Terrain wäre ideal für einen Terroranschlag, und die Nichtigkeit aller in kollektiver Hysterie getroffenen Sicherheitsmaßnahmen ist mit den Händen zu greifen. Das Kamerateam hat sich bereits in der Nähe des Abfertigungsschalters zu einer Tasse Kaffee getroffen.

Vor einem solchen Aufbruch überkommt mich jedesmal das Gefühl, die Führung eines Stoßtrupps zu übernehmen. Da ist als bewährte Aufnahmeleiterin und Regisseurin meine langjährige Mitarbeiterin Cornelia Laqua zugegen, die den Unwägbarkeiten und Gefahren dieser Kriegsreportagen mit einem Mut begegnet, den man sich bei manchen Männern wünschen könnte. Auch mein verläßlicher Kompagnon, der irakische Arzt Saad Darwish, hat sich eingefunden. Zum vierten Mal starte ich jetzt mit ihm in Richtung Zweistromland. Seine Vertrautheit mit den dortigen Verhältnissen – auch wenn sie sich seit dem Sturz Saddams gründlich verändert haben – dürfte weiterhin unentbehrlich sein. Der Kameramann Holger und der Assistent Hans-Jörg sind mir von der Produktionsfirma empfohlen worden. Ich begegne ihnen zum ersten Mal. Es ist ein Roulettespiel, welche beruflichen Qualitäten, welche charakterlichen Merkmale sich bei den völlig unbekannten Gefährten in der Stunde der Bewährung offenbaren werden. Früher hatte ich meine ständigen, auf meine Person eingeschworenen Mitarbeiter. Seit ich frei arbeite, habe ich mit den Kollegen, die der Zufall bescherte, fast immer Glück gehabt.

In diesem Falle stellt sich gleich beim ersten Kontakt ein gutes Gefühl ein, das sich später in Bagdad voll bestätigen soll. Dem Kameramann – er gehört nicht mehr der ganz jungen Generation an – kommt zugute, daß er bereits auf mehreren Kontinenten, vor allem aber auch in der heiligsten Wallfahrtstätte des Islam, in Mekka, gefilmt hat. Zu dem Zweck hatte er vor einem marokkanischen Konsulatsbeamten die »Schahada«, das koranische Glaubensbekenntnis, rezitiert: »Aschhadu anna la illaha illa Allah … – Ich bekenne, daß es außer Gott keinen Gott gibt und daß Mohammed der Prophet Gottes ist.« Das reichte für den »Taufschein«, der ihm ausgestellt wurde. Auf die Beschneidung, die prinzipiell auch zur Bekehrung gehört, hatten die Marokkaner großzügig verzichtet.

Was erwartet uns wohl am Ufer des Tigris? Seit auch die renommierten deutschen Gazetten – immer darauf erpicht, die zwangsläufig lückenhafte Berichterstattung ihrer Rivalen der elektronischen Medien herablassend zu bespötteln – nur noch selten eigene Reporter finden, um an Ort und Stelle zu recherchieren oder aus Sparsamkeit ganz darauf verzichten, ist man bei der Lektüre der heimischen Printmedien doch allzuoft auf unterbezahlte »Stringer« angewiesen oder auf die Voreingenommenheit orientalischer Kollegen, die sich in Jahrzehnten des Exils ihrer Heimat entfremdet haben. Man stößt auch auf die Analysen jener Experten, die wir früher als die »in unser Archiv entsandten Sonderkorrespondenten« bezeichneten. Die Zeiten, in denen man etwa einem Adelbert Weinstein am siebzehnten Breitengrad unter dem Beschuß nordvietnamesischer Artillerie begegnete, gehören wohl endgültig der Vergangenheit an, wie überhaupt der Typus des »Gentleman Adventurers«, der den Beruf einst schmückte, allenfalls noch bei angelsächsischen Außenseitern anzutreffen ist.

Zwar habe ich mit großem Interesse jene ausführliche Kollektiv-Berichterstattung des »Spiegel« gelesen, die – von sechzehn Mitarbeitern zusammengetragen – vorzüglich gegliedert und spannungsreich aufbereitet war. Aber die Hintergründe dieses seltsamen Feldzuges, der allen Prognosen der beruflichen Militärkommentatoren total widersprach, bleiben rätselhaft.

Zwei Stunden lang habe ich im Airbus der Lufthansa geschlafen. Um drei Uhr früh Ortszeit setzt die Maschine in der jordanischen Hauptstadt Amman zur Landung auf.

Im Schutz von GSG-9

Von Amman bis Bagdad, Donnerstag, den 9. Oktober 2003

Treffpunkt ist das Hotel Intercontinental in Amman, wo ich immer wieder logiere, seit ich dort im Jahr 1970 den »Schwarzen September« in seiner letzten Kampfphase verfolgte. Der Palästinenseraufstand Yassir Arafats gegen König Hussein war im Feuer

der Beduinentruppe des Haschemiten-Herrschers zusammenge-
brochen. Die Hauptstadt dieses artifiziellen Pufferstaates, der sich
aus einer Laune des Colonial Office schließlich zum Sprungbrett
des Pentagons für den ganzen Nahen und Mittleren Osten entwickelte, überrascht stets durch ihre scheinbare Teilnahmslosig-
keit gegenüber den bluttriefenden Tragödien, die sich an den jordanischen Grenzen in West und Ost abspielen. Dabei ist das
»Mamlakat« zu 70 Prozent von geflüchteten oder vertriebenen
Palästinensern oder deren Nachkommen bevölkert. Yassir Arafat
hatte 1970 davon geträumt, aus Amman eine Art »Hanoi des Nahen Ostens« zu machen. Die Illusion ist damals endgültig geplatzt. Wieder einmal erwies sich, daß es im Orient nur einer fest
entschlossenen, auf ihre Dominanz und ihre Privilegien eingeschworenen Minderheit bedarf – in dem Falle sind es die Bedui-
nenstämme, im benachbarten Syrien die geheime Glaubensgemeinschaft der Alawiten –, um einer feindseligen, aber rigoros
kontrollierten Bevölkerungsmehrheit ihren Willen aufzuzwingen
und jeden Aufruhr im Keim zu ersticken.

Im Vorbeifahren entziffere ich die Parolen des Regimes, die
sich seit dem Tod Husseins nicht verändert haben: »Allah, el Watan,
el Malik – Gott, Vaterland, König!«, oder den Spruch, der wie eine
Beschwörung klingt: »el Urdun awalan – Jordanien zuerst!« Wer
hatte in den westlichen Medien, die sich in mondänem Huldi-
gungsklatsch um die schöne Witwe und Königin Nur überschlu-
gen, das makabre Spiel zwischen Washington und Amman wahrgenommen, das im Februar 1999 stattfand? Hussein lag bereits
im Koma, und die USA hatten alles Interesse daran, zu verhindern,
daß dessen Bruder Hassan, der seit langem als Nachfolger desi-
gniert war, den Thron bestieg. Hassan stand im Verdacht, mit den
Palästinensern zu sympathisieren, ein arabischer Nationalist und
devoter Moslem zu sein. Da die Malika Nur wirklich nicht in der
Lage war, ihren eigenen Sohn, der zu jung und unerfahren war,
als Erben ins Spiel zu bringen, einigten sich die zuständigen Geheimdienste auf die Berufung des heutigen Monarchen Abdullah
II., Sohn einer englischen Mutter, der in seiner soldatischen Ausbildung durch den Drill von Sandhurst gegangen war und zusätzlich die britische Staatsangehörigkeit besaß. Dem agonisierenden

Hussein, dessen Verhältnis zu seinem Bruder Hassan problematisch war, wurde die Entscheidung untergeschoben, falls er den Vorgang überhaupt noch wahrnehmen konnte. Mit Abdullah II. würden die USA über die jordanische Sprungschanze verfügen, die für den im Jahr 2000 bereits in Planung befindlichen Irak-Feldzug unentbehrlich wäre. Israel wiederum brauchte sich keine Sorgen zu machen über eventuelle Scharmützel an seiner langen Ostflanke, wo auf dem Westufer des Jordan ohnehin eine schwer befestigte Sperrzone jede Infiltration verhinderte.

Zu nächtlicher Stunde, um vier Uhr, findet der Aufbruch aus Amman in Richtung Bagdad statt. Der deutsche Geschäftsträger im Irak, Claude Ellner, den ich seit meinen vergangenen Reisen in Mesopotamien schätzengelernt habe, bietet den beiden Geländewagen, die unser Team und dessen Material transportieren, den zusätzlichen Schutz seiner Sicherheitseskorte an. Insgesamt sieben Fahrzeuge – inklusive der gepanzerten BMW-Limousine, in der ich neben Ellner Platz nehme – fahren in zügigem Tempo nach Osten los. Wir sind abgeschirmt durch acht Angehörige der Elitetruppe GSG-9. Es gilt, jenseits des Euphrat das wegen seiner Guerilla-Tätigkeit gefürchtete »sunnitische Dreieck« mit den Städten Ramadi und Faluja möglichst früh zu passieren, um das Risiko eines Anschlages niedrig zu halten.

Noch herrscht Dunkelheit, während wir auf jordanischem Territorium eine Wüste durchqueren, die mit schwarzen Basaltsteinen übersät ist. Jedesmal, wenn wir diese Gegend passierten, hat Saad Darwish, der den Lebensstil des Westens vorbehaltlos übernommen hat und dennoch in seiner islamischen Erziehung wurzelt, auf jene 105. Sure des Korans verwiesen, die den Namen »El Fil – der Elefant« trägt. Das Ereignis, so besagt die Überlieferung, habe sich im Geburtsjahr des Propheten Mohammed zugetragen. Der christliche, vermutlich koptische König Abraha, der zu jener Zeit über Äthiopien und Jemen herrschte, war mit einem starken Heer und dreizehn Kriegselefanten gegen die Koreischiten, die damals noch heidnische Händler-Kaste von Mekka, aufgebrochen, um ihnen das Handelsmonopol über die westliche Karawanenroute Arabiens zu entreißen. Angeblich wollte er auch die Schändung seiner größten, neu gebauten Kirche durch frevlerische Kot-Beschmierung seitens der Koreischiten rächen. Als die gefürchteten Dickhäuter unaufhaltsam gegen Mekka vordrangen, sandte Allah eine Schar riesiger Vögel aus, die das feindliche Heer mit glühenden Steinen bewarfen. Die erschreckten Elefanten stürmten fluchtartig zurück. »Hast Du nicht gesehen, wie Dein Herr mit den Besitzern der Elefanten verfuhr?«, so zitiert Saad die Sure aus der frühen Offenbarung.

Die Sonne geht über der grau-gelben Einöde auf, als wir die Grenzstation erreichen. Die Kontrolle der Jordanier verläuft problemlos, aber nicht sonderlich höflich. Auf der irakischen Seite ist die Saddam-Statue, die den Diktator auf einem Podest von Raketen darstellte, zerstört worden. Zwei amerikanische Soldaten in voller Montur – einer weiß, einer schwarz – räkeln sich lässig auf ihren verbeulten Gartensesseln und interessieren sich kaum für unsere Gruppe. Sie geben sich gelassen. Ich stelle fest, daß der Rohöltransport aus dem Irak in Richtung Jordanien stark nachgelassen hat. Die Waffen der GSG-9-Mannschaft, die bislang im Diplomatenwagen Claude Ellners versteckt waren, werden jetzt herausgeholt und die kugelsicheren Westen übergestreift. Mit einem Schlag verwandeln sich die sympathischen jungen Athleten, die sich die schwere Pistole an den Schenkel binden, in Bodyguard-Gestalten eines Politthrillers.

Die sechsspurige Autobahn, die Saddam Hussein hinterlassen hat, befindet sich weiterhin in vorzüglichem Zustand mit Ausnahme einer einzigen Brücke über ein ausgetrocknetes Wadi, die durch US-Bomben zerstört wurde. Unsere Schutzengel lauern in ständiger Bereitschaft. Sie fahren mit ihren breiten Wagen auf zwei Spuren, um jedes Überholmanöver zu blockieren oder zumindest zu kontrollieren. Wenn wirklich ein fremdes Auto an unserem Konvoi vorbeifahren will, erreicht die Meldung den vordersten Wagen. Dort werden die Sturmgewehre auf den nahenden fremden Fahrer gerichtet, um ihn bei jedem verdächtigen Manöver sofort ausschalten zu können.

Die Vorsichtsmaßnahmen erscheinen uns übertrieben, denn weit und breit herrscht eintönige Normalität. Die Mittagshitze klettert schon auf vierzig Grad. Wir sichten die ersten Humvee-Kolonnen und leichten Schützenpanzer der US Army. Plötzlich knattert aus dem Lautsprecher am Armaturenbrett unserer Limousine die Mitteilung aus Bagdad, daß – nur dreihundert Meter von der provisorischen Unterkunft der deutschen Botschaft entfernt – ein spanischer Diplomat erschossen worden ist. Wir erfahren auch, daß soeben im schiitischen Armenviertel »Madinat-es-Sadr« eine Autobombe vor einer Polizeistation explodiert ist. Acht irakische Ordnungshüter seien dabei ums Leben gekommen.

Nach sechsstündiger Fahrt weicht die Wüste den ersten menschlichen Siedlungen mit Palmenhainen und Maisfeldern. Der Euphrat ist erreicht. Die beiden Städte Ramadi und Faluja, wo die Amerikaner ihre bislang schwersten Verluste durch Sprengsätze und Heckenschützen erlitten, ziehen mit ihren flachen, häßlichen Häuserzeilen an uns vorbei. Wir passieren das kritische sunnitische Dreieck ohne Zwischenfall. Zur Linken dehnt sich jetzt die riesige Gefängnis- und Folteranlage von Abu Ghraib, zu Zeiten Saddams als Vorhof der Hölle gefürchtet. Jetzt benutzen die Amerikaner die Haftanstalt für ihre Zwecke.

Der Verkehr hat nicht sonderlich zugenommen, obwohl wir bereits auf den Tigris und auf Bagdad zusteuern. Am Ende erreichen wir das Mansur-Viertel, das zu den besten Wohngegenden zählt. Saddams zahllose Selbstverherrlichungen und Statuen sind verschwunden. Mir fällt hingegen ein riesiges Porträt des Ayatollah Baqr-el-Hakim auf, der nach seiner Rückkehr aus zwanzigjährigem Exil im Iran vor kurzem in Nedschef bei einem Anschlag ums Leben kam. An einem anderen Platz bemerke ich die übliche Darstellung des Gründers der schiitischen Glaubensgemeinschaft, des Imam Ali, der, ganz in Grün gewandet, den mystisch verzückten Blick zum Himmel richtet.

Mit Claude Ellner bin ich am Botschaftsgebäude angelangt, das einer belagerten Festung gleicht. Trotz der gastlichen Aufnahme, die ich dort finde, drängt es mich, das Kamerateam schleunigst in seiner Unterkunft aufzusuchen und dort nach dem Rechten zu sehen. Da ich der Anweisung folgen muß, nur im gepanzerten Wagen mit GSG-9-Schutz dorthinzufahren, verzögert sich der Aufbruch. Dann verfransen wir uns heillos in dem Straßengewirr der Hauptstadt, das durch immer neue Sperren und Betonblöcke in einen Irrgarten verwandelt wurde. Die endlose Suche lohnt sich, denn sie vermittelt mir einen Eindruck von der extrem defensiven Situation, in die die Amerikaner bereits gedrängt wurden. Überall, wo sich die Behörde des Statthalters Paul Bremer, die CPA (»Coalition Provisional Authority«), installiert hat, aber auch rund um die Kasernierungen der Soldaten sind mächtige, häßliche Zementmauern hochgezogen worden, die der bislang recht offenen und harmlos wirkenden Stadt am Tigris etwas Gespenstisches verleihen. Die US-Patrouillen, denen wir begegnen, bewegen sich meist in ihren breiten Humvee-Fahrzeugen, aus deren Luke stets ein behelmter GI hinter dem Maschinengewehr ausspäht. Diese Militärpräsenz erweckt nicht das Gefühl, daß die Besatzer in der Lage wären, Partisanen oder Attentäter aufzuspüren. Statt dessen wirken die US-Soldaten mitsamt ihren gepanzerten Mannschaftswagen wie eine prädestinierte Beute, fast wie schwerfälliges, gehetztes Wild.

Unser Hotel trägt den beziehungsreichen Namen »Rimal«, was mit Sand, meinetwegen auch mit »Treibsand« zu übersetzen ist. Der Eigentümer hat – wohl wegen des Wohlklangs – den arabischen Plural gewählt. In der Einzahl heißt Sand »Rumel«, was dem General Erwin Rommel bei den Beduinen der Cyrenaika den Ruf eingebracht hatte, er sei schon durch seinen Namen für den Wüstenkrieg prädestiniert. Ich verabschiede mich von meinen deutschen Beschützern. Nun beginnt in der irakischen Gasthaus-Atmosphäre wieder ein normales, recht entspanntes Dasein. Die Besitzer sind vermutlich chaldäische Christen. Jedenfalls ist der Alkoholausschank im Restaurant freigegeben. Bier, Whisky und Arrak werden auch von manchen muslimischen Gästen gern konsumiert, seit die Besatzung der Ungläubigen begonnen hat. In dem kleinen Souvenirladen neben der Rezeption des »Rimal« sind noch Uhren mit dem Bild Saddam Husseins zu kaufen. Sie sind allerdings erheblich teurer als zu Zeiten des Baath-Regimes.

Saad Darwish hat einen schiitischen Kontaktmann aufgetrieben, der leidlich Englisch spricht. Von der US-Security wurde er sogar mit einem Ausweis ausgestattet, der ihm das Tragen einer Handfeuerwaffe erlaubt. Ich frage mich allerdings, was seine Pistole wohl nützen würde, wenn uns eines Tages ein paar Finsterlinge mit der landesüblichen Kalaschnikow gegenüberstünden. Saad verhandelt mit ihm über das Anheuern von Leibwächtern und vor allem über die Miete von robusten Geländewagen. Eines unserer ersten Ziele soll die entfernte Stadt Basra am Schatt-el-Arab sein.

Noch habe ich kein Gespür für die reale Situation. Das wird sich erfahrungsgemäß erst am dritten Tag allmählich einstellen. Unserem irakischen Freund Darwish, der in Bagdad zu Hause ist, hat schon die erste kurze Besichtigung der Metropole gereicht, um ihn in Melancholie versinken zu lassen. »Ich kenne meine Heimat nicht wieder, obwohl wir noch Anfang März dieses Jahres hier waren«, sagt er, »das Lebensgefühl scheint sich ebenso verändert zu haben wie das befestigte Straßenbild, seit sich die fremde Okkupation installiert hat. Vor allem wird jetzt so deutlich wie nie zuvor, daß Bagdad eine überwiegend schiitische Stadt ist.« Der Glaubensgemeinde des Imam Ali habe sich ein bisher unbekannter Triumphalismus bemächtigt.

Mit Claude Ellner und ein paar Botschaftsmitgliedern haben wir uns zum Abendessen im Restaurant »Finjan« verabredet, dem Stammlokal des deutschen Geschäftsträgers, der fast jeden Tag am selben Tisch diniert. Wie bei früheren Besuchen hat er Golf-Krabben bestellt und dazu libanesischen Wein. In Sichtweite haben sich vier Mann der deutschen Sicherungsgruppe mit ihren Waffen niedergelassen. Es kommt zu einem vertrauensvollen Gespräch, aber die meisten Themen – sowohl was den realen Ablauf der US-Offensive als auch die amerikanischen Neuordnungsvorstellungen betrifft – bleiben ungeklärt. Strategie und Politik verdichten sich hier zu einem Gebräu von Gerüchten, Verschwörungstheorien, Verdächtigungen, Morddrohungen, das selbst für orientalische Verhältnisse zutiefst unappetitlich ist.

Eine unvermeidliche Frage und ihre unbefriedigende Beantwortung sei hier vorweggenommen: Wo hält sich Saddam Hussein auf? Wir kommen überein, daß es einigermaßen plausibel erscheint, daß Osama Bin Laden, der zu einer islamischen Heldengestalt, zu einem arabischen Ritter ohne Fehl und Tadel hochstilisiert wurde in den Höhlen des pakistanisch-afghanischen Grenzgebiets bei engagierten Gotteskriegern Zuflucht gefunden hat, trotz der enormen Kopfprämie, die auf ihn ausgesetzt wurde. Der Diktator von Bagdad hingegen war doch stets von Feinden, ja von potentiellen Meuchelmördern umgeben. Bei der Mehrheit der eigenen Bevölkerung war er ebenso verhaßt wie gefürchtet. Das Zweistromland ist zudem flach wie ein Tisch und bietet keinerlei natürliches Versteck. Dennoch ist der Tyrann sechs Monate nach dem Fall seiner Metropole immer noch nicht aufgespürt worden, ja er foppt gelegentlich die Meute seiner Verfolger, die über unbeschränkte, hochtechnisierte Ortungsmethoden verfügen, mit der Verschickung eines Tonbandes.

Zu erklären sei ein solches Untertauchen nur durch den im Irak stark ausgeprägten Stammeszusammenhalt. So sei es – etwa in der Gegend von Tikrit, woher Saddam stammt – schwer vorstellbar, daß er von einem Sippenangehörigen an Ausländer und Ungläubige verraten wird. Dabei handle es sich weniger um eine religiöse Vorschrift als um einen atavistischen Instinkt, der bei diesen Nomadenvölkern schon in grauer Vorzeit das Überleben erlaubte. Eines Tages werde man Saddam entdecken und erschießen. Einfluß auf die sich verstärkende Guerilla gegen die Besatzungsmacht übe er ohnehin nicht aus, denn jede Kommunikation mit der Außenwelt würde ihm zum Verhängnis. So haste er wohl von Versteck zu Versteck. Übrig bleibt jedoch die Blamage des amerikanischen Nachrichtendienstes, die selbst die Feinde des gestürzten Tyrannen mit Schadenfreude erfüllt.

Noch vor der Sperrstunde kehrt unser Team ohne Eskorte, aber auch ohne das Gefühl irgendeiner akuten Gefährdung, zum Hotel zurück. Ich verspäte mich beim Aussteigen und werde von dem Zivilisten mit Kalaschnikow, der das »Rimal« bewacht, wegen eines verdächtigen Gegenstandes, den ich im Arm trage, angehalten. Aber anstelle der vermeintlichen Bombe kann ich ihm eine Flasche Whisky vorzeigen, die mir Claude Ellner eben spendiert hat.

Schlimmer als Vietnam?

Bagdad, Freitag, den 10. Oktober 2003

Gleich am frühen Morgen nach unserer Ankunft beginnen wir mit den Dreharbeiten. Zu Saddams Zeiten war das oft mühselig. Der uns begleitende Aufpasser des Informationsministeriums überwachte mißtrauisch jede Einstellung. Das hat sich jetzt nur partiell geändert. Wir können zwar im Zivilbereich die Kamera dahin richten, wo es uns gefällt. Aber dafür gibt es neue Vorsichtsmaßnahmen und Verbote. Journalisten, vor allem Fernsehteams, sollten sich tunlichst nicht in der Nähe amerikanischer Fahrzeuge oder Soldaten aufhalten. Laut groben Schätzungen finden im Umkreis der Hauptstadt und im sunnitischen Dreieck durchschnittlich dreißig antiamerikanische Anschläge pro Tag statt, von denen die meisten mißlingen und allenfalls »Kollateralschäden« anrichten. Von den Presseoffizieren werden sie gar nicht erwähnt. Aber bevorzugtes Ziel sind nun einmal die Besatzer. Dazu gesellt sich eine andere Gefahr, nämlich das Verhalten der US-Soldaten selbst, die oft hypernervös, gelegentlich sogar »trigger happy«, geradezu schießwütig reagieren.

Wir halten vor den beiden gewaltigen Schwertern an, die Saddam Hussein über seiner Parade- und Siegesallee wie einen Triumphbogen spannen ließ. Die Prachtstraße ist durch Stacheldraht und massive Hindernisse für den Verkehr gesperrt. An der Spitze der gigantischen Säbel erkenne ich durch das Objektiv die kleine Inschrift: »Bismillah – Im Namen Gottes.« Saddam Hussein, der alles andere als ein frommer Muslim oder gar Fundamentalist war, sondern ein säkularer arabischer Nationalist, hätte wohl nie gedacht, daß diese beiden sich mit den Extremitäten berührenden Symbole eines Tages eine zutiefst religiöse Bedeutung in den Augen der frommen Sunniten und Schiiten gewinnen könnten. Für einige reckt sich hier im Doppelformat jenes »Seif-ul-Islam«, jenes Schwert des Islam, das der Freitagsprediger einst während der Khutba in der Faust hielt.

Zu Füßen dieses Portals übt ein Dutzend amerikanischer Soldaten eine ungewöhnliche Tätigkeit aus. Sie schaufeln Steine und

200

verhärteten Mörtel auf zwei Lastwagen und bedienen sich beim Zusammenkehren knallroter Besen. Andere sind mit dem Zementieren neuer Schutzmauern beschäftigt. Zu meinem Erstaunen stelle ich fest, daß da nicht irgendwelche Bautrupps von Pionieren am Werk sind, sondern Militärpolizisten. Nach der Eroberung Bagdads sollen sich die Soldaten der 3. Infanteriedivision auch Europäern gegenüber wie Rüpel benommen haben. Die Aufforderung »fuck off« gehörte noch zu den harmloseren Sprüchen, und darin unterschieden sie sich nachteilig von der Generation der Vietnam-Veteranen, die – wenn sie nicht gerade unter Beschuß durchdrehten – recht umgängliche, freundliche Zeitgenossen waren. Seit der Verstärkung des »low intensity warfare«, des Partisanenkrieges im Irak, scheint sich allerdings eine positive mentale Veränderung bei den Soldaten vollzogen zu haben. Die hier arbeitenden MPs sind jedenfalls nette, hilfreiche Burschen, die sich gern mit uns unterhalten. Einer von ihnen gibt sich sogar als Deutscher zu erkennen. Er kommt aus Bamberg. Unter den in Mesopotamien eingesetzten US-Truppen mit einer Stärke von etwa 140 000 Mann sollen sich 40 000 Neueinwanderer befinden, die auf Grund ihres Kriegseinsatzes problemlos und sofort zu vollberechtigten US-Citizens werden.

Trotz ihrer Abschirmung durch die Stahlungeheuer der Abrams-Panzer, die den irakischen Widerstand einschüchtern sollen, tun mir die amerikanischen Soldaten ein wenig leid. Hatten sie schon in der fremden Umwelt von Vietnam deplaziert und plump gewirkt, so sind sie durch die unberechenbaren, bedrohlichen Arabermassen und deren koranische Religiosität wohl vollends aus dem Konzept gebracht. Die Reaktion auf die latente Feindseligkeit ist oft brutal. Wieviel besser hatten es doch die GIs, mit denen ich zwischen 1965 und 1975 die Reisfelder und den Dschungel Indochinas durchstreifte. Bei dem damaligen Aufgebot von einer halben Million handelte es sich mehrheitlich um Wehrpflichtige. Die Berufssoldaten von heute, die Donald Rumsfeld ins Zweistromland schickt, stammen meist aus ärmlichen, unterprivilegierten Schichten. Auf Grund ihres bescheidenen Bildungs- und Intelligenzniveaus begegnen sie den tückischen Gefahren des Orients mit wütender Hilflosigkeit.

Schon beim ersten Kontakt mit dieser Besatzungsarmee am Tigris gewinnt man den Eindruck, daß der Einsatz für die Eroberer sich in mancher Hinsicht viel belastender und frustrierender auswirkt als der viel geschmähte, als »Hölle« verwünschte Feldzug gegen den Vietcong, auch wenn die Verluste hier noch gering bleiben. Damals lauerten zwar überall die Fallen, die »boobytraps« und die Minen eines unfaßbaren Gegners. Aber in der Etappe, sei es in Saigon oder Danang, wenn sie freien Ausgang hatten, gerieten die GIs doch nur in Ausnahmefällen unter Beschuß. Zudem kämpfte auf seiten der Amerikaner eine zahlenstarke vietnamesische Nationalarmee gegen die Kommunisten Ho Tschi Minhs. Bei all ihrer Unzulänglichkeit waren diese Südvietnamesen bestimmt verläßlicher als jene irakischen Hilfstruppen und Polizisten, die von Paul Bremer in aller Hast aufgestellt werden und die unlängst noch in Saddam Husseins Diensten standen.

Im Irak bleiben die unteren Ränge der US Army – zur Verwunderung ausländischer Beobachter – oft erbärmlich, bei glühender Hitze, unter Zelten kantoniert. Ihre Verpflegung besteht aus den ungenießbaren Standardrationen. Von den Vorgesetzten werden sie häufig in einer Härte gestriezt, die den Filmszenen von »Full Metal Jacket« nahekommt. Der amerikanische Soldat im Irak steht unter striktem Verbot, sich unter die Zivilbevölkerung zu mischen. Nicht mal eine Tasse Kaffee darf er in einer irakischen Imbißbude zu sich nehmen. An Kontakt mit einheimischen Frauen ist im Traum nicht zu denken. Insbesondere in dieser Beziehung waren ja die Vietnam-Veteranen auf ihre Kosten gekommen. Sie hatten Saigon und Danang in riesige Bordelle verwandelt und wurden im Zuge des »Rest and Recreation«-Programms in kompakten Scharen in die Massagesalons von Bangkok ausgeflogen. So trostlos und abweisend, das sagen unsere Militärpolizisten am Triumphbogen frei heraus, hatten sie sich ihren Dienst im Land von »Tausend und einer Nacht«, in der Heimat der Scheherazade, nicht vorgestellt. Die ständig hinausgezögerte Ablösung und Rückführung in die Heimat löst bei der Truppe wachsende Unzufriedenheit aus. Schon mehren sich Vorwürfe gegen jene Hurrapatrioten zu Hause, die ihnen diese bittere Prüfung eingebrockt haben.

202

Es brodelt bei den Schiiten

Der unfertige Bau wirkt monströs. Die übereinandergestülpten Halbkuppeln aus rohem Beton türmen sich zu einem künstlichen Gebirge. An dieser Stelle hat Saddam Hussein sich nicht damit zufriedengegeben, gigantische Paläste im pseudo-babylonischen Stil zu hinterlassen. Hier wollte er sich auch als megalomaner Bauherr religiöser Inspiration verewigen. Das Resultat ist abscheulich. Die reglosen Kräne überragen die klobige Konstruktion wie die erstarrten Fangarme einer riesigen, grauen Krake.

Mit voller Absicht habe ich diese unvollendete Moschee am Rande des Mansur-Viertels ausgesucht, um das Freitagsgebet zu filmen. Der Diktator von Bagdad hatte dort wohl in Vorahnung seines Untergangs eine himmelstürmende Frömmigkeit vortäuschen wollen, die gar nicht zu seiner säkular und nationalistisch gefärbten Tyrannei paßte. Ursprünglich war dieses kolossale Gebetshaus für die sunnitische Minderheit bestimmt, der der Präsident angehört und die seit der frühen Spaltung des Islam vor 1300 Jahren die schiitische Bevölkerungsmehrheit des Irak stets unterdrückte.

Doch in der Stunde des Zusammenbruchs waren die schiitischen Mullahs blitzschnell zur Stelle. Wie Squatter okkupierten sie die Gebetshalle, die »Dschami'el Rahman«, und als Zeichen ihrer Besitznahme brachten sie die Inschrift ihrer höchsten theologischen Autorität an: »El hawza el 'ilmiya el scharifa«. Damit dokumentierte die schiitische Geistlichkeit ihren künftigen Anspruch auf weltliche wie geistliche Führung im neuen Irak. Um uns Zutritt und Drehgenehmigung zu verschaffen, werde ich nach Befragung durch einige junge bärtige Männer zum verantwortlichen schiitischen Imam geführt, der mich unter einem ausladenden Baum vor seinem bescheidenen Haus begrüßt. Scheikh Abdul Jabbar ist ein etwa fünfzigjähriger Kleriker. Er trägt die braune Abaya und den weißen Turban seines Standes. Ich greife auf meine übliche Methode zurück, das Vertrauen, ja eine gewisse Zuneigung frommer Schiiten zu erwerben. Ich lege das Foto vor, das mich im Gespräch mit dem Ayatollah Khomeini in Qom zeigt. Man mag diese sim-

203

ple Form der Annäherung belächeln, aber sie übt bei den Schiiten des Irak noch ihre überzeugende Wirkung aus. Saad Darwish spricht von dem Bild stets als meinem »Paß«.

Ich bringe das Gespräch sofort auf die in der Islamischen Republik Iran so heftig umstrittene Regierungsform des »Wilayat-el-Faqih«, auf die Statthalterschaft des dortigen geistlichen Führers im Namen und im Auftrag des »Verborgenen Imam« der schiitischen Lehre. Abdul Jabbar ist ein von Natur freundlicher, heiterer Mann, was unter seinesgleichen eher selten ist. Er ruft seinen kleinen Sohn Mohammed herbei, der den theologischen Erörterungen eines Ungläubigen mit großen, verwunderten Augen folgt.

»Soweit sind wir noch nicht«, betont der Scheikh, der sich in fließendem Englisch ausdrückt. »Für den von Saddam befreiten Irak geht es zunächst darum, eine neue Verfassung auszuarbeiten. Wir wollen dem Volk nicht mit der Autorität unseres Lehramtes einen Gottesstaat oktroyieren, sondern die Gläubigen sollen in demokratischer Abstimmung darüber entscheiden. Die Vereinten Nationen oder andere verläßliche Kontrolleure sollen dieses Votum überwachen. Wir kennen unser Volk gut genug, um zu wissen, daß es sich auf jeden Fall für eine koranische Staatsform, für eine islamische Republik entscheiden wird.«

Dagegen wende ich ein, daß die amerikanische Besatzungsmacht sich wohl schwerlich mit der Gründung einer religiös inspirierten »Dschumhuriya« schiitischer Prägung abfinden würde, daß in Washington die eigene Demütigung im Konflikt mit dem Ayatollah Khomeini noch nicht verwunden sei. »Ob wir jeden Paragraphen der Khomeini-Verfassung übernehmen, ist keineswegs gewiß. Die Schiiten bilden zwar eine massive Überzahl im Irak, aber auf die sunnitische und auch die christliche Minderheit muß hier verstärkt Rücksicht genommen werden«, lautet die Antwort. Nach einer endlosen Leidenszeit der Entrechtung, der Diffamierung, der Unterdrückung fordere die »Partei Alis« jedoch die ihr zustehende Vertretung in Parlament und Regierung. Wenn der Besatzungschef Paul Bremer sich der freien Entscheidung der Bürger, die die Amerikaner doch stets als ihr Heilsprogramm proklamieren, in Bagdad verweigern würde, müßte er mit einem bewaffneten Widerstand der schiitischen Massen rechnen. An deren Entfesselung gemessen, würden die derzeitigen Partisanenüberfälle im sunnitischen Dreieck wie Geplänkel erscheinen.

Ob auch bei den schiitischen Geistlichen der Disput im Gange sei über die Rolle des »Mehdi« und des von ihm gegründeten Gottesstaates am Ende der Zeiten? Gewiß, erwidert Abdul Jabbar, das wahre Reich der Gerechtigkeit und der Erlösung könne erst bei der Wiederkehr, der Parusie des Mehdi auf Erden seine Erfüllung finden. Aber in der Zwischenzeit seien die Schiiten verpflichtet, auf einer Regierungsform zu bestehen, die den Vorstellungen Allahs, des Propheten Mohammed und dessen Statthalters, des »Wali« Ali, möglichst nahekäme. Der Scheikh der Dschami'el Rahman ist ganz ungewöhnlich offen und mitteilsam. Keinen Moment lang habe ich das Gefühl, durch die so oft praktizierte schiitische »Taqiya« hinters Licht geführt zu werden. Er verheimlicht keineswegs die Spannungen, die innerhalb seiner Glaubensgemeinschaft vorherrschen und eventuell zu Komplikationen führen können. »Eines ist sicher«, sagt er, »als höchste geistliche Autorität, als ›Mardscha-el-taqlid‹ oder Quelle der Nachahmung, kommt nur der Groß-Ayatollah Ali-el-Sistani in Frage, der der Theologischen Hochschule in Nedschef vorsteht.« Seine Autorität werde nicht nur von den Schiiten des Irak anerkannt, sondern in zahlreichen anderen Gemeinden der Gläubigen, vor allem im Iran, woher Sistani stamme.

Als hervorragender »Mujtahid«, als befugter Interpret der wahren Lehre, hatte sich auch der Ayatollah Mohammed Baqr-el-Hakim ausgezeichnet. Nach dessen Rückkehr nach zwanzigjährigem Exil in Teheran wäre wohl Baqr-el-Hakim, der weithin verehrt wurde, der berufene politische Führer gewesen, um den Gläubigen den rechten Weg zu weisen, während Ali-el-Sistani sich auf eine abgehobene Rolle meditativer Gotteserkenntnis zurückgezogen hätte. Die Ermordung des Ayatollah Baqr-el-Hakim am 29. August 2003, als er nach der Freitagspredigt das Grab des Imam Ali in Nedschef, die heiligste Stätte der Schiiten, verließ, sei daher ein besonders teuflisches Verbrechen.

Hakim hatte, so bestätigt Abdul Jabbar, in Abstimmung mit der geistlichen Führung des Iran den Weg der Legalität beschreiten und das demokratische Prinzip in letzter Konsequenz anwenden wollen. Wie fast alle irakischen Schiiten habe Hakim zwar den Amerikanern zutiefst gegrollt, weil ihr Aufstand gegen Saddam Hussein, zu dem Präsident Bush senior gegen Ende des Golfkrieges von 1991 aufgerufen hatte, von der US Army so schmählich im Stich gelassen worden war. Aber er sei pragmatisch genug gewesen, seinen Bruder Abdulaziz-el-Hakim als Bevollmächtigten im Namen der Sciri, des »Höchsten Islamischen Rates der Republik Irak«, in jene kollektive Beratungsgruppe, den »Governing Council«, zu entsenden, die von der neuen Bush-Administration als Übergangsbehörde selektiert wurde.

Die Autorität des Ayatollah el-Hakim, der zwei Dutzend naher Verwandter in den Mordaktionen Saddams verloren hatte, erscheint beinahe unersetzlich. Jedenfalls wurde eine fatale Lücke aufgerissen, und der Lauf der politischen Entwicklung im Zweistromland treibt ins Ungewisse. Abdul Jabbar bezweifelt, daß der Bruder Abdulaziz über ausreichende Autorität und das Stehvermögen verfügt, um in dem von Paul Bremer dirigierten Pseudo-Regierungsgremium den Anspruch der Schiiten zu verkörpern. Schon muß er gegenüber den Amerikanern eine zunehmend unversöhnliche Sprache führen, um beim Volk seine Glaubwürdigkeit zu bewahren. Als Exponent einer revolutionären, auf Gewalt dringenden Fraktion der »Schiat Ali« gibt sich zur Zeit der junge Scheikh Muqtada-es-Sadr zu erkennen. Dieser Agitator hat sich an die Spitze des schiitischen Widerstandes gegen die US-Besatzung gestellt. Muqtada findet geballte und fanatische Gefolgschaft unter den zwei Millionen schiitischen Hungerleidern jenes riesigen Slum-Viertels der Hauptstadt, das früher Saddam City hieß und jetzt Madinat-es-Sadr genannt wird. Letztere Umbenennung bezieht sich auf den Vater des rebellischen Muqtada, den Groß-Ayatollah Mohammed-Sadeq-es-Sadr, der 1999 auf Geheiß des Diktators umgebracht wurde. Sein Gottvater-ähnliches Antlitz mit dem schneeweißen Rauschebart ist heute fast ebenso häufig anzutreffen wie seinerzeit das Porträt Saddam Husseins. Abdul Jabbar distanziert sich von den Radikalen: »Dem Scheikh Muqtada-es-Sadr fehlt die Erfahrung des Alters, die profunde Kenntnis der religiösen Wissenschaft«, meint er beiläufig.

Ein Wendepunkt ist dennoch erreicht. Es brodelt bei den Schiiten, seit die Amerikaner die Leibwächter mächtiger Kleriker entwaffneten und ihnen damit jeden Schutz vor feindlichen Anschlägen raubten. Die US-Truppe habe immer wieder die Gesellschaftsvorschriften und Verhaltensregeln seiner Glaubensgemeinschaft frevlerisch verletzt und sich damit deren Haß zugezogen. Für den prominenten Günstling des Pentagons, für den Emigranten Ahmed Chalabi, dem der stellvertretende US-Verteidigungsminister Paul Wolfowitz am liebsten die Führung des neuen Irak übertragen hätte, hat der Scheikh nur ein spöttisches Lächeln übrig. Chalabi sei ein säkularisierter Schiit, habe schon als Kind das Land beim Sturz der Haschemiten-Monarchie im Jahr 1958 fluchtartig verlassen und sei sogar in Jordanien wegen Betrugs zu hoher Gefängnisstrafe verurteilt worden.

Wer denn für die Ermordung des Ayatollah Baqr-el-Hakim verantwortlich sei, forsche ich ungeniert. »Ein Schiit war es mit Sicherheit nicht«, lautet die Antwort, »kein Schiit würde eine Bombe auslösen, die das Grab des Imam Ali beschädigt. Eine schlimmere Sünde gibt es gar nicht.« Das gleiche hatte übrigens der dem Glauben entfremdete Ahmed Chalabi von sich gegeben. Natürlich ist der Verdacht aufgetaucht, die CIA oder der israelische Mossad seien hinter der Sprengung zu suchen, die mit technischer Perfektion und per Fernzündung aktiviert wurde. Wahrscheinlicher ist die Täterschaft hartnäckiger Anhänger des Saddam-Regimes, die es auf Schaffung von Chaos angelegt haben. Noch bleibt alles in der Schwebe. Die gezielte Selbstisolation des Groß-Ayatollah Sistani trägt wohl beträchtlich zu dieser prekären Immobilität bei.

Der Muezzin ruft zum Mittagsgebet. Abdul Jabbar winkt einen gutaussehenden jungen Mann in weißem Gewand herbei – so ähnlich mag der Erzengel Dschibril, Gabriel, wie die Christen sagen, den Gefährten des Propheten begegnet sein –, um uns zur Moschee zu begleiten und für unseren Schutz zu sorgen. Aber das ist eine überflüssige Sorge. Die Mullahs, die dem »Minbar« zustreben, sind von ihrer Bedeutung so durchdrungen, schweben fast über den Boden in der Gewißheit ihrer Heiligkeit, daß sie uns kaum beachten. Überall begegnet man uns mit großem Wohlwollen. Aus purem Zufall ist vor dem Portal eine grüne Fahne entfaltet worden, auf der in englischer Sprache die Worte zu lesen sind: »Gott segne seinen Propheten Isa – das arabische Wort für ›Jesus‹ – und dessen Mutter Mariam.« Seltsam, wie nachhaltig »der Marienkult« des Islam an dieser Stelle zum Ausdruck kommt. Dem Koran zufolge ist Jesus von Nazareth einer der größten Propheten, aber keineswegs der Sohn Gottes. Statt am Kreuz zu sterben, wurde Isa von Allah in die Jenseitigkeit versetzt, von wo er einst zurückkehren soll, um den »Tag des Gerichts – Yaum-ed-Din« anzukündigen und, wie Scheikh Abdul Jabbar mir bestätigt, schon bei der Erscheinung des Zwölften Imam El Muntadhar, El Mehdi genannt, an der Erlösung der Menschheit mitzuwirken.

Auf den Stufen der Dschami'el Rahman sind zahlreiche Erbauungsschriften zum Verkauf ausgelegt. Ein Devotionalienhändler schenkt mir eine Broschüre, die eine seltsame Assoziierung vollzieht zwischen Fatima, der hochverehrten Tochter des Propheten Mohammed, Ehefrau des Imam Ali und Mutter der Imame Hassan und Hussein, sowie der Virgo Maria, der Mutter des Isa oder Jesus, deren Jungfrauengeburt im Koran ausdrücklich erwähnt und somit zum feierlichen Dogma der gesamten islamischen Umma erhoben wurde. Noch erstaunlicher klingt die Parallele, die in diesem Büchlein gezogen wird zwischen dem Imam Hussein, dem strahlenden Märtyrerhelden der Schiat Ali, und Jesus von Nazareth, der ebenfalls den Verleumdungen und Anschlägen seiner Feinde ausgesetzt war.

Wie erklärt sich dieses Amalgam zwischen Islam und Christentum? Will die schiitische Geistlichkeit auf diese Weise Toleranz demonstrieren gegenüber der christlichen Schwesterreligion, oder soll durch Beteuerung der Gemeinsamkeiten im Glauben die Bekehrung der »Nasrani«, der Nazarener, zur wahren, endgültigen Offenbarung Mohammeds in der Erbfolge Abrahams oder Ibrahims angestrebt werden? In letzterem Falle würde es sich um einen Missionierungsversuch handeln, der weit über die christliche Minderheit des Irak die letztliche Hinwendung der Völker Europas zum Islam bezweckt. Wer sich darüber empört, sollte sich daran erinnern, daß noch im neunzehnten Jahrhundert der französische Kardinal Delavigerie mit der Gründung des Ordens der Weißen Väter sich um die Konversion der muslimischen Ber-

208

ber Nordafrikas zur Ecclesia Christi bemühte, ohne jeden Erfolg übrigens.

Der kahle Hohlraum der Moschee ist überwiegend mit jungen Männern zum Bersten gefüllt. Der Prediger hat eine provisorische Kanzel bestiegen. Seine Worte hallen anklagend und zornig. In der vordersten Reihe kauern die Mullahs mit weißen und schwarzen Turbanen. Dahinter ballt sich in der exakten Ausrichtung des »Soff« das fromme Volk. Noch ruft kein »Khatib« zum Heiligen Krieg auf. Doch die Stimmung ist angeheizt. Gestern ist es zu einer Schießerei zwischen schiitischen Milizen und US-Truppen gekommen. Zwei Amerikaner und zwei Iraker kamen dabei ums Leben. Die Verwünschungen gegen die USA und Israel steigern sich zu einem gewaltigen Stimmenschwall. Der Stadtteil Sadr City soll in Zukunft für alle ausländischen Eindringlinge, zumal wenn sie Waffen tragen, gesperrt werden. Ein Koranvers wird im Sprechchor mehrfach wiederholt und dröhnt mächtig durch das Betongewölbe: »Ihr sollt die Juden und die Christen nicht als Eure Anführer dulden!« Mit besonderer Entrüstung schildern die Prediger die Entwaffnung der Leibgarde des hochgeschätzten Ayatollah Yaqubi in Nedschef durch einen amerikanischen Stoßtrupp.

Die antiamerikanischen Wutausbrüche seien neu, stellt unser Mentor Saad Darwish fest, der sich als Sunnit gar nicht wohl fühlt inmitten dieser exaltierten Menge. Religiöse Verzückung spiegelt sich in den Gesichtern der Alten, die Bereitschaft zum Opfertod in den Blicken der Jüngeren. »Die werden sich mit Freude in die Luft sprengen, wenn die Stunde des Dschihad schlägt«, meint Saad. »Hier werden Kräfte freigesetzt, die nach dem Martyrium geradezu dürsten.« Um so bemerkenswerter ist es, daß unsere störende Präsenz, unsere indiskrete Kameraarbeit bei den Betern auf keinerlei Einwand oder Verärgerung stoßen.

Auf der Heimfahrt blättere ich in der frommen Schrift über »Lady Fatima und Virgin Mary – Friede sei auf ihnen«. Da heißt es wörtlich:

Die Muslime zweifeln nicht daran, daß der Prophet Jesus am Ende der Zeiten erscheinen wird, vornehmlich um die christliche Gemeinde zu retten und sich an den Juden zu rächen, die ihn zu Unrecht verurteilten und seine Jünger verfolgten. Jesus wird wiederkommen, um die Religion Allahs auf Erden zu errichten.

Die Muslime glauben auch, daß der Imam Mehdi (der Zwölfte Imam), Nachkomme und Urenkel von Lady Fatima (der Tochter Mohammeds), ebenfalls am Ende der Zeiten auftreten wird, um alle Tyrannei und Ungerechtigkeit auszumerzen und um die reine Religion des Islam auf Erden zu begründen. Er wird gemeinsam mit dem Propheten Jesus erscheinen, um die Völker der Erde von Tyrannei und Ungerechtigkeit zu befreien und sie auf dem rechten Pfade zu führen. Auf folgende Weise ist ›Lady Mary‹ mit ›Lady Fatima‹ zu vergleichen. Sie beide sind die Mütter von Erlösern, Jesus und El Mehdi, die in ihren Absichten, ihrer Verantwortung und ihrer Religion vereint sind. Sie alle sind Diener des einen und einzigen Gottes.«

Tödliche Nadelstiche

Seltsamerweise gibt es im Irak keinerlei Presse-Akkreditierung für Korrespondenten. Vielleicht ist das besser so, und jeder arbeitet auf eigene Faust. Das dubiose Experiment des »embedded journalist« wird wohl so bald nicht wiederholt werden. Seit täglich ein oder zwei amerikanische Soldaten aus dem Hinterhalt getötet werden, gibt es keinen Raum mehr für solche Propaganda-Mätzchen. Der Ordnung halber bin ich dennoch zum Informationszentrum der »Coalition Provisional Authority« gegangen, das im früheren Kongreßzentrum Saddam Husseins großzügig untergebracht ist. Im wesentlichen geht es mir darum, über den britischen Verbindungsoffizier unsere Ankunft in Basra anzukündigen. Es trifft sich gut, daß in einem riesigen, modernen Auditorium das tägliche Briefing stattfindet. Etwa zwei Dutzend Journalisten sind da versammelt, und das weibliche Element ist stark vertreten. Der amerikanische Oberst trägt seinen Bericht mit gleichmäßiger Stimme und eingeübter Sachlichkeit vor. Im Stadtzentrum wurde eine irakische Polizeistation durch eine Autobombe schwer getroffen, und mehrere von den Amerikanern frisch rekrutierte Ordnungshüter fanden den Tod. Bei den Sprengstoffanschlägen auf eingebunkerte Armee- und Verwaltungsunterkünfte der Besatzer werden jene irakischen Hilfskräfte getötet, die zur äußeren Sicherheit der Objekte eingesetzt sind. Der Eingang des Pressezentrums ist durch ein Übermaß an Stacheldraht und Beton gesichert. Zweimal werden wir kontrolliert, einmal durch Iraker, dann durch lässige GIs. Es geht dabei höflich zu. Die Zeiten, als man Reporter endlos in der Sonne braten ließ oder sie barsch durch die Sperren hetzte, sind vorbei. Es wirkt sich wohltuend aus, daß viele der in Bagdad stationierten US-Soldaten vorher in deutschen Garnisonen gedient und sich dort gelockerte Umgangsformen mit Ausländern angewöhnt haben.

Mit den Briefings, die jeden Abend in Saigon während des Vietnamkrieges im zweckentfremdeten Hotel »Rex« stattfanden, haben die Verlautbarungen des Irak-Konfliktes nichts mehr zu tun. Das »Rex« war fast ungeschützt, und der vortragende Offizier beschränkte sich damals im wesentlichen auf die abscheuliche und dazu noch sträflich aufgebauschte Auflistung des »body count«. 320 VC – das heißt Vietcong – waren in dieser Provinz, 285 in jener getötet worden, so lautete die Trophäen-Angabe. Sie besaß, wie ich an Ort und Stelle mehrfach feststellen konnte, keinerlei Realitätsbezug, und die getöteten Zivilisten wurden unbesehen als Kombattanten eingestuft.

In Bagdad werden die eigenen Verluste erwähnt, und der Oberst an seinem Stehpult tut das mit einer Zurückhaltung, die sich von den arroganten Auftritten im Hauptquartier von Doha in Qatar vorteilhaft unterscheidet. Auch heute sind wieder zwei US-Soldaten diesem unheimlichen Fabelwesen, das aus dem Untergrund zuschlägt und das niemand definieren, geschweige denn neutralisieren kann, zum Opfer gefallen. Gewiß, das sind nur Nadelstiche, aber psychologisch dürfte diese Zermürbungstaktik, diese »low intensity warfare«, wie es jetzt heißt, schwer zu verkraften sein.

Ich habe noch niemanden getroffen, der mir glaubwürdig erklären kann, wer diesen regelmäßigen Aderlaß inszeniert. Da gibt

211

es sicherlich Nostalgiker der Saddam-Ära, aber die früher mit Privilegien überhäuften Stützen der allmächtigen Baath-Partei taugen nicht für heroische Selbstaufopferung. Da gibt es auch fundamentalistische Sunniten, die die Präsenz einer Okkupationsarmee christlicher Ungläubiger als eine neue Form des »Kreuzzuges« verfluchen. Vor meiner Ankunft in Bagdad war ich davon ausgegangen, daß islamistische Extremisten aus aller Welt, etwa die »Gotteskrieger« der von den Amerikanern weit überschätzten El Qaida, sich in Mesopotamien ein Stelldichein gäben, um dort – nach dem Verlust ihrer afghanischen Basen – ihr Unwesen in einem weit günstigeren arabisch-sunnitischen Umfeld zu treiben. Bei gründlicher Prüfung der Sozialstrukturen des Irak stellt sich jedoch heraus, daß ein fremder Einzelkämpfer in diesem Land über geringe Unterstützung verfügt. All diejenigen, die nicht den zwischen Euphrat und Tigris von alters her siedelnden Stämmen und Sippen angehören, dürften sogar als lästige Störenfriede empfunden werden. Eine national und religiös motivierte, kunterbunte Koalition des Terrors hat sich da zusammengebraut. Die Nachrichtendienste stehen diesem konfusen Amalgam des mörderischen Untergrundes ratlos gegenüber.

Das ist ja das Gespenstische an dieser Stadt Bagdad. Trotz der Mauern und Betonwälle, die überall hochgezogen werden, trotz der unaufhörlichen Patrouillen der US Army, die mehr und mehr durch neu angeheuerte irakische Polizeikontrollen ergänzt werden, trotz der reichlich ausgeschriebenen Kopfprämien gelingt es niemandem, eine plausible Erklärung für die sich steigernde Gewalttätigkeit zu finden, geschweige denn die Identifizierung der mutmaßlichen Drahtzieher vorzunehmen. Vielleicht, so meinen die Experten, toben ja auch ganz gewöhnliche Iraker ihre Ressentiments aus, üben Blutrache für die durch US-Einwirkung getöteten Verwandten und Freunde. Es mag sich ebenfalls um brave Familienväter handeln, die sich in ihrer Ehre verletzt fühlen, weil ihr Haus gewalttätig, mit fürchterlichem Gebrüll aufgebrochen und oft von den Besatzern verwüstet wurde. Oder liegt es daran, daß fremde Soldaten in die Gemächer der Frauen eindrangen, bevor diese die Verschleierung, den »Hidschab«, überwerfen konnten, daß allzu viele Männer durch brutale Verhörmethoden und durch Fesselung in Gegenwart ihrer Kinder eine Demütigung erlitten, die nur mit Blut beglichen werden kann?

Überhaupt nicht erwähnt wird von dem Presseoffizier die Unzahl krimineller Delikte, der sich die Bevölkerung seit ihrer »Befreiung« schutzlos ausgeliefert sieht. Die Liste der vergewaltigten jungen Frauen, oft Studentinnen, die man als Leichen wiederfindet oder in die Bordelle der Öl-Scheikhs verschleppt, wurde nie registriert. Noch diskreter geht man mit dem Problem der Entführungen um, denen vor allem die Kinder wohlhabender Familien ausgesetzt sind. Falls die enormen Erpressungssummen nicht pünktlich gezahlt werden, passiert es, daß die entsetzten Eltern ein abgeschnittenes Ohr ihres kleinen Sohnes als Mahnung zugeschickt bekommen. Davon steht wenig in der Presse, in den zahllosen Gazetten, die eine trügerische Meinungsfreiheit vorspiegeln. Das Banden-Unwesen hat offenbar eine Art orientalischer »Omertà« erzwungen.

Die Attentate, die sich unmittelbar gegen die Amerikaner, ihre Verbündeten oder internationale Organisationen richten, zeichnen sich durch zunehmende Perfektionierung und Professionalisierung aus. Zwar kommen oft völlig unbeteiligte Zivilisten um, die sich gerade am falschen Platz befanden, aber die anvisierten Objekte sind fast immer sorgfältig selektiert. Die Bekämpfung des Terrors wird durch den Umstand erschwert, daß Sprengstoff sowie Infanteriewaffen – von der Kalaschnikow über die Panzerfaust RPG-7 bis zum mittleren Granatwerfer – in Hülle und Fülle vorhanden sind und auf öffentlichen Märkten angeboten werden. Fast jeder Iraker hat zudem unter Saddam Hussein, und sei es in dem belächelten Volkssturm-Aufgebot der »Armee von Jerusalem«, eine summarische infanteristische Ausbildung erhalten. Das Schießen aus dem Hinterhalt wurde im Hinblick auf die erwartete Okkupation ausgiebig geübt.

»Mutter aller Lügen«

Bagdad, Samstag, den 11. Oktober 2003

Nach zwei Tagen habe ich mich im Hotel »Rimal« ganz gut eingelebt. Es geht hier viel lockerer zu als in dem riesigen Hotel »Palestine«, wo die meisten Journalisten einquartiert sind und die Kontrollen fast so scharf sind wie in der offiziellen »green zone«. Zudem ißt man hier besser als in den spärlich besuchten Restaurants des Viertels El Mansur oder im Umkreis der Arassat-Straße, die unter Saddam Hussein als frivoler Treffpunkt der Jeunesse dorée galt. Auch dort hat sich bereits – vermutlich unter geheimer Drohung – die religiöse Prüderie durchgesetzt. Da ich im Hinblick auf die geplante Fernsehdokumentation und mehr noch durch die knapp terminierte Buchveröffentlichung unter Zeitdruck stehe, verbringe ich die wenigen freien Stunden in meinem halbwegs wohnlichen Zimmer. Das Rattern des Generators, der die häufigen Stromausfälle überbrückt, ist erträglich. Meine zunehmende Schwerhörigkeit erlaubt mir sogar, tief zu schlafen, wenn unmittelbar unter meinem Fenster zwei streunende Hunde zehn Stunden lang unermüdlich den Mond anbellen.

Immerhin sind auf meinem Fernsehgerät die angelsächsischen Sender BBC und CNN sowie die arabischen Nachrichten-Stationen »El Jazira« und »El Arabiya« zu empfangen. Ich ärgere mich über die anpasserische Behutsamkeit der einst so vorbildlichen British Broadcasting Corporation bei ihrer Berichterstattung über den »Krieg gegen den Terror«. Offenbar ist den Verantwortlichen die Affäre um die Indiskretion des Dr. David Kelly doch sehr in die Knochen gefahren. Von CNN ist ohnehin keine Objektivität, nicht einmal mehr Ehrlichkeit zu erwarten, trotz der eindrucksvollen Einsatzbereitschaft seiner Korrespondenten. Die Bilder von toten oder verwundeten US-Soldaten werden strikt zensiert. Was mich vor allem schockiert, ist der permanente Versuch, diese Verluste zu bagatellisieren. Die Verwundeten, die unmittelbar nach dem Anschlag sterben, werden in die Gefallenenstatistik gar nicht aufgenommen. Die Bestattung der »war heroes«

findet unter Ausschluß der Öffentlichkeit statt. Fast möchte man den Titel Jean-Paul Sartres zitieren: »Morts sans sépulture – Tote ohne Begräbnis«.

Aber plötzlich wartet BBC doch mit einer längeren Exklusiv-Sendung auf, die für mich zwar keine wirklichen News bringt, aber den durchschnittlichen TV-Zuschauer der westlichen Welt auf die Barrikaden treiben sollte. Ein wagemutiger und hartnäckiger Reporter hat sich mit dem tragischen Schicksal jener rund sechshundert »Detainees« befaßt, die seit nunmehr zwei Jahren in der US-Basis Guantanamo auf Kuba wie Tiere eingesperrt sind und dort außerhalb jeder zuständigen Jurisdiktion der Willkür ihrer Bewacher und Verhörer ausgeliefert sind. Es ist schon eigenartig, wie die Bush-Administration in diesem angeblichen Freiraum die elementaren Rechtsgrundsätze außer Kraft setzt, die bereits im »Jus Romanum« jedem »civis« zugesichert waren.

Sensationelle Aufnahmen wurden dem Reporter nicht gestattet, auch nicht, als er sich in die amerikanische Basis Bagram unweit von Kabul begeben durfte. Die Bildzensur blieb eisern. Doch die Aussagen der beiden Lagerkommandanten von Guantanamo und Bagram, zwei Obristen afroamerikanischer Abstammung, veranschaulichen die zynische Mißachtung aller Rechtsprinzipien und humanitären Errungenschaften, auf die die »freie Welt« sich bisher so viel einbildete. Bagram sei noch schlimmer als Guantanamo, wagte ein entlassener afghanischer Häftling immerhin zu äußern, dem der Grund seiner Verschleppung und Zwangsisolierung niemals mitgeteilt wurde. Nach Schilderung der Methoden, mit denen die »Detainees« – um »Gefangene« handelt es sich ja angeblich nicht – zu Geständnissen gezwungen werden, äußerte sich ein hoher britischer Richter, der alles andere als ein Humanitätsapostel zu sein schien, mit den kurzen Worten: »This is torture – das ist Folter.« Am Ende dieser Sendung, noch unter dem Eindruck der Alptraumvisagen der amerikanischen Kommandanten der beiden Haftanstalten, übt das strahlende Lächeln Tony Blairs, das er wieder einmal in unterwürfiger Gemeinsamkeit mit Präsident Bush in die Kamera fletscht, eine Schockwirkung aus.

Warum ich diese TV-Episode hier erwähne? Sie soll dazu dienen, den Deutschen vor Augen zu führen, in welche dubiose Form der

Kriegführung die NATO bereits abgeglitten ist. Der noble »Kampf gegen das Böse« wird zur ganz ordinären Partisanenbekämpfung, für die es übrigens international vereinbarte Verhaltensvorschriften gerade bei der Behandlung gefangener Freischärler gibt. In Berlin sollte man endlich von der heuchlerischen Behauptung Abstand nehmen, es gehe bei »Enduring Freedom« oder »Iraqi Freedom« um einen humanitären Militäreinsatz. Gerade unter dem Vorwand des »nation building«, der staatlichen Stabilisierung, der Friedensstiftung, zeichnen sich die zunehmend scheußlichen Aspekte des »asymmetric warfare« ab. Wer solche aktuellen Erkenntnisse beiseite schiebt, sollte auch bei der Beurteilung der »Verbrechen der Wehrmacht im Zweiten Weltkrieg« vom hohen Roß steigen.

Den drehfreien Tag nutze ich für eine Reihe von Gesprächen. Man wird Verständnis dafür aufbringen, daß ich die Personen und die Umstände der Recherche, so pittoresk sie sich teilweise auch gestalten, aus Gründen der Diskretion, vor allem auch mit Rücksicht auf die Sicherheit meiner Gewährsleute, nicht erwähne. Es geht mir darum, den verwirrenden Ablauf dieses Feldzugs »Iraqi Freedom« halbwegs zu rekonstruieren, zu analysieren, denn eine einleuchtende Schilderung liegt bislang von keiner Seite vor. Wer den Irak-Krieg ergründen will, befindet sich in der Situation des Ödipus bei seiner Begegnung mit der Sphinx. Nur sind die Rätsel des bedrohlichen Ungeheuers, das sich als »Mutter aller Lügen« zu erkennen gibt, wirklich schwieriger zu lösen als die harmlose Allegorie, die Ödipus schnell durchschaute. Die Gefahr, im Abgrund der Irreführungen und Täuschungen zu zerschellen, ist für den Suchenden ungleich größer.

Alles hatte ja schon vor dem Golfkrieg begonnen, den George Bush senior im Jahr 1991 führte, und mit jenem exploratorischen Gespräch, das die damalige amerikanische Botschafterin in Bagdad, April Glaspie, eine studierte Arabistin, im Sommer 1990 mit Saddam Hussein hatte. Heute liegen eindeutige Dokumente aus dem State Department vor – die Anweisungen wurden an mehrere US-Botschaften des Orients verschickt –, wonach die Andeutung des irakischen Staatschefs, er wolle das Scheikhtum Kuweit, das fast alle Iraker als integrierenden Bestandteil ihrer Republik betrachteten, okkupieren und als neunzehnte Provinz annektieren, nicht etwa auf entrüsteten Widerspruch und eindeutige Kriegsdrohung gestoßen war, sondern auf wachsweiche Warnungen und den Hinweis, Amerika beabsichtige nicht, sich in innerarabische Konflikte einzumischen. April Glaspie ist seitdem aus dem auswärtigen Dienst verschwunden und unterrichtet wohl an irgendeiner amerikanischen Provinzuniversität. Die arabische Behauptung, sie sei als unbequeme Kronzeugin von der CIA physisch eliminiert worden, entspricht also orientalischer Phantasie.

Aber der Verdacht hat sich erhärtet, daß der Tyrann von Bagdad durch seinen territorialen Expansionsdrang dazu verleitet wurde, in eine Falle zu stolpern, die von langer Hand vorbereitet war. Wen interessiert das heute noch, mag gefragt werden. Doch es liegen schlüssige Unterlagen und klare Aussagen vor, daß spätestens am 17. September 2001, also eine knappe Woche nach »Nine Eleven«, der neuerliche Krieg gegen Saddam und dessen definitive Ausschaltung im Weißen Haus beschlossene Sache war. Die Anforderungen an die deutsche Regierung, im Rahmen ihrer Bündnisverpflichtung eine Anzahl von ABC-Fuchs-Panzern nach Kuweit zu entsenden, erfolgte unmittelbar nach Beginn der Operation »Enduring Freedom«. Sie hätte sofort als Hinweis auf die Konfliktausdehnung in Richtung Bagdad verstanden werden müssen.

Bevor sich die Kampfmaschine Donald Rumsfelds gegen den Irak in Bewegung setzen konnte, mußte zunächst einmal die Afghanistankampagne mit einem rasanten, wenn auch trügerischen Sieg abgeschlossen werden. Die logistischen Vorbereitungen und Truppenkonzentrationen für die geplante Eroberung Mesopotamiens folgten dem eigenen, rein militärisch determinierten Zeitplan. In dieser unentbehrlichen Wartepause beging Außenminister Colin Powell den Fehler, das Unternehmen durch den Weltsicherheitsrat absegnen lassen zu wollen. Das Gewicht der amerikanischen Propagandakampagne wurde vornehmlich auf die angebliche Bedrohung der Nachbarstaaten Iraks, ja der gesamten freien Welt durch jene Massenvernichtungswaffen verlagert, über die Saddam Hussein – trotz endloser Unscom- oder Unmovic-Kontrollen – immer noch verfügen sollte. Vor den Vereinten Nationen handelte sich die Bush-Administration infolge der französischen und auch deutschen Obstruktion eine Desavouierung ein, mit der man nicht gerechnet hatte. Am zeitlichen Ablauf der fest geplanten Großoffensive haben diese diplomatischen Manöver nicht das geringste geändert. Das destruktive Potential Saddam Husseins wurde von den Regierungen in Washington und London systematisch und wider besseres Wissen aufgebauscht, es wurde »sexed up«, wie man im BBC-Jargon sagte.

Von nuklearer Aufrüstung des Irak konnte überhaupt nicht die Rede sein, wie die Internationale Atomenergie-Behörde längst bestätigt hatte. Auch die beharrliche Behauptung Washingtons, Saddam Hussein unterhalte verschwörerische Beziehungen zu den Terroristen von El Qaida, entsprach einer gezielten Desinformation. An eine Bedrohung durch bakteriologische Substanzen wollten die wenigsten Experten glauben. Ein solches Verseuchungsexperiment war bislang noch nirgendwo in der Realität erprobt worden, wenn man von der japanischen Aum-Sekte in der Tokioter U-Bahn absieht. Im übrigen hätten die mörderischen Viren durch ihre Lagerung über eine Spanne von zehn Jahren jede infektiöse Wirkung längst verloren.

Blieb das Gespenst des Gaskrieges. Toxische Waffen waren von Saddam Hussein bekanntlich im Jahr 1988 gegen die Kurden von Halabja eingesetzt worden. In viel größerem Umfang wurden sie durch die irakischen Streitkräfte in dem extrem verlustreichen Krieg gegen die Islamische Republik Iran verwendet. Die gräßliche Wirkung dieser giftigen Schwaden hatten die Gegenoffensive der Revolutionswächter Khomeinis in den Sümpfen des Schatt-el-Arab zum Stehen gebracht. Über die flagrante Verletzung der Haager Kriegskonvention waren alle verantwortlichen Mächte voll informiert gewesen, hatten doch Ost und West einträchtig dazu beigetragen, die bedrängten Iraker mit diesem Teufelszeug auszustatten.

Es konnte also zu Beginn der Operation »Iraqi Freedom« davon ausgegangen werden, daß Saddam Hussein weiterhin über einen Restbestand toxischer Waffen – Gelbkreuz oder Senfgas – verfügte, die wie im Ersten Weltkrieg verwendet und durch Granaten verschossen würden. Mehr aber nicht. Nach der Eroberung Bagdads und der krampfhaften Nachforschung einer speziell aufge-

218

stellten Suchmannschaft amerikanischer Spezialisten stellte sich nach mehreren Monaten heraus, daß nicht einmal die chemischen Kampfstoffe mehr vorhanden waren. Das war eine der größten Überraschungen dieses Krieges. Offenbar war die Vernichtung durch die Behörden von Bagdad konsequent durchgeführt worden, ohne daß die CIA etwas davon gemerkt hatte. Saddam Hussein, so heißt es heute in Bagdad, habe die Furcht vor den Giftgasen zur Verunsicherung des Gegners aufrechterhalten wollen, so wie ein Hausbesitzer, der gar keinen Wachhund besitzt, zur Abschreckung von Einbrechern das Schild »Cave canem« an seiner Pforte befestigt.

Jedenfalls hatte es weder der Indiskretion des englischen Wissenschaftlers David Kelly und seines Selbstmordes bedurft, noch der peinlichen Enthüllung einer dilettantischen Dokumentenfälschung über angebliche Uranlieferungen aus Niger, um die Lügen einer nuklearen Bedrohung zu entlarven, die George W. Bush ständig im Munde führte. Tony Blair hatte sich ohnehin der Lächerlichkeit preisgegeben, als er von einer apokalyptischen Bedrohung des Westens durch Saddam Hussein binnen einer Frist von 45 Minuten faselte. So erbärmlich schlecht, wie sie von ihren Staats- und Regierungschefs dargestellt wurden, sind weder die CIA noch der britische MI-6. Der amerikanische Außenminister Colin Powell, den man bislang als redlichen Soldaten schätzte, hatte in der entscheidenden Sitzung des Weltsicherheitsrates die schmachvolle Aufgabe übernommen, ein Geflecht von Fälschungen und Entstellungen vorzutragen, über deren Haltlosigkeit er bestens informiert sein mußte. Die Berufung auf eine längst verjährte Examensarbeit englischer Studenten über die Zustände im Irak und deren wortwörtliche Übernahme mitsamt den orthographischen Fehlern durch den Chef der amerikanischen Diplomatie mußte von Powell selbst als tiefe Demütigung empfunden werden. Es spricht nicht für die Ehrlichkeit Tony Blairs, daß die Unterlagen zu dieser Fälschung aus London angeliefert wurden.

Das Toben des Mobs

Auf ein Knäuel von Unklarheiten und Widersprüchen stoße ich, wenn ich den Ablauf der eigentlichen Kriegshandlungen nach Offensivbeginn am 20. März 2003 zu rekonstruieren suche. Wie erklärt man, daß die Streitkräfte der Koalition – Amerikaner und Briten – sich in den ersten zwei Wochen so schwer taten, die Widerstandsnester im äußersten Süden des Irak auszuschalten? Wer den trostlosen Hafen Umm Qasr kennt, der – platt in die Wüste gerammt und von der Seeseite völlig ungeschützt – hinhaltende Abwehr leistete, steht vor einem Rätsel. Wer waren diese Iraker, die ohne jede eigene Luftabwehr den ungeheuerlichen Schlägen der US Air Force schutzlos ausgeliefert waren und dennoch die Kämpfe in die Länge zogen? Von iranischer Seite war mir mitgeteilt worden, der höchste schiitische Geistliche des Irak, Ayatollah Ali-el-Sistani, der dank seiner politischen Enthaltsamkeit unter Saddam Hussein überlebt hatte, sei den ungläubigen Aggressoren mit einer Fatwa entgegengetreten, die seine Anhänger zum Kampf aufforderte. Die Schiiten seien es gewesen, die – um sich für den Verrat der Amerikaner im Golfkrieg 1991 zu rächen – in Umm Qasr, in Basra, in Nasariyeh, in Städten also, in denen sie 95 Prozent der Bevölkerung stellen, den Vormarsch der Alliierten vorübergehend gebremst hatten. An Ort und Stelle untersucht, klingt diese Version wenig überzeugend.

Nach Angaben der Briten wiederum, die heute für die Südregion des Irak die Verantwortung tragen, handelte es sich um verstockte, verzweifelte Anhänger Saddam Husseins und seines Baath-Regimes, unterstützt durch ein Aufgebot sogenannter Fedayin Saddam. Sie kämpften dort um ihr Überleben und befürchteten, von ihren tyrannisierten schiitischen Landsleuten gelyncht zu werden. Auch dieser Darstellung fehlt es an Überzeugungskraft, denn die großen Racheaktionen an den ehemals Herrschenden sollten erst viel später einsetzen. Die englischen Offiziere geben selbst zu, daß die Partisanen, die ihnen in dieser ersten Phase in Zivilkleidung entgegentraten, nie identifiziert werden konnten. Ihre kämpferische Motivation war unklar. Bleibt eine dritte These, die von Militärexperten in Bagdad vertreten wird: Demnach hätten sich ganz gewöhnliche Einheiten der regulären irakischen Armee – weder Republikaner-Garden noch Fedayin – für ihr Vaterland geschlagen. Von den Auflösungserscheinungen, die im Norden schon nach dem ersten Bombardement einsetzten und durch defätistische Weisungen aus dem Hauptquartier beschleunigt wurden, hatten sie zu spät Kenntnis erhalten.

Jedenfalls sind die Amerikaner im Raum von Nasariyeh, also rund zweihundert Kilometer von ihren kuweitischen Ausgangsstellungen entfernt, vorübergehend in Schwierigkeiten geraten, obwohl dort die Landschaft platter nicht sein könnte, keinerlei Befestigungen sich ihrem Vorrücken in den Weg stellten und die Brücken über den Euphrat intakt waren. Die Gegend in der Nachbarschaft der uralten Sumerer-Hauptstadt Ur, wo Abraham seine Herden weidete, ist mir wohlbekannt. Nichts erklärt hier das Auftauchen todesmutiger Freischärler oder gar ihre Fähigkeit, den Stahlkolossen der US Army vorübergehend standzuhalten. Im Raum Basra entstanden die Verluste der Koalition vornehmlich durch sogenanntes »friendly fire«, die Bombardierung durch die eigene Luftwaffe, was schon häufig bei den Bodenkämpfen in Vietnam – zumal bei dem heroisierten Kampf um den sogenannten Hamburger Hill bei Dak To vorgekommen war.

Wirkliches Aufsehen erregten die Gefechte im Raum von Nasariyeh erst, als ein Nachschub-Konvoi von der vorgeschriebenen Route abkam, unter feindlichen Beschuß geriet und im allgemeinen Durcheinander eine Serie von »Verkehrsunfällen« verursachte. Dabei wurde die Legende der heldischen Soldatin Jessica Lynch erfunden. Die fehlgelenkten Medien berichteten von ihrer Entführung und Misshandlung durch Bestien in Menschengestalt. Statt dessen wurde Jessica von fürsorglichen irakischen Ärzten vorbildlich gepflegt und den US-Truppen übergeben. Die Propaganda schreckte sogar vor der filmischen Inszenierung einer erfundenen Befreiungsaktion nach Rambo-Manier nicht zurück.

Dem Blitzfeldzug Donald Rumsfelds und seines Kommandeurs General Tommy Franks haftet weiterhin etwas Irreales an. Zunächst brach über die Amerikaner ein Sandsturm herein, wie man ihn seit Generationen nicht mehr erlebt hatte. Der Treibsand war mit warmem Regen untermischt, so daß sich auf dem Boden eine klebrige Schlamm-Masse bildete. In dieser Situation bewährte sich die Resistenz von Mann und Material bei den vordringenden US-Divisionen. Das wirkliche Enigma gab der irakische Gegner auf. Noch unmittelbar vor Ausbruch der Feindseligkeiten war ich kreuz und quer zwischen Mossul und Nedschef, zwischen Bagdad und Tikrit hin und her gefahren. Nirgendwo konnte ich nennenswerte Verteidigungsvorbereitungen feststellen. Die strategischen Brücken über Euphrat und Tigris blieben unbewacht. Von der schwindelnden Höhe des babylonisch anmutenden Minaretts von Samarra spähten und filmten wir sogar den weiten Horizont ab. Wir stießen auf keinerlei Befestigungsanlagen. Was hatte Saddam Hussein sich vorgestellt? Hatte er wirklich gemeint, der Sohn Bush würde, wie sein Vater zwölf Jahre zuvor, das ganze Unternehmen noch einmal abblasen, bevor er auf Bagdad vorrückte? Jedenfalls scheint es sicher, daß der irakische Diktator – im Gegensatz zu Adolf Hitler, mit dem er gelegentlich verglichen wurde – niemals einen Befehl der »verbrannten Erde« erließ. Auf die Vernichtung der irakischen Infrastruktur oder die Inbrandsetzung der Erdölfelder hat er verzichtet.

Während der ungehemmten amerikanischen Zangenbewegung auf die Hauptstadt wurde keine einzige Brücke gesprengt. Die breiten Zugangsstraßen waren weder vermint noch – mit Ausnahme von ein paar Sandsäcken – blockiert. Die Amerikaner sprechen in ihren Siegeskommuniqués von der erfolgreichen Durchbrechung der »Kerbela Gap«, als ob sich in diesem Terrain nicht überall Umgehungsmöglichkeiten geboten hätten. Die US-Luftwaffe ließ dem Gegner ohnehin keine Chance. Zwei Elitedivisionen der Republikanergarde des Diktators wurden mitsamt ihren T-72-Panzern plattgewalzt, wobei jedoch anzunehmen ist, daß in den meisten Fällen die schutzlosen Tanks von ihren Mannschaften rechtzeitig in wilder Flucht verlassen wurden.

Nicht einmal die Rollbahn des internationalen Flughafens Bagdad, der, wie jedermann wußte, für den amerikanischen Nachschub und für die Entfaltung zusätzlicher Kräfte von größter strategischer Bedeutung war, wurde von den Irakern unbenutzbar gemacht. Diese riesige Landebahn am westlichen Stadtrand gibt zusätzlichen Spekulationen Nahrung. Sollte hier wirklich noch ein letzter Überraschungsschlag gegen die angerückte 3. US-Infanteriedivision stattfinden? Angeblich waren etwa dreitausend zum äußersten entschlossene irakische Kämpfer in einem Tunnel massiert, um in vernichtendem Überraschungsschlag über die siegesgewissen Aggressoren herzufallen. Die Existenz dieses unterirdischen Zugangs sei verraten worden, so munkelt man, und zwar ausgerechnet durch jenen Informationsminister Mohammed al-Sahhaf, der so haarsträubende Legenden verbreitete, daß die amerikanischen Medien ihm den Spitznamen »comical Ali« anhängten. So erkläre sich, daß Sahhaf nach der Besetzung Bagdads völlig ungeschoren davonkam. Die Amerikaner hätten die gegnerische Truppe am Flugplatz durch eine Napalm-ähnliche Vernichtungssubstanz in einem Flammenmeer ausgelöscht. Die Märchenfreude des Orients hat in diesem Krieg fruchtbaren Boden gefunden.

Eines bleibt unbestreitbar: Es muß Absprachen mit dem irakischen Oberkommando über den Kampfverzicht, über die De-facto-Kapitulation gegeben haben. Zahlreiche Kommandeure empfahlen der eigenen Truppe, die Uniform auszuziehen und in ziviler Kleidung den heimischen Herd aufzusuchen, wohlweislich unter Mitnahme ihrer individuellen Waffen. Die riesige Armee Saddam Husseins von 400 000 Mann löste sich in Luft auf. Die New Yorker Zeitungen erwähnten den Verteidigungsminister Sultan Hashem als den Hauptverantwortlichen, der dem sinnlosen Engagement seiner Armee ein Ende setzte. Welche Bestechungsgelder bei den streng geheimen Verhandlungen geflossen sind, hat niemand erfahren. Es klingt jedoch zutiefst befremdend, daß vom US-Oberkommando jedem irakischen Soldaten die Auszahlung einer Summe von 40 US-Dollar zugesagt wurde, daß die besiegte, sich selbst aufgebende Truppe dieses Geldversprechen offenbar als ein regulär zu zahlendes Salär betrachtete und nach der totalen Niederlage bei den höchsten Verantwortlichen der Besatzungsmacht in dichten Scharen vorstellig wurde, um die Erfüllung dieses vermeintlichen Anspruchs in Sprechchören einzufordern.

Bagdad ist ohne Kampf gefallen. Der ZDF-Kollege Ulrich Tilgner schilderte mir, wie die Infanteristen der 3. US-Division beim Einrücken in die Hauptstadt sich nicht einmal die Mühe gaben, hinter den sie begleitenden Abrams-Panzern Schutz zu suchen. Das Abfeuern von ein paar Kalaschnikows war das Werk von irregulären irakischen Soldaten, die die plötzliche Wende noch nicht begriffen hatten. Jetzt erwies sich übrigens auch, daß die von Saddam Hussein überall – selbst in den Slums – breit angelegten Alleen, die im Falle revolutionärer Unruhen den Sicherheitskräften des Regimes freie Schußbahn gegen Aufrührer bieten sollten, sich für einen intensiven Häuserkampf gegen die US Army schlecht geeignet hätten. In dieser Stunde des Einmarschs der amerikanischen Sieger wirkte es geradezu gespenstisch, daß Saddam Hussein sich noch einmal in dem ihm besonders gewogenen Stadtviertel Adhamiya wie ein düsterer Dämon feiern ließ. Seinen Anhängern winkte er gönnerhaft zu und verschwand dann im Labyrinth seiner Schlupfwinkel.

Schon in Teheran, zwei Wochen vor meinem Aufbruch nach Bagdad, hatten mir die hohen iranischen Ministerialbeamten gesagt, die Amerikaner hätten ihren schwersten, möglicherweise irreparablen Fehler gemacht, als sie die Armee der Arabischen Republik Irak mit einem Federstrich auflösten. Das resultiere wohl aus einer in Washington tief verwurzelten Überzeugung, daß mit dem Feind, der ja das Böse verkörpere, nicht verhandelt, schon gar nicht paktiert werden dürfe. Darüber hinaus entspräche diese Forderung nach »unconditional surrender« bei den regierenden Neokonservativen einem manichäischen Imperativ. Die amerikanischen Eroberer hatten ihren Sieg mit dem verblüffend geringen Aufgebot von knapp vier Divisionen und etwa 140 000 Mann mühelos errungen. Aber das Pentagon hatte nicht rechtzeitig begriffen, daß diese geringe Besatzungsmacht in einem Land von der Größe Frankreichs und einer Bevölkerung von 25 Millionen Menschen weder die öffentliche Ordnung garantieren, die Erdölfelder absichern noch die endlosen Grenzen kontrollieren kann. Eine Unterstellung der irakischen Streitkräfte unter US-Autorität – dazu wäre die Masse der Soldaten wohl bereit gewesen, nachdem die dreißigjährige ideologische Indoktrinierung der Baath-Partei wie eine Seifenblase geplatzt war – hätte einer einsichtigen, mit den Sitten des Orients vertrauten Besatzungsbehörde weiten Spielraum verschafft.

Lange vor Ausbruch der Feindseligkeiten hatte ich die Theorie entwickelt, der praktikabelste und bequemste Ausweg der Vereinigten Staaten aus dem sich abzeichnenden Dilemma sei die Installierung eines irakischen Generals – eines Sunniten natürlich – an der Spitze des Staates gewesen, der mit den Horrormethoden des Saddam-Regimes nicht allzu komprimittiert war. Dazu hätte man einen Militär finden müssen, an dessen Händen wenig Blut klebte, und General Sultan Hashem wäre vielleicht ein solcher Mann gewesen. Die Strukturen der seit dreißig Jahren allgegenwärtigen und allmächtigen Baath-Partei hätten nur partiell gesäubert werden dürfen, denn im Verwaltungsapparat war ihre Berufserfahrung weiterhin unentbehrlich. Kurzum, man müsse, auch wenn das zynisch klinge, den Saddam-Staat ohne Saddam Hussein weiterführen, um den Absturz ins Chaos zu vermeiden. Die Methoden des neuen und alten Regimes müßten weniger brutal sein. Washington würde vermutlich von seinen Kollaborateuren die freie Verfügung über die immensen Erdölressourcen Mesopotamiens verlangen und den Abschluß eines Friedensvertrages mit Israel. Ob an diesen drakonischen Auflagen der Protektoratsmacht das gesamte Experiment eventuell scheitern, ob eine Aufstandsbewegung der schiitischen Mehrheit gegen eine Verewigung ihrer Unterdrückung durch die Sunniten das Konzept zerschlagen würde, blieb dahingestellt. Allenfalls der oberste Sicherheitsbeauftragte Saddams, der Mukhabarat-Chef Taher Habush, der schon sehr früh mit dem Vertrauten des Weißen Hauses, Richard Perle, über einen libanesischen Mittelsmann konspirative Kontakte aufgenommen hatte, könnte Auskunft darüber erteilen.

Dennoch ist nicht auszuschließen, daß dieses Szenario am Ende nicht noch in Gang gesetzt wird. Washington hat wohl begriffen, daß der schillernde Salonlöwe und Defraudant Ahmed Chalabi nicht der geeignete Nachfolgekandidat für Saddam Hussein sein kann und daß die meisten Mitglieder des Governing Council nicht viel besser dastehen. Das Pentagon hatte sich auf seine Besatzungsaufgabe unzureichend vorbereitet und besaß nur ein Minimum an Kenntnissen über die religiösen Verhältnisse, die spezielle Mentalität der Araber. Anderenfalls wäre es durchaus denkbar ge-

225

wesen, daß die Bewohner Bagdads die US-Eroberer zwar nicht mit Jubel, aber mit zurückhaltendem Wohlwollen begrüßt hätten. So mancher Kompromiß war vorstellbar.

Aber da geschah das Unglaubliche, das Fürchterliche. Schon in den letzten Tagen der nervösen Kriegserwartung hatten mir irakische Intellektuelle immer wieder versichert, daß sie sich gewiß vor dem Einschlag amerikanischer Bomben und Lenkwaffen fürchteten, daß sie jedoch mit größter Angst den Plünderungsgelüsten und der Zerstörungswut der eigenen Landsleute entgegensähen, ganz zu schweigen von einem konfessionell motivierten Bürgerkrieg, mit dem zu rechnen sei.

Noch erbaute sich das amerikanische Fernsehpublikum an dem Sturz der Monster-Statue Saddam Husseins vor dem Hotel »Palestine«, die mit Hilfe eines Panzers niedergerissen wurde. Da schrien und grölten tatsächlich ein paar Dutzend Kinder und Jugendliche, trampelten auf dem Bronzekopf des Diktators herum. Niemand bedachte, daß wohl die gleichen Schreihälse noch ein paar Wochen zuvor ihrem »Batal« und »Qaid« Saddam hemmungslos gehuldigt hatten. In den Schiiten-Quartieren von Saddam City versammelten sich die Jünger der »Partei Alis« zu Zehntausenden, um das Buß- und Klageritual zu Ehren ihres Märtyrer-Imams Hussein aufzunehmen. Diese religiösen Übungen waren unter der eisernen Faust der säkularen Baath-Partei jahrzehntelang untersagt gewesen. Einfältige Reporter verwechselten die religiöse Feier mit einer proamerikanischen Kundgebung.

In Wirklichkeit verfiel die Fünf-Millionen-Stadt Bagdad urplötzlich einem kollektiven Anfall von Wahnsinn. Eine Plünderungs- und Zerstörungshysterie bemächtigte sich der Bewohner, die in den Medien zwar dargestellt, deren wirkliches Ausmaß jedoch jeder Vorstellung spottete. Es waren beileibe nicht nur die zehntausend Gefängnisinsassen, die Saddam Hussein im Oktober 2002 plötzlich freigesetzt hatte, die sich an diesem Vernichtungswerk in blinder Rachsucht beteiligten. Die verbrecherischen Instinkte des Pöbels erreichten ihren Höhepunkt, als den Schwerkranken in den Intensivstationen der Hospitäler die Betten und Matratzen unter dem Körper weggerissen, die künstliche Beatmung durchschnitten wurde.

Die Iraker werden es der amerikanischen Armee niemals verzeihen, daß sie diese Ausschreitungen nicht durch Warnschüsse, notfalls durch bewaffnetes Eingreifen eingedämmt hat, daß sie sich ihrer Rolle als Ordnungsmacht, die ihr laut Völkerrecht zufiel, entzog. In ihrer Unbedarftheit hatten die GIs diese Orgie zügelloser Gewalt sogar mit Gelächter und dem aufmunternden Ruf »Alibaba go, go!« begleitet. Ich will nicht das Thema der Museumsplünderung aufgreifen, wo allen Dementis zum Trotz sehr gezielt, ja professionell geraubt wurde. Die Tatsache, daß im Gegensatz zu allen übrigen Amtsgebäuden, die total verwüstet, deren Akten systematisch verbrannt wurden, lediglich das Erdöl-Ministerium von US-Panzern abgeriegelt und rigoros geschützt wurde, erwähne ich nur, weil es dafür einen Präzedenzfall gibt. Als im Mai 1975 die letzten Amerikaner ihr Botschaftsgebäude in Saigon fluchtartig per Hubschrauber verließen, hatten sie die Liste ihrer südvietnamesischen Mitarbeiter, inklusive der einheimischen CIA-Agenten, den eindringenden Nordvietnamesen achtlos in die Hände fallen lassen. Die Unterlagen über ihre Petroleum-Forschung im Mekong-Delta und im Küstengebiet von Vungtau hingegen wurden in die USA in Sicherheit gebracht.

*

Von dieser Welle grauenhafter Anarchie hat der Irak sich bis auf den heutigen Tag nicht erholt. Die US-Behörden haben schließlich begriffen, daß nur eine massive Neuaufstellung einheimischer Polizei- und Armeeverbände ein Minimum an Ordnung wiederherstellen könnte. Dabei werden ziemlich bedenkenlos die früheren Ordnungskräfte des Baath-Regimes reaktiviert. Der amerikanische Nachrichtendienst kommt nicht umhin, auf die Dienste der gefürchteten »Mukhabarat«, des Bespitzelungs- und Repressionsapparates von Saddam Hussein, zurückzugreifen. In den Tagen der wildesten Ausschreitungen hatten die Iraker in den finsteren Abgrund der eigenen Psyche geblickt. Der Haß gegen die Amerikaner muß bei vielen heute wohl dazu herhalten, die Verantwortung für das eigene kriminelle Fehlverhalten auf den fremden Eindringling abzuwälzen.

227

Einer Legende gilt es mit Nachdruck entgegenzutreten. Die Propagandastäbe der Koalition stellen die Dinge so dar, als sei der Zusammenbruch der Elektrizitäts- und Wasserversorgung, die Verwahrlosung des Verkehrssystems, die Verwilderung der Sitten eine zwangsläufige Folge der Saddam-Diktatur. Wer jedoch den Irak in der zehnjährigen Pause zwischen den beiden amerikanischen Feldzügen besucht hat, konnte feststellen, daß die Zerstörungen, die durch den ersten Golfkrieg des Präsidenten Bush senior verursacht wurden, viel umfassender waren als die gezielten Bomben- und Raketentreffer, die im zweiten Waffengang unter Bush junior eine völlig demoralisierte Armee zu Paaren trieb. Bei seiner letzten Begegnung mit Tariq Aziz, dem damaligen Außenminister Saddam Husseins, im Dezember 1990 hatte US-Außenminister James Baker, ein enger Vertrauter von George Bush senior, vor der Rückeroberung Kuweits gedroht, der Irak werde in die »präindustrielle Ära« zurückgebombt. Mit einem beispiellosen Kraftakt hatte es Saddam Hussein damals nach dem plötzlichen Waffenstillstand von 1991 fertiggebracht, die Brücken des Zweistromlandes, die sämtlich zerbombt waren, in Rekordfrist neu und sogar prächtiger wieder über Euphrat und Tigris zu spannen. Jedes zerbombte Gebäude wurde aufwendig restauriert. Die Autobahnen befanden sich im Nu wieder in vorzüglichem Zustand. Sogar die Erdölraffinerien, von denen meist nur Schutthaufen übrigblieben und deren Rekonstruktionsmaterial infolge der Import-Sanktionen der UNO nicht zu beschaffen war, erstanden wieder in rastloser Bastelei, nachdem der Diktator, wie mir sein damaliger Erdölminister, General Raschid, 1995 versicherte, im Falle eines Versagens der Techniker und Ingenieure mit unerbittlichen Strafen gedroht hatte. Die Lebensmittelversorgung der Bevölkerung, die in den frühen neunziger Jahren – auch eine Folge der von den Vereinten Nationen verhängten Boykottmaßnahmen – so spärlich geworden war, daß die Vorboten einer Hungersnot sichtbar wurden, hatte sich nach Inkrafttreten des Abkommens »oil for food« gründlich gebessert. Die Grundnahrungsmittel wurden auf Coupons zu extrem niedrigen Preisen an jeden Iraker ausgeteilt. Bis zum neuen Kriegsausbruch 2003 funktionierte dieses System hervorragend, was in einem orientalischen Land fast einem Wunder gleichkam.

In den letzten Monaten vor der Offensive des Generals Tommy Frank waren die bislang erbärmlichen Gehälter der öffentlich Bediensteten deutlich angehoben worden. Die einst leerstehenden Geschäfte und Verkaufsstände des Basars hatten sich mit Konsumgütern jeder Kategorie gefüllt. Vor allem herrschte unter der Diktatur des Baath-Regimes ein Gefühl der Sicherheit, die jedem Bagdader und jedem Ausländer erlaubte, noch zu nächtlicher Stunde auszugehen und mit dem Taxi nach Hause zu fahren. Daß hinter dieser Fassade von Ruhe und Ordnung die gefürchteten Apparate der Mukhabarat als Werkzeuge des Schreckens und der Tortur walteten, war allen klar.

In den Oktobertagen 2003 haben die amerikanischen Besatzungsbehörden die Ausgangssperre in der Hauptstadt auf die Zeit zwischen Mitternacht und vier Uhr reduziert. Doch spätestens ab zehn Uhr abends leeren sich die Straßen. Die Ausländer erfahren nur bruchstückweise von den Umtrieben der Vergewaltiger, Kidnapper und Killerbanden, die weiterhin die einheimische Bevölkerung heimsuchen. Die Kalaschnikow ist für jedermann zum unentbehrlichen Instrument des Überlebens geworden. Was nun die neu aufgestellten irakischen Sicherheitsverbände betrifft, auf die Paul Bremer so stolz ist und deren Ausbau forciert wird, so kann niemand deren Zuverlässigkeit garantieren. Schon aus Gründen des persönlichen Überlebens und zum Schutz ihrer Familien werden die Polizisten oft zu Komplizen der Unterwelt.

Relata refero. Ich habe keinen einzigen Iraker getroffen, der behauptet, eine klare Einsicht in den Ablauf des Krieges, eine Erklärung für den zerstörerischen Amoklauf nach der Eroberung Bagdads oder eine gültige Prognose für die staatliche Zukunft seines Landes zu besitzen. Angeblich gibt es noch 6000 politische Gefangene in den US-Camps. Die Opfer der Offensive werden manchmal mit 30 000 Zivilisten und 60 000 irakischen Soldaten beziffert. Diese Zahlen dürften weit übertrieben sein. Auf Trauerfeierlichkeiten für einen Gefallenen würde keine arabische Sippe verzichten, und deren Zahl hat sich in Grenzen gehalten. Selbst Saddam Hussein hatte während des endlosen Krieges gegen Khomeini, als jede Familie mindestens ein Opfer an der Front zu beklagen hatte, nicht verhindert, daß fast alle Häuser Bagdads mit schwarzen Trauertüchern verhangen waren, auf denen neben dem Namen des Gefallenen der obligate Spruch in weißer Farbe gepinselt war: »Die Märtyrer sind größer als wir alle zusammen – as schuhada akbar minna jami'an!«

»In stummer Ruh lag Babylon«

Im Alltag unserer Arbeit will ich dem Kamerateam eine entspannende Abwechslung bieten. Wir fahren zum Ufer des Tigris in eines jener Fischrestaurants, in denen sich früher in heißen Sommernächten Angehörige des gehobenen Bürgertums trafen. Dort überlebte eine bescheidene orientalische Idylle. Unser Abend ist enttäuschend. Die großen, karpfenähnlichen Tigris-Fische schmecken zwar vorzüglich, aber das Fleisch muß bei spärlicher Beleuchtung mit den Fingern zwischen den Gräten herausgekratzt werden. Die Mezze sind von ärmlicher Qualität. An den anderen Tischen sitzen diverse Männergruppen beisammen. Keine einzige Frau ist zugegen. Die anständigen Leute verharren zu dieser Stunde wohl in ihren Behausungen. So haben wir es in dem Lokal mit zwielichtigem Publikum zu tun. Die stiernackigen Gäste trinken zuviel Arrak, reden wirr durcheinander und nehmen keine Notiz von dem flackernden Fernsehapparat, wo ägyptische und libanesische Sänger ihre Schnulzen herunterleiern.

»Hier treffen sich neuerdings die erfolgreichen Businessmen«, meint Saad Darwish. Diese Kategorie von Schiebern, Ganoven, Schwarzhändlern versteht es, die heiligen Prinzipien der amerikanischen Marktwirtschaft für ihre entfesselten Bereicherungsinstinkte zu nutzen. In Bagdad hat für die cleveren Profiteure die Stunde des »Raubtierkapitalismus« geschlagen. Manches erinnert an Moskau während der postkommunistischen Phase skrupelloser Privatisierung und Korruption unter Gorbatschow und Jelzin.

Bevor wir das Fischlokal und seine Kundschaft verlassen, erzähle ich meinen Begleitern ein Erlebnis aus dem Mai 1982. Damals verbluteten die Armeen Irans und Iraks in den Schlachten am Schatt-el-Arab. Doch ganz in der Nähe unseres Restaurants am Tigris hatte sich eine ganze Kette höchst frivoler Nightclubs angesiedelt, mit voller Genehmigung des Baath-Regimes. Der Amüsierrummel nahm keine Rücksicht auf die Trauer der Hinterbliebenen, ignorierte den Krieg und seine Opfer. Das Angebot war vielfältig und teuer im »Moulin Rouge«, im »Hindia«, im »Tausend und eine Nacht«. Mit einer Gruppe deutscher Firmenvertreter war ich zu später Stunde ins »Hindia« gegangen, dessen Show angeblich sehenswert war. Die Straßen waren leer. Der Mond stand weihevoll am klaren Himmel. »In stummer Ruh lag Babylon«, zitierte ein deutscher Ingenieur, der seit Jahren im Irak lebte und dabei viel Geld gemacht hat. Walter war bekannt für seine galanten Erlebnisse mit den Stripteusen und Go-go-Girls der verschiedenen Etablissements. Seit die müden Bauchtänzerinnen aus Kairo durch ein Aufgebot schlanker Thai-Mädchen vorteilhaft ergänzt worden waren, erschien Bagdad in den Augen des grauhaarigen Ingenieurs als ein Platz, wo es sich aushalten ließ.

Die Show im »Hindia« war sehenswert. Die Zauberkünstler, Artisten, Karate-Kämpfer hatten internationales Niveau. Mein Blick schweifte immer wieder zu den Asiatinnen. Auch der Ferne Osten war also in die entwürdigende Abhängigkeit der Ölmagnaten geraten. Eine kesse Tanzgruppe aus Thailand untermalte ihre katzenähnlichen Bewegungen mit schrillem Schlagergesang. »Alles, was ich habe, will ich dir geben«, klang es auf deutsch. Walter, der einige Whisky zuviel getrunken hatte, stieß mich in die Seite. »Schau dir doch die Araber hier im Raum an, die traurigen Gesichter, die sie machen. Amüsieren tut sich keiner, und sie sehen alle aus, als hätten sie ein schlechtes Gewissen. Erst beim Bauchtanz geraten sie in Stimmung.« Tatsächlich war jetzt eine Ägypterin auf die Bühne getreten. Eine elektrisierende Wirkung ging von ihr aus. Sie ließ die Hüften spielen, zitterte mit den Schultern, ließ den Kopf schlangenähnlich pendeln, umschrieb dann mit weit ausholenden rhythmischen Schritten einen Kreis. Die Orientalen waren gebannt. Die Bauchtänzerin, die sich ihres Effektes bewußt war, erntete tosenden Beifall.

Der Ansager kündigte den Höhepunkt der Show an. Langbeinige, blonde Girls aus England traten auf, der Wuchs perfekt, die Gesichter etwas pferdeähnlich. Zunächst vollführten diese Damen aus London mit eindrucksvoller Präzision eine kriegerisch wirkende Veranstaltung mit Lichteffekten und rauchenden Detonationen. »Wenn der General Maude, unser britischer Befreier vom türkischen Joch, das sehen würde«, lachte mein irakischer Dolmetscher Raschid, »die Töchter Albions entblößen ihre Reize vor Beduinen.« Bei der nächsten Nummer, die das Ballett aus England vorführte, hielten wir den Atem an. Die Tänzer und Tänzerinnen hatten sich in grünlich-schauerlichem Dämmerlicht als Leichen maskiert. Mit Totenköpfen und weiß leuchtenden Skeletten lagen sie reglos am Boden wie verwesende Soldaten auf einem Schlachtfeld. Da trat eine nackte Nymphe aus der Kulisse heraus, tanzte einen lasziven Reigen, und die Kadaver erwachten vor Gier und Sehnsucht nach dem schönen Fleisch, nach dem prallen Leben, preßten sich an die Verführerin und fielen zurück ins Nichts.

Walter war mit hochrotem Kopf aufgesprungen. Es war nicht nur der Alkohol. Er war zutiefst ergrimmt. »Mit der Maschinenpistole sollte man hier um sich schießen«, schrie er, zum Glück auf deutsch, so daß ihn keiner verstand. »Hat denn in diesem Wahnsinnsland niemand ein Gefühl dafür, daß man sich hier an den Gefallenen versündigt, daß in scheußlichster Weise gegen die Trauer des Volkes gefrevelt wird? Sieht denn niemand die Feuerzeichen an der Wand? Wer so stupid ist, wer kein Gespür hat für diese monumentale Geschmacklosigkeit, der verdient, daß er untergeht. Müssen denn am Ende die Mullahs dafür sorgen, daß die Schweinerei aufhört?«

Erst als die Amerikaner zum Kesseltreiben gegen Saddam Hussein ansetzten und seine bisherige Beliebtheit in West und Ost dahinschwand, fand der Rais von Bagdad zum Pfad islamischer Tugend zurück. Der Iran hatte sich schließlich zu einem schmerzlichen Waffenstillstand bereit gefunden. Angesichts der neuen Bedrohung aus dem Westen wurde der bordellähnliche Betrieb am Tigris schlagartig eingestellt, der Alkoholkonsum streng verboten. In die rot-weiß-schwarze Fahne der Arabischen Republik Irak zwischen den grünen Sternen wurde der islamische Kampfruf »Allahu akbar« eingefügt. Der als arabischer Nationalist bekannte

Diktator und seine säkulare Baath-Partei suchten in der religiösen Grundstimmung des Volkes die unentbehrliche Unterstützung gegen die Koalition der Ungläubigen, die George Bush senior gegen ihn zusammentrommelte und sogar um eine Reihe arabischer Staaten vermehrt hatte. Saddam Hussein entblödete sich 1990 nicht, die Umma, die gesamte islamische Welt, zum Heiligen Krieg gegen Amerika aufzurufen, wozu er nicht die geringste Legitimation besaß.

Die Bärte der Märtyrer

Bagdad (Sadr City), Sonntag, den 12. Oktober 2003

Für Ungläubige und Ausländer ist das riesige Elendsviertel von Bagdad, wo zwei Millionen Schiiten zusammengepfercht leben, kein empfehlenswerter Ausflugsort. Schon zu Zeiten Saddam Husseins, als die Gegend noch nach dem größenwahnsinnigen Diktator »Madina Saddam« oder »Saddam City« hieß, war mein sunnitischer Chauffeur nur schwer zu bewegen, dorthin zu fahren. An eine Dreherlaubnis war damals überhaupt nicht zu denken. Ganz so fürchterlich, wie »Saddam City« geschildert wurde, ist mir dieser Slum dennoch nicht in Erinnerung geblieben. Es war eben eine Ansammlung armseliger, niedriger Zementbauten. Die breiten Transversalen boten für den Ernstfall freies Schußfeld. Die Gründung der endlosen Siedlung geht auf den Militärdiktator General Qassim zurück, der am 14. Juli 1958 die Haschemiten-Monarchie gestürzt hatte und – wo er ihrer habhaft wurde – die Angehörigen dieser Dynastie umbringen ließ. Es war in jenem Jahr viel Blut geflossen in Bagdad.

Ursprünglich war dem Schiitenviertel von General Qassim der glorreiche Name »Madinat-el-thaura« verliehen worden, Stadt der Revolution. Aber als Saddam Hussein die Macht an sich riß, wurde auch hier eine sklavische Umbenennung vollzogen. Nachdem der Tyrann von den Amerikanern in den Untergrund getrieben worden war und die bislang unterdrückten Schiiten ihre religiösen Feiern und Märtyrer-Rituale wieder zelebrieren dürfen, einigten sich die Mullahs darauf, diesen Schwerpunkt ihrer Gemeinde in »Madinat-es-Sadr« umzutaufen zu Ehren des hoch angesehenen Groß-Ayatollahs Mohammed Sadeq-es-Sadr. Das Bild dieses Warners und Predigers mit dem schneeweißen Rauschebart beherrscht heute die Gassen von »Sadr City«.

Um vor unangenehmen Überraschungen gefeit zu sein, haben wir dieses Mal die notwendigen Vorsichtsmaßnahmen getroffen. Scheikh Abdul Jabbar hat mir die Begleitung jenes würdigen Theologiestudenten vorgeschlagen, den ich als »Erzengel Gabriel« beschrieb. Dazu kommen zwei andere muskulöse Schiiten, die irgendeiner religiösen Wachmannschaft angehören. Während wir uns Madinat-es-Sadr nähern, hat gerade eine amerikanische Patrouille mit schweren Panzern am Rande des aufsässigen Schiitenviertels Stellung bezogen. In dem Gassengewirr selbst, so wird von den dortigen Mullahs versichert, würden keine bewaffneten Ungläubigen geduldet. Am Tag zuvor war eine irakische Polizeistation, der von der »Koalitionsbehörde« ein Kontrollposten zugewiesen worden war, Ziel eines Selbstmordattentats. Neun Polizisten, als Kollaborateure gebrandmarkt, wurden durch die Autobombe zerfetzt.

Für uns gestalten sich die Aufnahmen jedoch unproblematisch und zügig. Spektakuläre Vorgänge sind ohnehin an diesem Vormittag nicht zu entdecken. Eine Gruppe bärtiger Geistlicher hat sich unter einem Zelt versammelt, um der jüngsten Märtyrer für die Sache Allahs und Alis zu gedenken. Die Leichen werden in Nedschef bestattet. Unser Kameramann filmt auf dem Markt und an den Straßenkreuzungen, wobei, wie immer, aufdringliche Kinder zur Plage werden. Die Bevölkerung sieht uns gelassen, fast freundlich zu. Cornelia hat vorsorglich die schwarze Abaya angelegt und ist von den anderen Frauen, die sämtlich verhüllt sind, nicht zu unterscheiden. Eine Gemüseverkäuferin läßt sich sogar zu der Äußerung verleiten, sie möge die Ausländer, weil sie so sauber seien. Die Tatsache, daß wir Deutsche sind, ist eine zusätzliche Sicherheitsgarantie, und mein Khomeini-Foto erweist sich wieder einmal als »Sesam, öffne dich!«.

Ich habe Holger gebeten, vor allem die Plakate der diversen Ayatollahs und Märtyrer abzufilmen, die in Madinat-es-Sadr die geistliche und politische Ausrichtung vorgeben. Da ist, alle anderen beherrschend, der bereits erwähnte weißbärtige Mohammed Sadeq-es-Sadr, der bei den armen Leuten das höchste Ansehen genießt. An zweiter Stelle behauptet sich das tragische Antlitz des Ayatollah Mohammed Baqr-el-Hakim. Er hatte die Zusammenarbeit mit den Amerikanern zu keinem Zeitpunkt abgelehnt, sogar seinen Bruder Abdulaziz in jenen provisorischen »Regierungsrat« delegiert, der unter der Fuchtel des US-Statthalters Bremer sich gern, aber vergeblich, als Exekutive darstellen möchte.

Schon in Teheran war mir angedeutet worden, daß die Konzilianz Hakims gegenüber den Besatzern mit der iranischen Regierung abgesprochen sei. Man wolle die Amerikaner beim Wort nehmen, den demokratischen Prozeß freier, international kontrollierter Wahlen sowie die Abstimmung über eine neue Verfassung loyal mitspielen. Die Schiiten des Irak wären somit sicher, ganz legal und gemäß den politischen Normen des Westens, die Mehrheit im künftigen Parlament von Bagdad und den Anspruch auf die Regierungsbildung davonzutragen. Daß die US-Administration der Neokonservativen eine solche Machtkonstellation schwerlich zulassen und voraussichtlich mit allen Mitteln versuchen würde, das Zustandekommen einer islamisch orientierten Staatsgründung, auch wenn sie dem Willen der breiten Bevölkerung entspräche, zu hintertreiben, war den hohen Geistlichen der Hawza von Nedschef sehr wohl bewußt. Aber sie hatten ihre Chance erkannt, vor den Augen der Welt als Repräsentanten der »volonté générale« dazustehen. Somit würden die Intrigen Washingtons entlarvt, die heuchlerische Beteuerung freiheitlicher Prinzipien und deren Mißachtung aus Gründen eigennütziger Opportunität in aller Öffentlichkeit bloßgestellt. Jedenfalls hat, solange die konstitutionelle Gestaltung im Ungewissen liegt, für die Schiiten noch nicht die Stunde des Heiligen Krieges geschlagen.

Zu den Ikonen von Sadr City zählt auch das Porträt des Groß-Ayatollahs Ali-el-Sistani, der im Gegensatz zu den glorreichen »Schuhada« am Leben geblieben ist und auf Grund seiner abgrundtiefen theologischen Gelehrsamkeit weit über den Irak hinaus verehrt wird. Auch jetzt noch schottet sich der Fünfundsiebzigjährige ab, hält sich mit seinen »Fatwas«, seinen gebieterischen, koranisch begründeten Empfehlungen und Weisungen zurück, fordert die schiitischen Heißsporne zur Geduld, zur Tugend des »Sabr« auf.

Mit »Dschibril«, der in Wirklichkeit Ali Abu Hussein heißt, unterhalte ich mich lange und freimütig über die geistlichen Kontroversen, die innerhalb der schiitischen Gemeinde stattfinden. Er bewährt sich nicht nur als mein Schutzengel, wie sich das für einen »Archangelos« gebührt, sondern auch als mein Initiator bei der Erkundung der Mysterien der »Partei Alis«. Das fein ausgesponnene Kalkül der Hawza von Nedschef ist durch die Ermordung des Ayatollah Baqr-el-Hakim ins Wanken geraten.

Mit Dschibril diskutiere ich über die mutmaßliche Täterschaft. Auch er findet keine schlüssige Antwort. Vor allem von amerikanischer Seite wurde der Verdacht ausgestreut, hier habe es sich um die Austragung schiitischer Führungsrivalitäten gehandelt, und in diesem Zusammenhang wurde immer wieder der Name des jungen Feuerkopfes Muqtada-es-Sadr erwähnt. Viele Iraker neigen in ihrem Verschwörungswahn dazu, der CIA die Schuld zuzuweisen, aber es ist schwer zu ermessen, welches Interesse Paul Bremer am Verschwinden dieses Anwalts politischer Mäßigung und Stabilität gefunden hätte. Natürlich ist vom Mossad die Rede, dessen Agenten im Auftrag Ariel Scharons mit allen Mitteln das Entstehen einer Islamischen Republik Irak zu verhindern suchen. Relativ plausibel klingt hingegen die Annahme, daß Hardliner des Saddam-Regimes mit terroristischer Sachkenntnis am Werk waren oder daß dezidierte Einflußkreise der sunnitischen Minderheit, die im Falle ihrer Majorisierung durch die Schiiten ihrer bisherigen Macht- und Vorzugsposition verlustig gingen, die Bombe zünden ließen.

Nach dem Prinzip »cui bono« gerät an erster Stelle der Geheimdienst des Königreichs Saudi-Arabien in Verdacht. Die wahhabitische Glaubensrichtung, die in Riad eine extrem intolerante sunnitische Auslegung koranischer Staatsführung vertritt, hatte seit ihrer Gründung im achtzehnten Jahrhundert die schiitischen »Ketzer« stets als ihre Todfeinde, als Abtrünnige befehdet. Mit ihren

Beduinen aus dem Nejd waren die Wahhabiten im neunzehnten Jahrhundert mehrfach in Mesopotamien eingefallen und hatten bei diesen »Rezzu« die gold- und silberstrahlenden Moscheen der Imame Ali und Hussein in Nedschef und Kerbela geplündert und verwüstet. In der heutigen Situation fürchtet die saudische Dynastie, die mit dem Prediger Abdul Wahhab von Anfang an aufs engste verschwägert ist, nichts so sehr wie eine schiitische Staatsgründung an Euphrat und Tigris. Die selbstproklamierten »Wächter der Heiligen Stätten« von Mekka und Medina müßten dann mit der Gefahr rechnen, daß der revolutionäre schiitische Funke auch auf jene benachbarte Region des saudischen »Mamlakat« überspränge, auf die überwiegend schiitisch bevölkerte Provinz El Hasa am Persischen Golf, in der sich ausgerechnet die reichsten Petroleumreserven der arabischen Halbinsel befinden.

Mit Ali Abu Hussein stimme ich überein, daß die Selbstmordattentate auf Täter zurückzuführen seien, die aus religiösem Antrieb handeln. Ihnen würde der Märtyrertod die Pforten des Paradieses öffnen. Wenn die Explosionen jedoch durch Fernzündung getätigt werden und die »Terroristen« eine reale Chance besitzen, lebend davonzukommen, richtet sich der Verdacht eher auf unentwegte Anhänger des Saddam-Regimes, auf arabische Nationalisten oder auf ausländische Geheimdienste, die sich im Irak zahlreich und ziemlich ergebnislos tummeln.

Das Gespräch wendet sich einer Schlüsselfigur des politisch-religiösen Disputs zu. Innerhalb der schiitischen Glaubenswelt, deren Hawza durch die Ratschlüsse ehrwürdiger und oft zögerlicher Greise beherrscht wird, durch hohe Geistliche, die über die Autorität des »Idschtihad«, einer eigenwilligen Interpretation der heiligen Texte, verfügen, besteht zweifellos ein Hang zum politischen Quietismus. Aufbruchstimmung hingegen, radikaler Wille zum Umbruch und notfalls zum gewaltsamen Durchsetzen des heiligen Experiments finden sich zur Zeit lediglich im Umkreis des erwähnten jungen Klerikers Muqtada-es-Sadr. Der umtriebige Scheikh soll noch keine dreißig Jahre alt sein. Seine theologische Qualifikation, die bei den Schiiten durch langes, mühsamen Erklimmen diverser Stufen religiöser Erkenntnisse erlangt wird, ist relativ bescheiden. Die betagten, fest etablierten Ayatollahs, die im Iran sogar dem Heimkehrer Khomeini den Rang des »Mardscha-el-taqlid« streitig machen wollten, betrachten den jungen, un-gestümen Muqtada als einen Usurpator.

Jedenfalls steht er heute als charismatischer Anführer an der Spitze einer breiten Gefolgschaft, die sich im wesentlichen bei den ma-teriell benachteiligten Gläubigen zusammenschweißt. Auch Kho-meini hatte ja mit einem Programm sozialer Gerechtigkeit den entscheidenden Durchbruch erzielt. Sogar mein Begleiter Dschi-bril blickt jedoch auf den umstrittenen Muqtada mit Skepsis und ein wenig Argwohn. Der junge Scheikh hat seinen religiösen Schwerpunkt von Bagdad nach Kufa am Euphrat verlagert. Er hat dort vergeblich versucht, ein gottgefälliges »Schattenkabinett« zu bilden, um dem unterwürfigen Governing Council, den Paul Bre-mer aufstellte, den Einfluß streitig zu machen.

Diese hektische Tätigkeit ist natürlich nicht nach dem Ge-schmack der behutsamen Ayatollahs. Sie schrecken zudem vor der Gefahr eines drohenden konfessionellen Bürgerkrieges zurück. Der Ayatollah-el-Uzma Ali-el-Sistani hat Muqtada zur Ordnung gerufen und ihm jede gewalttätige Aktion gegen die Besatzer bis auf weiteres untersagt. Ohne Fatwa der »Hawzat-el-'ilmiya« von Nedschef dürfte es schwer sein, den Heiligen Krieg gegen die un-gläubigen Invasoren zu proklamieren.

Wir haben das Glas Tee, das uns ein freundlicher Tuchhändler an-bot, geleert. Das Team hat seine Arbeit abgeschlossen, und wir verabschieden uns von dieser schiitischen Hochburg, die in ihrer jetzigen Geisteshaltung ihrer ursprünglichen Benennung »Madinat-el-thaura – Stadt der Revolution« alle Ehre machen würde. Ins Ho-tel »Rimal« zurückgekehrt, sinniere ich über die Diskrepanz zwi-schen den dringend vorgetragenen Warnungen der Ortsansässigen vor dem unberechenbaren Fanatismus der Bewohner von Sadr City und unseren eigenen positiven Erfahrungen, ja freundlichen Kontakten an diesem Kristallisationspunkt des Aufruhrs. Dabei bin ich mir sehr wohl bewußt, daß wir ohne die Präsenz unserer Schutzengel in akute Gefahr hätten geraten können.

*

Es ist Zeit für die TV-Nachrichten. Ich stelle in meinem Zimmer das Programm von CNN, dann von BBC ein und ärgere mich über die Priorität, die dort der Berichterstattung über irgendwelche gesellschaftlichen Highlights oder dynastischen Querelen eingeräumt wird. Ich schalte also auf die arabischen Informationssender »El Jazira« und »El Arabiya« um, und da zucke ich zusammen. Es findet gerade eine Live-Übertragung aus Bagdad statt. Über dem grauen Häusermeer der Metropole, gar nicht weit vom »Rimal« entfernt, wächst eine gewaltige schwarze Rauchsäule in den Himmel. Zwei Hubschrauber kreisen über dem Qualm, dessen Ursprung noch nicht zu erkennen ist. Kurz danach ist ein arabisches Kamerateam schon am Ort des jüngsten Anschlags. Das Hotel »Bagdad« wurde das Ziel eines Selbstmordattentäters, der mit seiner Limousine versucht hat, die Sperren zu durchbrechen. Er hat lediglich die Schutzmauer gerammt und ist in einem Feuerball explodiert. Getötet und schwer verletzt wurden nur Iraker, vor allem Wachmänner, die sich außerhalb des eigentlichen Sicherheitsbereichs aufhielten.

Es folgen die üblichen Bilder von US-Soldaten, die Journalisten verscheuchen, und irakischen Polizisten, die mit gehetztem Blick den gesamten Umkreis absperren. Interessant ist die Tatsache, daß die amerikanischen Kollegen, die sonst schnellstens informiert werden, erst mit etwa zehn Minuten Verspätung zur Stelle sind, obwohl die meisten im Hotel »Palestine«, also fast in Sichtweite des »Bagdad«, untergebracht sind. Wieder einmal fühlen sich die US-Sicherheitsbehörden in ihrem Verdacht bestätigt, »El Jazira« und »El Arabiya« würden von den Terroristen schon vor ihren jeweiligen Aktionen informiert, um die »Coverage« in der gewünschten Ausführlichkeit wahrzunehmen. Der Attentäter, so glauben Augenzeugen erkannt zu haben, sei hellhäutig, also wohl ein Ausländer, vielleicht ein Tschetschene gewesen. Das harmlos wirkende Hotel »Bagdad« wiederum, so wird berichtet und dann natürlich dementiert, habe Agenten der CIA und des israelischen Geheimdienstes Mossad beherbergt.

So ist eben der Alltag in Bagdad. Berührt es nicht merkwürdig, daß wir eben noch ein paar völlig friedliche Stunden in der »Höhle des Löwen«, in Sadr City, verbrachten, um anschließend festzu-

stellen, daß die tödliche Gefahr im extrem abgesicherten Stadtzentrum, in unmittelbarer Nähe der Besatzungsorgane und Aus-
länderquartiere lauert? Nach einer zentralen Steuerung dieser diversen Aktionen wurde vergeblich gesucht. Aber der Wahnsinn
hat Methode. Die Ziele, die bisher getroffen oder anvisiert wurden, sind sorgfältig ausgewählt. Es geht nicht nur um Überfälle
auf amerikanische Soldaten oder Granaten, die unweit des zur
Festung ausgebauten Palastes des Prokonsuls Paul Bremer einschlagen. Sämtliche Explosionen verfolgen eine präzise Absicht.
Wir erwähnten bereits das Massaker von Nedschef, das den
Ayatollah Baqr-el-Hakim das Leben kostete, sowie die Zerstörung des irakischen Polizeikommissariats in Sadr City. Schon die
Bombe, die zu Beginn dieser Serie des Schreckens in der Jordanischen Botschaft siebzehn Menschen tötete, sollte das haschemitische Königreich zweifellos dafür bestrafen, daß es sein Territorium den US-Truppen als Aufmarschgebiet zur Verfügung
gestellt hatte, daß dort die Special Forces in den West-Irak eindrangen und von israelischen Experten für ihre Mission trainiert
wurden. Der spanische Diplomat, der am Tage meiner Ankunft
unweit der deutschen Botschaft erschossen wurde, gehörte, wie
sich herausstellte, dem Geheimdienst seines Landes an und stand
in engem Kontakt zur CIA.

Die spektakulärste Katastrophe, die Vernichtung des UNO-
Hauptquartiers in Bagdad am 19. August 2003, die dem Sonderbeauftragten Sergio de Mello und zahlreichen Mitarbeitern der
Weltorganisation zum Verhängnis wurde, setzte ein deutliches
Signal. Für viele Iraker bleiben die Vereinten Nationen für die unerbittlichen Sanktionen verantwortlich, unter denen die Zivilbevölkerung mehr als zehn Jahre lang zu leiden hatte. Das Einfuhr-
verbot von Chemikalien, um nur dieses Beispiel zu nennen, sollte
entsprechend der These des »dual use« die Fabrikation von toxi-
schen Waffen verhindern. In Wirklichkeit war diese Maßnahme
verantwortlich für die Verseuchung des Trinkwassers und den Tod
zahlloser Kleinkinder. Die UNO war auch der Auftraggeber jener robusten Untersuchungsmissionen Unscom und Unmovic,
die bei der vergeblichen Aufspürung von Massenvernichtungswaffen nicht nur in die Schlafzimmer Saddam Husseins eindran-

gen, sondern auch in die Privatsphäre zahlreicher irakischer Familien. Die Weltorganisation gilt in Bagdad weiterhin als der verlängerte Arm der USA. Der deutsch-französische Vorschlag, das Unternehmen »Iraqi Freedom« der Patronage des Generalsekretärs Kofi Annan zu unterstellen, würde – vielen Irakern zufolge – lediglich dazu führen, die Willkür der US-Besatzungspräsenz mit einem Mäntelchen internationaler Legalität zu tarnen.

»Rule Britannia!«

Basra, Montag, den 13. Oktober 2003

Bei den Briten fühlt man sich wohl. Sie haben ihr Hauptquartier am Flugplatz von Basra eingerichtet, ein paar Kilometer von dieser stinkenden Hafenstadt am Schatt-el-Arab entfernt. Da sie ringsum von Wüste umgeben ist, läßt sich die Unterkunft relativ leicht absichern. Die Engländer haben nicht jene Belagerungspsychose entwickelt, die die US-Einheiten in Bagdad veranlaßte, sich mit ungeheurem Aufwand gegen terroristische Anschläge einzubunkern.

Im Vergleich zu ihren transatlantischen »Vettern« geht es also bei den Briten relativ leger zu. Ich bin mit dem Presseoffizier des Lancashire-Regiments, Major Charlie Mayo, verabredet, und der ist in keiner Weise von jener krampfhaften Geheimhaltung auch der banalsten Vorgänge angesteckt, die in den US-Stäben die Beziehungen nicht nur zu den Journalisten, sondern auch zu den Diplomaten verbündeter Staaten so erschweren. Als ich mich in meiner suspekten Eigenschaft als Repräsentant des von Donald Rumsfeld verabscheuten »alten Europa« vorstelle, antwortet Charlie Mayo nur mit einem breiten Lachen. »Ich betrachte mich überhaupt nicht als Europäer«, sagt er, »ich bin Brite, und das genügt.« Was auch in Ordnung ist, und ich unterdrücke meine persönliche Meinung, daß die Europäische Union ja ohnehin schon viel zu viele Mitglieder aufgenommen habe.

Irgendwie erinnert mich diese selbstbewußte, etwas flapsige Atmosphäre bei den Streitkräften Ihrer Majestät an jene Endphase des Empire, dessen erlöschende Glorie ich als junger Mann noch erleben durfte. Neu ist die weibliche Präsenz, die ihre Sachlichkeit betont. Ich blicke einer jungen Dame im Rang eines Oberleutnants nach, die mit Rücksicht auf die muslimische Bevölkerung ihr Haar mit einem knappen, kleidsamen Kopftuch verdeckt, aber die schwere Pistole griffbereit an den Oberschenkel geschnallt hat. Man spürt geradezu, wie sie sich in ihrer Amazonenpose gefällt, und kann nur hoffen, daß ihr nicht noch die Rolle der Penthesilea zufällt. Beim Aufsuchen der Toilette habe ich ein Erlebnis besonderer Art. Als ich den Klodeckel aufklappe, lese ich in säuberlicher Schrift: »If you hate this country, piss here!«

Charlie Mayo versucht nicht, mir etwas vorzumachen. Der Begriff des »embedded journalist« ist ihm wohl fremd. Die Briten haben die Kontrolle der vier südlichsten Provinzen des Irak übernommen. Die Normalisierung des täglichen Lebens in der unübersichtlichen Metropole Basra mit eineinhalb Millionen Einwohnern fällt immer noch schwer. Weiterhin bringen Plünderer die riesigen Strommasten zum Einsturz, schweißen die dicken Kupferdrähte ab, die auf dem Schwarzmarkt guten Erlös erbringen. Die Wiederherstellung der Elektrizitätsversorgung nimmt auf Grund des Arbeitens in vermintem Terrain oft sechs Wochen in Anspruch.

Bei der Hinfahrt nach Basra waren mir endlose Laster-Kolonnen mit den großen, runden Öltanks aufgefallen. Dreißig dieser Ungetüme wurden vorne und hinten durch je einen Humvee der US Army bewacht, deren Maschinengewehr-Schütze – durch dunkle Brille und Mundtuch vor dem glühenden Wüstenwind geschützt – unverwandt nach Heckenschützen Ausschau hält. Viel würde dieser symbolische Schutz im Ernstfall nicht taugen. Warum die Koalition zum Erdöltransport nicht auf die zahlreichen Pipelines zurückgreife, frage ich, die Saddam Hussein immerhin in passablem Zustand hinterlassen hatte. Aber diese Rohrleitungen werden ebenfalls von Plünderern – weit mehr als von Saboteuren – heimgesucht. Mit ihren Tankwagen fahren die irakischen Gauner an einen abgelegenen Sektor, bohren das Rohr an und füllen ihre Ladung ab. Damit rollen sie zum nahen Schatt-el-Arab, wo harmlos wirkende Boote, oft modernisierte Dhows, die besonders präpariert sind, das Schwarze Gold aufnehmen und dann im Schutz der iranischen Hoheitsgewässer der offenen See des Persischen Golfs zustreben. Dort wiederum dümpeln diskrete Tankschiffe, meist ukrainischer Nationalität, um die Fracht in entlegene Häfen zu bringen. Es soll ein sehr rentables Geschäft sein. »Neuerdings bemühen wir uns um Zusammenarbeit mit den Iranern, um diesem Schwarzhandel ein Ende zu setzen«, räumt der Major ein. Die Tatsache, daß demnächst in der sogenannten Koalition der Willigen auch ein ukrainisches Truppenkontingent vertreten sein wird, erfüllt uns beide mit Heiterkeit. Die mafiose Zusammenarbeit zwischen Schutztruppe und Schmugglern dürfte dadurch Auftrieb erhalten.

Für den Verlauf der ersten Kämpfe hat der Presseoffizier seine eigene Erklärung. Es habe sich bei der überraschend wackeren Verteidigung von Umm Qasr und gewisser Stadtviertel von Basra wohl doch im wesentlichen um Angehörige des Baath-Regimes gehandelt. In dreißig Jahren sei da immerhin eine Anzahl dezidierter Kader herangezüchtet worden, die – umringt von einer schiitischen Bevölkerungsmehrheit von 95 Prozent – um ihr nacktes Überleben kämpften. In Wirklichkeit, dieser Eindruck drängt sich mir auf, war der Feldzug »Iraqi Freedom« insgesamt doch eher eine gigantische Polizeiaktion als ein regulärer Krieg. Sorge bereitet den Briten weiterhin das Schulwesen. Nach der offiziell proklamierten Einstellung der Feindseligkeiten wurde auch Basra von jenem Taumel der Plünderung und sinnlosen Zerstörungen erfaßt, der Bagdad in noch größerem Ausmaß heimsuchte. Keine einzige Klassenbank oder Schultafel habe dieser blinde Vandalensturm verschont.

Unter britischem Oberkommando sind im Südsektor auch Holländer, Dänen, Italiener und sogar Rumänen vertreten. Den Holländern untersteht die Provinz El Muthanna, deren Sandfläche an Saudi-Arabien grenzt. Wenn es in Basra zu Zwischenfällen kommt, so sei das oft auf Mißverständnisse zurückzuführen, berichtet Charlie Mayo. So hätten auch hier zahlreiche Offiziere und Soldaten der geschlagenen irakischen Armee von den Siegern ihren Wehrsold angefordert, eine absurde Situation, die auf geheime

Absprachen in der höchsten Führungssphäre der Kriegsparteien schließen lasse. Die anfänglichen Schießereien seien abgeflaut. Seit sechs Wochen hat das Lancashire-Regiment keinen einzigen Verlust zu beklagen. Hier klafft ein signifikanter Unterschied zu der amerikanischen Besatzungszone, in der mit zunehmender Tendenz täglich zwanzig Überfälle auf GIs registriert werden. Bei einem Zwischenfall in der Nähe von Amarah vor zwei Monaten hatten zwar vier englische Militärpolizisten den Tod gefunden, aber diese Gegend, das konnte ich aus eigener Erfahrung bestätigen, wurde schon zu Zeiten der Diktatur von Räuberbanden geplagt.

An der Spitze der britischen Koalitionsverwaltung steht in Basra ein hoher Diplomat, der lange Jahre im Orient verbrachte und fließend Arabisch spricht. Das erweist sich natürlich als nützlich. Die Offiziere Ihrer Majestät haben noch nicht jenen kolonialen Instinkt für den Umgang mit den Einheimischen verloren – fast hätte ich »mit den Eingeborenen« geschrieben –, auf den sich ihr Weltreich einst stützte. Am schwierigsten sei die Verhandlung mit den Stämmen und deren »Schuyukh«, die oft mit der Kalaschnikow um ihre Vorrechte kämpfen oder alte Blutrachen bereinigen. Dabei kommen gelegentlich bis zu zwanzig Menschen ums Leben. Absolut notwendig erweise sich der Kontakt zur schiitischen Geistlichkeit, die im Umkreis von Basra die letzte moralische und richterliche Instanz darstellt. Der als »Mujtahid« anerkannte Kleriker finde strikte Befolgung seiner Vorschriften.

Die Probleme, so betont Mayo kategorisch, seien überwiegend »home made«. Natürlich könne niemand die endlose Grenze zu Iran und Saudi-Arabien voll kontrollieren, aber die Infiltration von Agenten des Aufruhrs habe im britischen Abschnitt bisher nicht stattgefunden, und die Perser verhielten sich überaus korrekt. Der übliche Hinweis auf die Verantwortlichkeit von El Qaida bleibt mir bei diesem Briefing erspart. Im übrigen ist man sich im Hauptquartier der prekären Situation durchaus bewußt. Für eine reguläre Okkupation ist das Truppenaufgebot viel zu gering. Zur Kontrolle der Millionenstadt Basra stehen ganze sechshundert Infanteristen des Lancashire-Regiments zur Verfügung, und bestenfalls vierhundert Mann kommen für den Kampfeinsatz in Frage. Im Zeichen der von außen verordneten »Demokratisie-

244

rung« bilden sich zahllose Parteien. Es handelt sich in der Regel um Interessenklüngel, die sich sehr schnell wieder auflösen. Was nun die Vorgänge innerhalb der abgekapselten schiitischen Glaubensgemeinschaft angeht, so gestehen selbst die Briten – obwohl sie zwischen den beiden Weltkriegen im Auftrag des Völkerbundes das Mandat über den Irak ausgeübt hatten – ihre Ratlosigkeit ein. Die »Verfaulung« der Situation rund um Bagdad – »le pourrissement«, wie das die Franzosen in ihren Einflußzonen früher nannten – wirkt sich natürlich auch unterschwellig im Raum von Basra aus. Wie der Unteroffizier des Lancashire-Regiments, der mich nach dem Briefing in brütender Hitze zum Geländewagen zurückbegleitet, zugibt: »Die Lage ist kompliziert und verhärtet sich. The honeymoon is over.«

Aus der vereinbarten gemeinsamen Patrouille wird an diesem Nachmittag nichts mehr. Wir hatten für die Strecke von Bagdad nach Basra – 550 Kilometer vorzügliche Autobahn – fünf Stunden einkalkuliert. Aber wir wurden durch den Ausbau eines amerikanischen Stützpunktes bei El Hillah auf eine andere Route abgewinkt. Dort gerieten wir in das endlose Auto- und Busgedränge von Pilgern, die der heiligen Stadt Kerbela zustrebten. Ihre Zahl wurde durch einen beachtlichen Andrang frommer Schiiten aus dem Iran noch vermehrt. Am Mausoleum des Märtyrers Hussein wollten sie den Geburtstag des Zwölften Imam El Muntadhar, der als »Mehdi« verehrt wird, feierlich begehen. Warum sie zu diesem Zweck nicht nach Samarra, nördlich von Bagdad, reisten, wo diese Messias-Gestalt im Jahr 874 ihren sunnitischen Häschern auf wunderbare Weise entrückt wurde, blieb mir unklar.

Bei meinem letzten Aufenthalt im Irak, im Februar 2003, hatte ich jene geweihte Stelle aufgesucht, wo eine schmucklose Treppe in eine Höhle hinabführt. Vor der Lehmwand, durch die der kindliche Imam El Mehdi den Zugang zur Jenseitigkeit fand, war ein grünes Tuch gespannt, und darüber las ich die Inschrift »Sahib-el-zaman – Herr der Zeiten«. Der Mullah, der diesen Ort höchster mystischer Verklärung bewachte, begegnete uns mit großer Freundlichkeit, ja er schnitt – nachdem wir eine Geldspende hinterlegt hatten – sogar einen Fetzen des sakralen grünen Tuches ab und schenkte es mir. Ich habe diesen Talisman irgendwo aufbewahrt.

Zu allem Überfluß wurden wir durch die endlosen Konvois der Erdöltransporter aufgehalten. An den alliierten Kontrollpunkten bildeten sich Staus. Neben den Amerikanern sichteten wir Polen, Italiener, Spanier und Niederländer. Diese Strecke quer durch Mesopotamien war mir wohlbekannt. Maisfelder und Palmenhaine lösten einander ab. Auf weiten Strecken sind die Bewässerungsanlagen so schadhaft geworden, daß der Boden versteppt und sich mit einer Salzschicht überzieht. Die Ortschaften sind von trostloser Häßlichkeit, und die schiitischen Moscheen unansehnlich. Auf den Backsteinwänden haben die Darstellungen bärtiger Ayatollahs die zahllosen Porträts des gestürzten Diktators ersetzt. Auf Grund des prächtigen Haarwuchses dieser heiligen Männer und ihrer immer gleichen Turbane sind sie schwer zu unterscheiden. Ein positives Zeichen konnten wir immerhin feststellen: Die Durchsuchung der Fahrzeuge nach Waffen und die Überprüfung der Papiere wird immer häufiger durch irakische Polizisten in weißem Hemd und blauer Hose vorgenommen. Sie sind mit Kalaschnikows bewaffnet. Im polnischen Sektor, der neben Nedschef und Kerbela die Ruinen von Babylon umfaßt, mußte ich an die biblische Überlieferung vom Turmbau denken, jenes frevlerische Unternehmen der frühen Menschheit, die den Himmel erstürmen wollte und dafür von Gott mit der Verwirrung der Sprachen gestraft wurde. Der Fluch scheint nachzuwirken, denn gerade das polnische Kommando verfügt über ein kunterbuntes Sammelsurium von Hilfseinheiten – Spanier, Ukrainer, Litauer, Albaner, Bulgaren und so weiter, daneben die Minikontingente diverser Zwergstaaten aus Mittelamerika und dem Pazifik –, das jeder Verständigung, geschweige denn jeder operativen Planung hohnspricht.

Mir fiel auch auf, daß längs der endlosen Strecke keine einzige Brücke während der Kampfhandlungen durch die Verteidiger zerstört wurde. Das Bombardement der US Air Force muß hier sehr selektiv gewesen sein, denn nennenswerte Einschläge sind kaum zu sehen. Auf der letzten Distanz, südöstlich von El Sumawah, ging der Verkehr zügiger voran. In der erdölgetränkten Wüste, etwa achtzig Kilometer vor Basra, entdeckten wir zum ersten Mal Spuren von Abwehrgräben und Sandwällen, die die Iraker ausgehoben oder aufgeschüttet hatten. Die Soldaten Saddam Husseins haben sich jedoch gehütet, beim Nahen der US-Panzer auch nur die leiseste Gegenwehr in diesen Behelfsstellungen zu leisten. Sie hatten von Tausenden Kameraden gehört, die im Kuweit-Feldzug von 1991 buchstäblich durch die Tanks und Bulldozer der US Army zugeschaufelt und erstickt wurden. Stellenweise ist auch irakisches Kriegsgerät übriggeblieben. Die altertümlichen T-54 sowjetischer Bauart stehen verloren und nur oberflächlich beschädigt in der Einöde. Ihre Besatzungen müssen fluchtartig das Weite gesucht haben, denn die Kanonen sind in die falsche Richtung ausgeschwenkt.

Die Verzögerung unserer mühsamen Anreise hat jetzt in Basra zur Folge, daß wir die britische Patrouille nicht rechtzeitig finden, der wir uns anschließen sollen. Wir verirren uns heillos im Gassengewirr. Schon schlägt uns der Gestank dieser erbärmlichen Massensiedlung entgegen, die sich an fauligen Kanälen hinzieht. Am Ende landen wir in einem Sumpfgebiet, das mich an die unendliche Morastebene des Schatt-el-Arab erinnert, wo Iraner und Iraker ihre blutigsten Kämpfe austrugen. Die Szenen, die sich hier in abendlicher Stimmung bieten, sind dennoch von biblischer Schönheit. Die Kähne werden von aufrecht stehenden Männern in weißer Dischdascha mit Stangen durch das Moor geleitet. Die Frauen tauchen die Wäsche in das rotbraune Naß. Am Ende entdecken wir einen Außenposten der Briten, der durch zwei Panzer abgeschirmt ist. Den Erklärungen der Soldaten, die mit großer Herzlichkeit, aber einem kaum verständlichen Cockney-Akzent vorgetragen werden, entnehmen wir, daß wir uns am Rande eines kaum kontrollierten Gebietes befinden. Plötzlich wird mir bewußt, daß Gefahr droht, auch wenn die unzähligen arabischen Kinder noch so lieb lächeln. Wir fahren schnell zurück und erreichen – gerade noch vor Einbruch der Dunkelheit – das Hotel »El Merbed«, das uns empfohlen wurde.

An einen späten Ausgang ist nicht zu denken. Der Portier warnt uns eindringlich vor Unsicherheit und Kriminalität, die überall lauern. Schon zu Zeiten Saddam Husseins war in Basra kaum eine Frau ohne die totale Verhüllung des schwarzen Tschador zu entdecken. Die Sitten sind noch strenger geworden. Bier- oder Weinausschank ist im Hotel verboten. Hatte sich vor ein paar Wochen noch eine naive deutsche Reporterin über die angeblich entspannte Lage in der südlichen Hafenstadt gefreut und die Käuferschlange vor einem Alkohol-Laden beschrieben, der einem Christen gehörte, so sollte sie heute zur Kenntnis nehmen, daß ein solches koranwidriges Verhalten inzwischen undenkbar ist und daß dem Anstifter dieses Übels, dem chaldäischen Geschäftsmann, die Gurgel durchgeschnitten wurde.

Die Männer vom Lancashire-Regiment

Basra, Dienstag, den 14. Oktober 2003

Im »El Merbed« dient sich uns ein Dolmetscher und angeblicher Sachkenner namens Reza an. Der Mann gefällt mir nicht, aber seine Aussage ist bezeichnend für die totale Verwirrung, die auch hier um sich greift. »Wir haben Angst vor der Rückkehr Saddam Husseins«, flüstert er mir zu, »irgendwo sitzt er wie die Spinne im Netz und wartet auf seine Stunde.« Reza ist Schiite, wie sein Name zu erkennen gibt. Entfernt sei er mit einem einflußreichen Ayatollah verwandt, und er könne versichern, daß auch in den Südprovinzen seine Glaubensgemeinschaft auf Ruhe und Ausgleich bedacht sei und sich vor nichts so sehr fürchte wie vor einer Wiederholung der entsetzlichen Gemetzel von 1991. Übrigens stellt sich heraus, daß jene Massengräber mit Zehntausenden von Leichen, die von amerikanischen Spürtrupps entdeckt wurden und einen zusätzlichen Beweis für die mörderischen Instinkte Saddam Husseins erbrachten, fast ausschließlich aus dieser schiitischen Aufstandsphase nach der Befreiung Kuweits stammen, als die »Partei Alis«, von George Bush senior zur Revolte aufgerufen, nach dem verfrühten Abbruch der US-Bodenoffensive der grauenhaften Repression durch die regimetreue Republikanergarde ausgeliefert wurde. Diese Massenexekutionen sind auch kein Ruhmesblatt für die amerikanischen Ankläger.

»Der Irak verträgt keine Demokratie«, argumentiert Reza, »wir brauchen einen starken Mann. So ist es seit dem fernsten Altertum gewesen.« Für eine solche Aufgabe komme in den Staaten des Orients wohl nur ein General in Frage. Als ich ihn frage, ob die Schiiten denn einen sunnitischen Militärdiktator akzeptieren würden, bejaht Reza das zu meiner Verwunderung. Wichtig sei vor allem die Wiederherstellung administrativer Normalität, was immer das bedeute. Dann fragt mich Reza ganz unvermittelt: »Können Sie mir die Möglichkeit einer Auswanderung nach Deutschland verschaffen? Fast alle gebildeten Iraker suchen verzweifelt nach einer Chance der Emigration, um dem drohenden Blutbad eines Bürgerkriegs zu entgehen.«

Dieses Mal verläuft das Treffen mit der britischen Patrouille präzis nach Plan, »at eight o'clock sharp«. Das Quartier der Kompanie heißt »Anzio«, in Erinnerung an den Brückenkopf der 8. Britischen Armee während des Zweiten Weltkrieges in Süditalien. Mein positiver Eindruck vom Vortag bestätigt sich. Captain Sweeny flößt mit seiner massiven Statur Vertrauen ein. Er hat bereits Erfahrungen in Bosnien gesammelt. Vor allem zwei Einsätze in Nordirland hätten seinen Männern eine unentbehrliche Routine verschafft. Darüber hinaus hat eine intensive psychologische Vorbereitung der Truppe auf den Kontakt mit der orientalischen Bevölkerung stattgefunden. Den Soldaten seien sogar ein paar arabische Vokabeln eingebleut worden. Mit vier Mannschaftstransportpanzern des Typs Saxon rollen wir in ein besonders verwahrlostes Viertel der Innenstadt. Es ist nicht das neueste Material, über das das Lancashire-Regiment verfügt. Die Armee Ihrer Majestät leidet wohl unter vergleichbaren Budget-Schwierigkeiten wie die deutschen Alliierten. Innerhalb des engen Stahlgehäuses des Saxon, in dem ich Platz nehme, bewegt sich der Bordschütze wie ein Astronaut.

An einer breiten Durchgangsstraße machen wir halt. Der APC stellt sich quer über die Fahrbahn. Die Soldaten – angetan mit kugelsicherer Weste und Helm – bringen durch Vorhalten ihrer Sturmgewehre verdächtige Autos zum Stehen. In der Durchsuchung nach Waffen sind sie geübt. An diesem Checkpoint beschlagnahmen sie eine AK-47, die unvermeidliche Kalaschnikow. Deren Besitzer hat zwar einen Waffenschein, aber die Registriernummer stimmt nicht mit der Serienziffer überein. Das Gewehr wird konfisziert und der Mann aufgefordert, sich zur Klärung seines Falls bei der Kompanie »Anzio« zu melden. »Wir verhalten uns recht großzügig in solchen Fällen«, meint Captain Sweeny. »Wir verstehen ja, daß in dieser Umgebung jede Familie ein oder zwei Waffen im eigenen Haus haben will, um nicht kriminellen Überfällen ausgeliefert zu sein. Nur sollen sie mit den Schießprügeln nicht ohne Sondergenehmigung in der Gegend herumfahren.«

Nach einer Reihe von Überprüfungen klettern wir wieder in einen Saxon. »Wir halten uns nie länger als zwanzig Minuten an einem Checkpoint auf«, sagt der schwitzende, kahlköpfige Master Sergeant, der mir gegenübersitzt. »Wir wollen eventuellen Freischärlern nicht die Zeit lassen, einen Granatwerfer in Stellung zu bringen und uns aus sicherer Entfernung zu beschießen.«

Beim nächsten Halt steigen die Infanteristen aus und tauschen den Stahlhelm gegen das schwarze Barett ein. »Wir haben die Erfahrung gemacht, daß es beruhigend und versöhnlich auf die Leute wirkt, wenn wir nicht allzu martialisch in voller Rüstung auftreten«, erklärt der Hauptmann. »Unsere amerikanischen Freunde haben da andere Methoden.« Wir verlassen die Hauptstraße und gehen mit einer etwa zwanzig Mann starken Streife zu Fuß durch ein Gewirr erbärmlicher Behausungen. Die Temperatur ist inzwischen auf 42 Grad angestiegen, und die Luftfeuchtigkeit ist unerträglich. Hinzu kommt die pestilenzartige Ausdünstung dieser Gegend, wo sich Berge von Unrat häufen. Wir sind gezwungen, knöcheltief in einem Gemisch aus Schlamm und Exkrementen zu waten, eine ideale Brutstätte für alle nur denkbaren Mikroben und Viren. Aber die Munterkeit der Kinder scheint das nicht zu beeinträchtigen. In hellen Scharen umkreisen sie uns mit gellenden Zurufen.

Die Soldaten bewegen sich – die Waffe schußbereit angewinkelt – mit langsamen Schritten. Sie drehen sich ständig um, spähen in alle Richtungen und lassen nicht die geringste Nervosität erkennen. »Achten Sie darauf, daß Sie nie an einem Punkt stehenbleiben«, schärft mir der Master Sergeant ein, »sonst geben Sie ein allzu leichtes Ziel für Heckenschützen ab.« Bei dem Rundgang geraten wir mit den Einwohnern und den Kindern immer wieder ins Gespräch. Die arabischen Männer halten sich zurück, wirken jedoch nicht feindselig, wie das in Bagdad meistens der Fall ist. Der eine oder andere verflucht Saddam Hussein, aber das klingt nicht wie eine Anbiederung.

Die aufdringlichen Knaben sind für die Infanteristen des Lancashire-Regiments am schwersten zu ertragen. Da fällt es nicht leicht, ein halbwegs freundliches Gesicht zu bewahren. »What is your name?« lautet immer wieder die Frage. Ein Zwölfjähriger zeigt mir sein Schulbuch. Das Gesicht Saddam Husseins ist überall weggekratzt, aber der stark propagandistische Lehrtext der Baath-Ideologen bleibt natürlich unverändert. Als großer Spaß gilt es offenbar bei diesen Knaben, wenn sie einander – in Anspielung auf die Plünderungen, die auch in Basra unsägliche Verwüstung stifteten – als »Alibaba« necken. In einiger Entfernung fällt ein Schuß. Einer unserer Männer ist von Jugendlichen mit Steinen beworfen worden und hat zur Warnung in die Luft gefeuert. Das wirkt sofort. Wir beenden den Rundgang durch diese abscheuliche Zone, wo die Menschen verurteilt sind, fast wie Ungeziefer zu leben. Jede Frau versteckt sich hier hinter dem unförmigen schwarzen Trauertuch.

Aufatmend erreichen wir die Hauptverkehrsader, wo die Saxon auf uns warten. Es kommt noch zu einem kurzen Zwischenfall, als eine Gruppe von Händlern die Briten auf einen Nachbarn aufmerksam macht, der im Verdacht des Autodiebstahls stehe und nächtliche Schießereien veranstalte. Der Mann läuft wie ein Wiesel davon, und der Soldat neben mir sagt resigniert: »Ich versuche erst gar nicht, ihn zu fangen. Mit meiner schweren Schutzweste bin ich stets im Nachteil.« Wieder wird ein Warnschuß abgegeben. Die Aktion ist beendet, und ich beglückwünsche Captain Sweeny zur vorzüglichen Haltung seiner Leute.

*

Am späten Nachmittag fahren wir zum Schatt-el-Arab, dem Zusammenfluß von Euphrat und Tigris, der etwas südlich von Basra die Grenze zum Iran bildet und sich in den Persischen Golf ergießt. Es muß Flut sein, denn das Wasser des breiten Stroms scheint auf Grund der Gegenströmung des Meeres stillzustehen. Zahllose Dhows und andere kleine Schiffe sind am Kai angetäut, darunter vermutlich auch eine Anzahl getarnter Petroleumtransporter. Im Stadtzentrum haben wir die Verwüstungen feststellen können, die, so bestätigen die Engländer, erst nach Ende der eigentlichen Kampfhandlungen durch den entfesselten Mob verursacht wurden. Nachträglich wurden irreführende Anklagen auf die verkohlten Mauerreste geschrieben: »Die Kuweitis haben das angerichtet!«

Dabei fällt mir auf, daß bei dieser Vernichtungsorgie, die sämtliche offiziellen Behörden und Großfirmen heimsuchte, lediglich das mehrstöckige Gebäude der »South Oil Company« verschont blieb. Das lokale Hauptquartier der Baath-Partei hingegen war schon zu Beginn der Koalitionsoffensive von zwei Mega-Bomben mit bemerkenswerter Präzision plattgewalzt worden.

Früher bot die Uferpromenade ein eindrucksvolles, wenn auch bizarres Schauspiel. Über dem Fluß ragte eine pathetische Galerie von neunundneunzig gefallenen Kriegshelden. Die überlebensgroßen Figuren waren als gespenstisches Memorial aufgereiht. Diese uniformierten »Schuhada« stellten hohe irakische Offiziere dar, die im ersten, dem weitaus schlimmsten Golfkrieg gegen den Iran und die schiitische Revolution des Ayatollah Khomeini den Tod gefunden hatten. Sie waren unter hohen Kosten in Italien in Bronze gegossen worden, und jeder Märtyrer war – vermutlich anhand einer Fotovorlage – sehr individuell mit dem ihm eigenen Gesichtsausdruck und Körperumfang kopiert. Mit dem einheitlich ausgestreckten rechten Arm wiesen sie nach Südosten und richteten den Zeigefinger auf das persische Gegenufer, auf jene Stadt Khorramshahr, wo die Armee Saddam Husseins im Jahr 1982 ihre vernichtendste Niederlage durch die Revolutionswächter und die Kindersoldaten Khomeinis erlitten hatte.

Heute ist der Spuk verschwunden. Bei der Vernichtung dieser Zeitzeugen war es nicht nur darum gegangen, jegliche Erinnerung an das verhaßte Baath-Regime zu beseitigen. Die Plünderer hatten den Wert der Ansammlung wertvollen Erzes erkannt, es irgendwo eingeschmolzen und verscherbelt. Sogar die Marmorplatten

252

der Podeste wurden abgerissen. Ein noch abscheulicheres Bild der Verwüstung bietet das »Sheraton«, das sich vor dem Krieg bemüht hatte, westlichen Hotel-Standard einzuhalten. Bis zur letzten Schraube und Steckdose ist hier alles herausgerissen worden. In den leeren Betonhöhlen des übriggebliebenen Baugerippes hausen jetzt armselige Squatter.

Plötzlich stoßen wir auf eine surrealistische Szene. Ein Dutzend schrottreifer Limousinen – mit Menschen vollgestopft – fährt zu einer abscheulichen Kakophonie, den Mißklängen von zwei Trompeten und Pauken, an der entweihten Heldenparade vorbei. Die erbärmliche Hochzeitsfröhlichkeit, die hier vorgeführt wird, wirkt an dieser Stelle wie eine Blasphemie. Die Braut ist ganz in Weiß gehüllt. Sogar das Gesicht wurde total verschleiert. Man spaßt nicht mehr mit der Moral in Basra. Das Brautpaar wird wie in einem Leichenzug entführt, zu dem ein pechschwarzer Trommler den Takt schlägt.

Imperiale Plutokratie

Inzwischen ist es dunkel geworden, und ich lasse mich allein zur südirakischen Vertretung der CPA, der »Coalition Provisional Authority«, fahren, anders gesagt, zur lokalen Zweigstelle des in Bagdad residierenden Paul Bremer III. Die Engländer haben mir dazu geraten, und nun verstehe ich warum. Bei der CPA herrscht nicht Gelassenheit, sondern Furcht. Die Schutz- und Abschirmmaßnahmen sind grotesk. Zu meiner Überraschung entdecke ich, daß die sorgfältige und höfliche Personenkontrolle durch Asiaten vorgenommen wird, durch Gurkhas aus Nepal. Sie tragen allerdings weder Rangabzeichen noch Identifikation ihrer Einheit. Der beleibte Holländer, mit dem ich verabredet bin, ist mit der Entwicklung der Landwirtschaft in den Südprovinzen beauftragt. Paul Ryswiek hat natürlich seine Mission zu erfüllen. Er versucht erst, mir die amerikanischen Propagandathesen vorzutragen, mit denen die irakische Katastrophensituation von heute erklärt wird.

Die CPA habe ein durch Saddam Hussein total heruntergewirt-schaftetes Land ohne Infrastruktur, ohne Versorgung und Si-cherheit übernehmen müssen. Aber seit Ankunft der Koalition kämen Wiederaufbau und Normalisierung zügig voran.

Ich äußere meine Zweifel, beglückwünsche Ryswiek aber immer-hin dazu, daß sein Compound durch Gurkhas bewacht sei, die be-kanntlich zu den besten Soldaten der Welt zählen. »Sind Sie denn so sicher?« fragt der Holländer. Diese Nepalesen aus dem Hima-laya wären wohl absolut zuverlässig, wenn sie unter britischem Befehl stünden. Aber das hier sind Söldner, und die kommerzielle Firma, die diese altgedienten Soldaten angeheuert hat, heißt »Global Security«. Von der gespielten Euphorie seiner anfäng-lichen Ausführungen ist der Holländer plötzlich abgerückt. Er ist ein schwerblütiger, etwas melancholischer Typ. »Was ich Ihnen sage, ist für Ihre Background-Information bestimmt«, fährt er fort. Deshalb hüte ich mich, seine wahre Identität preiszugeben. »Sie erleben hier im Irak den kriegerischen Kapitalismus in Reinkultur. Die Bewachung der Erdölfelder – um die geht es ja im wesent-lichen – wird längst nicht mehr von den Truppen der Koalition wahrgenommen, sondern von der finanzstarken Privatfirma ›Glo-bal Security‹, die unweit des CIA-Hauptquartiers in Virginia an-gesiedelt ist und die zwielichtigen Auswirkungen der vielgeprie-senen Globalisierung schon in ihrer Namensgebung enthüllt.«

Gelegentlich würden per E-Mail eine Reihe von naiven Anfra-gen europäischer Unternehmen bei seiner Behörde landen, die am Aufbau des Irak – auch an seiner landwirtschaftlichen Rehabi-litierung – beteiligt werden möchten. Sie sollten sich diese Flausen aus dem Kopf schlagen. »Wer hier nicht im Auftrag und mit Zu-stimmung Paul Bremers auftritt, hat nicht die geringste Chance«, brummt der Niederländer. Sogar die NGOs, die Nichtregie-rungsorganisationen, könnten hier nur tätig werden, wenn sie eine Lizenz von US-Aid erhielten. Die Frage hat sich übrigens von selbst erledigt. Auf Grund der permanenten Gefährdung hat die UNO ihre regulären Mitarbeiter weggeschickt und operiert nur noch mit Ortskräften.

»Wer hier nicht mit dem Mega-Konzern Halliburton, dem Vize-präsident Dick Cheney noch unlängst als Chief Executive vor-

254

stand, aufs engste verbandelt ist«, erklärt Ryswiek, »wer nicht mit dem Unternehmen Bechtel paktiert, bekommt keinen Fuß auf den Boden.« Angeblich ist sogar der Hafen Umm Qasr an ein angelsächsisches privates Konsortium verpachtet. »Betrachten Sie doch mein persönliches Schicksal«, nimmt er wieder mit einem Anflug von Humor auf, »meine tägliche Nahrung in diesem Bunker-System wird ausschließlich von der Firma Kellogg geliefert; sogar meine Hemden werden von Kellogg gewaschen, obwohl hier viele irakische Frauen gern damit ein kleines Zubrot verdienen möchten, und dieses Unternehmen ist mit Halliburton assoziiert.« Ob denn wenigstens die obligatorische Kellogg's-Nahrung gut schmecke, frage ich. »Der Fraß ist abscheulich«, lautet die Antwort.

Im übrigen würden die hochprofessionellen Spezialisten von »Global Security«, frühere Elitesoldaten der Special Forces, der US-Rangers oder des britischen SAS, deren Aktivität in zunehmendem Maße auch in Bagdad beansprucht wird, extrem gut besoldet. Ihnen stünden 500 Dollar pro Tag zu. Vielleicht würden die Nepalesen, die der Dritten Welt entstammen, weniger großzügig entlohnt. »Im Irak wird imperiale Plutokratie in Reinkultur vorgeführt«, beendet der Holländer seine Klage. »Wenn das Experiment hier scheitern sollte, dann ist mehr in Frage gestellt als die Wiederwahl des Präsidenten Bush und die Selbstherrlichkeit der Neokonservativen.«

Ins Hotel zurückgekehrt, lese ich den Artikel der »New York Times« vom 1. Oktober 2003, den mir Ryswiek als Beleg mitgegeben hat. Ich zitiere nur einen Absatz: »Das wirkliche Problem besteht darin, daß ohne gesetzliche Prüfung und Aufsicht viele Milliarden Dollar, die der Steuerzahler aufbringt, infolge mangelhafter Ausschreibung der Kontrakte den politisch verwandten Firmen wie Halliburton oder Bechtel zugespielt werden. So wurde bisher verfahren. Der Kongreß sollte zudem darüber wachen, daß bei den Wiederaufbauprogrammen im Irak die zur Verfügung stehenden Summen nicht vergeudet werden, indem hochbezahlte amerikanische Arbeiter und Techniker engagiert werden, obwohl qualifizierte, verläßliche und arbeitslose Iraker den Job ebenso gut und sehr viel billiger verrichten könnten.«

Bei dieser Lektüre muß ich an meine Erfahrungen in Zentralafrika denken, die erst drei Jahre zurückliegen. Die Pervertierung des Krieges durch hemmungslose Kommerzialisierung hat im Schwarzen Kontinent ihren skandalösen Höhepunkt erreicht. Der Verfall gesellschaftlicher Gesittung, die Reduzierung eines unzureichenden, aber immerhin in Ansätzen existierenden Völkerrechts, der Bruch mit den mühsam erarbeiteten Vorschriften der Haager Kriegsrechtsordnung drohen künftig im profitorientierten Verzicht auf das Gewaltmonopol staatlich kontrollierter Streitkräfte zu gipfeln. Das Entstehen einer High-Tech-Form des Landsknechtwesens, der Rückfall in eine kriegerische Tollwut, die sich am spektakulärsten im Dreißigjährigen Krieg austobte, dürften am Ende dieser fatalen Entwicklung stehen. Der sogenannte Stellvertreterkrieg, »war by proxies«, ist ja längst zur blutrünstigen Routine geworden, ohne daß die angeblich überinformierte, in Wirklichkeit ignorante Weltöffentlichkeit daran Anstoß nimmt.

Im Juli 2000 – ich hielt mich im kongolesischen Kisangani, im »Herzen der Finsternis« auf – war mir die zunehmende Bedeutung der hochoffiziellen und florierenden »Mercenary Companies« aufgefallen. Damals wurde immer wieder der Begriff »Executive Outcomes« genannt. Diese Organisation war 1993 gegründet worden und nahm »globale« Ausmaße an. Ihre Mitarbeiter wurden als »counter insurgency«-Berater von regulären Regierungen angeheuert, um bei der Bekämpfung von Aufstandsbewegungen behilflich zu sein. Zu den Auftraggebern zählten die Türkei, Algerien, Nigeria, Sri Lanka, um nur diese zu nennen. »Executive Outcomes« war auch in fast all jene Konflikte verstrickt, die um die Mineralvorkommen Afrikas geführt wurden, und begnügte sich längst nicht mehr mit reinen Sicherungsaufgaben. Sowohl in Angola als auch in Sierra Leone übernahm diese Privatgesellschaft die Rolle einer aktiven Bürgerkriegspartei. Daß sie im Jahr 1999 offiziell ihre Tätigkeit einstellte, bedeutet keineswegs, daß sie nicht unter neuem Namen und geschickter Tarnung weiterhin aktiv bleibt.

Inzwischen sind andere Namen hinzugekommen. Erwähnen wir nur »Defense Service Limited«, »Falconstar«, »Intersec« und vor allem »Amor Holding«. In diesem Zusammenhang darf nicht

256

unerwähnt bleiben, daß die moderne Kriegführung sich nicht nur auf den »killing fields« des Kongos oder Sierra Leones ein merkantil entstelltes Gesicht zugelegt hatte. In Amerika registrierte Spezialfirmen für Militärberatung und Waffenhilfe mit ihren pensionierten Generalstabsoffizieren und hochqualifizierten Guerilla-Veteranen waren sogar auf dem Balkan in Erscheinung getreten. Der kroatische Überraschungssieg über die »Serbische Republik Krajina« wurde im Sommer 1994 mit Hilfe solcher Dunkelmänner erzielt. Lange bevor die alliierte Bombardierung 1999 gegen Rest-Jugoslawien einsetzte, waren ähnliche Unternehmen als Geburtshelfer und Betreuer der »Kosovo-Befreiungsarmee« tätig und bildeten die albanischen Partisanen der UČK für ihren Einsatz aus.

Ich neige nicht zu moralischer Entrüstung und beschränke mich auf bittere Ironie. In dieser heißen, stinkigen Nacht im »Merbed«-Hotel von Basra kommt mir der unziemliche Gedanke: Wie herrlich wäre es doch um die »brave new world« der Neokonservativen bestellt, wenn man das Schicksal des Irak unbesehen und exklusiv der artverwandten Markt- und Interessenkombination von »Global Security« und »Halliburton Inc.« übereignen könnte!

Im Schatten der Osmanen

Basra–Bagdad, Mittwoch, den 15. Oktober 2003

Die Strecke nach Bagdad dehnt sich in Langeweile. Mir kommt zugute, daß ich von Jugend an in allen Lebenslagen in Tiefschlaf verfallen kann. In den Wachpausen fällt auf, daß die US-Streifen – meist nur zwei oder drei Humvees – zahlreicher sind. Immer steht der Maschinengewehrschütze aufrecht hinter seiner Waffe, als wolle er eine Zielscheibe bieten. Was diese militärische Präsenz einbringen soll, begreift man nicht recht. Den Ruf der Unverwundbarkeit haben die Amerikaner längst eingebüßt. Wir tun uns schwer, endlose Transporte mit Wohncontainern aus Aluminium zu überholen, die wohl für die bessere Unterbringung der Besatzungsarmee bestimmt sind.

Während wir ein paar Kilometer entfernt die Heilige Stadt Kerbela passieren, erfahren wir über Funk, daß dort Kämpfe entbrannt sind. Auf seiten der Araber wie auf seiten der GIs habe es zwei Tote gegeben. Eigentlich gehört diese Zone der heiligsten schiitischen Gräber zum Kontrollgebiet der polnischen Brigade. Aber die wäre zweifellos an der Wallfahrtsstätte der Schwarzen Madonna von Tschenstochau besser aufgehoben als im Umkreis der Gräber der Imame Ali und Hussein. Ich muß an die seltsame Demarche des polnischen Verteidigungsministers in Teheran denken, der anläßlich einer offiziellen Visite bei den schiitischen Mullahs der Islamischen Republik Iran angefragt hat, ob sie wohl etwas zum Schutz seiner Soldaten im Irak unternehmen und den Unmut der dortigen Muslime gegen die fremden Okkupanten aus Warschau dämpfen könnten. Der Irak sei ein souveräner Staat, lautete die persische Erwiderung, und es mag etwas Schadenfreude darin mitgeklungen haben. Der bösartige Witz, Polen sei der »trojanische Esel« Amerikas innerhalb der Europäischen Union, hat sich schon im Orient herumgesprochen.

Am Südrand von Bagdad sind die Trümmer des Krieges, vor allem zerschossene Panzer, auf einem riesigen Schrottfeld zusammengetragen. Holger will sich diese Bilder nicht entgehen lassen. Wir folgen jetzt der endlosen Karada-Straße, und hier fällt die hektische kommerzielle Aktivität auf, die plötzlich um sich greift. Da stapeln sich auf den Trottoirs ganze Pyramiden elektronischen Geräts. Satellitenschüsseln sind verständlicherweise die besten Verkaufsschlager, aber auch Waschmaschinen und Kühlschränke sind verschwenderisch im Angebot. An Käufern fehlt es offenbar nicht. Jeder Krieg bringt seine Profiteure hervor. In Bagdad schlägt die Stunde der Wirtschaftskriminalität, wie das in solchen Übergangsphasen wohl üblich ist. Gauner und Schieber kommen zum Zuge. Bei Einbruch der Dunkelheit verschwindet die verlockende Ware hinter schweren Eisengittern. Bewaffnete Wachmänner haben schon Posten bezogen.

Am »Rimal«-Hotel sind die Sicherheitsvorkehrungen verschärft worden. Immer mehr Betonklötze blockieren die Passage. Jedes

Fahrzeug wird mißtrauisch von zusätzlichen Zivilisten mit Kalaschnikows untersucht. Es werden sogar Spiegel unter die Karosserie geschoben, wie früher beim Grenzübergang in die DDR. Im Zimmer schalte ich das Fernsehen ein. Dieses Mal ist die türkische Botschaft Ziel eines Bombenanschlags gewesen. Viel Schaden ist nicht entstanden. Der Selbstmordattentäter ist der einzige Tote. Dem Terroristen – vermutlich ein Kurde – ging es wohl darum, gegen die Zusage der Regierung von Ankara zu protestieren, zehntausend ihrer Soldaten in den Irak zu entsenden. Die Gegenleistung aus den USA würde in einer Belohnungsprämie von 8,5 Milliarden Dollar bestehen. Sehr rühmlich ist dieser Schacher nicht. Er wirft kein gutes Licht auf die offizielle Tugendhaftigkeit der Regierung Tayyip Erdoğan.

Paul Bremer mag sich einbilden, durch diese Einschaltung türkischer Streitkräfte, die im robusten Umgang mit Partisanen über lange Erfahrungen verfügen, einen strategischen Trumpf auszuspielen. Die Verstärkungen, so hört man, sollen zur »Befriedung« des turbulenten sunnitischen Dreiecks beitragen, was den mehrheitlich sunnitischen Türken wohl besser gelänge als den christlichen Fremdlingen. Die irakischen Kurden sehen das anders. Wieder einmal wittern sie die Gefahr, verraten zu werden. Die Brigaden Ankaras sollen zwar weiter südlich eine strikt begrenzte Stationierungszone zugewiesen bekommen, aber ihre Durchgangsstationen in den bislang autonomen, fast unabhängigen Kurdengebieten würden sie verstärken. Unweigerlich werden sie den versprengten Partisanen der PKK nachspüren, die aus Ostanatolien über die Grenze geflüchtet sind. Das US-Kommando war unvorsichtig genug, seine Teilnahme an dieser Jagd auf marxistische »Terroristen«, die einst dem Bandenführer Öcalan unterstanden, anzukündigen. Daß die Türken in dieser Frage einen plötzlichen Rückzieher machen würden, ist an diesem 15. Oktober 2003 noch nicht vorauszusehen.

Mit Saad Darwish habe ich mich ausführlich über die Auswirkungen unterhalten, die die vierhundertjährige Präsenz der Türken in Mesopotamien, die Herrschaft des osmanischen Sultans und Kalifen über die Wilayat Mossul, Bagdad und Basra, bei der Bevölkerung hinterlassen hat. Der heutige Irak hatte sich weit weniger rebellisch gegen die »Hohe Pforte« verhalten als die ebenfalls unterworfenen Araber der Levante in Syrien und Libanon. Bei der gehobenen Gesellschaft in Bagdad sei es sogar vornehm gewesen, türkisch zu sprechen. Die Vermählung mit einer Türkin galt als sozialer Aufstieg. Doch der arabische Nationalismus, der nach dem Zusammenbruch des Osmanischen Reiches zur Staatsdoktrin wurde, habe das türkische Joch in den düstersten Farben dargestellt. Deshalb würde die junge Generation, die in der Baath-Ideologie erzogen wurde, jeder Rückkehr ihrer früheren »Unterdrücker« mit Feindseligkeit begegnen. Vor allem aber stünden die USA im Begriff, ihre einzigen Freunde, über die sie im Irak verfügen, die Kurden zwischen Dohuk, Arbil und Suleimaniyeh, in einen neuen Verzweiflungskampf zu treiben. Die Peschmerga würden nicht nur auf die Erben der Osmanen, sondern eventuell auch auf Amerikaner schießen.

Schon diskutiert man in arabischen Intellektuellenkreisen über das Schreckgespenst einer osmanischen Wiedergeburt. Man erinnert sich daran, daß die Briten 1924 nur mit militärischem Druck die Erdölgebiete von Mossul und Kirkuk, die ursprünglich der Republik Atatürks zugesprochen waren, ihrem irakischen Mandat einverleibten. Das Schwarze Gold von Kirkuk bleibt ohnehin zwischen den dort siedelnden Kurden, Arabern und Turkmenen umstritten. Vermehrte Überfälle auf Besatzungstruppen werden aus diesem Raum gemeldet, der weit außerhalb des Dreiecks von Faluja, Tikrit und Ramadi liegt.

Zu nächtlicher Stunde wird in unserer unmittelbaren Nachbarschaft mit Infanteriewaffen geschossen. Das ist nichts Ungewöhnliches in Bagdad. Die beiden Straßenhunde, die es mit unermüdlichem Gekläff darauf angelegt haben, mir den Schlummer zu rauben, werden durch den Waffenlärm zu akustischen Höchstleistungen angespornt.

Aus Besatzern werden Belagerte

Bagdad, Donnerstag, den 16. Oktober 2003

Die Expedition nach Basra steckt uns allen in den Knochen. Holger liegt mit hohem Fieber zu Bett. Saad Darwish erleidet in der Nacht einen Schwächeanfall, von dem er sich glücklicherweise nach einem Sturz mit schweren Prellungen schnell erholt. Cornelia versucht, direkte Verbindung mit den amerikanischen Presseoffizieren herzustellen. Aber an der Bunkermentalität, die sich dort eingenistet hat, scheitert auch ihre weibliche Insistenz. »Wenn Sie Fragen haben, wenden Sie sich per E-Mail an uns«, lautet der knappe Hinweis. Von Kollegen weiß ich, daß auch auf diese Form der Kontaktnahme fast nie eine Antwort erfolgt. Die Bemerkung, die Engländer hätten sich doch viel offener und weniger geheimniskrämerisch verhalten, wird mit der barschen Antwort abgewiesen: »Wir sind eben keine Briten.«

Natürlich gibt es ein paar handverlesene amerikanische Publizisten, die sogar an Paul Bremer persönlich oder an General John Abizaid herankommen, wenn sie die richtige Gesinnung vorweisen. Das gleiche gilt wohl auch für jene wenigen Ausländer, die sich »embedden« lassen. Aber selbst die Journalisten aus der »Koalition der Willigen« – Spanier, Italiener, Polen, Holländer – werden, falls sie vorgelassen werden, mit Allgemeinplätzen abgespeist, wenn man ihnen nicht gar plumpe Irreführungen auftischt. Was nun den Governing Council betrifft, diese Pseudovertretung irakischer Interessen – fünfundzwanzig angebliche Volksvertreter, von denen zwanzig die vergangenen Jahrzehnte in irgendeinem Exil verbrachten –, so meiden diese aus Gründen der Selbsterhaltung jeden Kontakt mit der Bevölkerung und lassen sich bei Pressekonferenzen nur noch inmitten amerikanischer Beschützer erblicken. Eines dieser Ratsmitglieder, Frau Aqella el-Haschemi, die kurioserweise mit Tariq Aziz zusammengearbeitet hatte und damals Kontakt zur CIA hielt, wurde schon vor ein paar Wochen umgebracht.

Von Bremer selbst, der sich im Gegensatz zu seinem unglücklichen Vorgänger, General Garner, mit betonter Eleganz kleidet, sind über die wirkliche Absicht der Neugestaltung des Irak nur die üblichen Phrasen und krampfhafter Optimismus zu vernehmen. Litten schon Saddam Hussein und seine engsten Vertrauten unter Sicherheitsneurosen, so werden sie von den amerikanischen Stäben, seien sie nun zivil oder militärisch, weit übertroffen. Die Angst vor Terroranschlägen ist bei ihnen zur Obsession geworden. Aus Besatzern wurden Belagerte. Das Prestige dieser Armee, die in ihren Hollywood-Verherrlichungen stets als verschworene Gemeinschaft todesverachtender Helden auftritt, leidet schwer bei der arabischen Bevölkerung, die sich die Sieger anders vorgestellt hatte.

Hans-Jörg will eine jener zahllosen Betonmauern, die immer höher wachsen, filmen und richtet die Kamera unter anderem auf das »Hotel Raschid«, meine übliche Bleibe bei früheren Irak-Aufenthalten, das jetzt von jedem Kontakt isoliert ist. Dabei wird er von dem wachhabenden US-Sergeanten streng zur Ordnung gerufen. »Der Feind kann in den Besitz Ihrer Bilder kommen und unsere Stellung orten. Die Folge wäre, daß amerikanische Soldaten getötet werden!« lautet seine Beschwerde.

*

Der Kontaktmann, auf den ich lange gewartet habe, wir wollen ihn Salman nennen, meldet sich endlich am Telefon. Er war seinerzeit einflußreicher Beamter im Nachrichtendienst der Baath-Partei. Im Frühjahr 2002 hatte er meine Reise ins offiziell gesperrte Kurdengebiet des PUK-Führers Talabani begleitet. Es ist früher Abend. Ich lade Salman aus Gründen der Diskretion auf mein Zimmer ein. Daß er nicht verhaftet wurde, wundert mich nicht sonderlich. Ich habe längst vernommen, daß die CIA mit einer ganzen Reihe jener Männer des irakischen Mukhabarat zusammenarbeitet, die gestern noch als Folterknechte und Spitzel Saddam Husseins geschmäht wurden. Ich biete Salman einen Whisky an. Er ist kein sonderlich frommer Muslim. Mit seinem öligen Haar und dem Menjou-Bärtchen entspricht er ziemlich stilgerecht der Vorstellung, die man sich von seinesgleichen im Orient macht.

Nach dem Austausch der üblichen Höflichkeiten kommt er zur Sache. Zwei seiner Verwandten leben in Deutschland, und ich soll ihnen eine Botschaft übermitteln, wozu ich mich gern bereit finde. Aber er hat noch mehr im Sinn. Es besteht offenbar ein Interesse daran, daß seine Darstellung der irakischen Situation, auch seine Schilderung des Kriegsablaufs, an die Öffentlichkeit gelangt. Da manche seiner Enthüllungen sich mit den Hinweisen überschneiden, die ich nach der Methode des »recoupement« – der insistenten Wiederholung der gleichen Fragen an unterschiedliche Gesprächspartner – gesammelt habe, glaube ich, am Ende unserer Konversation und nach Konsum einer halben Flasche Whisky vorsichtige Bilanz ziehen zu können.

Hat dieser Krieg überhaupt stattgefunden? War das alles nicht ein gewaltiger Theaterdonner mit scharfer Munition, möchte man sich fragen, wenn man erfährt, daß der amerikanische Geheimdienst lange vor der Märzoffensive mit dem irakischen Kriegsminister, General Sultan Hashem Ahmed-el-Tai und dem Mukhabarat-Chef, Taher Jalil Habush, regen Austausch pflegte? Drei Monate vor dem offiziellen Ausbruch der Feindseligkeiten war von Bagdad das Signal an CIA und DIA (Defense Intelligence Agency) ausgegeben worden, man könne den Waffengang vermeiden und nach der Beseitigung Saddam Husseins eine neue Ordnung etablieren. Sultan Hashem machte sich angeblich stark dafür, die höchsten kommandierenden Offiziere auf seine Seite zu bringen. Er wollte sie überzeugen, auf jede nennenswerte Gegenwehr zu verzichten.

George W. Bush hat das Angebot ausgeschlagen. Er überschätzte die eigenen Kräfte und wurde daran erinnert, daß eine ähnliche Umsturz-Offerte der hohen irakischen Generalität schon im Februar 1991 seinem Vater zugespielt worden war. Die Hoffnung auf einen Militärputsch – so wird heute behauptet – habe George Bush senior damals bewogen, die Bodenoffensive seiner Allianz vorzeitig abzubrechen und auf das Vordringen in Richtung Bagdad, dem nichts mehr im Wege stand, zu verzichten. In Wahrheit habe es sich jedoch um eine von Saddam gestellte Falle, um ein perfides Täuschungsmanöver gehandelt.

Unabhängig von Salman war ich aus erster Hand durch die Aussagen eines der ranghöchsten Minister des irakischen Kriegskabinetts ähnlich informiert worden. Mein damaliger Informant stand ganz oben auf der Suchliste, dem seltsamen »Kartenspiel« der Prominentenjagd, das die CIA aufgestellt hat. Es handelt sich wohlweislich nicht um Tàriq Aziz. Bewußter Minister X war seinerzeit von General Sultan Hashem persönlich ins Vertrauen gezogen worden. Irgendwie ließ sich die Verschwörungsatmosphäre von Bagdad mit den konspirativen Treffen vergleichen, die dem Attentat gegen Hitler am 20. Juli 1944 vorausgegangen waren. Der Krieg sei verloren, noch ehe er begonnen habe, hieß es bei den Eingeweihten, und die Überlebenschance des Regimes liege bei Null. Es sei geradezu eine patriotische Pflicht, den Diktator zu entmachten, ihn auszuschalten und den Amerikanern volle Zusammenarbeit anzubieten. Minister X, der schon so manches gescheiterte Komplott am Tigris und dessen grausame Ahndung miterlebt hatte, verhielt sich vorsichtig. »Wer garantiert uns, daß nicht vorher unsere Köpfe rollen?« hatte er gefragt. Er nahm am Komplott nicht teil, hütete sich jedoch, Saddam zu warnen.

Im März 2003 hätte das Pentagon tatsächlich die Möglichkeit gehabt, fährt Salman fort, einen Deal mit dem irakischen Generalstab abzuschließen. Schon im Spätherbst 2002 hatten jordanische Nachrichtenoffiziere in Abstimmung mit der »US Task Force 20« die Fühlung aufgenommen. Erhebliche Bestechungssummen waren geflossen. Das Pentagon hoffte offenbar bis zur letzten Stunde, diese Chance zu nutzen, denn weder das irakische Verteidigungsministerium noch die offizielle Rundfunkstation wurden durch Bombenangriffe lahmgelegt. Dem Verteidigungsminister Sultan Hashem sollte die Möglichkeit erhalten bleiben, seine Armee in verschlüsselten Aufrufen zur Kampfeinstellung aufzufordern. Die in vorderster Linie, vor allem am Hafen Umm Qasr engagierten Einheiten konnten in dieses Szenario nicht rechtzeitig eingeweiht werden, was ihren überraschend hartnäckigen Widerstand in den ersten zehn Tagen der US-Offensive erklärt.

Wie hat sich die Elitetruppe des Regimes, die Republikanergarde, verhalten? Zwei ihrer Divisionen wurden im Umkreis von El-Kut am Euphrat und nördlich der sogenannten Kerbela-Gap durch die US Air Force total vernichtet. Es gab ja nicht mehr die geringste Luftabwehr. Die schweren Panzer vom Typ T-72 besaßen keine Chance einer erfolgreichen Verteidigung. Die Losung »Rette sich, wer kann« griff um sich, noch ehe das Flächenbombardement der B-52 wie ein Gottesgericht niederging.

Am Ende bedurfte es nicht einmal der förmlichen Kapitulation. Mag sein, daß ein Trupp fanatischer »Fedayin Saddam« vor dem Zusammenbruch noch ein paar meuternde Generale erschossen hat. Doch in der Regel forderten die Kommandeure ihre Offiziere und Mannschaften auf, die Uniform auszuziehen und so schnell wie möglich – unter Mitnahme ihrer individuellen Infanteriewaffen – ihre Familien aufzusuchen. Nur so läßt sich erklären, daß die Zahl der Kriegsgefangenen bei einer geschlagenen Armee von mehr als dreihunderttausend Mann relativ begrenzt blieb. Der Einmarsch in Bagdad erfolgte kampflos. Die Masse der Bevölkerung war in den ersten Tagen der Okkupation den US-Truppen durchaus nicht feindlich gesinnt. Wenn heute die Besatzer auf Ablehnung, Haß und Verachtung stoßen, so ist das einer ganzen Serie von Fehlleistungen zuzuschreiben, die ich bereits erwähnte.

Den fundamentalen Fehler hatten die Planer um Donald Rumsfeld begangen, so war mir bereits in Teheran bestätigt worden, als sie den Vorschlag des Generals Sultan Hashem ablehnten, die irakischen Streitkräfte beizubehalten. Soweit die Mutmaßungen meines Gewährsmannes Salman.

Wie Saddam Hussein in dem Durcheinander des Zusammenbruchs es so lange geschafft hat, sich dem Zugriff der Häscher und Denunzianten zu entziehen, bleibt auch für meinen Besucher ein Rätsel. Die Söhne Udai und Qusai, die noch viel mehr verabscheut wurden als ihr Vater, sind von einem Vertrauten der Familie, der ihnen in Mossul Zuflucht geboten hatte, für dreißig Millionen Dollar ans Messer geliefert worden. Selbst diesen Erfolg haben die Amerikaner propagandistisch schlecht genutzt. Bei der öffentlichen Zurschaustellung der beiden Leichen ließen sie die Beine fast bis zu den Genitalien entblößen, eine Mißachtung von Toten – wer immer es sei –, die aus islamischer Sicht gegen Sitte und Anstand verstößt. »Wie sie wohl den Vater präsentieren werden, wenn sie ihn fangen?« fragt Salman. Dann fügt er mit leiser Stimme ein Bekenntnis hinzu, das mich bei diesem Opportunisten aus der Schattenwelt überrascht: »Sie wissen, daß ich Saddam Hussein früher nur mit Vorbehalt gedient habe und jeden Tag um meine Existenz fürchten mußte. Aber wenn ich heute wüßte, wo er sich versteckt, ich würde ihn nicht verraten.«

Scheikh Muqtada will den Heiligen Krieg

Kufa, Freitag, den 17. Oktober 2003

So also verläuft ein Partisanenüberfall. Südlich von Bagdad, am Rande des Dorfes El-Haswa, ist ein Sprengsatz am Straßenrand explodiert. Er ging unmittelbar neben dem Humvee einer kleinen amerikanischen Kolonne hoch, riß die rechte Flanke des Fahrzeuges auf und tötete zwei Soldaten. Die Hubschrauber sind schnell zur Stelle und transportieren die Leichen ab. Die GIs sperren die Fahrbahn, richten die Waffen auf alle Passanten und leiten den Verkehr um. Es sind etwa zwanzig junge Infanteristen, die ohne große Aufgeregtheit der Situation Herr zu werden versuchen. In ihrer Montur gleichen sie schwerfälligen Käfern, die sich nach allen Seiten absichern. Die Bombe war ferngezündet. Es muß frustrierend sein, dieser »guerilla warfare« des Gegners nie frontal begegnen zu können. Die technische Präzision der Anschläge nimmt ständig zu. Die Araber der Umgebung halten sich vorsichtig auf Distanz. In El-Haswa stoßen sie zumindest nicht die unerträglichen Freudenschreie aus, die die Verluste der Besatzer sonst oft begleiten. Das Ganze ist keineswegs spektakulär. Ich gebe dem Fahrer die Weisung, keine Sekunde länger zu verweilen. Gelegentlich folgen Mörsergranaten auf ein gelungenes Attentat. Es ist auch mit wütenden Reaktionen der Amerikaner zu rechnen.

Bei der Erarbeitung ihrer Verhaltensregeln im »asymmetrischen Krieg« hat sich die US Army zweifellos von Experten aus Israel beraten lassen. Aber was soll denen schon einfallen? Sie werden ja selber mit den Widerstandsgruppen der Palästinenser nicht fertig, obwohl deren autonome Gebiete auf kleine Parzellen geschrumpft sind. Auf der Westbank und in Gaza verfügen die Israeli über zahlreiche Agenten, die jede Bewegung der Hamas- oder Dschihad-Islami-Führer im Auge haben und an die Hubschrauber von »Zahal« weitermelden. Zudem besitzen die Partisanen dort allenfalls ein paar Kalaschnikows. Im Irak hingegen bewegen sich die »Dschihadi« ungehemmt in einem riesigen Terrain. Sie merzen die Verräter in den eigenen Reihen aus. An Waffen steht ihnen das ganze Arsenal der aufgelösten irakischen Armee zur Verfügung. In der »Super-Intifada« des Irak, die bislang noch nicht auf die schiitischen Südprovinzen übergegriffen hat, sind die Amerikaner in die Defensive gedrängt worden. Jeden Tag gibt das Kommando die Zahl von ein oder zwei gefallenen eigenen Soldaten bekannt. Es könnten auch mehr sein, denn die Schwerverletzten, die bereits auf dem Abtransport sterben, werden nicht mitgezählt. Ein solcher Zustand ist schwer erträglich. Schon finden spontane Strafaktionen statt, bei denen, wie in Palästina, die Häuser von Verdächtigen zerstört und ihre Pflanzungen verwüstet werden.

Wir bewegen uns in Richtung Kufa. Es ist Freitag. Scheikh Muqtada-es-Sadr wird dort die »Khutba«, die Predigt, halten. Zahlreiche Busse mit frommen, überwiegend jungen Schiiten haben sich zu diesem religiösen und politischen Happening auf den Weg gemacht. Über den Fahrzeugen wehen grüne Wimpel. Auf der Höhe von Kerbela fällt uns ein Dutzend spanischer Soldaten auf. Ihr Mannschaftspanzer mit der rot-gelb-roten Fahne hat soeben mit voller Wucht ein irakisches Taxi gerammt. Der Unfall hat Zivilopfer gefordert, und es wird zu schwierigen Verhandlungen, möglicherweise zu »Blutrache« kommen.

Im Menschenknäuel glaube ich, Mongolen in alliierter Uniform zu entdecken. Tatsächlich gehört die Republik von Ulan Bator zu den »Willigen«, die George W. Bush zur Seite stehen, wie übrigens auch die pazifischen Zwergstaaten Mikronesien und Palau. Die Mongolen haben ein kleines Truppenkontingent nach Mesopotamien entsandt, und niemand hat offenbar in Washington bedacht, daß das Auftauchen dieser zentralasiatischen Steppensöhne im Zweistromland entsetzliche Erinnerungen wachruft. Im Jahr 1258 hatte der Heerführer Hülagü, ein Enkel des Welteroberers Dschinghis Khan, die Kalifen-Stadt Bagdad dem Erdboden gleich-

267

gemacht. Im Jahr 1401 hatte der Turko-Mongole Timur Lenk, auch Tamerlan genannt, am Tigris aus neunzigtausend Schädeln der Erschlagenen grauenhafte Pyramiden auftürmen lassen. Jetzt, im Jahr 2003, lädt der Präsident der Vereinigten Staaten von Amerika die fernen Nachkommen jener Schlächter zur Friedensstiftung und Förderung der Demokratie in dieses arabische Golgatha ein. Zu meiner Enttäuschung stellt sich dann heraus, daß es sich bei den bronzefarbenen Waffenbrüdern der Spanier nicht um Mongolen, sondern um reinblütige Indianer aus Honduras handelt. Daneben beteiligen sich auch Costa Rica und Nicaragua symbolisch am Unternehmen »Iraqi Freedom«. Wie ähnlich asiatische und indianische Gesichtszüge unter dem topfförmigen Helm doch sein können.

Als Begleiter hat sich mir wieder Ali Abu Hussein zur Verfügung gestellt. Er hat einen schiitischen Freund hinzugebeten. Im Schutz dieser »Erzengel« sind wir gut aufgehoben. Wir erreichen Kufa ohne Zwischenfall. Die Stadt am Euphrat war mir aus den frühen achtziger Jahren in idyllischer Erinnerung geblieben. Aber auch hier schieben sich inzwischen die häßlichen Zementwände neuer Zweckbauten bis in die unmittelbare Nähe der prächtigen Freitagsmoschee. Muqtada-es-Sadr hat nicht von ungefähr sein Hauptquartier in Kufa aufgeschlagen. Nach der Glaubensspaltung des Islam in Sunna und Schia, die nur wenige Jahre nach dem Tod des Propheten erfolgte, hatte sich Ali Ibn Abi Talib, der den Anspruch erhob, der einzig rechtmäßige »Befehlshaber der Gläubigen« zu sein, vor der Übermacht seiner sunnitischen Feinde in diese bescheidene Ortschaft zurückgezogen. Der Gottesstaat, den der Schwiegersohn des Propheten dort errichtete, wird von seinen Gefolgsleuten bis auf den heutigen Tag als das ideale politisch-religiöse Herrschaftskonzept verehrt, durchaus vergleichbar mit jener Oase Yathrib, die von Mohammed erwählt wurde und heute Madinat-el-Nabi heißt.

Die vorbildliche Regierung Alis hat nur knappe fünf Jahre gedauert. Dann wurde er von einem fanatischen Sektierer, einem »Kharidschiten«, ermordet. Seine Leiche wurde von seinem Getreuen versteckt und dann im nahen Nedschef beerdigt. Dort ruht heute der Gründer-Imam der Schia unter einem Gewölbe von

Gold und Silber. Im fernen Zentralasien hingegen, im nordafghanischen Mazar-e-Scharif – zu deutsch »Grab des Edlen« – hat sich eine abweichende Legende erhalten. Der Körper des toten Ali sei auf wunderbare Weise auf dem Rücken eines weißen Kamels in die Steppe des Amu Daria gelangt und dort bestattet worden.

*

Der zum Kampf gegen die Ungläubigen entschlossene Scheikh Muqtada hat in Kufa seine eigene Miliz aufgestellt. Die jungen Freiwilligen dürften aus allen Teilen des Irak, vor allem aus dem Bagdader Armenviertel »Madinat-es-Sadr« stammen. Ihre Stationierung in Kufa soll dieser bislang bescheidenen Truppe eine sakrale Bedeutung verleihen. Der Name, unter dem sie antritt, »Dscheischel-Mehdi – Armee des Mehdi« – wie immer geht es um diese schiitische Messias-Gestalt –, umgibt sich mit einer endzeitlichen Aura der Erlösung.

Ali Abu Hussein steht mir bei der Erkundung der diversen Stimmungen innerhalb der »Partei Alis« mit seinem theologischen Wissen bereitwillig zur Verfügung. Er ist kein Anhänger Muqtada-es-Sadrs. Auch er ist der Ansicht, daß diesem jungen Eiferer die religiösen Weihen fehlen, die innerhalb der schiitischen Hierarchie unentbehrlich sind und die in der Verleihung des Titels »Mardscha-el-taqlid – Quelle der Nachahmung« gipfelten. Auf diese oberste Weihe kann sich zur Zeit nur der Groß-Ayatollah Ali-el-Sistani berufen, seit sein potentieller Rivale, der Ayatollah Mohammed Baqr-el-Hakim, beim Verlassen der Ali-Moschee von Nedschef durch eine Autobombe in tausend Stücke zerrissen wurde. Sistani ist gebürtiger Perser, wurde in Meschhed, am Grab des Achten Imam Reza, geboren, erwarb jedoch seine Wissenschaftsgrade durch unermüdliches Studium und zahlreiche Veröffentlichungen innerhalb der Hawza von Nedschef. Die Zwangsherrschaft Saddam Husseins hat er nur überlebt, weil er sich jeder politischen Tätigkeit enthielt und sich in die Mystik seiner Glaubenswelt versenkte. In der jetzigen hochbrisanten Situation, die aktives politisches Engagement erfordert, stellt sich die Frage, ob er der geeignete Führer ist. Sistani bleibt abgeschirmt und verkapselt, wird durch eine kleine bewaffnete Leibgarde geschützt, empfängt keine Besucher und gefällt sich offenbar, wie manche Kritiker sagen, in der Nachahmung des »Verborgenen Imam«.

Innerhalb der »Hawzat-el-'ilmiya« gibt es neben Sistani eine Anzahl von Groß-Ayatollahs, die die Qualifikation des »Mujtahid« besitzen. Damit ist die Befugnis gemeint, die Texte des Korans und des Hadith zur Erbauung und Anleitung der Gläubigen zu interpretieren. Der Titel des »Mujtahid«, dem eine weit großzügigere Auslegung der Offenbarung zusteht als den sunnitischen »Ulama«, verleiht auch die Autorität, eine »Fatwa« zu verkünden, eine verpflichtende Empfehlung, die sich in der Regel auf die spirituellen Fragen des Alltags bezieht, aber auch die Entscheidung über Krieg und Frieden treffen kann. Den meisten dieser bärtigen heiligen Männer fehlt die charismatische Ausstrahlung, der rhetorische Schwung, um das Volk – wenn nötig – in unbändigen heiligen Taumel zu versetzen. Als mitreißender Tribun bietet sich zur Zeit offenbar nur der Scheikh Muqtada-es-Sadr an, aber der kann allenfalls den Grad eines »Hodschatulislam – Beweis des Islam« für sich beanspruchen. Aus seinem Interview mit der Zeitung »El Nahda« entnehme ich, wie Muqtada seine eigene geistliche Rolle einschätzt.

»Das Studium an der Hawza läuft in festgelegten Etappen ab«, argumentiert er. »Vor dem Krieg hatte ich bereits das Niveau der ›Studien außerhalb‹ (fil-kharij) erreicht. Dieses Programm gehört zu einem höheren Niveau, das zur Ausbildung als Mujtahid überleitet. Damit erreicht der Student die Kompetenz, sich zu einigen Fragen der Scharia zu äußern, immer im Wissen, daß er damit keine Fatwa erteilt. Um eine Fatwa zu formulieren, muß man Mujtahid sein. Die mir zustehenden Äußerungen können sich jedoch mit Problemen des politischen und sozialen Lebens befassen.«

Diese Form der Kasuistik ist wohl keiner Theologie fremd. Bei der Schia erscheint sie jedoch besonders ausgeprägt. Zudem wird deutlich, daß das in der »Partei Alis« vorherrschende System von Examen und Bezügen auf überlieferte Wissenschaft dem konfuzianischen Mandarinat auf seltsame Weise verwandt ist. Am nachhaltigsten kommt dem jungen Muqtada immer noch zugute, daß sein Vater, der Groß-Ayatollah Mohammed Sadeq-es-Sadr, 1999 von Saddam Hussein ermordet wurde.

Wie lassen sich der Quietismus der schiitischen Führung, ihre passive Zurückhaltung erklären und rechtfertigen angesichts der Welle der Gewalt, die von den arabischen Sunniten in Bagdad und Faluja, in Tikrit und Ramadi, neuerdings auch in Mossul und Kirkuk entfesselt wird? Gerät die Partei Alis nicht unweigerlich ins Hintertreffen, und was versprechen sich die Mullahs von ihren diskreten Kontakten zum Governing Council und sogar zu gewissen Besatzungsbehörden? Die auf lange Sicht angelegte Planung der Hawza ist bekannt. Sogar aus Teheran war der Rat erfolgt, sie solle die US-Besatzer, denen sie zutiefst feindlich gegenübersteht, auf die eigenen politischen Ideale festnageln: auf Demokratie, freie, international überwachte Wahlen, auf Konsens bei der Verfassungsgestaltung und das Grundprinzip »one man, one vote«.

Angesichts der massiven Überzahl der »Partei Alis« – 65 Prozent im Gesamt-Irak, 85 Prozent bei den dort lebenden Arabern – würde eine halbwegs ehrliche Stimmenauszählung den Schiiten eine eindeutige Mehrheit im Parlament von Bagdad, den Auftrag zur Regierungsbildung und die letzte Entscheidung über die künftige Staatsform verschaffen. Ali Abu Hussein äußert sich eindeutig dazu: »Auf vierhunderttausend Einwohner des Irak soll ein Abgeordneter entfallen, und an Hand dieser Aufschlüsselung müssen die Iraker über ihr Schicksal entscheiden. Der jetzige Regierungsrat ist nur eine Marionetten-Veranstaltung.« Neben den Kurdenführern Barzani und Talabani könne als einzig repräsentative Figur in diesem Gremium der Scheikh Abdulaziz-el-Hakim in Frage kommen, der Bruder des ermordeten Ayatollah Hakim. Er verfügt jedoch nur über begrenzte Autorität, seit ihm die Rückendeckung seines Bruders fehlt.

Wie denn die schiitische Gemeinschaft reagieren werde, falls die »Koalitionsbehörde« eine föderative Verfassung für den Irak durchsetzen und den arabischen Sunniten, den arabischen Schiiten sowie den Kurden je ein Drittel der Machtausübung zuteilen und somit das Entstehen einer schiitischen Mehrheit verhindern würde. Man rede ja inzwischen ganz offen von einer indirekten Mandatsverteilung von oben. Auf keinen Fall sei die Bush-Administration bereit, eine Islamische Republik in Mesopotamien zu akzeptieren, die an das Modell des Ayatollah Khomeini in Teheran anknüpft. Ali ereifert sich nicht im geringsten. »Wir haben gar nicht die Absicht, das Konzept Khomeinis, die Statthalterschaft des Schriftgelehrten, Wilayat-el-Faqih, zu übernehmen. Wenn die USA ihre eigenen demokratischen Vorgaben verleugnen, wenn sich das ganze Gerede von Freiheit und Selbstbestimmung als Heuchelei entlarven sollte, dann werden die Schiiten wie ein Mann gegen sie aufstehen. Die Bereitschaft zum Martyrium, das lehrt die Geschichte, ist bei uns viel stärker ausgeprägt als bei unseren sunnitischen Brüdern.«

Über dem Vorplatz der Freitagsmoschee von Kufa weht ein Meer von grünen, schwarzen und roten Fahnen: Grün für den Islam, schwarz wie die Trauer um die Imame, rot wie das Blut der Schuhada. Wir werden von irgendwelchen sehr bürgerlich wirkenden Notablen in Empfang genommen und mit Tee bewirtet. Wieder einmal bewährt sich das Khomeini-Foto, obwohl der Imam in der Hawza von Nedschef keineswegs als richtungsweisende Leitfigur anerkannt wird.

Die Khutba hat bereits begonnen. Da Holger noch in Bagdad bettlägerig ist, muß sich der Kameraassistent Hans-Jörg einen Weg durch die dichtgedrängten Beter bahnen. Ich bin ihm dabei nach Kräften behilflich. Es passiert immer wieder, daß wir den Gläubigen auf die Hände und Füße treten oder ihre schiitischen Gebetssteine, die sie bei der rituellen Verneigung mit der Stirn berühren, beiseite schieben. In einer ähnlichen Situation hätte man in einer christlichen Kirche vermutlich berechtigten Zorn ausgelöst. Aber in Kufa gewährt man uns bereitwillig Durchlaß.

Ich habe mich neben einer Säule niedergehockt. Den Prediger habe ich im Blick. Scheikh Muqtada-es-Sadr wirkt älter als seine fünfundzwanzig oder dreißig Jahre. Das liegt wohl an dem üppigen schwarzen Bart, der unter dem schwarzen Turban nur wenig Raum für das Gesicht freigibt. Sehr gewinnend ist das Äußere dieses streng blickenden Mannes nicht. Seine Rede wird in ruhigem, dezidiertem Ton und gutem Arabisch vorgetragen. Auch wenn er seinen Text abliest, lauscht die Zuhörerschaft wie gebannt. Da am Vortag eine israelische Militäraktion in Gaza zu einer neuen Eskalation führte und zahlreiche Palästinenser den Tod fanden, ist die Frontstellung gegen den Zionismus ein beherrschendes Thema. Zwischen Bush und Scharon bestehe eine perfekte Komplizenschaft, ruft der Khatib, und die sogenannte Road Map habe die Naivität all derjenigen entlarvt, die auf eine gütliche Lösung hofften.

Es ist bemerkenswert, wie korrekt dieser junge Revolutionär sich an die geistlichen und politischen Anweisungen der Hawza und des Ayatollah Sistani hält, obwohl er dessen Taktieren als Beschwichtigung gegenüber den Besatzern empfinden muß. Immerhin hat Sistani zwei Fatwas erlassen, die eine strenge Abgrenzung gegenüber den USA besiegeln. Die eine untersagt den Schiiten jeden freundlichen Umgang mit den ungläubigen Invasoren. Vor allem enthält sie das absolute Verbot, irakischen Grundbesitz an Ausländer zu verkaufen. Das wird teilweise mit der Befürchtung zusätzlicher Petroleumkonzessionen begründet, die den USA gewährt würden, aber vor allem mit dem Verdacht, die nach der Gründung Israels aus dem Irak vertriebenen Juden, deren Zahl auf hundertdreißigtausend geschätzt wird und die oft der begüterten Oberschicht angehörten, könnten alte Besitzansprüche geltend machen. Die Befürchtung geht noch weiter. Manche Iraker rechnen damit, daß am Ende der kompromißlosen Politik Ariel Scharons irgendeine Form des »Transfers« stattfinden könnte, eine Zwangsumsiedlung von Palästinensern aus Westbank und Gazastreifen, über die amerikanische Zeitungen bereits unter dem Stichwort »ethnic cleansing« besorgt spekuliert haben. In diesem Falle böte das von der Natur gesegnete Zweistromland, dessen landwirtschaftliche Ressourcen sehr unzureichend genutzt werden, einen idealen Siedlungsraum für die arabischen Vertriebenen aus dem Heiligen Land. In seiner Khutba erwähnt Muqtada-es-Sadr dieses extrem heikle Thema jedoch nicht.

Hingegen richtet er seine Argumente auf jene zweite Fatwa, die das derzeitige Stillhalten der Schiiten sowie ihre Nichtbeteiligung an dem von den Sunniten geführten Befreiungskampf erklärt. Sie gründet sich auf die Forderung, bei Ausarbeitung der neuen Verfassung und bei den angekündigten Wahlen nach den strikten Regeln westlicher Demokratie vorzugehen, womit die »Partei Alis«

automatisch eine staatliche Führungsrolle übernähme. Aus dieser zweiten Fatwa geht hervor, daß betrügerische Manipulationen des freien Mehrheitswillens von der schiitischen Gemeinschaft auf keinen Fall toleriert würden. Der Aufruf zum Heiligen Krieg wäre dann nicht länger zu vermeiden. Im übrigen macht Scheikh Muqtada den israelischen Geheimdienst Mossad für die Ermordung des Ayatollah Baqr-el-Hakim in Nedschef verantwortlich und schildert den Zionismus als treibende Kraft der amerikanischen Außenpolitik. Im Gegensatz zu den höchsten Ayatollahs bekennt sich der junge Sadr zum Vorbild des Imam Khomeini und – mit einigen Abstrichen – zu dessen Vorstellung vom Islamischen Gottesstaat.

Das Freitagsgebet endet ohne jeden Eklat. Die Menge sammelt sich zu einem großen Umzug. Die Disziplin bleibt gewahrt. Auf den Außenmauern der Moschee sind Angehörige der »Armee des Mehdi« aufgestellt, in blauen Uniformen mit weißem Koppel, aber ohne jede sichtbare Bewaffnung. Von einer Kohorte seiner Getreuen umringt, fährt Muqtada-es-Sadr in einer schwarzen Limousine davon, und jedermann weiß, daß der Schatten des Todes über dem Prediger schwebt. Der mörderische Anschlag könnte von rivalisierenden Schiiten oder von »die-hards« des Baath-Regime Saddam Husseins kommen. Auch sunnitische Fanatiker kämen dafür in Frage, vor allem die eifernden »Wahhabi«, jene koranischen Rigoristen, die dem Königreich Saudi-Arabien ihre offizielle Frömmelei auferlegt haben. Erwähnt werden auch die ausländischen Geheimdienste CIA oder Mossad, die in Muqtada-es-Sadr einen Todfeind erkannt haben. Zu dieser Perspektive hat sich der Betroffene bereits wie folgt geäußert: »Wer das irakische Volk repräsentiert und gegen die Besatzer kämpft, der hat nur eines zu erwarten, wie bereits mein Vater sagte: eine Kugel in den Kopf, und damit rechne ich jeden Moment. So Gott will, sterbe ich im Kampf.«

274

Die List des Groß-Ayatollah Yaqubi

Der einstige Wohnsitz des Imam Ali, wo er im Jahr 661 ermordet wurde, ist allzu prächtig restauriert worden. Wir lassen diese Pilgerstätte hinter uns, und schon dringen wir in ein Außenviertel der Stadt Nedschef ein. Meine schiitischen Betreuer wollen mich – wenn Sistani sich schon jedem Gespräch verweigert – mit einem hohen Geistlichen und angesehenen »Mujtahid« zusammenbringen, mit dem Groß-Ayatollah Mohammed Yaqubi. Nach einigem Palaver kommt die Begegnung zustande. Das Haus dieses frommen Mannes wirkt sehr bescheiden. Ein seltsamer Zufall hat es gefügt, daß ich zu jenem Geistlichen geführt werde, dessen Mißgeschick mit den Amerikanern nur eine Woche zuvor, bei der Freitagspredigt in der monströsen »Dschami'el Rahman« von Bagdad, die dort Versammelten in helle Empörung versetzt hatte.

Dabei war der Zwischenfall, wie sich an Ort und Stelle herausstellt, keineswegs spektakulär oder besonders aufregend. Spätestens seit dem gewaltsamen Tod Baqr-el-Hakims haben sich alle hohen schiitischen Geistlichen mit Genehmigung der Besatzungsbehörde eine bewaffnete Leibgarde zugelegt, deren Angehörige die Kalaschnikow allerdings nicht außerhalb des Hauses tragen dürfen. Neben der »Armee des Mehdi« und jener auf zehntausend Mann geschätzten Badr-Brigade, über die der Ayatollah Hakim nach seiner Rückkehr aus dem Iran verfügte, bilden sich offenbar zahlreiche Gruppen von Bodyguards, die sich jederzeit zu unberechenbaren Milizen auswachsen könnten. In Nedschef war vor etwa zwei Wochen eine amerikanische Patrouille – laut und bedrohlich, wie das so üblich ist – in das Anwesen Mohammed Yaqubis eingedrungen und hatte seinen Leibwächtern entgegen der offiziellen Absprache die Gewehre abgenommen. Es folgten heftige Protestkundgebungen. Zwei Tage später brachte ein US-Offizier die beschlagnahmten Waffen zurück und entschuldigte sich sogar für den Übergriff. Wiederum zwei Tage darauf sollte sich jedoch auf Grund der Unwissenheit eines neuen US-Befehlshabers die Szene wiederholen. In der Bevölkerung steigerte sich die Wut. Wiederum lenkte die Besatzungsbehörde ein und äußerte ihr Bedauern. So relativ harmlos war also in Wirklichkeit die Belästigung des Ayatollah Yaqubi abgelaufen, die in Bagdad die Entrüstung der Eiferer entfacht hatte. Die Episode ist jedoch bezeichnend für das Explosionspotential auch bei den Schiiten, das sich jederzeit an einem geringfügigen Zwischenfall entzünden kann.

Der Ayatollah-el-Uzma Mohammed Yaqubi empfängt uns mit großer Liebenswürdigkeit. Von dem Gespräch mit diesem bebrillten, grauhaarigen Gelehrten habe ich mir nicht sonderlich viel versprochen. Gleich zu Beginn wiederholt er die Forderung seiner Glaubensgruppe nach freien Wahlen. Dabei betont er seine Liberalität. »Sie erwähnen einen islamischen Staat, der uns vorschwebe«, sagt er, »aber die Staats- und die Regierungsform sind Themen, über die das Volk entscheiden muß. Im Koran gibt es ein Prinzip: ›In der Religion gibt es keinen Zwang.‹ Unsere Rolle besteht darin, den Menschen den Islam in überzeugender Form vorzustellen. Wenn sie von ihm überzeugt sind, dann werden sie selbst aus Überzeugung wählen.«

Da uns eine Broschüre mit dem Lebenslauf und den Meriten Yaqubis überreicht wird, auf deren Rückseite der Ayatollah Khomeini abgebildet ist, frage ich nach seinem Verhältnis zu den Mullahs von Teheran. Er verwahrt sich energisch gegen jede Übernahme des iranischen Modells. Für das System »Wilayet-el-Faqih«, das Khomeini eingeführt hatte, sei in der Hawza von Nedschef kein Raum. Allen Erkundigungen, ob am Ende nicht doch eine gewaltsame Auseinandersetzung unvermeidlich wäre, weicht Yaqubi zunächst mit dem diskursiven Geschick eines römischen Kurienkardinals aus. Selbst im derzeitigen Governing Council seien ein paar rechtschaffene Männer vertreten. Ich gewinne den Eindruck, auf die perfektionierte Methodik der »Taqiya«, der schiitischen Kunst der Verheimlichung, zu stoßen.

Also äußert sich Yaqubi zu den sich abzeichnenden Spannungen mit den US-Behörden: »Die Vereinbarungen, auf die sich unsere Gelehrten geeinigt haben, entsprechen den Geboten unserer Religion. Das heißt: Wenn auf persönlicher oder sozialer Ebene ein fehlerhafter Zustand herrscht, sollte man ihm mit an Stärke zunehmenden Maßnahmen abhelfen. Wie auch der Koran besagt, sollte der erste Schritt darin bestehen, ›die Menschen zur Rück-

kehr auf den Pfad Gottes mit Weisheit und gutem Rat‹ aufzurufen. Wir wollen also mit einem Gespräch und ruhiger Diskussion
beginnen. Dann können wir mit ›einem rauheren Ton‹ fortfahren, dann vielleicht auch mit anderen Mitteln. Natürlich bedienen
wir uns friedlicher Mittel, denn so sind die Vorschriften unserer
Religion: Daß eine Verfehlung in Phasen geheilt wird. Es ist nicht
zulässig, härtere Maßnahmen zu ergreifen, wenn das Ziel mit ge-
ringeren, das heißt friedlichen Mitteln erreicht werden kann.
Auch letzteres kann in Phasen ablaufen: durch friedliche De-
monstrationen. Wenn die Amerikaner wünschen, daß die friedlichen Mittel erfolgreich sind, dann sollten sie ehrlich sein, unsere
wohlüberlegten, weisen Vorschläge berücksichtigen und sich ko-
operativ zeigen.«

Am Ende wird Yaqubi doch etwas deutlicher. In Anspielung auf
den eventuellen Aufruf zur Gewalt meint er: »Wenn dem Volk etwas aufgezwungen wird, was weithin inakzeptabel ist, dann wird
diese Mißachtung ähnliche Ergebnisse und Zustände nach sich
ziehen wie diejenigen, von denen Sie in den letzten Tagen immer
wieder gehört haben. (Gemeint ist die offene Rebellion im sunnitischen Dreieck.) So etwas wird durch die Gefühle der politischen
Frustration und des Ignorierens der Volksmeinung verursacht. Sie
können schon heute Vorläufer einer solchen Entwicklung entdecken.« Die Mullahs, die ihren geistlichen »Mujtahid« ehrfürch-
tig umringen, lächeln uns freundlich zu, was nicht verhindert, daß
Cornelia jedesmal diskret, aber energisch zur Ordnung gerufen
wird, wenn auch nur eine winzige Haarsträhne unter der schwarzen Abaya hervorschaut, in die sie sich pflichtbewußt gehüllt hat.

Wir beschließen den Aufenthalt in Nedschef mit einem Ausflug
zu der endlosen Nekropole, auf der jeder fromme Schiit in der
Nähe des Imam Ali bestattet sein möchte. Aus dem Jahr 1982 war
mir diese gespenstische Landschaft in düsterer Erinnerung geblieben. In dem graubraunen Gräbermeer waren die Totentafeln
aus Stein und Lehm nach einheitlichem Muster behauen. Man
hätte diese nach oben abgerundeten Gedenksteine aus der Ferne
für erstarrte, verschleierte Frauen halten können oder für eine beklemmende Anhäufung von Sphinx-Darstellungen, denen man das
Antlitz gestohlen hätte. Der Kult des Todes, dem sich die Schia

verschrieben hat, legte sich dem Besucher auf die Brust. Die Luft schien mit Verwesung und Klage gefüllt.

Bei einem späteren Versuch im Sommer 1995, das Reich der Toten aufzusuchen oder gar zu filmen, war ich auf das strikte Verbot der Informationsbehörden Saddam Husseins gestoßen. In diesem Gräbermeer hatten sich nämlich nach dem schiitischen Aufstand des Jahres 1991 die letzten Widerstandskämpfer gesammelt und dort im Feuer der irakischen Hubschrauber den Eingang ins Paradies gefunden. Der Diktator war zur Sicherung des Terrains, das sich als vorzügliches Versteck für Partisanen und Regimegegner eignete, mit der ihm eigenen Brutalität vorgegangen. Pietätlos hatte er breite Schneisen in die Bestattungsreihen brechen lassen, damit seine Panzer sich unbehindert bewegen konnten und freies Schußfeld erhielten. Die Welt der Verstorbenen ließ er durch hohe Ziegelwände abschirmen. Diese Mauer ist seit dem Sturz des Regimes weitgehend abgerissen worden. Jenseits der zahllosen Grabsteine leuchtet wieder die goldene Kuppel, unter der der Gründer-Imam Ali ruht. Aber von der unheimlich weihevollen Stimmung, die mich vor dreißig Jahren zutiefst beeindruckte, ist viel verlorengegangen.

Bei den Dreharbeiten werden wir von jugendlichen Arabern und Kindern belästigt. Unaufhörlich drängen sie sich ins Bild oder schreien »Mister Bakschisch!«. Selbst unser Behüter Ali kann sich ihrer kaum erwehren. Schließlich setze ich zu meinem Aufsager an, zum »stand up«, den ich für die geplante TV-Dokumentation brauche. Ich beginne mit dem Koran-Zitat: »Kullu nafsin zaikan el maut – alles Leben trägt den Instinkt des Todes in sich.« In dem Moment, wo die Gaffer und Bettler den frommen Vers ihrer Offenbarung hören, kehrt Ruhe ein. Wir werden nicht länger gestört, und mir selbst begegnen sie von nun an mit allen Zeichen des Respekts.

»... to save American lives«

Bagdad, Samstag, den 18. Oktober 2003

Die Weigerung der US-Behörden von Bagdad, über die Situation im Irak mehr als dürftige Kommuniqués des offiziellen Armeesprechers zu publizieren, ihre Flucht vor jedem Hintergrundgespräch und jeder politisch-strategischen Analyse grenzt an Autismus. Oder versteckt sich dahinter nur Ratlosigkeit? Die amerikanischen Soldaten, die nach dem vermeintlichen Sieg ihre Arroganz und Grobheit auch an Journalisten ausließen – ähnliches wäre in Vietnam undenkbar gewesen –, treten neuerdings wieder recht bescheiden, fast eingeschüchtert auf, seit alle triumphalen Gewißheiten zusammenbrachen. Sie tun einem fast leid, diese GIs, die sich in ihrer Panzerung und ihren Helmen, die sie nie ablegen dürfen, wie schwerfällige Käfer oder Roboter bewegen.

Bei ihrem Anblick muß ich an jene Werbefilme der Rand Corporation denken, die das ultramoderne Equipment des US-Infanteristen vorführen. Demnach wäre er so gut wie unverwundbar gewesen, hätte um die Ecke blicken und schießen können, wäre mit elektronischem Spürsinn ausgestattet, an dem jeder feindliche Überfall schon im Ansatz scheitern müßte. Angeblich wird an der sogenannten Nano-Technik, die die Unverwundbarkeit des einzelnen Soldaten garantiert, zügig weitergearbeitet. Diese sensationellen Neuerungen sollen sogar, einem Wehrexperten zufolge, »das nukleare Gleichgewicht unterhöhlen«.

Die traurige Wirklichkeit der Gegenwart sieht anders aus. In ihren sandfarbenen Uniformen fühlen sich die GIs, die im Gegensatz zu den Briten von Basra ohne jegliche psychologische Vorbereitung in die undurchsichtige Welt des Orients und des Islam geschickt wurden, von dämonischen Kräften umgeben. Der zentrale Palast Saddam Husseins im Herzen Bagdads war schon zu Zeiten des Diktators mit jeder nur erdenkbaren Sicherungsanlage ausgestattet. Zum Schutz Paul Bremers III. ist er nunmehr zur gigantischen Festung ausgebaut worden, die surrealistischen Konstruktionen eines Science-Fiction-Films nahekommt. Das Hotel

Raschid, das heute angeblich hohe Security-Spezialisten aus den USA beherbergt – später sollte hier Staatssekretär Paul Wolfowitz unter Raketenbeschuß geraten –, ist durch eine ganze Kaskade von Betonwällen gegen Annäherung gefeit. Diese Neurose der absoluten »Safety« hat zunehmende Isolation zur Folge. Sie bringt den Amerikanern auch hämische Bemerkungen der Einheimischen ein. Das eigene Leben retten, »to save American lives«, so lautet offenbar das oberste Gesetz der Männer aus Wildwest. Aber so errichtet man keine Imperien.

Wann wird die Bush-Administration, die von einer Lügen-Kampagne in die andere gestolpert ist, endlich begreifen, daß in schwierigen Situationen trotzige Ehrlichkeit die beste Sympathiewerbung ist? Der Stab Paul Bremers treibt ja nicht nur mit den Medien eine systematische Faktenverdrehung. Auch die ausländischen Diplomaten werden von der »Coalition Provisional Authority« im dunkeln über die politischen Absichten Washingtons gehalten. Was nun die CIA betrifft, so hat sie den Kontakt zu den verbündeten Nachrichtendiensten, die ihnen in der Vorbereitungsphase des Krieges äußerst nützliche Hinweise gegeben hatten, weitgehend abgebrochen. Die Folgen sind dementsprechend. Als grotesker Höhepunkt dieser Verschleierung sei die Meldung eines amerikanischen Korrespondenten über einen blutigen Zwischenfall zitiert: »A military spokesman in Baghdad, speaking on condition of anonymity, said that he could not comment on the battle.«

Diesen Samstag nutze ich zur Niederschrift meiner Beobachtungen und Impressionen. Zwischendurch schalte ich die Fernsehnachrichten ein. Dabei überrascht mich, welchen Senderaum die Stationen CNN und BBC der Seligsprechung der Mutter Theresa widmen. Auf dem Bildschirm entfalten sich der ganze Pomp und die Würde der römischen Liturgie, die leider aus den üblichen katholischen Gottesdiensten verbannt wurden. Dieser polnische Papst, der mit einer Eindringlichkeit sondergleichen vor dem Feldzug im Irak gewarnt hatte, übt auf die Muslime eine gewisse Faszination aus. Johannes Paul II. wußte von Anfang an, daß die noch verbleibenden Gläubigen der einst florierenden Christenheit des Orients die ersten Leidtragenden des Kreuzzugs, der »Cruisade« George

W. Bushs gegen den Terrorismus, anders gesagt, gegen den »revolutionären Islamismus« sein würden.

Unter dem säkularen Nationalisten Saddam Hussein hatten insbesondere die in Mesopotamien stark vertretenen katholischen Chaldäer großzügige Duldung, sogar offizielle Förderung genossen. Der Patriarch von Babylon, der inzwischen verstorbene Rafael Badawi, war stets im karmesinroten Gewand seiner römischen Kardinalswürde aufgetreten. Er blieb auf Distanz zum Baath-Regime, aber sorgte für das Wohlergehen seiner Gemeinde, der noch Anfang der neunziger Jahre eine Million Gläubige angehörten. Inzwischen hat eine massive Abwanderung nicht nur der Chaldäer eingesetzt, sondern auch der Nestorianer, Assyrer, Armenier und wie sie alle heißen. Die Beauftragten des protestantischen Fundamentalisten George W. Bush haben nichts, aber auch gar nichts unternommen, um ihren Brüdern in Christo in irgendeiner Weise zur Seite zu stehen. Im Gegenteil, durch seine antiislamische Stimmungsmache hat Washington das Schicksal dieser uralten Kirchen besiegelt, deren Gründung auf den Apostel Thomas zurückreicht.

Über BBC und CNN werde ich auch ausführlich über den Disput innerhalb der Anglikanischen Kirche informiert, der anläßlich der bevorstehenden Bischofsweihe eines bekennenden schwulen Klerikers in New Hampshire/USA ausgebrochen ist. Die Wirkung dieser Auseinandersetzung auf die koranischen Ulama dürfte im Gegensatz zur Beatifikation Theresas negativ sein.

Am Nachmittag beschließen wir, die Kadhimain-Moschee aufzusuchen, wo gleich zwei schiitische Imame bestattet sind. Die wichtigste Handelsstraße Bagdads, die Raschid-Straße, deren brüchige Arkaden auf die Osmanische Epoche zurückgehen, ist ohne Vorwarnung gesperrt worden. Dort befindet sich nämlich die Zentralbank, die begonnen hat, die neuen irakischen Geldscheine auszugeben. Sie lösen die alten Dinar-Noten mit dem Bild Saddam Husseins ab. Bei den Geldwechslern der Raschid-Straße heißt es, die letzten Baath-Anhänger würden zu einem Vergeltungsschlag ausholen, um die Entfernung der schmuddeligen Scheine mit der Darstellung ihres Idols zu rächen.

Erst nach längerem Palaver erhält Holger die Erlaubnis, im Inneren des Heiligtums die Särge der beiden Imame und die trauernden, schluchzenden Gläubigen zu filmen. Seine Bescheinigung, daß er formal zum Islam übergetreten ist, wird eingehend überprüft. Ich verzichte auf die Besichtigung dieses reich dekorierten Innenraums, in den ich in früheren Jahren nach Aufsagen der »Fatiha«, der Eröffnungs-Sure des Korans – mit der Rezitation dieses Textes begeht ein Christ keinerlei Apostasie –, von dem prüfenden »Kilidar« eingelassen wurde. Die Moschee befindet sich in schlechtem Zustand. Der Goldbezug der Kuppel ist abgeblättert. An den Kachelwänden sind Reparaturen fällig. Cornelia hat sich unter der schwarzen Abaya vermummt. So betritt sie das für Frauen streng abgesonderte Kontrollzelt. Jeder Besucher wird auf dem Vorhof nach Waffen und Sprengstoff abgetastet. Dabei stellt sie fest, daß die strengen schiitischen Wächterinnen, die die Leibesvisitation vornehmen, den Pilgerinnen jede Spur von Schminke oder Lippenstift rigoros aus dem Gesicht reiben. So etwas wäre zu Zeiten der Baath-Herrschaft unvorstellbar gewesen.

In der einst relativ freizügigen Hauptstadt Bagdad hat sich ein dramatischer Wandel vollzogen. Zumindest in bürgerlichen Kreisen war es unter Saddam Hussein für Frauen und Mädchen verpönt, auch nur einen Schleier über das Haar zu breiten. Vor allem die Studentinnen gaben sich in Jeans, engen T-Shirts und wallender Haarpracht leger und westlich. Schon vor Kriegsausbruch hatten zunehmende Strenge und striktere Kleiderordnung eingesetzt. Heute jedoch, nachdem der Irak von den Amerikanern befreit wurde, ist im Stadtzentrum kaum eine Fußgängerin zu entdecken, die nicht irgendeine Form von »islamic dress« angelegt hätte. Seit Paul Bremer seine Herrschaft über Mesopotamien antrat, triumphieren bereits die Scharia und deren prüde Sittlichkeitsgebote. Man kann den Beauftragten George W. Bushs schwerlich dazu beglückwünschen.

Der Tag endet mit einer tragikomischen Note. Zu später Stunde erfahre ich über CNN, daß General William »Jerry« Boyken vom Präsidenten zum Chef des militärischen Nachrichtendienstes der USA ernannt wurde. Für die psychologische Erkundung des Irak und seines religiös motivierten Untergrundes hat Bush einen Mann ausgesucht, der besonders geeignet scheint, den Haß aller Muslime – seien sie nun Schiiten oder Sunniten – auf sich zu lenken. In voller Uniform hatte dieser bigotte Offizier, ein militanter »Evangelikaner«, von der Kanzel seiner Heimatstadt verkündet, daß der Islam eine Ausgeburt des Bösen sei und daß unter dem Namen »Allah« der Leibhaftige, Satan in Person, sein Unwesen treibe. General Boyken hatte offenbar nie vernommen, daß das Wort »Allah« auch bei den Christen des Orients, bei den katholischen Chaldäern des Irak und den katholischen Maroniten des Libanon zumal, in ihren überwiegend arabischen Gebetstexten jenen Dreifaltigen Gott bezeichnet, den Jesus von Nazareth seinen Jüngern offenbarte. Man kann auf die nachrichtendienstlichen Leistungen des Generals Boyken gespannt sein.

Die zerstörte Atomschmiede

Ktesiphon, Sonntag, den 19. Oktober 2003

Das Dorf El Mada'in ist nur vierzig Kilometer von Bagdad entfernt. Auf Einladung des französischen Archäologen Philippe Ribault habe ich mich zu dieser Exkursion bereit gefunden. Im Oktober 1997 hatten wir uns bei Nimrud in der Klause eines Dominikanermönches kennengelernt. Wir hatten gemeinsame Freunde in Paris. Philippe erforschte damals in offizieller Mission die legendären Überreste des assyrischen Reiches von Niniveh, dessen herrliche Skulpturen mit den geflügelten Stieren und Löwen hoffentlich nicht dem landesüblichen Vernichtungswahn zum Opfer gefallen sind. Nicht wenig erstaunt bin ich, als er vor dem Hotel »Rimal« in einem Geländewagen parkt, dessen Kühler mit einer weithin sichtbaren blau-weiß-roten Trikolore und der Aufschrift »France« dekoriert ist. Am Steuer sitzt ein junger Athlet mit Bürstenschnitt, den ich mühelos als Angehörigen der Interventionsgruppe der »Gendarmerie Nationale« identifiziere.

Philippe ist ein ergrauter, weltfremd wirkender Gelehrter, der Tintin-Figur des Professor Townesol nicht ganz unähnlich. Sein langer Umgang mit den Orientalen hat ihn mit einem gesunden

Schuß Skepsis ausgestattet. Warum es ihn unbedingt nach El Mada'in zieht, erklärt er mit ein paar Worten. Er wird demnächst den Irak verlassen müssen. Vorher will er einen letzten Blick auf jenen monumentalen Kuppelbau von Ktesiphon werfen, der die Macht des verflossenen Perserreiches der Sassaniden verewigt. Auf keinen Fall hege er die Absicht, an dem formlosen, verfallenen Hügel gleich nebenan zu verweilen, der immer noch durch Stacheldrahtverhaue und Wachtürme abgesperrt ist. An dieser Stelle, unweit von El Mada'in, hatte einst Saddam Hussein mit Hilfe französischer Experten den Durchbruch zur Atomrüstung forcieren wollen.

Die Laboratorien und Werkstätten waren im zentralen Krater einer künstlich aufgeschütteten Erdpyramide pharaonischen Ausmaßes verborgen und schienen unverwundbar. Dennoch war es der israelischen Luftwaffe im Sommer 1981 gelungen, diese unheimliche Waffenschmiede in einem perfekt inszenierten Überraschungsangriff lahmzulegen. Die vernichtende Bombenlast wurde von den Kampfmaschinen mit dem Davidstern in elliptischer Bahn wie beim Basketball-Wurf oder beim Granatwerfer-Abschuß ins Ziel gesetzt. Seitdem ist das Terrain geräumt, der Witterungserosion preisgegeben. Der künstliche Berg brach in sich zusammen. Im Sommer 1982, bei meiner letzten Besichtigung, hatte Ozirak, so hieß die Anlage, trotz der Volltreffer noch einen ganz anderen Anblick geboten. Auf der Höhe der Sandburg zeichnete sich eine Vielzahl von Flakbatterien und Raketenstellungen ab. Der Himmel wurde durch knallrote Fesselballons versperrt, als solle die Arbeit bei nächster Gelegenheit wiederaufgenommen werden.

Die Ruine von Ozirak hat unversehens wieder aktuelle Bedeutung gewonnen. Die zerstörte Atomfabrik führt den benachbarten Persern vor Augen, welchen Gefahren sie sich mit ihrer umstrittenen nuklearen Aufrüstung aussetzen und welche Maßnahmen eventuell zum Schutz solcher Reaktoren zu treffen wären.

El Mada'in gehört bereits zum schiitischen Siedlungsgebiet. Noch vor acht Monaten hatte ich dort die Moschee aufgesucht, in der Salman-el-Farasi, der erste Perser, der vom Feuerkult des Zarathustra zum Islam übertrat, mit großen Ehren bestattet wurde. Dieser Konvertit gehörte der engen Umgebung des Propheten

284

an, ja wurde als Angehöriger des »Ahl-el-Beit« gerühmt. Über dem Portal der Pilgerstätte ist folgendes Zitat des Korans angebracht: »Dem Araber steht keinerlei Vorzug gegenüber dem Nicht-Araber zu, es sei denn, er zeichnet sich durch besondere Tugend aus.« An jenem Februartag war kalter Regen niedergegangen. Die Pilger drängten sich im Vorhof des Gebetshauses mit den drei Kuppeln. Unter ihnen entdeckte ich eine kompakte schiitische Gruppe aus dem Südlibanon. Ich hätte schwören können, daß sie der dortigen »Partei Gottes«, der »Hizbullah«, angehörte.

Philippe rät vom erneuten Besuch des Mausoleums Salman-el-Farasis ab. Die Stimmung habe sich verändert seit der amerikanischen Eroberung. Zudem könne unser Fahrzeug mit der Trikolore unliebsame Aufmerksamkeit erregen. Eine andere Besichtigung kommt ebensowenig in Frage. Der Rundbau, den Saddam Hussein unter großem Aufwand zu Beginn seines Feldzuges gegen den Iran des Ayatollah Khomeini auf dem Schlachtfeld von Qadissiya unweit von Ktesiphon errichten ließ, um den Sieg der Araber über die Perser, des Kalifen Omar über den letzten Sassaniden-Herrscher, des Islam über den Feuerkult Zarathustras im Jahr 636 zu feiern, ist verriegelt und verwüstet worden. Im Mai 1982 hatte ich mir dieses Monument in Gesellschaft eines offiziellen Regierungsbegleiters angesehen. Es handelte sich um eine geschlossene Panorama-Schau mit gelungenen perspektivischen Effekten. Die siegreichen Beduinenreiter des frühen Islam zersplitterten die dicht gedrängte Phalanx des Sassaniden-Schah. Die Kriegselefanten der Iraner wurden durch Pfeile geblendet. Auf den Rücken von Kamelen hatten die Araber brennende Reisigbündel befestigt, die sie gegen den Feind jagten, um Panik zu stiften. Ein wirbelnder, äußerst origineller Bewegungskrieg der Wüstenreiter, eine Revolution der Kriegskunst, war dem persischen wie auch dem byzantinischen Imperium über Nacht zum Verhängnis geworden. Die Künstler und Handwerker, die das Mahnmal von Qadissiya entworfen und gebaut hatten, stammten aus Korea.

»Sic transit gloria mundi«, murmelt Philippe. Wir halten jetzt vor der monumentalen Bankett-Halle von Ktesiphon, der einstigen Hauptstadt des persischen Imperiums der Parther und der Sassaniden. Hier befinde sich das gewaltigste Rundgewölbe, das je von

Menschenhand – dazu noch aus Lehmziegeln – gebaut wurde, so heißt es in den Reiseführern. Es geht auf das dritte Jahrhundert nach Christus zurück, als sich die Parther des Zweistromlandes erfolgreich dem Zugriff der römischen Eroberer widersetzten. In der Mittagshitze lagern wir im Schatten eines weit ausholenden Baumes. Der Archäologe versenkt sich in die Betrachtung der kolossalen Ruine. Er verweist mich auf einen Riß im Gemäuer. Der sei präzis in dem Augenblick entstanden, so lautet die Legende, als der Prophet Mohammed in Mekka das Licht der Welt erblickte.

Mir ist diese grandiose Gedenkstelle noch ganz anders in Erinnerung. Bei meinem letzten Aufenthalt im Februar hatte sich eine Gruppe Derwische, vermutlich der Qadiriya-Bruderschaft angehörend, unter dem riesigen Rundbogen versammelt. Sie schlugen rhythmisch auf ihre Trommeln und wiegten sich dazu singend im Takt. Gleich neben uns kauerte ein Bänkelsänger, ein ärmlich gekleideter Beduine, der seinem primitiven Saiteninstrument krächzende Töne entlockte. Dazu stimmte er ein Loblied auf Udai und Qusai, die beiden mißratenen Söhne Saddam Husseins, an, deren bloße Erwähnung den meisten Irakern Abscheu und Furcht einflößte.

»Du warst doch in Mossul so gut wie zu Hause«, wende ich mich an Philippe. »Wie entwickelt sich denn die dortige Situation mit ihrem Gemisch aus Arabern, Kurden und Assyrern?« Im vergangenen Februar waren dort schon die ersten Anzeichen abbröckelnder Staatsautorität zu spüren. Ethnische und konfessionelle Spannungen traten zutage. In der sunnitischen Moschee Na'ib Shit, angeblich ein Sammelpunkt sunnitischer Fundamentalisten, die man hier fälschlich »Wahhabi« nennt, hütete sich zwar der Prediger noch, gegen die von Saddam verfügte strikte Trennung von Staat und Religion zu wettern. Er mußte sogar den göttlichen Segen auf den Tyrannen herabrufen. Aber auf den Gesichtern der Gläubigen zeichnete sich bereits die Bereitschaft zum Kampf auf dem Wege Allahs ab. »Diese religiösen Eiferer würden sich nicht nur gegen den verabscheuten Diktator von Bagdad wenden«, so schrieb ich im Februar 2003 in mein Tagebuch, »sondern auch gegen die ungläubigen Invasoren aus den USA, was man in Washington offenbar nicht wahrhaben will.«

Am deutlichsten spüren die in Mossul lebenden Christen den nahen Wandel. Unter den Osmanen hatte es ihre große Gemeinde zu beachtlichem Wohlstand gebracht. Heute bilden die »Nasrani« nur noch eine eingeschüchterte Minderheit. Die Gefolgschaft des Kreuzes, überwiegend chaldäische Katholiken, die sich dem Papst unterstellt haben, dürfte im ganzen Irak auf eine halbe Million Menschen gesunken sein. In Mossul haben sie stets in einem abgesonderten Viertel fast wie in einem Ghetto gelebt. Sie scharen sich weiterhin um ihren »Mitran«, ihren Bischof Polis Farraj, der die Messe auf aramäisch, also in der Sprache Christi, zelebriert. Ich hatte den alten, würdigen Prälaten in seinem schönen, historischen Gotteshaus aufgesucht, das der heiligen Miskanta geweiht ist. Diese Märtyrerin war im vierten Jahrhundert bei Kirkuk mit ihren beiden Kindern auf Geheiß des damaligen Sassaniden-Schahs und seiner zoroastrischen Priesterschaft, der Magi, qualvoll hingerichtet worden.

Der französische Archäologe läßt seinem Ärger freien Lauf. »Die Chaldäer sind die ersten Opfer dieses unsinnigen amerikanischen Feldzuges. Ihnen droht jetzt systematische Diskriminierung. Schon versuchen die meisten zu emigrieren – nach Europa oder in die USA. George Bush – die Bibel in der Hand – bietet dem militanten Islamismus eine zusätzliche Expansionschance.« Im übrigen habe sich Mossul als heimliche Hochburg der Baath-Partei herausgestellt. Nicht von ungefähr hatten die Söhne Saddam Husseins, die pathologischen Killer Qusai und Udai, dort Zuflucht gesucht. Ihrer Liquidierung war ein mehrstündiges Feuergefecht mit zweihundert US-Soldaten vorausgegangen. Vor allem Udai bleibt in schrecklicher Erinnerung. Bei einem Attentat war er durch zahlreiche Kugeln schwer verletzt worden und blieb seitdem teilweise gelähmt. In den folgenden Jahren wurde immer wieder ein hochqualifizierter deutscher Arzt in den Irak eingeflogen – ich war ihm mehrfach im »Raschid« begegnet –, um diesen Mörder und Vergewaltiger zu behandeln. Im Februar 2003 war mir im gleichen Hotel eine wasserstoffblonde, langbeinige Miss Deutschland aufgefallen, Alexandra – dann folgte ein schwer aussprechbarer slawischer Name. Sie war angeblich die letzte Gespielin des erotomanen Wüstlings Udai. In jenen Tagen traf ich im

Fahrstuhl des »Raschid« auch auf zwei brave deutsche Mädchen, kaum mehr als zwanzig Jahre alt, die überhaupt nicht sündhaft wirkten und als hochbezahlte Physiotherapeutinnen regelmäßig an das Krankenbett Udais bestellt wurden.

»In der Gegend von Mossul stehen den Amerikanern noch böse Überraschungen bevor«, mutmaßt Philippe. Dort wird in einer monumentalen Moschee der Prophet Jonas verehrt, den die Muslime Yunis nennen. Der verängstigte Jonas hatte sich erst bereit gefunden, die Botschaft des einzigen Gottes Jahwe im sündigen Niniveh zu verkünden, nachdem ihn der Walfisch bei Aschkalon ausgespien hatte. »Im Umkreis von Niniveh«, so scheint es dem Archäologen, »tummeln sich weiterhin die Götzen und Dämonen uralter Mythen. Ihre Zaubersprüche und Flüche wirken nach und werfen düstere Schatten auf die wellige Graslandschaft und auf die mächtigen Festungsquader der Assyrer-Ruinen.« Präsident George W. Bush, so doziert der Franzose, ein in christlicher Glaubensgewißheit »Wiedergeborener«, der die Verfolgung und Vernichtung des »Bösen« zu seinem weltumspannenden Programm gemacht hat, würde gar nicht schlecht in diese gespenstische Gegend des Nordirak passen. »Hier stößt der Exorzist im Weißen Haus auf die fernen Ursprünge seiner manichäischen Vorstellungen.«

»Land der Propheten«

Der Hallenbau von Ktesiphon verweist auf die Glaubenswelt des Zarathustra, die sich fast tausend Jahre lang als Staatsreligion der sukzessiven persischen Dynastien erhalten hatte. Aber wer hat denn heute noch Sinn für die im Orient ungebrochene Kraft der Mythen? Nur Narren können annehmen, ihre Wirkung sei im Zeichen von Aufklärung und Rationalismus erloschen. »En Orient rien ne se perd«, bestätigt der Archäologe. »Im Orient geht nichts verloren.« – »Am Anfang steht Abraham«, so hatte ich immer wieder über die Ursprünge des heutigen Nahost-Konflikts zwischen den beiden semitischen Völkern um das Heilige Land geschrieben.

Doch am Anfang, so scheint uns in Ktesiphon, in dem Zweistromland, das die Muslime als »ard-el-anbiya«, als Land der Propheten bezeichnen, steht auch die verschwommene Figur Zarathustra, wohlgemerkt nicht jener literarische Prophet, den Friedrich Nietzsche als Künder des »Übermenschen« erfand.

Noch im vergangenen Herbst hatte ich mich in Nordafghanistan in der Ortschaft Balq aufgehalten, dem mutmaßlichen Geburtsort des Zarathustra. »Also sprach Zarathustra«, so beginnen tatsächlich die Verse der »Avesta«, die der Prophet dem ewigen Kampf zwischen Licht und Finsternis, zwischen Gut und Böse, zwischen Iran und Turan gewidmet hatte. Dem Lichtgott Ahura Mazda stand die Dämonengestalt Ahriman als Fürst der Finsternis entgegen. Diese permanente, unversöhnliche Zweiteilung der Welt in Gut und Böse sowie eine von Anfang an vorgeprägte Bestimmung der Menschen in Erwählte und Verworfene bilden den Kern dieser Lehre. Die Schriften der Avesta sind nur in Bruchstücken erhalten. In ihnen spürt man jedoch die frühe Verwandtschaft mit den Veda-Schriften des Hinduismus mitsamt ihrer unerbittlichen Kasten-Einstufung und der Vorzugsstellung der arischen Rasse. »Aria Mehr – Leuchte der Arier«, diesen Titel beanspruchte noch der letzte Schah von Persien, Mohammed Reza Pahlevi. Es ist nicht meine Absicht, die sprunghafte Konversation mit Philippe im Detail wiederzugeben. Was liegt für zwei alte Männer auf den Trümmern verflossener Imperien näher, als über die »vanitas mundi« zu meditieren? Dazu eignet sich das Zweistromland wie keine andere Region unseres Erdballs.

Im Westen ist kaum bekannt, welche Fülle mythischer Vorstellungen, die wir als integralen Bestandteil des Judentums und der aus ihm abgeleiteten Lehren Christi und Mohammeds betrachten, auf die Visionen des frühzeitlichen Künders Zarathustra aus Baktrien zurückgehen. Während der babylonischen Gefangenschaft, als die Stämme Israels – vom Tyrannen Nebukadnezar an die Flüsse Mesopotamiens verschleppt – die dualistischen Vorstellungen der »Feueranbeter« entdeckten, verstärkte sich auch bei den Hebräern die Kunde vom ewigen Widerstreit zwischen Jahwe und Satan, zwischen Himmel und Hölle, kam bei ihnen die Vorstellung des Jüngsten Gerichts auf, das die Guten von den Bösen scheidet.

Die Spuren des zoroastrischen Kults, die sich auch in gewissen Freimaurer-Riten wiederfinden, wirken bis in unsere politische Gegenwart hinein. Das gilt nicht nur für Persien, wo ich im Jahr 1974, zur Zeit der Pahlevi-Dynastie, eines der letzten authentischen Zentren der Zarathustra-Anhänger in der abgelegenen Stadt Yazd aufsuchte. Etwa dreißigtausend Zarduschti leben heute noch in der Islamischen Republik Iran. Khomeini betrachtete diese verstreuten Sektierer, gemäß einer kuriosen Koran-Auslegung, als Monotheisten, als Angehörige der »Familie des Buches«, obwohl sich bei ihnen keinerlei Bezug zum Patriarchen Abraham herstellen läßt. Schah Mohammed Reza war der arischen Urgemeinde mit besonderem Wohlwollen zugetan, suchte er doch eine Kontinuität zu den Gott-Königen der Achämeniden – zu Kyros dem Großen, zu Xerxes, zu Kambyses – aufzuzeigen. Deren Imperium hatte bereits dem Zarathustra gehuldigt, wenn auch mit Vorbehalt und unter Beibehaltung zahlreicher anderer Kulte.

Erst unter den Sassaniden, also zwischen dem dritten und dem siebenten Jahrhundert unserer Zeitrechnung, sollten die »Magi«, die Priester der »Feueranbeter«, wie man sie fälschlich nennt, entscheidenden Einfluß auf den Staat gewinnen und ihm ihre unduldsame, hierarchische Sakralstruktur auferlegen. Die Magi oder Magier waren sich ihrer ursprünglichen Verwandtschaft mit den hinduistischen Brahmanen wohl noch bewußt. Wenn sie schon den Persern und Mesopotamiern nicht das Kastensystem in letzter Konsequenz aufzwingen konnten, das auf dem indischen Subkontinent bis auf den heutigen Tag die Vorrangstellung der indogermanischen Erober_errasse verewigt, so pochten sie doch auf die strenge Trennung zwischen Klerus und Adel einerseits, den Bauern und den rechtlosen Parias andererseits. Die Blütezeit der Sassaniden im sechsten Jahrhundert trug bereits den Stempel des Untergangs, obwohl Schah Chosru I. einer höfischen Kultur, einem Feudalsystem, einem ritterlichen Ehrenkodex anhing, eine Minnedichtung pflegte, die auf dem Umweg über die Araber das christliche Abendland nachhaltig beeinflussen sollten.

Gleichzeitig vertiefte Chosru jedoch die krassen sozialen Spannungen zwischen den Privilegierten seines Hofes und der Masse der Unterdrückten. Er ordnete die schlimmsten Massaker unter jenen verelendeten Fellachen an, die sich in einem orientalischen »Bundschuh« dem Sozialrevolutionär Mazdak angeschlossen hatten. Dieser obskure Erneuerer hatte den Tagelöhnern und Sklaven ein Paradies absoluter Gleichheit und Gerechtigkeit, eine ideal-kommunistische Gesellschaft vorgegaukelt. Mit zweieinhalb Jahrhunderten Abstand war er in die Fußstapfen des prophetischen Vorläufers Mani getreten, der sich bereits als Träger der letzten Offenbarung bezeichnet hatte. Besagter Mani verwob die Glaubenselemente Zarathustras mit den Heilsempfehlungen Jesu und Buddhas. Folgerichtig endete er am Kreuz. Doch der »Manichäismus« ist seitdem ein Begriff geblieben, der die Menschheit nicht mehr losgelassen hat.

Die dualistische Botschaft des Zarathustra, die geheimnisvoll überlieferten Thesen des Manichäismus, so sinnieren wir in Ktesiphon, haben in der europäischen Geistesgeschichte einen eminenten Platz eingenommen. Wir erwähnten die »babylonische« Einwirkung dieser theologischen Schwarzweißmalerei auf Juden und Christen. Sogar die Jungfrauengeburt eines Endzeit-Erlösers war ja in den iranischen Ur-Mythen enthalten. Die Manichäer haben noch im ausgehenden römischen Imperium und lange nach dem Märtyrertod des Verkünders seine Botschaft bis nach Indien und China getragen. Die Sekte besaß einen Schwerpunkt in Nordafrika, wo der heilige Augustinus dieser Ketzerei beinahe erlegen wäre, ehe er Bischof von Hippo Regius und einer der bedeutendsten Kirchenväter wurde. In Europa sei die Irrlehre spätestens im sechsten Jahrhundert ausgelöscht worden, so wurde behauptet.

In Wirklichkeit vollzog sich auf der Höhe des Mittelalters eine phänomenale Wiedergeburt. Der Dualismus des Zarathustra und des Mani fand sich in jener großen häretischen Welle wieder, die von Anatolien und Bulgarien aus den Balkan überschwemmte. Über Italien gelangte sie nach Südfrankreich, nach Okzitanien. Die »Katharer«, die Reinen, meist Albigenser genannt, hatten beim Grafen von Toulouse und der dortigen Ritterschaft starke Unterstützung gegen einen allzu weltlichen und anmaßenden Klerus gefunden. Ihre Prediger, die »Vollkommenen«, »les parfaits«, gewannen dank der Verurteilung priesterlicher Hoffart und Bereicherung so viel Einfluß beim Volk, daß Papst Innozenz III.

den eben gegründeten Dominikanerorden mit ihrer Verfolgung beauftragte und zu diesem Zweck die Heilige Inquisition ins Leben rief.

Der geheime Sektenglaube der Katharer hatte sich seinerzeit bis in die Niederlande, ja sogar nach Schottland verästelt. In Frankreich waren die Albigenser, so schien es, mit Stumpf und Stiel ausgerottet. In Wirklichkeit erhielt sich hier jedoch ein fruchtbarer Nährboden für jede Form von Antimonarchismus und Antiklerikalismus. Der französische Protestantismus fand bei den Nachfahren der Katharer spontane Anhängerschaft in seiner Auflehnung gegen die päpstliche Autorität. Sie wandten sich der rigorosesten Form der antirömischen Reformation zu, der Lehre des Jean Calvin aus Genf.

Philippe fährt in seiner historischen Dissertation unermüdlich fort. Selbst die »Dragonnaden« Ludwigs XIV. hätten nach der Aufhebung des Duldungsediktes von Nantes die verschworene Gemeinschaft der »Camisards« in ihrer kargen Gebirgszuflucht der Cevennen, im »Désert«, nicht ausmerzen können. Vor allem habe sich der Calvinismus im Gefolge der massiven französischen Hugenotten-Emigration über weite Teile Europas ausgebreitet. In Holland und in Schottland waren Hochburgen dieses protestantischen Sonderweges entstanden. Von dort sollte sich der folgenschwere Zugriff über den Atlantik vollziehen. Die »Pilgerväter« der Mayflower, die als frühe Siedler an der nordamerikanischen Ostküste Fuß faßten, hätten – ohne sich dessen bewußt zu sein – die manichäische Grundauffassung der totalen Unvereinbarkeit von »good and evil«, von der Prädestination der Erwählten in die Neue Welt verpflanzt. Nach ihrer Landung in Neu-England glaubten sie, »God's Own Country«, das ideale Terrain gefunden zu haben für die Verwirklichung ihrer strengen Doktrin.

Hier bildete sich laut Philippe, der nicht frei ist von antiamerikanischen Vorurteilen, jenes Amalgam aus bigotter Frömmigkeit, Selbstgerechtigkeit und krudem Profitstreben heraus, das die USA bis zum heutigen Tage prägt. Er beruft sich dabei auf den amerikanischen Schriftsteller Gore Vidal, Autor faszinierender Studien über die vorchristliche Geisteswelt des Orients. Vidal stößt bei der psychologischen Bewertung seiner Heimat immer wieder auf das »steinerne Antlitz des Calvinismus«. Der geschäftliche Erfolg, so hatte ja bereits Max Weber festgestellt, sei dort das Erkennungszeichen göttlicher Huld. Bei aller ethnischen und konfessionellen Durchmischung, die Nordamerika seit der frühen Gründergeneration durchlaufen habe, bleibe diese Form eines vom manichäischen Erbe beeinflußten Reformationsglaubens das theologische und gesellschaftliche Fundament der heutigen USA.

Dafür sei Präsident George W. Bush ein beredtes Beispiel, wenn er der »Achse des Bösen« den Krieg erklärt und der Weltgemeinschaft zuruft: »Wer nicht mit uns ist, ist gegen uns.« – »Bush hat seine religiöse Überzeugung zu einem globalen Hegemonialprojekt ausgeweitet«, behauptet der Archäologe, »die Ironie der Geschichte besteht möglicherweise darin, daß er sich mit dieser visionären Anmaßung ausgerechnet in das babylonische Zweistromland verirrt hat, wo der obskure Vorläufer Mani einst seine Lehre verkündete. Retour aux sources – Rückkehr zu den Quellen«, so lautet die letzte, spöttische Bemerkung.

Der französische Gendarm, der uns begleitet und häufig auf die Uhr blickt, mahnt zur Rückfahrt nach Bagdad. An der Rezeption des »Rimal« fällt mir das verstörte Gesicht des Portiers auf. In knapp vierhundert Meter Entfernung von unserem Hotel, so berichtet er, sind zwei Autos aufgespürt worden, deren Kofferraum mit Sprengstoff vollgepackt war.

Die Ungeduld der Gläubigen

Bagdad, Montag, den 20. Oktober 2003

Eine große langweilige Haftanstalt, das ist Bagdad in diesen Tagen. Im Schatten der Betonmauern steigert sich bei Besatzern und Bevölkerung ein Gemisch von Nervosität und Apathie. Auch in unserem Hotel hat sich die Stimmung zum Negativen verändert. Es sind neue amerikanische Gäste eingetroffen, riesige junge Kerle, die ich einem Spezialkommando zuordnen würde, wenn sie nicht

über ihren halblangen schlotternden Shorts – ein für den muslimischen Orient völlig unschickliches Kleidungsstück – mächtige
Fettmassen mit sich herumtrügen. In der Suite unmittelbar
gegenüber meinem Zimmer hat sich das Kamerateam des Senders
CBS einquartiert. Nur zwei Korrespondenten stammen aus den
USA. Die übrige Mannschaft setzt sich aus Ägyptern und Jordaniern
zusammen. Unsere Beziehungen sind kameradschaftlich. Zur allgemeinen Befremdung entdeckt unserer Assistent Hans-Jörg, daß
in der vierten Etage, die total von CBS gemietet ist, eine Waffen-
kammer eingerichtet wurde. Da liegen neben kugelsicheren
Westen und Helmen, die als Schutz gerechtfertigt sein mögen,
ein halbes Dutzend Sturmgewehre vom Typ AK-47 und zwei
Panzerfäuste RPG-7. Bei einem Anschlag auf das »Rimal« würden
die Sprengköpfe der Bazookas zusätzliche Verwüstungen anrichten.

Den Fahrern habe ich noch einmal die Weisung eingeschärft,
bei unseren Ausflügen stets Distanz zu amerikanischen Militär-
konvois zu halten. Sie sind ja die bevorzugten Angriffsobjekte der
Partisanen. Aber es gibt noch andere Gründe, die Nähe der Besatzer zu meiden. Mehr als ein Kameramann ist bereits erschossen worden, weil ein überreizter GI sein Filmgerät für eine Panzerfaust oder eine Kalaschnikow hielt.

Ich wollte diesen Tag vor unserer Rückreise nach Amman in be-
schaulicher Ruhe verbringen. Aber ein anonymer Anrufer teilt
mir mit, daß der wichtigste Vertrauensmann des Scheikh Muqtada-
es-Sadr zu einem diskreten Gespräch mit mir bereit sei. Sein halb-
fertiges Büro, wo die Computeranlage gerade angeschlossen wird,
befindet sich nicht im Schiitenviertel Sadr City, sondern nahe der
sogenannten Grünen Zone, wo sich die Okkupationsbehörden
verschanzen. Abbas-el-Ruraiye, der den Standpunkt Muqtada-el-
Sadrs und seiner Gefolgschaft nach außen vertritt, gehört mit Sicherheit dem schiitischen Klerus an. Aber der etwa fünfzigjährige,
kahlköpfige Intellektuelle trägt weder Abaya noch Turban. Er hat
sich ungezwungen in Hemd und Hose gekleidet.

Ich habe mir vorgenommen, ganz unorientalisch und offen vorzugehen. Ob die Schiiten des Irak in Ermangelung einer weithin anerkannten Führungspersönlichkeit nach der Ermordung des Ayatollah Baqr-el-Hakim und als Folge auch der internen Rivalitäten

nicht Gefahr liefen, gegenüber den Sunniten ins Hintertreffen zu geraten, frage ich. Mir sei das strategische Vorgehen der Hawza von Nedschef bekannt, nämlich auf die Versprechen Paul Bremers zu bauen und mit freien Wahlen ohne bewaffnete Auseinandersetzung die Regierung in Bagdad zu übernehmen. Unterdessen – und das müsse Ruraiye doch wissen – bahne sich eine heimliche Zusammenarbeit zwischen der CIA und ehemaligen Generalen oder hohen Polizeioffizieren Saddam Husseins an. Sogar zu den Mukhabarat, dem berüchtigten Nachrichtendienst von einst, habe die CIA Kontakt aufgenommen. In den früheren Führungsgremien der Baath-Partei habe man es doch ausschließlich mit Sunniten zu tun. Im übrigen, so füge ich etwas boshaft hinzu, bestehe ein auffälliger Gegensatz zwischen der Passivität, der Widerstandsverweigerung der »Partei Alis« und dem gewalttätigen Aufbäumen jener irakischen Kampfgruppen – Baathisten, arabische Nationalisten oder religiöse Anhänger der »Salafiya« –, die inzwischen weit über das sunnitische Dreieck hinaus nach Mossul und Kirkuk im Norden ausgegriffen haben. Die Schia drohe damit im Vergleich zu den Sunniten in den Ruf der Beschwichtigung, des Appeasements, zu geraten.

Ich hüte mich jedoch, eine Parallele zu erwähnen, die für mein Gegenüber schwer erträglich wäre. Der Vergleich mit den Spaltungen jüdischer Glaubensgruppen in Israel drängt sich nämlich auf. Die mosaischen Orthodoxen lehnen jede jüdische Staatsgründung vor der Ankunft des Messias ab und verweigern sogar den Wehrdienst, während die Zionisten das Land der Väter zur wehrhaften Heimstätte aller Nachkommen Isaaks ausgebaut haben. Ähnlich nähren ja auch die quietistischen Ayatollahs, die eine radikale Politisierung der Schia im Sinne Khomeinis verwerfen, die Vermutung, daß sie die Wiedererscheinung ihres Erlösers, die Parusie des Imam Mehdi, abwarten müssen, bevor die Schaffung ihres Gottesstaates, die Verwirklichung ihrer endzeitlichen Sehnsüchte, sich erfüllt.

Abbas-el-Ruraiye läßt sich nicht provozieren. »Wenn vor aller Welt erwiesen ist, daß die Amerikaner ein falsches Spiel mit dem irakischen Volkswillen treiben und die schiitische Mehrheit von der Macht ausschließen wollen, womit ernsthaft zu rechnen ist, dann wird sich in unseren Reihen ein Dschihad entfachen, der alle bisherigen Kampfhandlungen in den Schatten stellt. Gewiß«, so fährt er fort, »verhalten sich manche Ayatollahs zögerlich. Sie betrachten Muqtada-es-Sadr als einen jugendlichen Heißsporn. Doch sie müssen auf das Jahr 1991 zurückblicken, als die Schiiten des Irak bereits die südliche Hälfte des Landes vom Horror-Regime Saddam Husseins befreit hatten. Nur die zynische Haltung des US-Kommandos hat es damals den intakten Elitedivisionen Saddams ermöglicht, unsere Widerstandskämpfer zu massakrieren. Damals war das Volk ganz spontan aufgestanden. Es hatte dazu keiner Fatwa der Hawza bedurft. Im Gegenteil – sieben Ayatollahs sahen sich nachträglich gezwungen, unsere heilige Revolte gutzuheißen und feierlich zum Heiligen Krieg aufzurufen. So könnte es sich dieses Mal wiederholen, und die Amerikaner sollten das wissen.«

Über die internationale Verflechtung der schiitischen Glaubensgemeinschaft ist nichts Konkretes zu erfahren. Zwar ist bekannt, daß die persischen und die arabischen Schiiten durch manche Differenzen getrennt sind. Aber die Behauptung Ruraiyes, man wolle mit der Islamischen Republik von Teheran nichts zu tun haben, man habe die Perser in Mesopotamien oft als Unterdrücker kennengelernt, ebenso wie seine Beteuerung, das Regierungsmodell des Ayatollah Khomeini sei völlig obsolet, klingt wenig überzeugend. Muqtada-es-Sadr selbst hat sich zu diesem Thema weit nuancierter geäußert. Der Verweis auf eine persische Tradition der Hegemonie an Euphrat und Tigris könnte sich allenfalls auf eine kurze Eroberungsphase der Safawiden-Dynastie beziehen.

Ebenso geschmeidig werden meine Erkundigungen nach der effektiven Kampfkraft der schiitischen Milizen abgewehrt. Die »Armee des Mehdi«, die Muqtada-es-Sadr um sich schart, sei eine unbewaffnete Ordnungstruppe. Von der Badr-Brigade – schätzungsweise zehntausend Kämpfer, die unter Exil-Irakern aufgestellt und von den iranischen Pasdaran zu einer vorzüglichen Truppe gedrillt wurden – will Scheikh Ruraiye keine Notiz nehmen. Wie er sich erkläre, daß Abdulaziz-el-Hakim, der Bruder des ermordeten Ayatollah, weiterhin im Auftrag der schiitischen Organisation »Supreme Council of the Islamic Revolution« in der vielgeschmähten Pseudoregierung des Governing Council verharre, forsche ich weiter. Auch dieses Mal erhalte ich keine befriedigende Auskunft. Abdulaziz, so sehe man doch, distanziere sich immer schärfer von den gebieterischen Vorgaben des amerikanischen Gouverneurs Paul Bremer.

Auf die Beziehungen der irakischen Schiiten zu ihren Glaubensbrüdern der Hizbullah im Libanon angesprochen, greift mein Gesprächspartner allzu deutlich auf die Übung der »Taqiya«, der Täuschung und Irreführung, zurück. »Der Libanon ist weit«, sagt er, »und die dortigen religiösen Führer sind uns kaum bekannt.« Im übrigen sei die libanesische »Partei Gottes« allzu eindeutig auf den Iran, auf die Leitfiguren Khomeini und Khamenei ausgerichtet. Seit ich in El Mada'in am Grab des Salman-el-Farasi kompakte Pilgergruppen aus dem Südlibanon antraf, glaube ich es besser zu wissen und setze meinerseits ein Auguren-Lächeln auf.

Im Hinausgehen trage ich eine letzte Frage vor. »Warum verhält sich die schiitische Bevölkerung von Basra den Briten gegenüber weit weniger feindselig als die Sunniten des Nordens gegenüber den Amerikanern?« Der Scheikh zögert einen Moment. »Wir mögen die Engländer keineswegs. Während der britischen Mandatszeit zwischen den beiden Weltkriegen sind sie brutal gegen uns vorgegangen. Im Jahr 1920 standen wir Schiiten sogar an der Spitze einer großen Revolte gegen Albion. Aber in Wahrheit sind die Engländer eben doch weit zivilisierter als die Cowboys aus Texas.«

Deutscher Soldatenfriedhof

Am Nachmittag will ich den deutschen Soldatenfriedhof von Bagdad aufsuchen, der kaum bekannt ist. Der Chauffeur findet den Weg nicht. Auf unserer Suche fällt mein Blick auf die verwüstete Konzerthalle, wo sich mir wenige Tage vor Kriegsausbruch eine ergreifende Szene geboten hatte. Das Nationale Symphonie-Orchester des Irak hatte zu einem letzten Konzert eingeladen. Das

Publikum setzte sich mehrheitlich aus Angehörigen des verhärm-
ten und verarmten arabischen Bürgertums zusammen. Sie trugen
viel Würde zur Schau und demonstrierten trotzig ihre Verbundenheit mit dem europäischen Kulturgut. In dem vermoderten
Saal war zwar der Kulturminister Saddam Husseins in Uniform
erschienen, um Diplome an verdiente Künstler zu verteilen. Das
Repertoire begann mit modernen irakischen Kompositionen von
zweifelhaftem Geschmack, aber darauf folgte der Glanz klassi-
scher abendländischer Werke, italienische Opern-Ouvertüren
und barocke englische Hofmusik.

Die Musiker hatten den Frack angelegt, auch wenn er speckig
glänzte. Der Dirigent gestikulierte wie ein fetter Kater und platzte
fast aus den Nähten seines »Habit«. Zwei Frauen befanden sich
unter den Violinistinnen. Sie hatten dunkle, lange Kleider an, aber
das Haar fiel unverhüllt auf ihre Schultern. Manchen Instrumen-
ten fehlte wohl eine Saite, und das Piano war arg verstimmt. Als
die Jupiter-Symphonie von Mozart als Krönung und Abschluß des
Abends erklang, hatten wir das Gefühl, das Orchester am Tigris
intoniere den unwiderruflichen Abschied von der kulturellen Annäherung an den Westen. Ein Hauch von Weltschmerz überkam
die wenigen Europäer im Saal.

Nach langer Irrfahrt entdecken wir schließlich das kleine, schat-
tige Rechteck des Friedhofs, das von hohen Mauern umgeben ist.
Die deutschen Soldaten haben in Bagdad eine würdige Ruhestätte
gefunden. Überragt werden die beiden Gräberreihen vom mächtigen Xenotaph des Feldmarschalls von der Goltz Pascha, der sich
im Auftrag Wilhelms II. an der Spitze des Osmanischen Heeres dem
Vormarsch der Truppen des britischen Empire entgegenge-
stemmt hatte. Der Marschall war 1917 in Bagdad an Dysenterie
gestorben. Nach dem Ersten Weltkrieg überführten die Türken seinen Leichnam nach Istanbul, wo sie ihm am Bosporus eine grandiose Gedenkstätte errichteten. Ich entziffere ein Dutzend Namen auf den bemoosten Steinen. Die meisten Deutschen waren
bei Kut gefallen, wo die Türken den vorrückenden britischen Divisionen – überwiegend aus Indern bestehend – eine verlustreiche
Niederlage beibrachten. Meine besondere Aufmerksamkeit wendet sich jenen Gräbern zu, die auf eine Episode des Zweiten Welt-

krieges im Sommer 1941 verweisen. Dieser abenteuerliche Einsatz eines deutschen Himmelfahrtskommandos im Irak ist heute fast vergessen.

Im Frühjahr 1941 hatte in Bagdad ein Militärputsch gegen die Briten stattgefunden. Die irakische Offiziersjunta vertrieb die Haschemiten-Dynastie und ging ein Bündnis mit den Achsenmächten ein. An der Spitze dieser Verschwörung, als ihr geistiger Inspirator, befand sich der hoch angesehene Scheikh Raschid-el-Keilani, ein direkter Nachfahre des Gründers der weitverbreiteten Qadiriya-Bruderschaft. Als arabischer Nationalist hatte sich Keilani gemeinsam mit dem Groß-Mufti von Jerusalem, Amin-el-Husseini, auf die Seite Großdeutschlands geschlagen. In einer ersten Phase ließ sich das tollkühne Projekt sogar recht günstig an. Im französischen Mandatsgebiet Syrien und Libanon behauptete sich der Vichy und Pétain ergebene General Dentz gegen eine Minderheit von Gaullisten. Er erteilte einer kleinen Transportstaffel deutscher Flugzeuge das Überflugrecht in Richtung Bagdad. An Bord befanden sich etwa zwei Dutzend Soldaten der mit speziellen Aufgaben betrauten »Division Brandenburg«, die nach ihrer Ankunft im Irak eine bemerkenswerte Aktivität entfalteten. Eine reale Erfolgschance besaßen sie nicht. Ihr Sondertrupp wurde aufgerieben. Einige dieser »soldats inconnus« sind ohne Nennung ihrer Namen bestattet worden. Diese Anonymität blieb dem Befehlshaber des Unternehmens erspart. Major von Blomberg wurde schon bei der Landung von einem Beduinen für einen Engländer gehalten und irrtümlich erschossen.

Der britische Löwe kannte sich aus im Wüstensand Arabiens. Einige Regimenter des Empire, unterstützt durch einen Trupp »Freier Franzosen« und israelischer Haganah-Kämpfer – darunter Moshe Dayan, der dabei ein Auge verlor –, zwangen General Dentz in Damaskus zur Kapitulation. Gegen den Iraker Raschid-el-Keilani wurde die Arabische Legion des Emirats Transjordanien unter dem Befehl des Engländers Glubb Pascha in Bewegung gesetzt. Diese vorzüglich gedrillte Beduinen-Einheit setzte dem Treiben der arabischen Nationalisten am Tigris ein jähes Ende und hob dort die probritische Dynastie der Haschemiten wieder in den Sattel. Von den »Glubb-Girls«, wie man sie ihrer

299

malerischen Tracht wegen nannte, mußte Raschid-el-Keilani über die Türkei nach Berlin flüchten. Nach dem Krieg ist er in seine Heimat zurückgekehrt und als angesehener Patriot gestorben.

Die meuternden irakischen Offiziere wurden von den Briten erschossen. Auch die Bronzestatuen, die zu ihren Ehren aufgestellt wurden, sind der Barbarei der Plünderer zum Opfer gefallen. Bei den Bewohnern des Zweistromlandes ist seitdem ein vages Gefühl der Verbundenheit mit dem fernen »Almaniya« erhalten geblieben, das man nicht unbedingt mit Sympathie für Hitler gleichsetzen sollte. Übrig bleibt auch aus der wilhelminischen Epoche der Schienenstrang der Bagdad-Bahn, der die Hauptstadt des Deutschen Reiches mit dem Persischen Golf verbinden sollte. Das grandiose Projekt ist heute zwar verwahrlost und verkommen, aber jedesmal, wenn die Lokomotive mit ihren altertümlichen Waggons zwischen Bagdad und Mossul an uns vorbeischnaufte, wurde uns bewußt, wie kühn und in diesem Falle durchaus positiv die Vorhuten des fernen Germanien zur Zeit der Osmanischen Allianz sich in das Zweistromland vorgewagt hatten.

Auf den Besuch des britischen Kriegerfriedhofs habe ich aus Zeitgründen verzichtet. Dort sind Tausende englischer, australischer und indischer Soldatengräber aufgereiht. Mit diesem endlosen Gräberfeld hat es für mich eine besondere Bewandtnis. Als wir dort im März 2002 filmen wollten, stießen wir auf die kategorische Weigerung der uns zugeteilten Aufpasser des Saddam-Regimes. Mir kam damals sogar der Verdacht, unter dieser Nekropole könne der Diktator ein Versteck für seine chemischen oder biologischen Waffen angelegt haben. Um so erstaunter waren wir, als wir bei unseren Dreharbeiten im Februar 2003 die Aufnahmegenehmigung ohne Umschweife erhielten. So wie ihn der Kameramann unmittelbar vor Kriegsbeginn für unsere Dokumentation dargestellt hat, so möchte ich den »Cemetery« der britischen Indien-Armee, der inzwischen vielleicht auch verwüstet wurde, in Erinnerung behalten.

Die Bilder waren an einem stürmischen Wintertag entstanden. Der Treibsand hatte sich wie ein braunes Leichentuch auf ganz Bagdad gelegt. Die Wüste hatte sich auch dieser Stätte der Trauer und des vergeblichen Ruhmes bemächtigt. Ein überhöhtes Mausoleum war dem britischen Oberbefehlshaber, General Maude, dem Gegenspieler des deutschen Marschalls von der Goltz, gewidmet. Maude war im November 1917 der Cholera erlegen. Zu jener Epoche wäre den Feldherren des britischen Empire nicht der geringste Zweifel am Sinn und an der Berechtigung ihrer Eroberungsmission gekommen. In die Gedenkplatte des Generals Maude sind in großen Lettern die Worte gemeißelt: »He fought a good fight, he kept the faith – Er hat einen guten Kampf gekämpft, er blieb dem Glauben treu«. Ob die Strategen des Pentagon, die sich auf Geheiß ihres Präsidenten in den Treibsand des Orients verirrten, bereit sein werden, sich eines Tages an dieser selbstherrlichen Behauptung, an diesem Richterspruch messen zu lassen?

»Der mörderische Pfeil der Parther«

Zwischen Bagdad und Amman, Dienstag, den 21. Oktober 2003

Die Wüste hat uns aufgenommen. Wilde Schönheit kann man der gelb-grauen Fläche nicht nachsagen. Doch irgendwie fühle ich mich stets wohl in der gnadenlosen Einöde. Der deutsche Geschäftsträger in Bagdad hatte mich freundschaftlich bedrängt, mit meinen Gefährten die kleine Passagiermaschine zu besteigen, die zwischen Bagdad und der jordanischen Hauptstadt Amman einen prekären Luftverkehr aufrechterhält. Claude Ellner hat es sogar fertiggebracht, die heißbegehrten Sitze für uns zu buchen. Als Alternative schlug er vor, drei Tage zu warten, bis ohnehin ein Konvoi der Botschaft, der von GSG-9-Beamten geschützt wäre, nach Jordanien aufbräche. Aber mir stehen zwingende Termine in Europa bevor. Unsere Arbeit ist im wesentlichen abgeschlossen. Wir entscheiden uns nach kurzer Absprache für die unbewaffnete Rückfahrt mit unseren vertrauenswürdigen schiitischen Chauffeuren in Richtung auf das haschemitische Königreich. Die von Saddam

Hussein angelegte vierspurige Autobahn ist ja weiterhin in vorzüglichem Zustand.

Um sechs Uhr früh sind wir vom Hotel »Rimal« gestartet. Jenseits der berüchtigten Gefängnis- und Folter-Anlagen von Abu Ghraib erreichen wir den kritischen Sektor des sunnitischen Dreiecks. Die Kontrollen der irakischen Polizisten sind oberflächlich. Zu unserer Linken erstrecken sich die niedrigen, unansehnlichen Häuserzeilen der Stadt Faluja, wo kein Tag ohne Anschlag auf amerikanische Soldaten verstreicht. Wir erleben nicht den geringsten Zwischenfall. Auch in Ramadi, dem westlichen Ausläufer des virtuellen Aufstandsgebiets, fällt uns nichts Ungewöhnliches auf, als unsere Fahrer sich etwas leichtsinnig in die lange Warteschlange einreihen, um ein letztes Mal billig zu tanken.

Dann öffnet sich die platte Unendlichkeit der syrischen Wüste. Die Gefahr eines Überfalls ist nunmehr gering. Wie haben sich doch die Verhältnisse geändert, seit ich im Sommer 1951 den Autobus der »Nairn-Linie« in Bagdad bestiegen hatte, der für die nächtliche Strecke nach Damaskus seinen Passagieren eine recht bequeme Schlafstätte bot! In Ermangelung ausgebauter Straßen steuerten die Busfahrer damals ihre Route zur syrischen Grenze angeblich mit Hilfe eines Kompasses an.

Wer mit dieser Gegend einigermaßen vertraut ist, weiß, was von den sich steigernden Vorwürfen Washingtons an die Regierung von Damaskus zu halten ist, die Syrer täten nicht genug, um die Infiltration von El-Qaida-Terroristen in den Irak zu verhindern. Präsident Baschar-el-Assad hat sogar einen endlosen Erdwall aufschütten lassen. Nach dem Ersten Weltkrieg hatten Briten und Franzosen zur Abgrenzung ihrer Mandatsgebiete eine willkürliche gerade Linie durch den Sand gezogen. Eine wirkliche Überwachung dieser Strecke könnte allenfalls mit Hilfe von Hubschraubern vorgenommen werden, und über die verfügen nur die US-Streitkräfte in ausreichender Zahl. Im übrigen ist sich die Regierung von Damaskus ihrer militärischen Ohnmacht voll bewußt. Eine ganze Serie prominenter Gefolgsleute Saddam Husseins – darunter der mir vertraute Rüstungsminister Mullah Huwaish, dem die Flucht ins Nachbarland bereits gelungen war – wurde am Übergangspunkt Qusaiba ohne viel Umstände an die US-Behörden ausgeliefert.

302

Von Amman aus werden wir nach zwölf Stunden Wüstenfahrt um drei Uhr nachts den Weiterflug nach Frankfurt antreten. Also mache ich es mir in dem geräumigen Geländewagen bequem. Während ich im Halbschlaf nach Norden blinzle, taucht in meiner Erinnerung die Ruinenstadt Hatra auf. Dieser Ort ist von unserer Asphaltbahn zwar dreihundert Kilometer entfernt, aber in meiner Phantasie scheinen die Säulen und Bögen wie eine Fata Morgana in unmittelbarer Nähe über der staubigen Leere zu schweben. Das letzte Mal hatten wir im vergangenen Februar bei schneidender Kälte in Hatra eine Rast eingelegt. Die Tempel und Königsportale sind dort in jenem hellenistischen Baustil ausgeführt, der den Dependenzen des Imperium Romanum im ganzen Orient ihren Glanz verlieh. An mesopotamischen Verhältnissen gemessen, war Hatra eine junge Niederlassung. Erst hundert Jahre nach Beginn unserer Zeitrechnung hatte sich hier ein semitisches Fürstentum entfaltet, dessen Priester dem Astralkult und einer Sonnenanbetung huldigten, die in fernste Vergangenheit verwies. Zur gleichen Zeit beteten bereits kleine Gemeinden von Urchristen in den Städten Assyriens zur Heiligen Dreifaltigkeit.

Vielleicht war Hatra der vorgeschobenste Außenposten, den das Römische Weltreich bei seinem unermüdlichen, stets vergeblichen Zugriff auf das mythische Zweistromland unter seinen Einfluß bringen konnte. Die beherrschende Großmacht der Antike hatte ihre sieggewohnten Legionen mehrfach unter schweren Verlusten in Richtung Euphrat und Tigris in Marsch gesetzt. Der Treibsand und die Hitze wurden den Zenturionen und ihren Kohorten zum Verhängnis. Sie erlagen, wie die Chronisten berichten, zu Tausenden dem »mörderischen Pfeil der Parther«. – »Vestigia terrent«, so hatte ich in meiner Schulzeit gelernt, »die Spuren der Vergangenheit flößen Schrecken ein.«

Am Grenzübergang nach Jordanien werde ich wach. Zwei lässige GIs – einer weiß, einer schwarz – räkeln sich wieder in den ausgebeulten Korbsesseln der Kontrollstation unter dem zertrümmerten Götzenbild Saddam Husseins. Mir kommt es vor, als träfe ich auf die gleichen Amerikaner wie bei meiner Einreise in den Irak und als hätten sie sich aus ihrer trägen Wartestellung seitdem nicht bewegt.

LIBANON
Gelbe Fahnen am »bösen Zaun«

Bedrohung für Galiläa

Kfar Kila, im November 2003

Im Grenzdreieck zwischen Libanon, Syrien und Israel brauen sich neue Gewitter zusammen. Noch weiß niemand, wie sich die radikalen Veränderungen an Euphrat und Tigris oder am fernen Hindukusch in dieser heikelsten Krisenzone des Orients auswirken werden. Der strahlend blaue Himmel dieses milden Herbsttages spannt sich über einer hügeligen Landschaft, die bereits von den Spuren kommender Konflikte gezeichnet ist. Wie vor drei Jahren, als ich mich das letzte Mal in Kfar Kila aufhielt, weht die Fahne des Judenstaates mit dem blauen Davidstern unmittelbar neben der gelben Standarte der libanesischen Hizbullah mit dem Sturmgewehr. Auf israelischer Seite ist ein klotziger Betonbunker genau neben die Stelle gesetzt worden, wo der schlichte steinerne Sarkophag des Scheikh Abbad, eines schiitischen »Heiligen«, durch den Stacheldraht in zwei Teile getrennt wird.

Hier verlief einst die willkürlich gezogene Grenze zwischen dem französischen Mandatsgebiet Libanon und der britischen Einflußzone Palästina. Die Abwehrpositionen in Galiläa wurden verstärkt und zusätzliche strategische Straßen angelegt. Der Major der libanesischen Armee, der dem Nachrichtendienst der Zedern-Republik angehört und Zivilkleidung trägt, macht mich darauf aufmerksam, daß jedes Wort, das wir hier wechseln, sofort registriert und in Tel Aviv überprüft würde. Wir haben auch schon gemerkt, daß wir fotografiert und gefilmt werden.

Der Major ist maronitischer Christ. Er drückt sich auf französisch aus. Mit Resignation muß er feststellen, daß in dieser südlichen Grenzzone seines Landes nicht die Regierung von Beirut, sondern die schiitische Kampforganisation Hizbullah das Sagen hat. Immerhin weht irgendwo die rot-weiß-rote Fahne mit der Zeder neben der gelben Standarte der »Partei Gottes« mit der Kalaschnikow. Es geht an diesem Tag gemächlich zu in Kfar Kila. Mit unserem Geländewagen können wir völlig ungestört die kritische Trennungslinie, die zur Front geworden ist, besichtigen. Die Milizen der Hizbullah, die nur in seltenen Fällen durch Tarnjacken zu erkennen sind und ansonsten wie gewöhnliche Dorfbewohner auftreten, beobachten uns und lassen uns unbehelligt. Die CD-Nummer eines unserer Autos und eine diskrete Absprache, die unserem Besuch vorausgegangen war, haben alle Wege geebnet.

Vor drei Jahren war ich noch auf libanesische Touristengruppen gestoßen, die diese »historische Stätte« besuchen wollten, wo die schiitischen Partisanen die angeblich unschlagbare »Israeli Defense Force«, auch »Zahal« genannt, zur Räumung des letzten Streifens libanesischen Territoriums zwischen Bent Jbeil und Merjayoun gezwungen hatten. Die Kämpfer der »Partei Alis«, so hatten mir im Frühjahr 1997 israelische Offiziere auf der Gegenseite erklärt, seien arabische Gegner eines bislang unbekannten Kalibers. Ihre Instrukteure hätten Guerilla- und Sabotagetaktik in Afghanistan oder in Iran erlernt. Jetzt gehe es bei ihnen hochprofessionell zu mit ferngesteuerten Minen, die – raffiniert mit Plastik überzogen – als Felsblöcke getarnt seien. Um die sich ständig mehrenden Verluste zu verringern, wurden die israelischen Soldaten damals mit Hubschraubern an die gefährlichsten Außenposten im Umfeld der Kreuzritterburg Beaufort transportiert. Deren Türme und Zinnen waren zwar durch zahllose Bombardements geschleift, ihr kolossaler Festungsrumpf wirkt jedoch unzerstörbar. Zudem hätten es die Schiiten gelernt, zielgenau mit Granatwerfer und Katjuscha umzugehen.

Jenseits der ständig verstärkten Befestigungsanlagen liegt das Dorf Metulla, die äußerste Pioniersiedlung Israels, zum Greifen nahe. Im Ernstfall wären seine weißen Häuser mit den roten Ziegeldächern vor Heckenschützen oder Granateinschlägen nicht zu schützen. Das Städtchen Kiryat Shmoneh, die bedeutendste jüdi-

306

sche Ortschaft Nordgaliläas, liegt wehrlos in der südlichen Mulde und könnte nur durch massive Offensivschläge abgeschirmt werden.

Ob es eine kluge Entscheidung des damaligen israelischen Premierministers Ehud Barak war, die einseitige Rücknahme von Zahal auf die international anerkannte Grenze von Galiläa anzuordnen? Nunmehr ist der äußerste Norden des Judenstaates im Visier seiner Gegner. Dabei muß allerdings bemerkt werden, daß die Hizbullah sich mit großer Disziplin an die diskret vereinbarte Waffenruhe gehalten hat. Die wenigen Zwischenfälle, die aus Jerusalem gemeldet werden, enthüllten sich meist als Mißverständnisse. So sind Schrapnellsplitter der libanesischen Luftabwehr auf israelischem Gebiet niedergegangen, wenn die Kampfflugzeuge Zahals in den fremden Luftraum eindrangen.

Umstritten bleibt lediglich ein Fetzen Territorium, das im Grenzdreieck Syrien, Israel, Libanon gelegen ist, ein zum Hermon-Gebirge aufsteigendes Weideland, die sogenannte Shebaa-Farm. Diese belanglosen Wiesen vermitteln die Illusion einer ländlichen Idylle. Aber hier legen es die Hizbullahi immer wieder darauf an, den feindlichen Patrouillen Verluste beizubringen oder – was viel wirksamer ist – ein paar israelische Soldaten zu kidnappen.

Unmittelbar vor dem Grenzstreifen bei Kfar Kila sind zwei Steinsäulen aufgestellt, auf denen die Abbildungen des israelischen Ministerpräsidenten Ariel Scharon und seines Verteidigungsministers Samuel Mofaz kaum zu erkennen sind, so intensiv sind sie mit Steinen beworfen worden. Es ist zum Ritual geworden, daß arabische Besucher ihre Wut gegen die Erzfeinde an dieser symbolischen Darstellung auslassen. Ähnlich setzen die Mekka-Pilger auf ihrer Wallfahrtsstation von Mina ja auch dem »gesteinigten Teufel – es scheitan-er-rajim« zu.

Unweit dieser Stätte der Verfluchung hat eine indische Kompanie der Blauhelm-Truppe von »Unifil« ihr Quartier aufgeschlagen. Die Vereinten Nationen sind seit langen Jahren mit bis zu fünftausend Soldaten unterschiedlichster Nationalität in der Krisenzone stationiert. Sie sind zu totaler Passivität verurteilt. In der Vergangenheit hatten sie die Aktivität der palästinensischen Fedayin nicht behindern können. Als 1982 die Divisionen des damaligen

Verteidigungsministers Scharon nach Norden auf Beirut vorrück-
ten, beschränkte sich die wackere »Friedenstruppe« darauf, die vor-
beirollenden israelischen Panzer zu zählen. Die drei Sikh-Posten
mit dem blauen Turban, die in Kfar Kila Wache schieben, müssen
sich unter der blauen Fahne der Weltorganisation zu Tode lang-
weilen.

Auf libanesischer Seite hat sich das Leben oberflächlich normalisiert. Der schiitische Gottesstaat »en miniature«, der in diesem
zehn bis zwanzig Kilometer breiten Streifen entstanden ist, hat
sich zur Verblüffung aller Experten gegenüber der christlichen
Minderheit, Maroniten und Griechisch-Orthodoxen, als tolerant
erwiesen.

Inzwischen hat sich die Hizbullah zu einer regulären politischen
Partei entwickelt, die im Parlament von Beirut mit ihren ge-
wählten Abgeordneten vertreten ist. Das hat nicht verhindert, daß
sie von Washington als »verbrecherische Organisation« eingestuft wurde. Die seltenen Kontakte zwischen der straff geführten
Bewegung, die am »Jerusalem-Tag« zackige Paraden veranstaltet,
und den israelischen Behörden dienen dem unendlich schwierigen
Gefangenenaustausch. Oft werden nur Leichenreste den jüdischen
Rabbinern übergeben. Das Zustandekommen dieser makabren
Geschäfte wird kurioserweise durch den deutschen Bundesnach-
richtendienst vermittelt.

*

Die Nordgrenze Galiläas, so hört man immer wieder, sei zur
Achillesferse des wehrhaften Judenstaates geworden. Bei meinem
ersten Besuch im Dorf Metulla im Februar 1982 herrschte noch
Zuversicht bei den jüdischen Kibbutznik. Fast bis zum Litani-Fluß
hatte Israels Armee den Grenzraum mit Hilfe der verbündeten libanesischen Christen-Miliz unter Kontrolle gebracht. Die noch
vorhandenen Sperren nannte man damals den »guten Zaun«. Sogar
ein Denkmal semitischer Versöhnung war am Nordrand von Metulla errichtet worden mit der weithin bekannten Verheißung des
Propheten Jesaja: »Sie werden ihre Schwerter zu Pflugscharen
machen und die Speere in Sicheln verwandeln.« Wenige Monate

später stießen die Panzerdivisionen Ariel Scharons bis Beirut vor und eroberten die libanesische Hauptstadt. Dieser mißglückte Feldzug ist erst im Mai 2000 wirklich zu Ende gegangen, als Ehud Barak die Räumung der Grenzzone anordnete. Ein Gefühl der Sicherheit ist seitdem nicht eingekehrt.

Dank meiner iranischen Verbindungen hatte ich genau vor fünf Jahren, im Herbst 1997, engen Kontakt zur Hizbullah aufgenommen und vor allem im Gespräch mit deren oberstem Befehlshaber, Scheikh Hassan Nasrallah, die Kernfrage aufwerfen können, ob seine schiitischen Kämpfer sich denn mit der Wiederherstellung der alten Grenze zu Galiläa zufriedengeben würden. Der hohe Geistliche mit dem schwarzen Turban der Propheten-Nachkommen, der von Ausländern mit »Eminenz« angeredet wird und zu diesem Zeitpunkt erst siebenunddreißig Jahre alt war, hielt eine düstere Antwort parat: »Für einen frommen Muslim hat der zionistische Staat keine legale Existenz ... Gewiß, sollen jene Juden als gleichberechtigte Bürger im Land bleiben, die dort seit Generationen ansässig sind, aber alle anderen müssen in ihre Ausgangsländer zurückkehren.«

Wenige Wochen zuvor war Hadi, ein Sohn Nasrallahs, im israelischen Minenfeld als »Märtyrer«, als »Schahid«, verblutet. Die Delegationen, die zu dem Vater wallfahrteten, kamen nicht, um zu kondolieren, sondern um ihn zu beglückwünschen, daß Hadi die höchste Auszeichnung Allahs zuteil geworden sei. Die Ehefrau des Scheikhs, die ihren Sohn Hadi spätestens im Alter von siebzehn Jahren empfangen hatte, nahm an den öffentlichen Freudenfeiern teil und erklärte sich vor einer ergriffenen weiblichen Menge bereit, auch den ihr verbliebenen Sohn im Heiligen Krieg zu opfern.

Schiitische Wiedergeburt

Ich verdanke es meinem Lehrer Fuad Bubul, der aus der alten phönizischen Hafenstadt Saida stammte, daß ich schon früh während meines Studienaufenthalts im maronitischen Dorf Bikfaya die Präsenz der Schiiten des Libanon zur Kenntnis nahm. Der joviale, rundliche Professor der »Jamiat-el-lubnaniya« hatte uns 1956 auf das erbärmliche Schicksal der »Partei Alis« hingewiesen, die zu jener Zeit mit etwa einer Million Gläubigen bereits die zahlenstärkste »Taifa« war. Sie waren im Mittelalter wie die übrigen religiösen Minderheiten vor den Verfolgungen der sunnitischen Araber und Türken ins Gebirge geflüchtet. Im Gegensatz zu den christlichen Maroniten hatten sie jedoch die Ausbeutung ihrer Feudalherren nie abschütteln können und fristeten im Süden als Saisonarbeiter und Pächter der Tabakplantagen ein kümmerliches Dasein.

Als sich die Grenzüberfälle der PLO gegen die jüdischen Siedler von Galiläa häuften, waren die Schiiten, die in der Südzone neunzig Prozent der Bevölkerung ausmachen, die natürlichen Opfer der israelischen Vergeltungsschläge geworden. Im Laufe der Jahre – vor allem nach 1978 – waren dreihunderttausend Flüchtlinge nach Norden in die Hauptstadt geströmt und bildeten dort wiederum ein bedauernswertes Unterproletariat.

Das politische Erwachen dieser geknechteten Gemeinschaft kam aus dem Iran in Gestalt des schiitischen Predigers Musa Sadr, des Lieblingsschülers eines gewissen Khomeini aus der heiligen Stadt Qom. Mit magischem Charisma verwandelte der Imam Musa Sadr in den siebziger Jahren diesen verzagten Haufen in eine streitbare Masse. Seine besondere Zuneigung galt den Ärmsten der Armen, jenen Enterbten, die man im Iran als Mustazafin, im Libanon als »Muharimin«, als Ausgeschlossene, bezeichnet. Musa Sadr gründete die Organisation El Amal, und auf einmal verfügte die Partei Alis im Libanon über ein wirksames Instrument, über eine mitreißende Persönlichkeit. Er befahl den Großgrundbesitzern die Auszahlung gerechter Löhne. Die palästinensischen Fedayin, die im Schiiten-Gebiet bisher als überlegene Streitmacht ein willkürliches Regiment geführt hatten, wies er in ihre Schranken. Unweigerlich kam es zu bewaffneten Zusammenstößen zwischen PLO-Partisanen und Schiiten. Musa Sadr wurde zum Stein des Anstoßes, und der Verdacht ist übergroß, daß dieser bärtige Hüne, der das ganze Kartenspiel im Libanon durcheinanderbrachte, auf Grund irgendwelcher palästinensischer Intrigen während seines Besuchs im Libyen des Oberst Qadhafi im August 1978 verhaftet und ermordet wurde.

Sogar die ersten Ansätze der Islamischen Revolution des Iran wurden vom Libanon aus gesteuert. In Saida hatte der Perser Mustafa Tschamran die Leitung eines schiitischen Bildungszentrums übernommen. Er baute diese Schule systematisch zur Ausbildungsstätte für Partisanen und Propagandisten der islamischen Erhebung in seiner iranischen Heimat aus. Mustafa Tschamran sollte ein paar Jahre später das Korps der persischen »Revolutionswächter«, der Pasdaran, ins Leben rufen. Er wurde Verteidigungsminister in Teheran, bevor er bei den Kämpfen gegen die irakische Invasionsarmee in Khuzistan von einer tödlichen Kugel in den Rücken getroffen wurde.

Seitdem existiert eine enge, geradezu mystische Verbundenheit zwischen den streitbaren Mullahs des Libanon und der harten politischen Fraktion, die sich in Teheran unter Leitung des Ayatollah Khamenei der Aufweichung des dortigen theokratischen Regimes entgegenstellt. Diese tiefe, sentimentale Solidarität dürfte zum Tragen kommen, falls Israel in Koordination mit der Bush-Administration eine militärische Aktion gegen die Hizbullahi des Libanon einleitet. Nach dem Verschwinden Musa Sadrs wurde der »Oberste Schiitische Rat« des Libanon von schweren Führungskämpfen heimgesucht. Die bedingungslose Gefolgschaft, die von den Emissären Khomeinis gefordert wurde, stieß auf Widerspruch.

In der Freitags-Moschee von Bordsch Barajneh, am Südrand von Beirut, waren wir zu jener Zeit Zeugen eines religiösen Eifers, der ebenso eindringlich wirkte wie in Qom oder Meschhed. Beim Verlassen des Gebetshauses wurde ich von einer erhitzten Menge Jugendlicher umringt. Sie wollten uns zu Zeugen der schiitischen Revolution im Libanon machen. Dabei zeigte der deutschsprechende Wortführer auf das Bild eines bärtigen Würdenträgers mit schwarzem Turban, der mit Khomeini und Musa Sadr eine Art Dreifaltigkeit bildete. »Das ist Ayatollah Mohammed Baqr Sadr, unser glorreichster Märtyrer aus dem Irak, den der teuflische Präsident Saddam vor zwei Jahren in Bagdad verhaften und ermorden ließ«, eiferte sich der junge Mann. »Saddam wird dafür verdammt werden.« Ich fragte die jungen Leute nach Musa Sadr. An dessen

Ermordung durch die Schergen Qadhafis wollten sie nicht glauben. »Der Imam Musa Sadr lebt weiter, auch wenn er irgendwo festgehalten wird«, antworteten sie im Chor. »Im übrigen ist ein Märtyrer, selbst wenn er dahingeschieden wäre, einflußreicher als irgendein Lebender. Musa Sadr war nie so mächtig, so gegenwärtig wie jetzt, da er verschwunden ist und nicht bei uns weilt.« Die ewige Legende vom verborgenen Zwölften Imam hatte in Beirut neue Substanz gefunden.

Später sollte eine Spaltung stattfinden zwischen der Amal-Bewegung des recht säkular wirkenden Anwalts Nabih Berri, der sich von Damaskus aushalten und sogar in das Politbüro der dortigen Baath-Partei berufen ließ, und den unbestechlichen Gotteskriegern, die die Ideale der Ayatollahs Khomeini, dann Khamenei hochhielten und in ihrer Opferbereitschaft auf dem Wege Allahs die Amal-Partei überflügeln sollten. An ihrer Spitze standen junge, dynamische Geistliche, darunter Scheikh Abbas Mussawi, der durch eine Rakete der israelischen Luftwaffe mitsamt seinen Familienangehörigen im Auto liquidiert wurde. Ihm folgte Scheikh Hassan Nasrallah, der bei aller Prinzipientreue eine oberflächliche Versöhnung mit Amal zustande brachte.

Volle Harmonie ist in der schiitischen Gemeinde dennoch nicht eingekehrt. Sie ist inzwischen auf vierzig Prozent der Bevölkerung des Libanon angewachsen. In der Hauptstadt Beirut verfügt sie vermutlich über die Mehrheit, und auf Grund ihrer extrem hohen Geburtenziffer dürfte sie demnächst die Fünfzig-Prozent-Grenze überschreiten.

*

Zwei Tage vor meinem Ausflug nach Kfar Kila im Herbst 2003 hatte ich in einer ärmlichen Wohngegend der Hauptstadt die höchste geistliche Autorität der Schiiten der Zedern-Republik, den Scheikh Mohammed Hussein Fadlallah, aufgesucht. Schon 1985 war ich zum ersten Mal mit diesem schwer durchschaubaren Mullah zusammengetroffen. In der unerträglichen Atmosphäre gegenseitiger Geiselnahmen, die die Zedernrepublik damals heimsuchte, war ein hoher Offizier des amerikanischen Nachrichtendienstes von den militanten Schiiten gekidnappt und vor laufender Kamera gehängt worden. Die Vergeltung hatte nicht auf sich warten lassen. Das ärmliche Viertel Bir-el-Abid in Beirut, wo Fadlallah sein Hauptquartier aufgeschlagen hatte, rauchte noch von den Trümmern einer Autobombe, die zwei Stunden vor meiner Ankunft hochgegangen war und eine beträchtliche Zahl von Opfern gefordert hatte. Die Sicherheitsmaßnahmen der jungen, finster blickenden Hizbullahi waren streng und argwöhnisch, ehe ich zu dem rundlichen Scheikh unter dem schwarzen Turban vorgelassen wurde.

Fadlallah gab sich recht zugänglich, sah mich mit großen, etwas verschleierten Augen direkt an, beantwortete meine Fragen mit beachtlicher Routine und überrumpelte mich dann mit einer verblüffenden Aussage. Ich hatte ihn nach seiner Haltung zu Jerusalem, »El Quds«, die »Heilige« auf arabisch, befragt: »Was bedeuten schon Jerusalem und die übrigen heiligen Stätten«, hatte der Scheikh geantwortet; »es steht doch geschrieben, daß die Würde des Menschen siebzigmal wichtiger ist als die materielle Wirklichkeit der großen Heiligtümer.«

Dieses Mal hielt er eine andere Überraschung parat. Auch ich war bisher von der Annahme ausgegangen, Scheikh Fadlallah sei der heimliche Inspirator der Hizbullah, und das bestritt er jetzt nachdrücklich. Er distanzierte sich sogar von dieser Organisation, die ihm wohl zu radikal erschien, mit den Worten: »Ich habe nie behauptet, geistlicher Führer der Hizbullah zu sein. Die westlichen Medien behaupten das stets. Als die Hizbullah gegründet wurde, hatte sie keinen prominenten Führer. Alle dachten, ich könnte das sein, da die Gläubigen zu Tausenden zu meinen Predigten kommen. Aber ich hatte nie etwas mit der Hizbullah zu tun und habe es auch jetzt nicht.« Stießen wir hier wieder auf die Taqiya?

Ähnlich wie im Irak scheint sich bei den Schiiten des Libanon eine Entfremdung zu vollziehen zwischen den jungen, dynamischen Klerikern einerseits, die bei den Massen zunehmend Einfluß gewinnen, wenn sie zum Kampf aufrufen, und den behutsamen, zögerlichen Greisen, die sich in ihrer theologischen Wissenschaft und ihrem Hang zur Mystik auf Abstand zu den politischen Tagesgeschäften halten. Bei seiner letzten Freitagspredigt hatte

Fadlallah seinen Zuhörern eingeschärft: »Amerika ist total pro-israelisch. Die ganze arabische Welt steht gegen die amerikani-sche Politik. Palästina ist immer noch eine blutende Wunde im Herzen eines jeden Arabers und Muslims. Der Terror wird sich noch steigern auf verschiedene Art. Der Druck wird zur Explo-sion führen. Man weiß nicht, wo diese Explosion endet.« Dann lenkte er ein: »Auf der anderen Seite verurteilen wir alle An-schläge, die Unschuldige treffen, Muslime und Nicht-Muslime. Wir verurteilen insbesondere, was eben in Istanbul geschehen ist. Viele unschuldige türkische Muslime, christliche Briten und einige Juden wurden getötet. Das hilft nicht der islamischen und der arabischen Sache. Im Gegenteil, das kann nur schaden.«

Die Zuversicht der Hizbullah

Tyros, im November 2003

Dem Grenzgebiet habe ich mit gemischten Gefühlen den Rücken gekehrt in Richtung auf die Hafenstadt Tyros. Aus dem »good fence« von Metulla ist ein »böser Zaun« geworden. Israel habe an dieser Stelle sein »Mini-Vietnam« erlitten, schrieben sogar die Kommentatoren in Tel Aviv. Jetzt ist der Judenstaat nur noch durch einen Minengürtel und eine Bunkerkette von der schiitischen Partei Gottes getrennt. Gerade Metulla ruft Erinnerungen wach.

Im Februar 1982 hatte ich mit Uri, der wohl einer nachrichten-dienstlichen Tätigkeit im Dreiländereck nachging, ein langes, of-fenes Gespräch geführt, wie es in der heutigen hitzigen Stimmung Israels gar nicht mehr vorstellbar wäre. »Erst allmählich entde-cken wir Juden, welche entscheidende psychologische Wende bei den Arabern seit dem Sechstagekrieg von 1967 eingetreten ist«, begann der bärtige, massive Mann seine Meditation in der kalten, sternklaren Nacht. »Nach dem kläglichen Scheitern ihres natio-nalen Konzepts der arabischen ›Umma‹, das als unislamische Ver-irrung entlarvt wurde, sind sie auf die ewigen koranischen Werte zurückverwiesen worden. Laut ihrem überlieferten Postulat darf zwischen Religion und Staat – ›din wa dawla‹ – keine Trennungslinie gezogen werden. Doch warum verwundern wir uns? Geht es uns aufgeklärten Israeli im Grunde nicht ähnlich wie unseren arabischen Vettern? Was motiviert denn die Präsenz unserer nach Jahrtausenden heimgekehrten Diaspora am Strand von Palästina und auf den Hügeln von Judäa, wenn nicht der Glaube an den Gott Jahwe und die Auserwähltheit seines Volkes? Immer wird Israel auf die Bibel zurückgezwungen.«

Uri schwieg eine Weile. »Etwas anderes sollten wir bedenken. Unser zutiefst gottesstaatlicher Identitätbegriff, auch wenn die meisten Zionisten sich gegen ihn sträuben, hat auf die Araber, auf den Islam rundum abgefärbt. Wir hatten immer gehofft, durch unsere Technik, unsere Modernität, unsere Fortschrittlichkeit im Orient eine Welle der Säkularisierung, der Abkehr von den religiösen Erstarrungsformen des Korans zu bewirken. Ansätze dazu waren ja bei den Arabern vorhanden. Aber mir scheint manchmal, als hätten wir mit dem religiösen Mythos unseres unveräußerlichen Anspruchs auf Eretz Israel, auf das ›Gelobte Land‹, auch bei unseren Nachbarn die eigene Suche nach göttlicher Berufung ausgelöst. Die ist im Islam ohnehin programmiert. Wir ließen den Jüngern Mohammeds doch gar keine Wahl. Der Zionismus hat sie gewissermaßen zur Theokratie zurückgetrieben. Heute blicken wir alle wie gebannt auf die Welle des Fundamentalismus, die aus Persien auf uns zustürmt. Aber der Ayatollah Khomeini, der den Schah stürzte – bewegt er sich am Ende nicht in der Logik eines politisch-religiösen Selbstverständnisses, das uns sehr vertraut ist? Sollte er uns nicht als eine Art unheimlicher ›Golem‹ unserer eigenen Wiedergeburt erscheinen?«

*

Unsere Verabredung in Tyros ist konspirativ vorbereitet worden. Da wir uns in Kfar Kila und Hula ein wenig verspätet, die grünen Hänge der Shebaa-Farm zu ausführlich gefilmt haben, fahren wir viel zu schnell über die Haarnadelkurven der Gebirgsstraße in Richtung Nabatiyeh. In Merjayoun war mir eine kitschige Madonna – als schneeweiße Braut wie eine Barbie-Puppe aufgeputzt – vor einer christlichen Kirche aufgefallen. Die einst so romantische Felslandschaft ist durch protzige, bizarre Villen, fast Schlösser, verschandelt, die von hier ansässigen libanesischen Kaufleuten in die Natur gestellt wurden. Sie haben sich in Westafrika zwischen Dakar und Abidjan bereichert und erregen das Mißvergnügen der schiitischen Asketen. In Nabatiyeh erwartet uns ein unauffälliger, ramponierter Mercedes, der uns die Richtung weist.

In der Küstenebene angekommen, steuert der Wagen auf einen unscheinbaren Gebäudekomplex zu, der mir bekannt vorkommt. Die Zentrale der Kampfführung der Hizbullah im libanesischen Süden ist offenbar immer noch in dem tristen Häuserblock von vier Etagen untergebracht, in dem sie sich bereits im Oktober 1997 befand. Damals hatte Zahal seinen Rückzug noch nicht angetreten. Ich frage mich, ob es nicht leichtsinnig ist, das Grenzkommando der Gotteskrieger in einem Quartier zu belassen, das vom Mossad längst ausgekundschaftet sein dürfte und für Luftangriffe ein leichtes Ziel böte. Vor fünf Jahren hatte ich mich schon darüber verwundert, daß in diesem Hauptquartier ständig Gespräche und Weisungen über Mobiltelefone erfolgten, die bekanntlich problemlos zu orten und abzuhören sind.

Scheikh Nabil Qaouq hat sich seit unserer letzten Begegnung kaum verändert. Obwohl er nicht viel älter als vierzig Jahre ist, strahlt dieser schiitische Geistliche, der in seiner dunklen Abaya und dem weißen Turban einem Dominikanermönch gleicht, Würde und Freundlichkeit aus. Die komfortable Möblierung ist nicht mehr die gleiche, aber vielleicht befinden wir uns in einer anderen Zimmerflucht. Von Scheikh Qaouq geht eine Gelassenheit, eine heitere Gottergebenheit aus, die seine israelischen Gegenspieler mehr beunruhigen sollte als hysterische Wutausbrüche. So ähnlich war er auch schon vor fünf Jahren aufgetreten.

»Sie kommen an einem besonders günstigen, einem gesegneten Tag«, hatte er mich damals in gepflegtem Hocharabisch begrüßt. »Unsere Kämpfer haben heute einen beachtlichen Erfolg mit Allahs Hilfe davongetragen. In dem von den Zionisten besetzten libanesischen Südstreifen, nur zweihundert Meter von der eigentlichen Nordgrenze Israels entfernt, haben wir unsere Sprengladungen gezündet, als der Feind in Markaba eine Lagebesprechung abhielt. Wir erfahren soeben, daß fünf unserer Gegner getötet und mindestens neun verletzt worden sind.« Die Exaktheit dieser Meldung wurde am folgenden Tag in den internationalen Medien bestätigt.

Ob es mir wohl vergönnt sei, den Schauplatz des Zusammenstoßes mit den Israeli, der sich am Morgen abgespielt hatte, zu besichtigen, fragte ich ohne große Hoffnung auf Zustimmung. Scheikh Nabil zögerte keine Sekunde. Er griff zum Handy, und zwei Minuten später kam ein bärtiger, knapp vierzigjähriger Mann. »Sie haben den Befehlshaber des Sektors Majd-el-Selm vor sich. Er hat sich hier gerade zur Berichterstattung eingefunden und wird Sie begleiten«, stellte Scheikh Qaouq den Neuankömmling vor. Kurz danach kletterten wir in einen beigegetönten alten Mercedes. Der Feldkommandant, der einen seriösen Eindruck machte, trug Hemd und Hose. In keiner Weise war er als Soldat zu erkennen. Seinen Namen gab er nach kurzem Zögern an: »Abu Hussein Nasr« – und fügte hinzu, daß er in Wirklichkeit ganz anders hieß. Qaouq hatte uns zum Aufbruch gedrängt, denn die Sonne stand schon tief über dem Mittelmeer.

Der Partisanenführer, dessen Befehlsbereich sich von der extrem vorgeschobenen Hizbullah-Hochburg Majd-el-Selm bis Rachat erstreckte – das war der heikelste Abschnitt –, gab recht offen Auskunft über die Bewaffnung seiner Mudschahidin: Granatwerfer verschiedensten Kalibers, panzerbrechende Raketen vom Typ Tow, leichte Artillerie und natürlich die unvermeidlichen Katjuschas sowjetischer Herkunft, von denen Abu Hussein nicht allzuviel hielt. »Immerhin überwinden sie eine Entfernung von zweiundzwanzig Kilometern. Im März 1996 haben wir allein aus unseren Stellungen von Majd-el-Selm dreihundert Katjuscha-Raketen auf die nordgaliläische Ortschaft Kiryat Schmoneh abgefeuert«, brüstete er sich, räumte aber ein, daß die Wirkung bescheiden war. Ob er mir verraten dürfe, wo er seine militärische Ausbildung erhalten hat, fragte ich. Aber da lachte er. »Jedenfalls nicht im Südlibanon.«

Der Abend senkte sich über das Gebirge. Die Entfernungen zwischen den Fronten waren lächerlich gering, fast liliputanisch.

317

Alles spielte sich ja in einem Schlauch von höchstens zwanzig, oft zehn Kilometern und weniger ab. Wir befanden uns in Majd-el-Selm präzis auf der Höhe von Kiryat Shmoneh. Die umstrittene Besatzungszone war zum Greifen nah. In der zentralen Kampfstellung war kaum eine Spur vom Krieg zu entdecken. Auch hier waren die grünen Maueranschläge der rivalisierenden Schiiten-Bewegung Amal zahlreicher als die gelben Poster der Partei Gottes. Doch die Tafeln mit den Bildern junger Märtyrer, die überall aufgestellt waren – Freiwillige, die im israelischen Feuer den Tod fanden –, wiesen fast nur Hizbullah-Kämpfer aus. »Sehen Sie dort das Gehölz aus Korkeichen zwischen zwei Höhen jenseits von Markaba«, fragte Abu Hussein, »erkennen Sie das quadratische weiße Gebäude nebenan? Dort haben wir heute morgen unsere Sprengladungen hochgehen lassen. Unmittelbar dahinter verläuft die Staatsgrenze Israels.«

Auf der Rückfahrt legten wir eine kurze Rast ein und tranken einen Fruchtsaft. Von der Terrasse unserer Snackbar fiel das Gebirge steil zum Meer ab. Die scheußlichen Neukonstruktionen lösten sich gnädig in der Dämmerung auf. Aus der Ferne hallten dumpfe Granateinschläge. Abu Hussein hatte allmählich Vertrauen gefaßt, bemühte sich, das negative Image der Hizbullah zu verwischen. »Wir sind keine blinden Eiferer mehr«, beteuerte er. Die Zeit der Entführungen, der Einkerkerungen, der auf Videokassetten festgehaltenen Hinrichtungen von Geiseln und Spionen sei endgültig vorbei. Auch das religiöse schiitische Ritual habe sich, gemäß den Weisungen des Ayatollah Khomeini, im Sinne der Mäßigung und Disziplinierung verändert. So sei es bei den Hizbullahi nicht mehr üblich, ja verpönt, den Tod des Imam Hussein am Aschura-Fest mit blutüberströmten Oberkörpern und Köpfen zu zelebrieren. An den Trauermärschen halte man fest und auch an den symbolischen, unblutigen Geißelungen. Die barbarischen Szenen jedoch, die von den westlichen Medien so begierig aufgegriffen wurden, um den Eindruck von Obskurantismus zu vermitteln, fänden nur bei jenen einfältigen Büßern statt, Angehörigen eines antiquierten Volks-Islam, die noch nicht zur Strenge und Nüchternheit des revolutionären Glaubens gefunden hätten.

Mehr und mehr gebärdete sich der fromme Kern der Partei Gottes wie ein kriegerischer Mönchsorden zeitgenössischer »Murabitun«, die ihre Bewährung vor Allah in verbesserter Kampftechnik und disziplinierter Hingabe suchen.

*

Scheikh Qaouq erinnert sich an unsere damalige Begegnung. Wie zu jener Zeit hängen nur drei Porträts hoher schiitischer Geistlicher an der Wand seines Büros: Ayatollah Khomeini am Ehrenplatz und daneben der jetzige geistliche Führer Irans, Ali Khamenei, sowie der libanesische Hizbullah-Chef Abbas Mussawi, der einem Anschlag der Israeli erlag. Auch bei Scheikh Nasrallah in Beirut hatte ich die gleiche Bilderanordnung angetroffen. Die libanesische Partei Gottes steht im Gegensatz zu den derzeitigen Aufweichungsphänomenen im Iran, im Gegensatz auch zu den zurückhaltenden und etwas eifersüchtigen Ayatollahs der Hawza von Nedschef in treuer Gefolgschaft hinter dem Gründer der Islamischen Republik Iran. Hier hatte von Anfang an das Konterfei, das mich an der Seite Khomeinis zeigt, spontanes Vertrauen geschaffen. »Ich bin persönlich von dem Imam Khomeini getraut worden«, sagt Qaouq, »und sein Segen ruht weiterhin auf meiner Familie. Mein ältester Sohn studiert zur Zeit in Teheran.«

Wir gehen zum Tagesgeschehen über. Auch ihn bitte ich um eine Beurteilung der Rivalität zwischen der irakischen Hawza von Nedschef und der iranischen Hawza von Qom. »Die Amerikaner täuschen sich, wenn sie zwischen diesen beiden theologischen Zentren Rivalität und Entfremdung stiften wollen. Beide unterstehen der höchsten Autorität des Ayatollah Ali-el-Sistani in seiner Eigenschaft als »Mardscha-el-taqlid«, und Sistani ist gebürtiger Perser. Ebenso stammt die Familie des ermordeten Ayatollah Baqr-el-Hakim aus dem Iran. Die Masse der Schiiten des Irak verhält sich weiterhin ruhig, aber der Hawza von Nedschef wurde ein Termin gesetzt. Wenn diese Frist verstreicht und die Besatzer halten an ihrer Spaltungspolitik fest, dann bleibt unseren Glaubensbrüdern nur der Kampf. Präsident Bush sollte wissen, daß der blutige Aufstand, der schon 1920 gegen die britische Mandatsmacht stattfand, sich auf eine Fatwa der Hawza von Nedschef stützte. Noch halten wir uns alle Möglichkeiten offen, aber die Frist läuft ab.«

Zur Position der US-Streitkräfte in Mesopotamien fällt ihm ein merkwürdiger Vergleich ein: »Die Amerikaner befinden sich dort in einem Backofen. Wenn sie zurückweichen, verbrennen sie sich, wenn sie vorwärts streben, verbrennen sie sich, und wenn sie unbeweglich verharren, verbrennen sie auch.«

Scharons mißlungener Feldzug

Beirut, im November 2003

Es ist noch Ramadan, und die Stunde des erlaubten abendlichen Fastenbruchs ist längst überschritten. Wir verlassen das Quartier Nabil Qaouqs und fahren über die zur Autobahn ausgebaute Küstenstraße nach Beirut zurück. Ich logiere dort im »Phoenicia«, der luxuriösesten Absteige, mit voller Absicht. Zwischen den Wolkenkratzern der elegantesten Hotels und einem Geschäftshochhaus, der »Tour Murr«, hatten während des libanesischen Bürgerkrieges, der 1975 ausbrach und fast fünfzehn Jahre dauerte, zwischen christlichen und muslimischen Milizen die heftigsten Kämpfe getobt, die sogenannte Bataille des Hôtels. Alles war in weitem Umkreis verwüstet und in ein Ruinenfeld verwandelt worden. Das »Phoenicia« ist aus der Asche auferstanden, bietet heute größeren Komfort als einst. Das Personal ist meist schon nicht mehr des Französischen mächtig.

Die Nacht hat sich über Beirut gesenkt. Ich schlendere allein über die Corniche am Meer. Wie sollte ich da nicht an jene Schicksalstage im September 1982 zurückdenken? Angesichts der heute ungeklärten Situation zwischen Jerusalem und Damaskus gewinnen sie zusätzliche Bedeutung. Vor der kleinen Moschee Ain-el-Mreissa, die von modernen Hochhäusern erdrückt wird, bin ich stehengeblieben. Präzis an dieser Stelle hatte ich vor zwei Dekaden aus unmittelbarer Nähe erlebt, wie die israelischen Infanteriebrigaden im Schutz ihrer mächtigen Merkeva-Panzer den Ring um Beirut schlossen. Die Operation »Frieden für Galiläa«, die auf Betreiben des damaligen Verteidigungsministers Ariel Scharon in der Eroberung der libanesischen Hauptstadt gipfelte, hatte sich zum Ziel gesetzt, die palästinensischen Freischärler zu vernichten oder sie ein für allemal aus der Levante zu vertreiben. Der Republik Libanon hatte Regierungschef Menachem Begin wohl die Rolle eines Satelliten Israels zugedacht.

Im September 1982 schwelgte Jerusalem ein paar Tage lang im Gefühl eines entscheidenden Sieges. Man war bei Zahal ja noch weit entfernt von der unerträglichen Zwangsvorstellung des »asymmetric war«. Doch binnen kurzer Frist sollte sich erweisen, daß »Frieden für Galiläa« ein tragischer Irrtum war. Der Mossad hatte nicht verhindern können oder verhindern wollen, daß der streitbare maronitische Staatschef des Libanon, der noch jugendliche Beschir Gemayel, einem Bombenattentat zum Opfer fiel. Die Erwartung Menachem Begins, die christlichen Phalangisten würden sich als gefügige Vasallen den zionistischen Anweisungen fügen, stieß auf zähen Widerspruch.

Im Süden der Zedernrepublik waren die Soldaten Zahals von den dort lebenden Schiiten, die sich endlich von dem anmaßenden Auftreten und den Übergriffen der palästinensischen Milizen erlöst fühlten, beinahe freundlich aufgenommen worden. Das änderte sich nach wenigen Tagen. Wieder einmal erwies sich das psychologische Unvermögen der Israeli im Umgang mit ihren arabischen Vettern. Es kam bittere Feindschaft auf. Völlig unbegreiflich und für den ganzen Feldzug extrem hinderlich wirkte sich der blutige Konfessionskonflikt aus, der durch Intrigen israelischer Agenten zwischen den beiden einzigen potentiellen Verbündeten des Judenstaats in der Zedernrepublik, den christlichen Maroniten und der Geheimsekte der Drusen, geschürt wurde. Das Massaker in den Palästinenserlagern von Sabra und Schatila – von Killer-Banden des Kataeb-Führers Elie Hobeiqa durchgeführt, aber von Zahal offenbar geduldet – brachte in Israel selbst die Bevölkerung gegen die Expedition »Frieden für Galiläa« auf.

Der drusische Fahrer Wajih, der mir 1982 als vorzüglicher Kundschafter diente, hatte mich sehr früh informiert, so daß unser Team als erstes an dieser Stätte des Grauens eintraf. Der junge Kameramann Michael, der an solche Bilder nicht gewohnt war, erbrach sich angesichts der Leichenhaufen. Ich will jetzt zu keiner makabren Schilderung oder zu anklagendem Kommentar ausholen. Ich wiederhole lediglich die Äußerung eines französischen Kollegen, der kurz nach uns in Sabra und Schatila ankam. Er zitierte den Satz Talleyrands, als dieser von der Entführung und Erschießung des Herzogs von Enghien, eines Führers der bourbonischen Reaktion, auf Befehl Napoleon Bonapartes erfuhr: »C'est plus qu'un crime, c'est une faute – das ist mehr als ein Verbrechen, das ist ein Fehler.«

Ariel Scharon hatte während seiner Kampagne im Libanon jeden politischen Instinkt vermissen lassen. Als Heerführer hatte er sich im Yom-Kippur-Krieg des Jahres 1973 außerordentlich bewährt, als er in einem tollkühnen Manöver die ägyptischen Linien am »Déversoir« durchbrach und die 3. Armee des Präsidenten Anwar-es-Sadat einkesselte. Seine Schlappe im Libanon hat Scharon, den Präsident Bush in verblüffender Wortwahl als »man of peace« bezeichnet, mit Sicherheit nicht verwunden. Er dürfte versuchen, sie irgendwie wettzumachen.

Bei meinem nächtlichen Spaziergang auf der Corniche habe ich mich dem pyramidenförmigen Denkmal Gamal Abdel Nassers zugewendet. Es hat alle Wirren und Zerstörungen des Libanon überstanden. So war am »front de mer« von Beirut eine vage Erinnerung an jenen Rais erhalten, der 1956 mit der Nationalisierung des Suezkanals die Begeisterung der arabischen Massen zwischen Marokko und dem Persischen Golf entfacht hatte. Nasser stand danach zehn Jahre lang an der Spitze des panarabischen Nationalismus, war gegen die im Niltal aktiven »Moslem-Brüder« mit eiserner Faust vorgegangen und hatte die Idee der »ummat-el-arabiya« durchgesetzt. Seine demütigende Niederlage im Sechstagekrieg von 1967 hat nicht nur sein persönliches Ansehen ruiniert. Sie versetzte auch der aus dem Westen importierten Vorstellung einer geeinten arabischen Nation den Todesstoß. Der Weg war jetzt frei für die Prediger der koranischen Wiedergeburt, für die utopische Heilsvision einer weltweiten »ummat-el-islamiya«.

Bomben gegen die »Kreuzritter«

Baalbek, im November 2003

»Gloria Libani data est ei – Die Ehre des Libanon ist ihm verliehen.« Der Spruch ist in das feierliche Meßgewand des maronitischen Patriarchen eingewoben. Wir sind in das Kernland des christlichen Widerstandes dieser Taifa gegen die immer wieder versuchte Unterwerfung und sogar Islamisierung der arabischen und türkischen Herrscher des Orients eingedrungen. Die steil gewundene Strecke, die vom Sitz des armenischen Katholikos von Antelias zu der kleinen Ortschaft Bikfaya in etwa tausend Meter Höhe abzweigt, ist mir wohlbekannt. Dort krallten sich seit Jahrhunderten die mit Rom unierten Maroniten an den rauhen Felshängen der Provinz Metn fest. Ihre Mönche hatten die Klöster zu Festungen ausgebaut.

Noch stellen die Maroniten laut einer veralteten Verfassung den Staatspräsidenten der Zedernrepublik. Doch der Westen hat sie der Willkür der syrischen Besatzung ausgeliefert. Die Revolte des christlichen Generals Aoun gegen dieses Protektorat von Damaskus konnte Frankreich nur mit unzureichenden Mitteln unterstützen. Die riesige Madonnenstatue, die weiterhin vom Patriarchatssitz Bkerke die Bucht von Jounieh segnet, trägt auf dem Sockel zwar die Inschrift: »Elevata sum quasi cedrus in Libano – Ich bin erhöht worden wie die Zeder des Libanon«, aber es wachsen fast keine Zedern mehr auf diesem Gebirge, und die Glorie ist seinen Menschen abhanden gekommen.

Dem Fahrer habe ich die Weisung gegeben, über Bikfaya und Baskinta die Bekaa-Hochebene anzusteuern, die bereits an Syrien grenzt und von syrischen Armeestellungen durchzogen ist. In dem einst lieblichen Dorf Bikfaya war der streitbare maronitische Clan der Gemayel beheimatet. Hier hatte der Patriarch Pierre Gemayel seine bewaffnete Miliz, »les Phalanges«, auf arabisch »Kataeb«, gegründet. Im dortigen »Markaz li tadris el lughat el arabiya el haditha«, das von der Libanesischen Universität Beirut und der Pariser Sorbonne patroniert war, hatte ich mein Diplom erworben. Im Herbst 1956 war ich in Bikfaya eingetroffen, und meine französischen Studiengefährten – mehrheitlich Beamte und Offiziere – standen damals unter dem Schock des gescheiterten Suez-Abenteuers.

Zwar waren bei diesem glücklosen Feldzug der Entente-Mächte, Engländer und Franzosen, mit ihren über Port Said abgesprungenen Fallschirmjägern schon bis Ismailia vorgestoßen. Die diskret verbündeten Israeli standen blitzschnell am Suezkanal. Aber das ganze Unternehmen, das darauf hinzielte, den ägyptischen Diktator Gamal Abdel Nasser zu stürzen und die französische Armee in Algerien zu entlasten, mußte jäh abgebrochen werden, als die beiden verfeindeten Giganten, USA und Sowjetunion, sich zusammentaten, um dem eigenmächtigen Treiben dieser deklassierten Kolonialmächte ein Ende zu setzen. Präsident Dwight D. Eisenhower ließ seine Alliierten wissen, daß er den Unfug nicht dulden würde, und Nikita Chruschtschow, Generalsekretär der KPdSU, drohte sogar mit Atombomben, um seinem Schützling Nasser beizustehen.

Das Konzept der Operation Suez, die zwischen dem konservativen britischen Premierminister Anthony Eden und dem sozialistischen Président du Conseil, Guy Mollet, ausgeheckt worden war, trug von Anfang an den Stempel törichter Überheblichkeit. Für die Nachwelt würde die Suez-Offensive eine Fußnote der Geschichte bleiben, und dennoch hat sie weitreichende Folgen nach sich gezogen. Die »Entente cordiale«, die seit 1904 zwischen Frankreich und England bestand und sich nie von der traditionellen Gegnerschaft dieser Staaten frei machen konnte, ging jetzt endgültig zu Bruch. Beide Partner trieben in gegensätzliche Richtungen ab.

Großbritannien zog die Konsequenz, daß sein imperiales Engagement östlich von Suez keinen Sinn mehr machte, und überließ seine dortigen Einflußzonen den amerikanischen »Vettern«. Von nun an sollte London sich mit der Rolle des »brillant second« an der Seite der transatlantischen Supermacht begnügen, pflegte die »special relations«, unterwarf sogar seine atomare Aufrüstung der engen technischen Koordination mit den USA und entwickelte unter Tony Blair ein Verhältnis der Unterwürfigkeit, das an Selbstverleugnung grenzt.

Frankreich hingegen – schon unter dem Sozialisten Guy Mollet, dann auch unter Mendès-France – begab sich schrittweise auf Distanz zu dem amerikanischen Hegemon. Die »force de frappe« – von den Deutschen anfangs als »farce de frappe« belächelt – nahm zwar erst unter der Präsidentschaft Charles de Gaulles konkrete Form an. Der General hatte die erste Atombomben-Explosion bei Reggane in der Sahara mit einem lauten »Hurra« der Nation kundgetan. In diesem Punkt konnte er sich auf den Konsens der Parteien verlassen. Inzwischen verfügt die »Force de dissuasion«, die nukleare »Abschreckungskraft« Frankreichs, über Intercontinentalraketen, Wasserstoffbomben und eine kleine Zahl ständig in den Weltmeeren rotierender U-Boote, die mit hochwertigen Lenkwaffen ausgestattet sind. Das Ganze entwickelte sich ohne jede Beteiligung, ja gegen den heftigen Widerstand Washingtons.

Das nukleare Potential der Fünften Republik mag – gemessen an der Overkill-Kapazität von Amerikanern und Russen – insignifikant erscheinen. Zur Einschüchterung eines Schurkenstaates jedoch würde es voll ausreichen. Diese gaullistische Anmaßung, die von den Nachfolgern des Generals – zumal auch von François Mitterrand – voll aufrechterhalten blieb, bildet den Kern der periodischen Verstimmungen mit Washington. Andererseits haben die Franzosen seit der kläglichen Expedition von Suez, der Eisenhower zu Recht Einhalt gebot, früher als mancher andere Alliierte erkannt, daß auch innerhalb des Atlantischen Bündnisses der »sacro egoismo« der Nationen in extremen Krisensituationen den letzten Ausschlag gibt.

*

In Bikfaya haben wir nicht haltgemacht. Durch häßliche Neubauten, Fast-Food-Restaurants und Straßenbegradigungen ist der Charme dieser Gebirgsidylle verlorengegangen. Am unteren Hang des Sanin vorbei erklimmen wir den Paß zur Bekaa-Hochebene, die vor Fruchtbarkeit strotzt. Manche Historiker vermuten an dieser Stelle jenes »Gelobte Land« der Bibel, wo »Milch und Honig fließen«. Es haben abscheuliche Veränderungen stattge-

325

funden. Die Zersiedelung durch eine Vielzahl stilloser Villen und Zweckbauten verstellt jede Aussicht. Unmittelbar jenseits der christlichen Ortschaft Zahle befinden wir uns wieder in schiitischem Siedlungsgebiet, das sich über Baalbek und Hermel bis zur libanesischen Nordgrenze mit Syrien verlängert. Die Präponderanz des nahen Damaskus wird durch eine Bronzestatue des syrischen Diktators Hafez-el-Assad, des verstorbenen Vaters des jetzigen Staatschefs, betont.

Die schnurgerade Straße wird rechts und links von Plakaten der rivalisierenden Gruppen der »Partei Alis« gesäumt. Die grünen Poster von Amal, der prosyrischen Fraktion, schmücken sich mit dem Antlitz des in Libyen ermordeten Imam Musa Sadr, obwohl dieser Schüler Khomeinis und Anwalt der Armen – wenn er noch lebte – sich mit Sicherheit auf die Seite der Hizbullah geschlagen hätte. Zu dem Amal-Führer Nabih Berri, der als Parlamentspräsident amtiert, massiver Korruption bezichtigt wird und auf den Hängen über Saida in einem pseudoorientalischen Palast haust, wäre Musa Sadr auf Distanz gegangen.

Mehrfach entdecke ich Feldstellungen und ziemlich verwahrloste syrische Soldaten. Am Horizont tauchen plötzlich, wie das hier wohl täglich geschieht, zwei israelische Kampfflugzeuge auf. Sie durchstoßen die Schallmauer und machen mit gewaltigem Knall auf sich aufmerksam. Am Eingang des Städtchens Baalbek ragen die berühmten Kolossalruinen, die von Macht und Pracht des Imperium Romanum künden. Bei mir erwecken diese grandiosen Tempelanlagen einen Anflug von Nostalgie. Im Jahr 1967 hatte ich vor dieser herrlichen Kulisse der Aufführung der Tragödie »Britannicus« von Racine durch die Comédie Française applaudiert. Das Städtchen Baalbek selbst hat zur Normalität zurückgefunden. Viele Frauen, es sind wohl Christinnen, bewegen sich ohne jede Verschleierung und sehr westlich gekleidet in den geschäftigen Gassen. Andenkenhändler locken Touristen mit gefälschten Antiquitäten. Bewaffnete Milizionäre sind nicht in Sicht.

Da hatte ich im Frühjahr 1983 eine ganz andere, beklemmende Atmosphäre erlebt. In jenen Tagen hätte hier keine Frau gewagt, ihr Haar offen zu tragen. Diese überwiegend schiitische Stadt war zu jener Zeit in den Taumel der Khomeini-Revolution geraten.

Der greise Ayatollah blickte mit strengem Blick von sämtlichen Mauern. Andere Häuserwände in Baalbek waren mit bluttriefenden Märtyrer-Szenen und dem Todesreigen schwarz vermummter Frauen bemalt. Für einen Ausländer war dies ein höchst gefährlicher Platz. Schiitische Freischärler – mit Schnellfeuergewehren, Handgranaten und Panzerfäusten behängt – vermuteten in jedem Fremden einen CIA-Spion. In einem hoch gelegenen Gelände hatte sich ein Trupp von etwa hundert iranischen Revolutionswächtern einquartiert. Diese Pasdaran verbreiteten ein dumpfes Gefühl der Furcht.

Ich komme nicht umhin, ein Erlebnis aus dem März 1983 wiederzugeben, das ich bereits in früheren Veröffentlichungen erwähnte. Aber ihm kommt unter den heutigen Umständen eine unverzichtbare Bedeutung zu. Ich hatte mich auf die Suche nach einem gewissen Hussein Mussawi gemacht, der mir in Beirut als geistlicher und militärischer Führer eines Märtyrer-Trupps schiitischer Extremisten benannt worden war. Das Hauptquartier der unerbittlichen Gotteskrieger hatte sich in Baalbek etabliert. Der Befehlsstand war schnell gefunden. Die Ziegelmauer ringsum war mit den Namen der zwölf heiligen Imame beschriftet. Feindselige Ablehnung schlug unserem Kamerateam entgegen, als wir eintraten. Die Haltung der stoppelbärtigen, bleichgesichtigen jungen Männer entkrampfte sich erst, als ich die bewährte Fotografie mit Khomeini vorzeigte. »Hussein Mussawi ist abwesend«, wurde ich vertröstet. Wir sollten uns gedulden. Unterdessen befahl ein etwa vierzigjähriger Mann, dessen merkwürdig durchdringender Blick mir auffiel, daß man uns Reis und Hammelfleisch serviere. Ich wurde über die Lage in Beirut ausgefragt.

Dort hatte noch vor dem Abzug der israelischen Streitkräfte in Richtung Saida die Vertreibung der palästinensischen Milizen stattgefunden. Erst in Beirut, später – unter dramatischen Umständen – im nordlibanesischen Tripoli hatten sie amerikanische und französische Schiffe bestiegen. Die Anhänger Yassir Arafats wurden ins ferne Exil von Tunis oder Aden verfrachtet. In der libanesischen Hauptstadt entfaltete sich unterdessen eine internationale Ordnungstruppe, überwiegend Amerikaner und Franzosen. Das italienische Bataillon »San Marco« war ebenfalls zugegen sowie ein kleines britisches Kontingent. Zwischen den US-Marines und den französischen Paras herrschte eine entspannte, kameradschaftliche Atmosphäre. Die Alliierten hatten ihre vorgeschobenen Zeltquartiere unmittelbar am Strand aufgeschlagen. Darüber wehten ihre bunten Fahnen und Regimentswimpel. So ähnlich mochten einst die Kreuzritter an der Küste des Heiligen Landes kampiert haben. Das Gros der verbündeten »Friedensstifter« war in kasernenähnlichen Gebäuden etwas stadteinwärts untergebracht.

Die Assoziation mit den »Cruisaders« des Mittelalters hatte sich natürlich auch bei den Muslimen der Levante und speziell bei den düsteren Männern eingestellt, denen ich in Baalbek gegenübersaß. Für sie wirkte die Zeit der »Salibiya« als grauenhafte Erinnerung fort. Mein Gespräch mit den schiitischen Freischärlern zog sich schleppend hin, als ganz unvermittelt der Mann mit dem bohrenden Blick erklärte: »Ich bin Hussein Mussawi. Von nun an befinden Sie sich unter meinem Schutz.«

An jenem Tag ahnte ich nicht, daß der eine oder andere unserer Gastgeber bereits mit dem Leben abgeschlossen hatte. Sie waren es nämlich, die im Oktober 1983 mit Sprengstoff vollgepfropfte Lastwagen in die amerikanischen und französischen Quartiere von Beirut steuerten und sich mitsamt ihrer tödlichen Ladung in die Luft jagten. 242 US-Marines und 68 französische Paras wurden unter den Trümmern ihrer Unterkünfte begraben. Nun gab es kein Halten mehr. Amerikaner und Franzosen traten den Rückzug auf ihre Schiffe an. Als einzige Repressalie feuerte die US Navy ihre mächtigen Schiffsgranaten auf ein paar verdächtige Schiiten-Dörfer der Bekaa ab. Die Israeli wurden in Saida auf ähnliche Weise heimgesucht. Auch ihnen fügten die Attentäter schwere Verluste zu, so daß Zahal sich nunmehr darauf beschränkte, einen schmalen Südgürtel libanesischen Territoriums zur Sicherheitszone für Galiläa auszubauen.

»Ein einzelner Krieger zu Fuß«

Nach einem kurzen Stadtausflug bin ich im altmodischen »Hotel Palmyra« eingekehrt. Dort hatte ich mich schon in den fünfziger Jahren wohl gefühlt. Das schöne orientalische Haus stammt noch aus der osmanischen Epoche und hat sogar einen Hauch französischen Lebensstils bewahrt. Der würdige alte Kellner schenkt mir Rotwein aus Ksara ein. Er gesteht, daß er mit Wehmut an bessere Zeiten zurückdenkt. Vor dem Eingang des »Palmyra« ist tatsächlich als Abbildung Wilhelm II. in weißer Kürassier-Uniform aufgestellt. Der Kaiser wirbt dort für einen in der Bekaa gekelterten Champagner Cuvée Impériale 1898–1998«. Das Jubiläums-Getränk trägt den Namen »Guillaume II« und bezieht sich auf die Orientreise des Hohenzollern im Jahr 1898.

Ist es der Genuß des Rotweins, des »flüssigen Rubin«, wie der Poet Rudaki einst dichtete? Ist es die Pracht verflossener römischer Größe, deren Kolossalsäulen in den purpurfarbenen Abendhimmel ragen, oder ganz einfach die Anstrengung des Tages? Mich überkommt stille Euphorie, die sich nur selten einstellt, aber zu den schönsten Augenblicken meines Lebens zählt. Indessen besteht an dieser Stelle wenig Grund, hoffnungsfroh in die Zukunft zu blicken. Ein längst vergessener Vers des Dichters Vergil, der zu Zeiten des Kaisers Augustus lebte, als auch die Tempel von Baalbek gebaut wurden, fällt mir wieder ein. »Infandum, regina, jubes renovare dolorem«, heißt es im zweiten Gesang der Aeneis: »Unsäglichen Schmerz, oh Königin, gebietest Du zu erneuern.« Im Schatten des griechisch-römischen Kulturerbes, dem sich Europa zusehends entfremdet, klingt die These des amerikanischen Professors Francis Fukuyama vom »Ende der Geschichte« wie ein törichter Frevel. Nicht Demokratie und Marktwirtschaft haben sich inzwischen weltweit und segensreich ausgeweitet, sondern der Terrorismus wurde »globalisiert«, und seine blinde Bekämpfung trägt nachdrücklich dazu bei.

Wie unter einem Zwang wenden sich meine Gedanken wieder der düsteren Verschwörerrunde zu, die schon zwanzig Jahre vor dem Desaster des World Trade Center ihren unerbittlichen Dschihad gegen die ungläubigen Eindringlinge und speziell gegen die Amerikaner aufgenommen hatte. Ob sie wußten, daß sie sich damit in der Tradition jener »Haschischin« oder »Assassinen« des Mittelalters befanden, die inzwischen in einer Vielzahl mehr oder weniger seriöser Schriften mit El Qaida und all jenen Terroristengruppen verglichen werden, die George W. Bush mit seinem heiligen Zorn verfolgt? Den Assassinen hatte ich schon im Sommer 1951 meinen ersten Zeitungsartikel gewidmet, als ich den steilen Felshang zur geschleiften Festung Alamut unweit der persischen Stadt Kazvin bestieg, und wieder ein paar Jahre später, als ich im Ansariya-Gebirge Südsyriens meine Spurensuche aufnahm. Erfüllen wir also unsere Chronistenpflicht!

Im elften Jahrhundert hatte der Prediger Hassan-el-Sabah seine sektiererische Tätigkeit aufgenommen. Er war aus der heiligen Stadt Qom gebürtig, war von der Zwölfer-Schia, die uns vertraut ist, zur Siebener-Schia der Ismailiten übergetreten. Bei letzteren handelte es sich um eine theologische Abweichung der »Partei Alis«, die – statt zwölf Imame als Statthalter Mohammeds zu verehren – nur sieben berufene Nachkommen der Propheten-Tochter Fatima anerkennt. Der letzte von ihnen, der Imam Ismail, agiert ähnlich wie der Zwölfte Imam El Muntadhar, der in Samarra in die Okkultation entschwand als verborgener Mahner göttlicher Gerechtigkeit. Auch Ismail würde eines Tages als »Mehdi« wiederkehren, um die Welt aus ihrer Sündhaftigkeit zu erlösen.

In Erwartung dieser messianischen Erscheinung übt eine erbliche Folge von berufenen Stellvertretern, die der engsten Verwandtschaft des Mehdi entstammen, die höchste Autorität aus. Im Laufe der Jahrhunderte haben sie sich den Titel »Aga Khan« zugelegt. Die relativ kleine Gemeinde widmet diesen »Nawab« eine fast idolatrische Verehrung. Heute leben die Ismailiten in verschiedenen Regionen Asiens und Ostafrikas verstreut, als steinreiche Händler in Uganda und Kenia, als arme Schlucker im Pamir-Gebirge und in Afghanistan. In Syrien führt die Minderheit von knapp dreißigtausend Ismailiten ein friedliches, unterwürfiges Dasein. Auf dem indischen Subkontinent dürften sie am zahlreichsten vertreten sein, sehen sich dort jedoch der Unduldsamkeit sunnitischer Muslime und radikaler Hinduisten ausgesetzt.

330

Von dem Großreich, das die ismailitischen Fatimiden-Kalifen im zehnten und elften Jahrhundert errichteten, ist selten die Rede. Aus dem rauhen Gebirge des Atlas waren ihre Krieger nach Osten gezogen. Sie hatten im tunesischen Kairuan einen ersten Schwerpunkt gebildet. Dann eroberten sie Ägypten und gründeten die Stadt Kairo mitsamt der berühmten El Azhar-Universität, die heute das bedeutendste Zentrum sunnitischer Koranwissenschaft ist. Die islamische Umma versank damals in chaotischem Glaubenskrieg, in einem unversöhnlichen Schisma. Die den Ismailiten nahestehende extremistische Fraktion der Qarmaten schreckte nicht davor zurück, den Meteoriten der Heiligen Kaaba von Mekka zu rauben und zu schänden.

Seltsamerweise wurde allein dem geisteskranken Fatimiden-Kalifen Hakim-bi-Amrillah dauerhafte Bedeutung zuteil. Der paranoide Herrscher, der das Grab Jesu in Jerusalem verwüstete, Christen und Juden im Niltal massakrieren ließ, ist in der bizarren Mythenwelt der Drusen zu fast göttlichen Ehren gelangt. Diese esoterische Sekte, die im libanesischen Schuf-Gebirge, im syrischen Dschebl Druz, auf dem Golan und am Karmel beheimatet ist, hat unter anderen Synkretismen den Glauben an die Wiedergeburt übernommen. Als unerschrockene Krieger sind die Drusen heute noch gefürchtet. Das Fatimiden-Kalifat Ägyptens hingegen wurde von der sunnitischen Ayyubiden-Dynastie, der der islamische Held Saladin angehörte, besiegt und vernichtet. Die nachfolgenden Mameluken haben die schiitischen Einflüsse im Niltal vollends ausgemerzt.

*

Soweit der Exkurs über jene Siebener-Schia, der sich im elften Jahrhundert der religiöse Fanatiker Hassan-el-Sabah anschloß. Er sammelte ergebene Jünger um sich, die er in einer klösterlichen Kaserne ausbildete. Als Terroristen schwärmten sie aus, um im Namen Allahs und einer konfusen islamischen Gerechtigkeit die Mächtigen und die Reichen dieser Welt heimzusuchen und auszurotten. Vierzig Jahre lang hatte ganz Persien vor diesem Wüterich gezittert, dessen grausame Botschaft sich auf den Volksaufstand der Entrechteten stützte, der Leibeigenen, der Geschundenen, der Mustazafin, hätte Khomeini gesagt. Hassan-el-Sabah war nicht nur ein schiitischer Exzentriker. Als Vorkämpfer gegen die Fremdherrschaft der türkischen und sunnitischen Seldschuken ist er als iranischer Nationalheros in die Geschichte eingegangen.

Die Perser mögen den Rächer von Alamut als »Alten vom Berge« bezeichnen. Aber der wahre »Scheikh-el-Dschebl«, dessen fürchterlicher Ruf bis ins damalige Abendland hallte, lebte etwa hundert Jahre später im syrischen Ansariya-Gebirge. Sein Name war Sinan-bin-Salman. Er war ebenfalls Siebener-Schiit oder Ismailit und aus Mesopotamien gebürtig. Er hat nicht nur die christlichen Kreuzritter bekämpft, sondern mehr noch hat er die muselmanischen Herrscher seiner Zeit das Fürchten gelehrt. Dieser Terroristenführer versetzte angeblich seine verzückten Gefolgsleute, die sich – nur mit dem Dolch bewaffnet – unter Aufopferung ihres Lebens auf ihre Feinde stürzten, durch den Genuß von Haschisch und die Vorspiegelung paradiesischer Freuden in Trance. Deshalb bezeichnete man diese Attentäter als »Haschischin«, woraus die Kreuzritter das Wort »Assassinen« machten, das im Französischen und Italienischen heute noch für »Mörder« steht. Eine andere Deutung leitet den Namen von dem arabischen Wort »assas« ab, das mit »Grundlage«, »Basis« oder »Fundament« zu übersetzen ist. Demnach hätten sich die Jünger des »Alten vom Berge« schon damals als religiöse »Fundamentalisten« zu erkennen gegeben, als gnadenlose Verfechter einer extrem rigorosen Koran-Interpretation.

Zu den prominentesten Opfern Sinan-bin-Salmans zählten der damalige Fatimiden-Kalif El Amir von Kairo und der sunnitische Abbassiden-Kalif El Mustarshid in Bagdad. Auf christlicher Seite wurden König Konrad von Jerusalem und Prinz Raimund von Antiochia von den Haschischin erdolcht. Sogar der sieghafte Sultan Saladin oder »Salah-ud-Din«, Herrscher über Syrien und Ägypten, soll mit knapper Not einem Selbstmordanschlag entkommen sein und von da an seine Nächte in einem streng bewachten Holzturm verbracht haben. Angeblich hatten die Monarchen des Abendlandes Erpressungsgelder an den »Scheik-el-Dschebl« gezahlt, um ihre Sicherheit zu erkaufen. Seltsame Fäden spannten sich zu jener Zeit schon zwischen den Schiiten Persiens und ihren Glaubensbrüdern der Levante. Es hatte der Mongolenstürme bedurft, um diesem unheimlichen Spuk ein Ende zu setzen. Im persischen Alamut hatte Hülagü, der Enkel des Dschinghis Khan, die Haschischin ausgerottet. Im syrischen Ansariya machte der gnadenlose Welteroberer Tamerlan erst um 1400 diesen unheimlichen Ketzern den Garaus. Die Steppenreiter Timurs des Lahmen verstanden sich bestens auf ihr blutiges Handwerk.

Das alles klingt heute wieder recht aktuell. In den Heldenliedern der Haschischin wurde »der einzelne Krieger zu Fuß« gepriesen, der »zum Entsetzen der Fürsten wird, auch wenn diese sich mit Zehntausenden schwerbewaffneter Beschützer umgeben«. Hatte nicht auch George W. Bush, als er im Spätherbst 2003 die Königin von England im Buckingham-Palast aufsuchte, Sicherheitskräfte in Stärke von vierzehntausend Mann aufgeboten, um Mordanschlägen zu entgehen? Aus seiner Felshöhle im Grenzgebiet von Afghanistan, so murmeln die Spötter, habe sich die Phantomgestalt Osama Bin Ladens seiner schiitischen Vorläufer des Mittelalters würdig erwiesen.

Im Garten des Aga Khan

Paris, im Januar 2004

Was nun die Gegenwart dieser einst so gefürchteten Ismailiten betrifft, so war ich im Juli des vergangenen Jahres an der Côte d'Azur bei ihrem hochverehrten Oberhaupt, Karim Aga Khan, zu Gast. Ich hatte nur zögernd dieser mondänen Veranstaltung in der Villa »Les Grands Horizons« bei Colle-sur-Loup zugesagt. Ich war nicht sonderlich erpicht darauf, einen Gentleman vornehmen britischen Zuschnitts kennenzulernen, der dem Müßiggang der Jetset-Society zwischen der Costa Esmeralda und seinen Gestüten in Irland nachgeht, dazu noch einen Lebemann, der von unwissenden Gläubigen als geistliches Vorbild, fast als »lebender

Gott« verehrt wird. Doch an diesem Abend begegnete mir Karim Aga Khan als völlig unprätentiöser, unauffällig gekleideter Mann, an dem viele Gäste achtlos vorbeigingen.

Als ich ihn auf die Wiedergeburt der »Partei Alis« ansprach, die im ganzen Orient zu spüren ist – es handelt sich dabei allerdings fast ausschließlich um die Zwölfer-Schiiten –, entfaltete er eine unerwartete Mitteilsamkeit und große Sachkenntnis. Wir verbrachten den ganzen Abend im Dialog über dieses eigenartige Phänomen, das er mit der Fatimidenbewegung des elften Jahrhunderts zu vergleichen wagte. Angesichts des grenzenlosen Luxus, der ihn umgab, berichtete ich dem »Na'ib« des Siebten Imam von den erbärmlichen Lebensbedingungen, unter denen seine Gefolgsleute im Pamir-Gebirge Tadschikistans lebten, als ich sie dort im Herbst 1991 aufsuchte.

Ich erzählte, wie wir das Vertrauen, ja die herzliche Zuneigung dieser ansonsten argwöhnischen Außenseiter gewonnen hatten. Unser Kameramann hatte vor ein paar Jahren an einer Reportage über den Aga Khan mitgewirkt und ein Foto mit dessen Widmung erhalten. Als er dieses Bild vorzeigte, bemächtigte sich feierliche Ergriffenheit der schlichten Gemeinde. Mit zitternden Fingern reichten sie das Foto des »Unsterblichen« im Kreise herum, küßten es innig und drückten es huldigend an die Stirn. Der herbeigerufene Khalifa, das Oberhaupt der kleinen Gruppe, ein ausgemergelter Gebirgsbauer wie die anderen, der sich durch seinen grünen Turban hervorhob, schloß uns in die Arme. Eine seltene Gunst wurde uns zuteil. Auf verschlungenen Pfaden wurden wir zu dem Refugium geführt, wo der Fünfte schiitische Imam Mohammed Baqr Schutz vor seinen sunnitischen Verfolgern gefunden hatte. Normalerweise wird zu dieser Weihestätte, die im Zuge der kommunistischen Gottlosen-Kampagne verwüstet wurde, kein Andersgläubiger zugelassen. Bei den frommen Ismailiten, die uns zu einem ärmlichen Pilaw einluden – für diese Hungerleider ein üppiges Gastmahl –, herrschte tiefe, religiös fundierte Harmonie.

Karim Aga Khan wußte um das traurige Schicksal seiner Leute am Ende der Welt. Zu sowjetischen Zeiten hatte er keinerlei Verbindung mit ihnen aufnehmen können. Darauf folgte der grausame Bürgerkrieg in Tadschikistan. Erst nach dessen Abflauen seien die Hilfsaktionen in Gang gekommen. Die armen Bauern des Pamir lebten nicht länger in materieller Not. Da mir die großzügigen Sozialeinrichtungen der Siebener-Schiiten in Ostafrika, ihre Bildungsstätten, Hospitäler und Stiftungen bekannt waren, zweifelte ich nicht an der Glaubwürdigkeit dieser Aussage.

Wir diskutierten ausführlich über die Besonderheiten und Varianten innerhalb der »Partei Alis«. Dabei wurden die Hazara Afghanistans erwähnt wie auch die Alawiten Syriens, diese abgekapselte Minderheit von etwa zehn Prozent, der die zupackende Energie eines der Ihren, des Diktators Hafez-el-Assad, zu den Spitzenpositionen in Damaskus verholfen hatte. Zur Sprache kamen ebenfalls die halb-schamanistischen Aleviten der Türkei, die heute auf 15 Millionen geschätzt werden und sich nach Jahrhunderten erzwungener Taqiya gegen die erdrückende Mehrheit der Sunniten durchzusetzen beginnen. Er bestätigte, daß die Zahl der Ismailiten in Indien – er benutzte das Wort »Hindustan« – weit höher liege als in den offiziellen Statistiken.

Von der Bush-Doktrin schien der Aga Khan nicht sonderlich angetan zu sein. Hingegen besaß er eine hohe Meinung von der Hizbullah des Libanon. Zwei Wege, so meinte er, stünden den unterschiedlichen religiösen Tendenzen offen, die sich jedoch alle zur dominanten Vorzugsrolle des Gründer-Imam Ali bekennen: entweder geschmeidige Anpassung oder offener Widerstand. Die Entscheidung darüber sei nicht gefällt.

Ein lautstarkes lateinamerikanisches Orchester mit Sombrero erschwerte jede Konversation im Garten von »Les Grands Horizons«. Die allzu bekannten Schnulzen paßten schlecht zu unserem ernsten Gespräch. Vom Bandleader wurde ich gefragt, welche Weise ich denn zu hören wünsche. Er solle das Lied »Guantanamera« spielen, sagte ich. Der trotzige Gesang: »Yo soy un hombre sincero« bezieht sich ja auf jenen Landzipfel im Osten Kubas, wo die US Army Drahtkäfige für die Kombattanten von El Qaida aufstellen ließ, wo die Häftlinge ohne Anklage, ohne Rechtsbeistand verharren und in ihrer knallroten Anstaltskleidung – durch Ketten gekrümmt, durch Gesichtsmasken geblendet – an ihrem Schicksal verzweifeln. »Guantanamera« würde sich heute als Protestsong gegen eine Verrohung der Sitten eignen, die man nach

335

dem Zweiten Weltkrieg im westlichen Kulturkreis nicht mehr für möglich gehalten hätte. Das schmerzt besonders, weil es ja die Vereinigten Staaten von Amerika waren, die dem Horror der Diktaturen Europas verdienstvoll und unter hohen eigenen Verlusten ein Ende gesetzt hatten. »Con los pobres de la tierra quiero yo mi suerte echar«, steigerte sich der dürftige Text des Liedes. »Mit den Armen der Erde will ich mein Los teilen.« Von den anwesenden Gästen, die sich der »bonne société« der Côte d'Azur zurechneten und müde zu tanzen begannen, hat kein einziger die von mir beabsichtigte Anspielung begriffen.

Personenregister

Abbas, Schah 182
Abbas-el-Ruraiye 294 ff.
Abdulaziz Ibn Saud 38 f.
Abdulaziz-el-Hakim 66, 206, 235, 296 f.
Abdullah Ibn Abdulaziz 38 f.
Abdullah II., König von Jordanien 193 f.
Abdullah, Abdullah 69, 97 f.
Abdurrahman, Emir 111
Abizaid, John III, 70, 147, 261
Abtahi, Mohammed Ali 160 ff.
Abu Bakr (1. Kalif) 173
Abu Hanifa, Imam 176
Acheson, Dean 31 f.
Adenauer, Konrad 185
Aga Khan, Karim 333 ff.
Aghajari, Hashem 151
Ahmadinedschad, Mahmud V
Ahmed Ibn Hanbal 176
Alexander der Große 109
Ali Ibn Abi Talib (1. Imam) 167, 173 f., 180, 196, 198, 205, 207 f., 234, 237, 258, 268 f., 275, 277 f., 310, 335
Ali, Mehmet 42
Allawi, Iyad IV
Amin-el-Husseini 299
Annan, Kofi 241

Aoun, Michel 323
Aqella-el-Haschemi 261
Arafat, Yassir 16, 61, 192 f., 327
Assad, Baschar-el-A. 70 f., 302
Assad, Hafez-el-A. 326, 335
Atatürk, Kemal 29, 71, 174, 260
Augustinus 291
Augustus, Kaiser 329
Aziz, Tariq 228, 261, 264

Badawi, Rafael 281
Baer, Robert 42
Baker, James 62 f., 228
Bandow, Doug 33
Barak, Ehud 63, 307, 309
Barzani, Massud II, 187, 271
Bazargan, Mehdi 135 f.
Beaufre, André 48
Beauvoir, Simone de 154
Begin, Menachem 321
Berlusconi, Silvio 47
Bernhard von Clairvaux 74
Berri, Nabih 312, 326
Bhutto, Benazir 107
Bhutto, Zulfikar Ali 107
Bidault, Georges 83

337

Bin Laden, Osama 38 ff., 74,
79, 99, 105 ff., 112, 115,
117, 119, 121, 131, 198, 333
Bismarck, Otto von 94
Blair, Tony 19, 23, 149, 189,
215, 219, 324
Blomberg, Werner von 299
Bolton, John 63
Boyken, William »Jerry« 282 f.
Brecht, Bertolt 9
Bremer, Paul I, IV, 37, 65, 70,
148, 197, 202, 204, 206,
229, 235 f., 238, 240, 253 f.,
259, 261, 279, 282, 295, 297
Breschnew, Leonid 13
Brzezinski, Zbigniew 9, 12, 60
Bubul, Fuad 309
Bush, George senior 62, 187,
206, 216, 228, 233, 248, 263
Bush, George W. I, 11 f., 21,
24, 26, 31, 36, 40, 44, 46, 52,
54, 57 ff., 61, 65 ff., 69, 71, 74,
82, 98, 106, 108, 121, 126,
130, 143, 148, 149, 157, 186,
206, 215, 217, 219, 222, 228,
255, 263, 267, 272 f., 280 ff.,
287 f., 293, 311, 319, 322,
330, 333, 335

Calvin, Jean 292
Carter, Jimmy 9, 60, 132,
134, 136 f., 178
Castries, Christian de 83
Ceauçescu, Nikolaie 14
Chalabi, Ahmed 207, 225

Cheney, Dick 61, 254
Chesterton, Gilbert Keith 50 f.
Chirac, Jacques 14 f., 47
Chosru I., Schah 290
Chruschtschow, Nikita 324
Churchill, Winston 16
Cicero, Marcus Tullius 13
Clemenceau, Georges 53
Clinton, Bill 105 f.
Cohen, William 106
Creveld, Martin van 10, 44

Darwin, Charles 51
Daud Khan, Mohammed
111, 123
Dayan, Moshe 299
Delavigerie, Kardinal 208
Dentz, Henri Fernand 299
Doran, Michael Scott 40
Dostom, Abdurraschid 103 f.,
112, 116
Dschaafari, Ibrahim-el-D. II,
IV
Dschingis Khan 86, 169, 268,
333
Dubček, Alexander 13

Eden, Anthony 324
Eisenhower, Dwight D. 35,
83, 235, 324
El Baradei, Mohammed 47,
149 f.
El Mustarshid, Kalif 332

Ellner, Claude 194 ff., 198 f., 301
Enver, Pascha 110
Erdoğan, Recep Tayyip 26 ff., 71, 186 f., 259
Eugen, Prinz von Savoyen 96

Fadlallah, Mohammed Hussein 312
Fahd, König von Saudi-Arabien 38 f.
Fahim, Mohammed 80, 86, 97, 100, 111, 118
Farraj, Polis 287
Fatima (Schwester des 8. Imam Reza) 169
Fatima (Tochter des Propheten) 173 f., 208 ff., 330
Feisal Ibn Abdulaziz 40
Feisal, König von Irak 39, 42, 147
Feith, Douglas 63
Fischer, Joschka 63, 81, 114
Frank, Tommy 147, 221, 229
Freers, Werner 76, 92
Fukuyama, Francis 52, 329

Garner, Jay M. 261
Gaulle, Charles de 31, 49, 121, 160, 163, 325
Gemayel, Beschir 321
Gemayel, Pierre 323

Genscher, Hans-Dietrich 23, 114, 142
Ghomi, Nasrotollah 167
Giap, Vo Nguyen 34, 83
Gladstone, William 56
Glaspie, April 216 f.
Glubb, Pascha 299
Gobineau, Joseph Arthur Graf von 165
Goltz, Colmar von der 298, 301
Gorbatschow, Michail 230
Gromow, Boris 88
Groß, Johannes 190
Grove, Karl 149
Gul, Hamed 106

Habush, Taher 225
Hakim, Abdul Aziz-el 271
Hakim-bi-Amrillah, Kalif 331
Hakim, Mohammed Baqr-el-41, 66, 162, 196, 205 ff., 235 f., 240, 269, 271, 274 f., 294, 319
Hashem, Sultan 223, 225, 263 ff.
Hashim-er-Rifa'i 176
Hassan (Bruder König Husseins) 193 f.
Hassan, Imam 173 f., 208
Hassan-el-Sabah 330 ff.
Heath, Edward 23
Hekmatyar, Gulbuddin 79, 81, 86, 89, 102, 104, 113, 120 f.
Heraklit 72

Heyst, Norbert van 92, 122
Hitler, Adolf 59, 141, 143,
222, 264, 300
Ho Tschi Minh 16, 34, 36,
83, 125, 202
Hobeiqa, Elie 321
Hülagü 267, 333
Huntington, Samuel 50
Hussein (3. Imam) 148, 174,
208, 226, 237, 245, 258, 318
Hussein, König von Jordanien
192 ff.
Huwaish, Mullah 302

Ibn Abdul Wahhab,
Mohammed 42, 176, 237
Ibn Khaldun 40
Ibrahim, Pascha 42
Innozenz III., Papst 291
Ismail, Khan 100–105, 108

Jabbar, Abdul 203–208, 234
Jelzin, Boris 153, 230
Johannes Paul II., Papst 74,
280
Juncker, Jean-Claude 22
Jünger, Ernst 190

Kabir, Mohammed 78
Kaplan, Mehmet 123
Kaplan, Robert D. 54–57

Karzai, Hamed 11, 45, 69,
75, 78, 80 f., 93, 97 f., 100,
108, 112, 117 f., 123, 155
Kaschani, Ayatollah 166
Kelly, David 214, 219
Kennedy, John F. 35
Khalilzad, Zalmay 81, 97,
108
Khamenei, Ali 65, 68, 150,
152, 154, 177, 297, 311 f.,
319
Khatami, Mohammed 46, 66,
150 ff.
Khayyam, Omar 158, 183
Khomeini, Ahmed 135, 178,
182
Khomeini, Ruhollah V, 11,
61, 66, 129 ff., 134–139,
141 f., 144, 148 f., 151 f.,
154, 157 f., 164, 167,
169–172, 175–182, 203,
204 f., 218, 229, 234, 252,
272, 274, 276, 285, 290,
295 ff., 310 ff., 315, 318 f.,
326 f., 332
Kim-Jong-II 46
Kohl, Helmut 25, 63
Konrad, König von Jerusalem
332
Kristof, Nicholas D. 51
Kristol, William 54
Krugman, Paul 61 f.

Lafayette, Marie Joseph de
Motier, Marquis de 15

340

Lanxade, Jacques 25
Leonhard, Elke 85, 87, 93, 125
Leonhard, Wolfgang 85
Lewis, Sinclair 57
Lieberman, Joe 59
Ludwig XIV., König von
 Frankreich 292
Lynch, Jessica 21, 221

Malraux, André 49 f., 190
Mani, Religionsstifter 51, 291
Mann, Thomas 54
Mao Zedong 35
Massu, Jacques 124
Massud, Ahmed Schah 78 ff.,
 86, 97, 103 f., 112
Maude, Sir Frederick Stanley
 232, 301
Mayo, Charlie 241–244
Mazdak 291
McNamara, Robert 36
Mello, Sergio de 240
Mendès-France, Pierre 325
Miller, Leszek 14
Mirzay-e-Schirazi 170
Mitterrand, François 25, 325
Mofaz, Samuel 307
Mohammed, Prophet III,
 169 f., 172 f., 191, 194, 205,
 208, 268, 286, 289, 315, 330
Mollet, Guy 324 f.
Montazeri, Ayatollah 132, 135
Moore, Michael 15
Mossadeq, Mohammed
 164–167

Muawiya I., Kalif 173
Muntadhar, Mohammed-el
 174f.
Musharaf, Pervez 45, 107 f.
Mussawi, Abbas 312, 319
Mussawi, Hussein 327 f.
Myers, Richard VI

Nadschibullah, Mohammed
 11, 86, 89 f., 102, 118
Napoleon I., Bonaparte 119,
 322
Nasrallah, Hadi 309
Nasrallah, Hassan 309, 312,
 319
Nasser, Gamal Abdel 45, 322,
 324
Naumann, Klaus 25
Navarre, Henri 83
Nayef Ibn Abdul-Aziz 38
Nebukadnezar 289
Nejad, Zaher 138 f., 142
Netanjahu, Benjamin 63
Neudeck, Rupert 109
Nietzsche, Friedrich 54,
 289
Nur, Königin von Jordanien
 193

Öcalan, Abdullah 70, 259
Omar, Kalif 173, 285
Omar, Mohammed Mullah
 79, 99, 105 f., 112 f., 116 f.

Orwell, George 126
Othman, Kalif 173
Oveissi, Gholam Ali 157

Paisley, Ian 125
Perle, Richard 54, 149, 186,
  225
Pershing, John Joseph 55
Pétain, Philippe 299
Pfaff, William 17, 50
Plato 54
Pontecorvo, Gillo 48 f.
Powell, Colin 46 f., 62, 217,
  219
Putin, Wladimir 19, 110

Qadhafi, Muammar-el-Q.
  18 ff., 47, 67 f., 311 f.
Qadir-el-Keilani, Abdul
  299
Qaouq, Nabil 316 f., 319 f.
Qassem, Abdel Karim 45, 233
Qusai Hussein 265, 286 f.

Rabbani, Burhanuddin 86,
  104, 113, 123
Rabin, Itzhak 63
Rachmonow, Emomali 110
Racine, Jean 326
Rafsandschani, Ali Akbar
  Haschemi 152 f.

Raimund, Prinz von Antiochia
  332
Raschid-el-Keilani 228, 232,
  299, 300
Reagan, Ronald 20, 33, 137,
  143
Reza (8. Imam) 169, 269
Reza Pahlevi, Schah
  Mohammed 130, 132, 146,
  151, 157, 159 f., 165–168,
  180, 289 f., 315
Rice, Condoleezza 13, 47,
  149, 188
Riechmann, Friedrich 94
Robertson, Lord George 31,
  95, 188
Rommel, Erwin 197
Roosevelt, Theodore 53
Rudaki, Abu Abdullah Djafar
  158, 329
Rühl, Lothar 32
Rumsfeld, Donald 13 f., 33,
  36, 45, 61, 96, 115, 143,
  147 f., 201, 217, 221, 241,
  265

Saadi 139
Saanei, Scheikh Yussef 170 ff.
Sadat, Anwar-es-S. 322
Saddam Hussein III, 11,
  18–21, 35, 37, 59 f., 67 f.,
  74, 82, 137, 139–144, 148 f.,
  153, 157, 161, 167, 177,
  181, 187 ff., 191, 195–200,
  202 ff., 206 f., 210 ff., 214,

342

216–220, 222–229, 232 f.,
236 f., 240, 242, 247 f.,
251 f., 254, 262–266, 269,
271, 274, 278 f., 281 f.,
284–287, 295 f., 298,
300–303, 311
Sadr, Mohammed Baqr-el
311
Sadr, Mohammed Sadeq-es
206, 234 f., 271
Sadr, Muqtada-es III, 206,
236 ff., 266–274, 294, 296
Sadr, Musa 310 ff., 326
Safire, William 186
Sahhaf, Mohammed al-S. 223
Saladin (Salalh-ud-Din),
Sultan 331 f.
Salehi, Ali 150
Salman-el-Farasi 284 f., 297
Sartre, Jean-Paul 215
Schafe'i, Imam 176
Schariat, Madari 177
Scharif, Nawaz 107
Scharon, Ariel 58, 60 f., 63, 71,
181, 236, 273, 307 ff., 320 ff.
Schröder, Gerhard 94, 96
Schwarzkopf, Norman 105
Scowcroft, Brent 63
Selim I., der Grausame 174
Sinan-bin-Salman 332
Sistani, Ali-el-S. I ff., 71, 205,
207, 220, 235, 238, 269 f.,
273, 275, 319
Strauss, Leo 52 ff.
Straw, Jack 14, 63
Sweeny, Captain 249 ff.

Tabatabai, Sadeq 132, 134,
136, 175, 178 f.
Talabani, Dschalal II f., 71,
187, 262, 271
Talleyrand, Charles Maurice
322
Tamerlan (Timur Lenk) 268,
333
Theresa, Mutter 280 f.
Tocqueville, Alexis de 50
Trinquier, Roger 49
Tschamran, Mustafa
311

Udai Hussein 265, 286 ff.

Vergil 329
Victoria, Queen 92
Vidal, Gore 292
Villepin, Dominique de 63

Weber, Max 293
Wilhelm II., deutscher Kaiser
298, 329
Wilson, Woodrow 53
Wolfowitz, Paul 26, 54, 62,
148, 186, 207, 280
Yaqubi, Mohammed 209,
275 ff.
Yazid, Kalif 148, 173
Yuheiman-el-Oteiba 40

343

Zaher Schah, Mohammed
81, 94
Zangenah, Neda   167

Zia-ul-Haq, Mohammed
107 f.

Bildnachweis

dpa: 1 (Ian Jones), 2 (Maurizio Gambarini), 13 (Chris Bouronde)

Focus: 9 (Paolo Pellegrin/Magnum), 14 (Alex Majoli/Magnum), 21 (Ilkka Uimonen/Magnum)

Gamma: 11 (Orand Alexis), 12 (Eslami-Rad), 18–20 (Andrade Patrick), 26 (Palmour Hayne)

Cornelia Laqua: 3–7, 10, 24, 27–29

Reuters: 15 (Manuel Hernandez de Leon)

ullstein bild: 8, 16, 17, 22, 23, 25, 30

Thomas Hammer: alle Karten

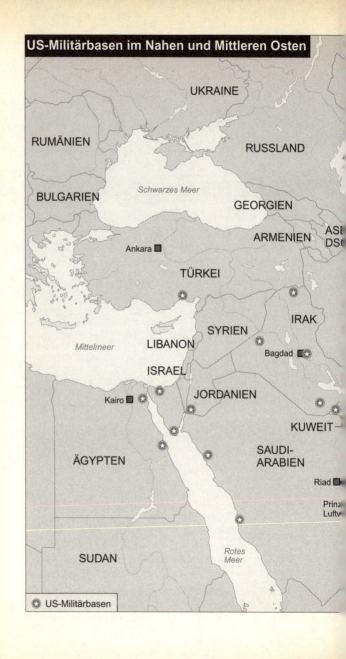

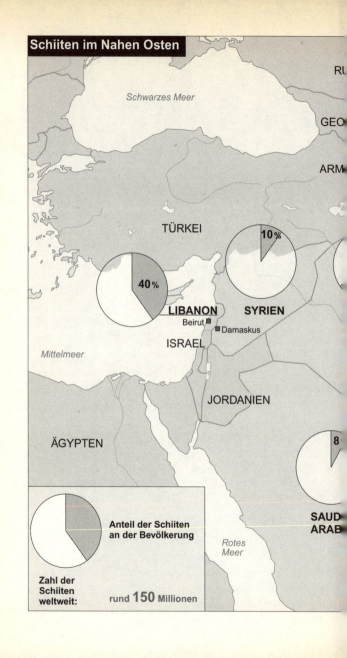

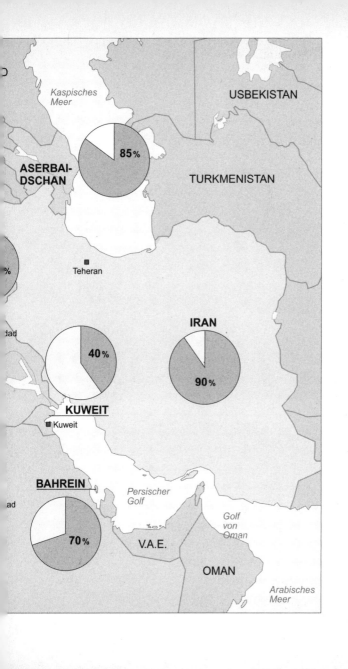

»Scholl-Latours historisch fundierte, aktuelle Reportagen zeugen von einem geschärften Blick für Details.« n-tv

Der Anti-Terror-Kampf der Bush-Regierung droht in einen Weltkonflikt ungeahnten Ausmaßes zu münden. Die islamische Welt vom Mittelmeer bis zum indonesischen Archipel ist in Aufruhr. Die Proliferation von Massenvernichtungswaffen entzieht sich jeder Kontrolle. Die USA verzetteln sich heillos in Regionalkonflikten. Das Atlantische Bündnis zeigt Risse, während sich China als Weltmacht zurückmeldet. Mit visionärer Kraft analysiert Peter Scholl-Latour die beispiellosen bedrohlichen Szenarien und Herausforderungen, denen sich die westliche Staatengemeinschaft gegenübersieht.

Peter Scholl-Latour

Kampf dem Terror – Kampf dem Islam?

Chronik eines unbegrenzten Krieges

ULLSTEIN TASCHENBUCH

»Kenntnisreich, scharfsinnig und überzeugend«
Die Zeit

Unbestritten gelten die USA heute als alleinige Weltmacht. Christian Hacke schildert die Höhen und Tiefen, Kursschwankungen und Konstanten der amerikanischen Außenpolitik von John F. Kennedy bis heute. Dabei geht er auch den außenpolitischen Auswirkungen der Terroranschläge vom 11. September 2001 sowie des Irakkriegs 2003 nach.

»Ein Standardwerk, an dem niemand vorbeikommt, der sich ernsthaft mit amerikanischer Außenpolitik auseinander setzen will.«
n-tv

Christian Hacke

Zur Weltmacht verdammt

Die amerikanische Außenpolitik von J. F. Kennedy bis G. W. Bush

ULLSTEIN TASCHENBUCH

**»Ich war und bleibe engagierter Anhänger
der europäischen Integration aus
strategischem, patriotischem Interesse.«**

Europa steht vor gewaltigen Herausforderungen – so die Diagnose von Altbundeskanzler Helmut Schmidt. Die weltweiten Rahmenbedingungen verändern sich dramatisch. Frieden, Freiheit und Wohlstand in Europa sind keineswegs auf Dauer gesichert. Nur wenn Europa gemeinsam auftritt, hat es eine Chance, sich in der Weltpolitik des 21. Jahrhunderts zu behaupten. Aber noch ist die Europäische Union dieser Aufgabe nicht gewachsen. Vor der Aufnahme neuer Teilnehmerstaaten muß daher eine weitreichende Reform der EU stehen. Andernfalls ist ihr Scheitern nicht ausgeschlossen ...

»Wie eh und je argumentiert Schmidt nüchtern, sachlich und überzeugt durch Kompetenz«
Berliner Morgenpost

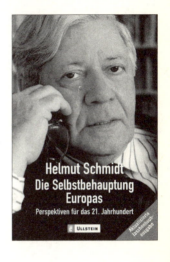

Helmut Schmidt
Die Selbstbehauptung Europas
Perspektiven für das 21. Jahrhundert

Aktualisierte Taschenbuchausgabe

ULLSTEIN TASCHENBUCH

Eine umfassende Auseinandersetzung mit den politisch brisanten Aspekten des Islams

Der Anschlag islamischer Terroristen am 11. September 2001, aber auch die weltweite bedrohliche Präsenz fundamentalistischer Moslems werfen die Frage auf: Lassen sich der Islam und die Grundwerte der westlichen Zivilisation vereinbaren? Bassam Tibi, renommierter Experte für Islam und internationale Politik, sieht durchaus die Möglichkeit für ein friedliches Nebeneinander von Orient und Okzident – unter der Voraussetzung, dass sich die Muslime in die demokratische Weltgemeinschaft aller Zivilisationen integrieren und die individuellen säkularen Menschenrechte respektieren. Islamisch-fundamentalistischen Umtrieben jedoch muss man mit einer offensiven Verteidigung demokratischer und menschenrechtlicher Prinzipien begegnen, anstatt sie zu tolerieren.

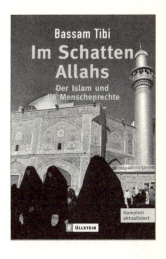

Bassam Tibi
Im Schatten Allahs
Der Islam und die Menschenrechte

ULLSTEIN TASCHENBUCH

»Laqueur gehört zu den einflussreichsten Zeitgeschichtlern der westlichen Welt.« Die Zeit

Der international vernetzte Terrorkrieg islamistischer Gruppen gegen den Westen ist das zentrale weltpolitische Problem der Gegenwart. Walter Laqueur, einer der weltweit führenden Terrorismusexperten, legt eine überzeugende Analyse der Ursachen, der komplexen Zusammenhänge und der neuen, bedrohlichen Qualität terroristischer Gewalt vor.

»Ein informativer Überblick zur aktuellen Dimension des Terrorismus.«
Das Parlament

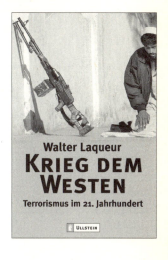

Walter Laqueur
Krieg dem Westen

Terrorismus im
21. Jahrhundert

ULLSTEIN TASCHENBUCH

*»Die vielleicht wichtigste Publikation
dieser Jahre«
Süddeutsche Zeitung*

Meinhard Miegel, einer der profiliertesten Sozialforscher Deutschlands, stellt unsere Gesellschaft auf den Prüfstand: das Gemeinwesen, die Wirtschaft, die Sozialsysteme. Sein Fazit: Von einer zukunftsorientierten Leistungsgesellschaft sind die Deutschen weit entfernt. Sie verdrängen ihre Wirklichkeit und wiegen sich in Wohlstandsillusionen. Dabei fordert der dramatische Wandel der Grundlagen unserer Gesellschaft ein rasches Umsteuern auf allen Ebenen.

»Diesem Buch wünscht man möglichst viele Leser.«
FAZ

»Ein großer Wurf«
Die Zeit

Meinhard Miegel
Die deformierte Gesellschaft
Wie die Deutschen ihre Wirklichkeit verdrängen

ULLSTEIN TASCHENBUCH

*»Eines der wichtigsten Wirtschaftsbücher
der vergangenen Jahre«*
Süddeutsche Zeitung

Steigende Abgabenlast, marode Renten- und Krankenkassen, Unternehmenspleiten und hohe Arbeitslosigkeit – Deutschland ist zum kranken Mann Europas geworden. Doch Politik, Wirtschaft und Gewerkschaften zeigen sich unfähig, mutige Reformen zu wagen. Hans-Werner Sinn analysiert die Ursachen des Niedergangs und zeigt, was getan werden muss, um Deutschland zu retten.

»Sinn ist der Star unter den deutschen Ökonomen.«
Frankfurter Allgemeine Sonntagszeitung

Hans-Werner Sinn

Ist Deutschland noch zu retten?

Mit zahlreichen Abbildungen

ULLSTEIN TASCHENBUCH